자유의 공간을 찾아서

자유의 공간을 찾아서: 자율사회의 밑그림

지은이/ 윤수종
초판인쇄일/ 2002년 7월 20일
초판발행일/ 2002년 7월 29일

발행인/ 손자희
발행처/ 문화과학사
주소/ 110-300 서울시 종로구 관훈동 198-16 남도빌딩
전화/ 335-0461   팩스/ 720-0466
e-mail: transics@chollian.net
homepage: http://www.jinbo.net/~moonkwa

출판등록/ 제1-1902 (1995. 6. 12)

값/12,000원

ISBN 89-86598-32-9 93330

문화과학 이론신서 30

자유의 공간을 찾아서: 자율사회의 밑그림

윤수종 지음

문화과학사

목차

서문: 변하는 강산을 타넘기 위하여

10여 년 동안 번역만 해 왔다. 그것도 어려운 책만을 골라서. 학생들이 왜 어려운 책만 내느냐고 물을 때, 어려운 책만이 스테디셀러가 되니까 그런다고 농담 아닌 농담을 했다. 그러면 도대체 왜 어려운가? 해당 서적이 여러 영역을 넘나들거나 학문적 깊이가 있어서 어렵다고 한다면, 끙끙거리면서 쫓아갈 수는 있으리라. 그런 측면에서 보면 어려운 것은 낯선 것일 뿐이다. 반대로 쉽다는 것은 모르는 것을 아는 것으로 설명하기 때문이다. 그렇다면 모르는 것에 대해 새로운 개념화를 시도하는 것이 알려는 사람의 자세이리라.

누구는 말한다. 당신 얘기가 들어간 책을 내야 되지 않느냐고? 그런 얘기를 들을 때마다 제 내공은 아직 어림없는데요 라곤 했다. 남들이 수년 아니 수십 년 공들여 만든 업적(저작)을 나는 1-2년 읽고 이해한다고 하면서 번역해 왔다. 실은 번역을 하면서 꼼꼼히 읽고 이해하기 시작했다고 해야 옳을 것이다. 물론 이 언어 저 언어 바꿔가며 텍스트를 독해한다는 것은 정말 고행이었다. 그러다가 틀린 것이 있으면 당장 꾸지람을 듣는다. 오역 투성이라고. 그래도 누군가는 읽을 것이라는 기대 속에서 번역을 해왔다. 현실과의 관련을 생각하면서.

한국의 좌파 이론이 스탈린주의적인 경향 속에 있던 1980년대 말 1990

년대초, 나는 서울사회과학연구소 (서사연) 를 매개로 신식민지국가독점 자본주의론을 옆에서 배우면서 알튀세르 맑스주의에 대한 독해도 하였다. 하지만 뭔가 답답하였다. 그 당시 소련의 붕괴와 더불어 현실에서 맑스주의는 급속히 사라져가는 듯했다. 많은 사람들이 백기 들고 청기 내린 채 탈근대주의 (포스트모더니즘) 쪽으로 기울어져 가는 듯했다. 탈근대주의로 가지 않는 경우에는 침묵이 금이었다. 여기저기서 그간의 잘못을 뉘우치는 소리들이 들려왔다. 맑스주의로부터 멀어지기 위하여. 물론 일부 논자들은 소련 교과서의 내용을 맑스의 이름을 빌어 여전히 반복하고 있었다.

프랑스의 탈근대론자들은 진정한 '자유주의자'들인 것 같았다. 쓰는 사람마다 개념이 달랐다. 더욱이 그들이 어떤 개념을 사용하거나 논지를 펼칠 때 그것이 지닌 현실적 함의가 무엇인지를 알아채기란 정말 어려웠다. 물론 그들은 맑스주의 용어에 구애받지도 않았다.

그렇지만 어떤 사상을, 더욱이 인간이 주체로 나서서 새로운 사회를 만들어 가겠다던 맑스주의 사상을 정말 그렇게 쉽게 버릴 수 있는 것일까? 정말 맑스주의를 현재화하려는 이론적 시도는 없단 말인가?

그런 와중에 맑스를 넘어선 맑스, 맑스주의를 넘어선 맑스주의에 접속하게 되었다. 텍스트 속에 있는 맑스를 현실로 끌어내려는 작업자와 만나게 된 것이었다. 그래서 나는 네그리를 나의 애인으로 삼게 되었다. 사생활에는 관심도 없는 애인으로 말이다.

그런데 한국에서 탈근대주의 흐름은 점차 푸코, 들뢰즈, 가타리의 저서들과 사고로 기울어져 갔다. 특히 최근 몇 년 간 욕망의 기치를 내걸고 나선 '들뢰즈와 가타리'가 넘쳐나고 있다. 물론 들뢰즈는 과잉되게, 가타리는 과소하게 넘치지만. 들뢰즈는 자신을 번개 (가타리) 맞은 피뢰침 (들뢰즈) 이라 했던가? 사람들은 (번개의 파괴력을 빨아들여 진정시키는) 피뢰침에 가까이 가지만 (모진 놈 옆에 있다 뭔 일 당할지 모르는) 번개를 멀리한다. 그런데 나의 애인 네그리는 번개를 자신의 애인으로 삼는다.

함께 『자유의 새로운 공간』이라는 현대판 메니페스토를 작성한 것이다. 이제 나의 애인은 둘로 늘어났다. 물론 이 둘의 또 다른 애인들인 스피노자, 마키아벨리, 라이히, 벤야민, 쟝 주네, 블랙팬더, 주변자, 소수자… 등이 나의 애인으로 변신한다. 나의 애인은 급속히 증식된다.

어느 애인을 더 좋아해야 할지 모르겠다. 네그리가 말했던가. 사랑은, 사랑은, 사랑은….

"사랑에 대한 유물론적 정의는 공동체에 대한 정의입니다. 즉 사회적 배치를 생산하고 그 속에서 관용을 통해 확장되는 정서적 관계를 구축하는 것입니다. 사랑은 커플 속에 또는 가족 속에 갇히는 어떤 것일 수 없고, 더 넓은 공동체에 열려야 합니다. 사랑은 어쨌든 앎과 욕망의 공동체를 구축해야 하며, 색다른 것을 구축해 나가야 합니다. 오늘날 사랑은 근본적으로 자기 자신에게만 속하는 무언가를 방어하는데 갇히는 모든 시도를 파괴하는 것입니다. 저는 사랑이 자신의 고유한 것을 공동적인 것으로 변형하기 위한 본질적 열쇠라고 생각합니다."

웬 사랑타령? 하지만 사랑(애증) 없이 삶이 무슨 의미가 있겠는가? 그렇다면 라이히 말대로 사랑과 노동, 쾌락과 노동의 일치는 가능한가? 애인들에 대한 집착이 없었다면 그들의 텍스트에 다가갔겠는가? 나의 애인들, 나의 분신들. 그들의 삶, 그들의 삶의 기록, 그들의 생각, 그들의 텍스트, 그들의 현실 투쟁.

그러나 가장 어려운 문제는 이러한 텍스트만들기 작업(번역)이 우리의 현실에서, 우리의 운동상황에, 더 강하게 말해서 우리의 계급투쟁에 무슨 연관이 있으며 무슨 의미를 가지겠는가였다. 맑스주의 사상은 현실의 토대 위에서 현실을 변혁시키려는 것이 아니었던가.

이러한 문제의식 속에서 『이론』, 『비판』, 『진보평론』과의 만남이 이루어졌다. 이론수입상이 아무리 현실에 대해 떠들어대도 현장에 있는 사람을 따라올 수 있겠느냐 하는 비난을 들으면서…. 나로서는 다른 사람(서구 이론가들)의 텍스트를 선별하는 것도 일정하게는 현실에 대한 개입이었지만, 특히 나의 글들은 그들의 텍스트를 요약하는 것이었을지라도 더더욱 현실에 대한 개입이었다.

대중매체의 지배 속에서, 온갖 매체들이 난무하는 속에서, 탈매체 시대를 상상한다고 하면서, 또 다른 군더더기 텍스트 매체로 대중을 괴롭히게 되지 않을까, 두려움이 앞선다. 그간 발표했던 글을 모으고 조금씩 고쳐보았다. 무엇인가 다르게 해보자고 강변하면서도 확실하게 잡히는 것이 없는 것 같아 안타깝다. 하지만 '지금 여기서' 무언가 다르게 해야 하지 않겠는가. 지금까지의 나를 넘어서기 위해서라도 한번 정리할 필요가 있었다.

마지막으로 이 책에 실린 글들의 출처를 밝혀둔다.

「아우토노미아─안토니오 네그리의 현대사회분석」, 『이론』 12호, 1995년 가을.

「안토니오 네그리의 정치경제학 비판」, 『비판』 창간호, 1997년.

「제국주의에서 제국으로」, 『진보평론』 9호, 2001년 가을.

「이탈리아의 아우토노미아 운동」, 『이론』 14호, 1996년 봄.

「여성운동과 진보의 방향」, 『진보평론』 7호, 2001년 봄.

「파업의 일상성」, 『진보평론』 3호, 2000년 봄.

「집중화에서 자율적 조직화로」, 『문화과학』 25호, 2001년 봄.

「분자혁명과 투쟁방향」, 『비판』 3호, 1998.

「맑스주의의 확장과 소수자운동의 의의」, 『진보평론』 창간호, 1999년 가을.

「라이히의 삶과 사상」, 『성혁명』(라이히 지음), 2000, 새길.

「가타리의 삶과 사상」, 『비판』 3호, 1998.

2002년 7월 15일   윤수종

1부

아우토노미아 맑스주의

아우토노미아
—안토니오 네그리의 현대사회 분석

1. 안토니오 네그리의 현재성

네그리는 맑스주의를 현재화시키려고 노력하는 사람이다. 맑스주의의 논의를 끊임없이 되새겨 보고 특히 현실의 변화에 비추어 변형시켜 가려고 하기 때문이다. 그는 언제나 맑스주의의 핵심을 현실과, 현실의 계급 대립에 두며, 자본의 논리로서 작동하는 부르주아 이데올로기 및 '위장한 맑스주의'에 대항하여 노동자의 맑스주의를 작동시키려고 한다. 따라서 그의 논의에서는 자본의 논리, 자본의 힘이 노동자의 논리, 노동자의 힘과 대결하면서 전개되는 현실이 강조된다. 그러나 그는 지배의 논리만을 강조하는 것이 아니라 전복의 논리를 항상 동반한다. 이 전복의 논리를 위해 그는 분리의 논리를 강조하게 되는데, 분리는 파괴를 통해 새로운 것을 구성하는 출발점이 되기 때문이다. 이러한 문제설정 속에서 네그리의 사상은 '아우토노미아'(Autonomia)라고 제시된다.

아우토노미아는 이태리 비의회좌파운동의 커다란 흐름이면서 동시에 이론적 대안으로 제시된 것이었다.[1] 아우토노미아는 60년대 말 이후 노

---

[1] 아우토노미아운동에 대한 간단한 소개로는 네그리, 『맑스를 넘어선 맑스』, 윤수종 옮김, 새길, 1994에 실린 마이클 라이안의 서설을 보라.

동자운동에 나타난 '노동거부'를 통해 공산주의적 전통(공산당)을 부정하고, 부분적으로는 레닌주의, 그리고 자본주의적 발전의 다른 형태일 뿐인 제3인터내셔날 사회주의와 대립한다. 아우토노미아는 처음에는 자본주의 발전으로부터 노동자계급의 분리 및 독립을 의미했다. 여기에 '생산적'인 노동자계급의 신성한 제도들(노동조합과 정당)과는 독립적인 프롤레타리아적 관심, 투쟁, 조직의 영역이라는 의미를 더 부가해서 가지게 되었다. 나아가 아우토노미아는 점차 다면적인 잠재력을, 공산주의 사회를 구성해 가는 주체의 특징을 뜻하게 되었다.

이러한 사상을 배경으로 네그리는 교조적 원리를 통해 현실을 규정하기보다는 '변화된' 현실을 강조하면서도 노동이 지닌 중심성에 근거하여 노동의 성격 변화를 바라본다. 포스트포드주의를 새로운 사회적 노동조직과 새로운 축적모델의 주요조건으로 파악하기 때문에 그는 자연히 포스트포드주의의 논의와 변화된 현실에 주목하게 된다. 그는 이러한 변화상을 강조하지만 동시에 포스트포드주의가 지닌 사회경제적 모순들을 직시한다. 포스트모더니즘(탈근대론)을 이러한 새로운 생산양식에 적합한 자본주의 이데올로기로 파악하고, 포스트포드주의가 지닌 모순들에 대한 파악에 근거하여 포스트모더니즘을 탈신비화시키려고 한다. 그러나 그는 비판과 파괴에 그치는 것이 아니라 전복적 주체의 형성 및 구성과 새로운 사회의 구성 전망에 대해서도 천착해 나간다.

맑스주의의 위기와 현실사회주의의 붕괴, 나아가 한국사회운동의 침체 등을 배경으로 하여 '의지의 낙관'까지도 버리고 포스트주의에 휩싸이는 한국지식인의 현실에서 네그리는 하나의 '전복'일 것이다. 그러나 우리로서는 그의 논의가 주로 선진자본주의 현실에 대한 분석 및 실천이라는 점은 잊지 말아야 할 것이다.

2. 네그리의 삶과 저작: 이론가이자 실천가[2)]

안토니오 네그리는 1933년 이탈리아의 파도바(Padova)에서 태어났다.

그는 본래 카톨릭적 기반에서 출발하여 고등학생 때에는 카톨릭 학생운동을 하였으나 현실 문제에 관심을 갖고 부딪치면서 전투적인 맑스주의자가 되었다. 스물 세 살(1956년)에 독일 역사주의에 관한 논문으로 박사학위를 받고, 1957년부터 1959년까지 2년 동안 나폴리에 있는 베네데토 크로체 역사연구소에서 연구활동을 하였다. 1957년에는 법철학 교수자격을 획득하였으며, 1967년까지 파도바에서 학습조교로 일하면서 국가론 교수자격까지 획득하였다. 이 시기에 쓴 저작에서는 헤겔, 딜타이, 마이네케, 칸트, 데카르트 등 철학자들의 인식론, 철학, 정치학, 국가론 등을 검토하고 있다.

동시에 그는 잡지에 정치색이 짙은 글들을 발표하였다. 네그리는 이미 1956년에 파도바대학의 학생 잡지『일보(*Il Bo*)』의 책임자였다. 1959년에는 이탈리아 사회당 지방평의원으로 뽑혀 파도바 지역 당지인『진보 베네토(*Il Progresso Veneto*)』의 책임을 맡았다. 그리고 1963년 사회당이 기독교민주당과 동맹하여 첫 중도좌익연합정부가 설 때 사회당을 떠나 노동자들을 조직하는 일에 나선다. 같은 시기에 파올라 메오(Paola Meo, 네그리의 부인), 마시모 카치아리(Massimo Cacciari, 유명한 철학자로 나중에 공산당 의원이 됨)와 함께 마르제라(Porto Marghera) 석유화학단지의 노동자들을 대상으로『자본』독서강좌를 조직하였다. 또한 노동자계급 아우토노미아론을 처음으로 제기한『붉은 노트(*Quaderni Rossi*)』지3)의 간행에도 참여하였다. 네그리는『붉은 노트』지 내부의 발전적 분화로 나타난『노동자계급(*Classe Operaia*)』지에도 개입하였다. 당시 아우토노미아론의 문제틀에 입각한 여러 잡지들이 만들어졌는데,『노동자계급』은 그 가운데에서도 1967년까지 마르제라 석유화학단지에서 노동자

---

2) 네그리의 삶과 저작내용에 대해서는『맑스를 넘어선 맑스』의 영어판 편집자 서문과 서설, 에필로그 및 참고문헌을 보라.

3) 이 잡지는 라니에로 판치에리(Raniero Panzieri)와 로마노 알콰티(Romano Alquati)의 지도하에 토리노에서 출판되기 시작하여 밀라노, 로마, 파도바에도 편집진을 두었다. 여기에는 네그리를 비롯하여 세르조 볼로냐(Sergio Bologna), 마리오 트론티(Mario Tronti), 알베르토 아소르 로사(Alberto Asor Rosa) 등 많은 좌파 지식인들이 참여하였다.

들의 잡지가 되었다. 그 외에도 네그리는 철학잡지인 『이것인가 저것인가(*Aut-Aut*)』와 민주적 치안판사들의 철학잡지인 『법비판(*Critica del Diritto*)』 등의 출판에도 관여하고 글을 발표하였다.

그는 이러한 활동을 하면서 1967년을 맞이하였다. 이탈리아에서는 67년부터 학생과 노동자들의 혁명적 저항이 등장하였고 특히 학생 및 노동자들의 투쟁이 융합되는 모습을 보였다. 이러한 혁명적 상황이 이탈리아에서는 10여 년간 계속되었다. 1969년의 '뜨거운 가을'까지 그는 안전, 일관생산라인에서의 속도감축, 노동자 규율 등의 쟁점에 관심을 집중하였다. 1969년 가을에는 수많은 조직들이 형성되었고 이들은 이탈리아공산당의 좌파를 형성하였다. 이들은 독자적인 잡지들을 냈고 네그리의 이론을 자신들의 논거로 삼았다. 이 조직들은 대체로 1973년까지 존속하였다. 그는 정치적 개입을 계속하면서 다른 한편으로는 학계에서도 활동을 계속했다. 파도바에서는 60년대 후반에 들어 명성 있는 학자집단이 형성되기 시작했고,[4] 이들은 네그리가 창설한 파도바대학 정치과학연구소를 중심으로 급진적 사상을 발전시켰다. 네그리는 이곳에서 자신의 생각을 발전시켰고, 이 연구소는 급진적 사상의 국내적 국제적 교차로가 되었다. 이 시기에 네그리는 「케인즈와 1929년 이후 자본주의국가론」(1967), 「맑스, 순환과 위기에 관하여」(1968) (이 두 글은 『노동자와 국가』라는 이름으로 1972년 이탈리아에서 발간된다), 「계획국가의 위기: 공산주의와 혁명조직」(1971) 등의 글[5] 에서 자본주의 위기론/국가론을 발전시킨다.

1973년에 들어서서는 공장들 내부에 자율(autonomous) 위원회들이 만들어지기 시작하였다. 여기에는 모든 성문화한 이데올로기와 정당 및 노조에 대해 매우 적대적인 젊고 전투적인 노동자들로 채워져 있었다. 또한 여성집단, 학생, 급진청년, 문화운동가들, 생태학자들, 환경론자들 등의

---

4) 이 집단에는 세르지오 볼로냐, Luciano Ferrai Bravo, Ferrucio Gambino, Guidio Bianchini, Sandro Serafini, Alisa del Re, MariaRosa Dalla Costa (여성해방론자로 가사노동의 생산적 성격을 강조하는 논리를 전개하여 국제적인 논객이 되었다) 등이 포함되어 있었다.
5) 이 글들은 Antonio Negri, *Revolution Retrieved*, Red Notes, 1988에 실려 있다.

자율적 집합체들이 등장하였다. 이들은 1973년 '봄 반란'시 정부(공산당도 동조)가 노동자계급에 대해 요구한 내핍과 희생정책에 대항해 거리로 나섰다. 조직적 형식에 대한 거부, 노동시간으로부터 일상생활을 해방하려는 새로운 요구 및 목표들의 추구 등이 이들 이질적인 집단들을 통합하는 주제로 떠올랐다.

네그리는 이러한 운동에 감명을 받았다. 그는 1973-4년에 운동에 깊숙이 개입하는 글들을 쓴다. 「개량주의와 재구조화: 공장지배로서의 국가의 테러리즘」, 「'사회적 노동자'에 관한 노트」, 「위기에 관한 테제들: 다국적 노동자계급」, 「일보전진, 이보후퇴―분파들의 종말」, 「미라피오리 노동자당」6) 등의 글들이 『노동에 반대하는 노동자당』이란 책자로 1974년 이탈리아에서 발간된다. 이 글들은 아우토노미아 조직론의 중심적인 텍스트들로 남아 있다. 또한 1973년에 행한 강연으로 레닌의 조직론을 비판적으로 님어서리는 글이 1977년에 『진략의 공장』으로 출판된다. 그리고 1974-5년에 쓴 이탈리아 공산당의 주장을 비판하는 글들, 특히 「헌법상의 노동」, 「공산주의 국가론」, 「국가와 공공지출」 등7) 이 『프롤레타리아와 국가』(1976), 『국가형태』(1977)로 출간된다. 이 글들은 국가와 법률 및 헌법, 국가와 노동, 국가와 공공지출 등 중요한 문제들을 제기하고 설명해 준다.

1976-78년 동안 이탈리아에서는 '역사적 타협'에 따라 공산당이 지배권력에 동참하고 대중운동은 더욱 격렬해 졌다. 파도바에 있는 대학에서 집회와 시위가 일어났고 저항은 다른 도시지역으로 확산되었다. 네그리는 폭동교사 및 폭력을 전국적 규모로 확산시켰다는 죄목으로 고소당해 수배상태에 들어갔다. 이때 그는 파리의 고등사범학교로 갔다. 1977년 후반에 수배가 풀려 파도바로 돌아왔지만 1978-1979년의 많은 시간을 프랑스에

---

6) 이 글들은 Red Notes and CSE Bookes, *Working Class Autonomy and the Crisis*, 1979에 실려 있다.
7) 이 글들은 Michael Hardt and Antonio Negri, *Labor of Dionysus*, Univ. of Minnesota Press, 1994에 실려 있다(이원영 옮김, 『디오니소스 노동 1-2』, 갈무리, 1996, 1997).

서 보냈다. 프랑스의 철학자들을 접하면서 그는 아우토노미아의 인식론적 기반을 다져 나간다. 이러한 배경에서 「자본주의적 지배와 노동자계급사보타지(지배와 사보타지)」(1978)[8]를 쓴다. 이것은 아우토노미아 이론을 가장 집약적으로 표현한 글로서, 탈근대적 조건에 대한 비판으로 넘어가는 전환점이 되는 글이라고 할 수 있겠다.

파리에서 네그리는 파리7대학 및 고등사범학교에서 강의를 한다. 이때 그의 가장 중요한 저서 가운데 하나가 된『요강』강의가 이루어졌다(『맑스를 넘어선 맑스』로 출간). 이 강의에서 그는 자본의 지배논리를 보여주는『자본』에 비해『요강』은 자본의 논리와 노동자의 논리, 즉 계급투쟁을 축으로 한 사고를 잘 보여준다고 주장하였다. 더욱이『요강』은 이행문제 등을 적극적으로 고려하고 있다고 주장한다. 여기서 그는 정치경제학에 대해 정치경제학'비판'을 강조하고 나아가 경제학적 해석에 반대하여 정치(학)적 해석을 강조하는 정치경제학비판을 발전시키고 있다.[9] 1979년 4월 7일, 프랑스에서 밀라노로 돌아올 때 네그리는 붉은 여단이 행한 알도 모로(Aldo Moro, 이탈리아의 전수상) 살해와 연루된 혐의로 체포되었다. 이때 아우토노미아 운동을 하던 20여 명 이상의 교수, 작가, 언론인 등이 같이 체포되었다. 네그리는 그간의 모든 테러행위의 배후 수뇌로 낙인찍혀, 파시스트법률하에서 4년 반 동안 재판도 없이 특별감옥에 억류되어 있었다. '수인'으로서 네그리는 자유인의 새로운 자유의 공간을 밝혀주는 철학서인『야만적 별종』[10]이란 스피노자 해석서를 써냈다. 그는 이 책에서 지배 '권력'에 대항하여 '잠재력'(potenza, 역능)을 특권화한 것으

---

8) 이 글들은 *Working Class Autonomy and the Crisis*에 실려 있다.
9) 이러한 입장에서『자본』을 해석하려는 것으로는 해리 클리버,『자본론의 정치적 해석』, 풀빛, 1986을 보라. 특히 이 책에 있는 클리버의 「서설」은 아우토노미아적 입장에서의 정치경제학 흐름에 대해 잘 설명해 주고 있다. 네그리와 동일한 문제설정 속에서『자본』의 일면성을 지적하고 임노동의 정치경제학을 제시함으로써 네그리의 '산노동'에 대한 강조와 맥을 같이하는 논의에 대해서는 Michael A. Lebowitz, *Beyond Capital*, Macmillan, 1992를 보라(홍기빈 옮김,『자본을 넘어서』, 백의, 1999).
10) Antonio Negri, *The Savage Anomaly: The Power of Spinoza's Metaphysics and Politics*, Univ. of Minnesota Press, 1991(윤수종 옮김,『야만적 별종』, 푸른숲, 1997).

로 스피노자를 독해하면서, 스피노자는 잠재력 개념에 기초하여 물질적 생산과 정치적 구성(constitution) 개념을 결합시킴으로써 이원론적인 합리주의를 극복하고 욕망에 기초한 구성적 존재론과 집단적 창조성을 긍정하는 방향으로 나갈 수 있었다고 강조한다. 그러한 인식 위에서 대중(multitude)의 잠재력에 기초한 구성권력으로의 이행하게 되는데, 이것은 그의 공산주의에 대한 새로운 전망을 보여준다. 또한 여기에서 홉스, 루소, 헤겔로 이어지는 정치론의 전통에 대비해 마키아벨리, 스피노자, 맑스의 전통을 개관하면서 적대적인 정치론의 흐름을 확인해 준다. 또한 이러한 인식론에 기초하여 『속도기계: 새로운 문제들, 해방과 구성』(1982)을 쓰기도 하였다. 이들 책에서 정리된 네그리의 사고는 90년대에도 계속된다.

네그리는 감옥에 있을 때 급진당의 일원으로서 의원에 당선되었다(네그리의 사면을 위해 급진당에서 의원 후보로 지명하였다. 당이 일정 비율의 득표를 하면 당선되는 의원직이었다). 법에 따라 의원에 대한 기소면제로 1983년 여름에 출옥하여, 늦여름에는 대중강연을 하기도 했다. 그러나 그가 의원자격이 있는지(무혐의처분)에 대해 격렬한 토론이 의회에서 벌어지고, 9월 들어 그 논쟁이 자신에게 불리하게 전개되자 프랑스로 갔다(망명). 궐석재판을 통해 네그리에게는 30년형이 선고되었다. 국세사면위도 그의 재판상황에 대해 비판하였다.

네그리는 파리로 가서 펠릭스 가타리(Félix Guattari)와 공동작업으로 『자유의 새로운 공간』(1985)[11]을 발간하였으며, 탈근대적 조건 속에서 자신의 주장을 전개한 『전복의 정치학』(1989)[12]도 발간하였다. 『자유의 새로운 공간』은 68년 이후 새로운 '선언'을 지향하며 쓴 것으로 새로운 주

---

11) *Les Nouvaux Espaces de Liberté*, Editions Dominique, 1985. *Communists Like Us*, Semiotext(e) (with Félix Guattari), 1990로 영역, 소개되었다(이원영 옮김, 『자유의 새로운 공간』, 갈무리, 1995).
12) Antonio Negri, *The Politics of Subversion*, Polity Press, 1989(장현준 옮김, 『전복의 정치학』, 세계일보, 1991).

체의 발생과 그들에 의한 자율적인 자유의 공간을 확장해 나가는 길을 공산주의로의 길로 선언하고 있다. 『전복의 정치학』은 아우토노미아에서 주장하는 새로운 주체 문제, 소통(communication)을 기반으로 전체화를 향해 치닫는 20세기에 대한 분석, 공장에서 사회적 공장으로 나아가 생태학적 공장으로의 변화, 세계경제 문제, 성숙한 자본주의에서의 착취문제, 주체의 적대적 생산 문제, 당조직 문제, 사회적 실천에 대한 단상, 시민사회론 비판, 핵국가 개념 등을 정리해 주고 있다.

네그리는 파리 8대학에서 정치학을 가르치면서, 『전미래(Futur Antérieur)』라는 잡지를 발간하고 여기에 글을 실었다. 그는 자신의 그간의 주장을 테제식으로 정리해 주었으며,13) 「탈근대적 법률과 시민사회의 소멸」, 「구성권력의 역능」 등의 글14)을 제자 마이클 하트(Michael Hardt)와 함께 써냈다. 또한 들뢰즈, 가타리 등이 전개한 유목민적 사유양식에 공감하면서,15) 새로운 사회의 구성가능성을 확정해 나갔다.

네그리는 1997년 여름 이탈리아로 돌아가 수감되었다가 최근 연금상태에 살고 있는 것으로 전해지고 있다. 또한 프랑스에 있던 마지막 시기에 마이클 하트와 작업한 『제국』16)을 2000년에 발간하여 세계적인 주목을 끌고 있다.

네그리의 학문적 편력을 좀 자의적이긴 하지만 시기구분한다면 1970년대 초반, 1980년대 초반을 기점으로 구분할 수 있겠다. (1) 초기(1956-1972)에는 주로 법철학과 철학에 관한 연구작업을 하고 점차 자신의 아우토노미아 사상을 운동 속에서 형성해 나가기 시작하던 시기라고 볼 수 있다. (2) 중기(1973-1979)는 아우토노미아 운동을 이론적, 조직적으로 주

---

13) Antonio Negri, 'Interpretation of the Class Situation Today: Methodological Aspects,' in Werner Bonefeld et al., eds., *Open Marxism 2*, Pluto, 1992(윤수종 옮김, 『지배와 사보타지』, 새길, 1996에 번역 수록됨).
14) Michael Hardt and Antonio Negri의 *Labor of Dionysus*에 실려 있다.
15) Antonio Negri, 「『千のプラト-』について」, 宇野邦一 編, 『ドゥルーズ横断』, 河出書房新社, 1994(서울사회과학연구소 편, 『탈주의 공간을 위하여』, 푸른숲, 1997에 번역 수록).
16) 안토니오 네그리·마이클 하트, 『제국』, 윤수종 옮김, 이학사, 2001.

도하면서 아우토노미아 사상을 확립해 가는 시기로서 조직론적 텍스트들을 많이 만들어 냈다. (3) 후기(1980-현재)는 프랑스철학과 접하고 그런 인식기반 위에서 포스트포드주의적 변화를 흡수해 나가면서 새로운 주체의 등장과 새로운 사회의 구성을 향한 모색을 하고 있는 시기라고 할 수 있겠다. 이 시기에는 다시 초기의 철학적 인식을 더욱 확장하면서 현실분석과 결합시켜 나가고 있다.

3. 이론

1) 방법: 구성의 방법

네그리는 기존의 존재론화한 변증법에 대한 문제제기 속에서 차이에 기반한 자신의 인식론을 전개한다. 그는 70년대 프랑스에서 이탈리아로 전파된 (이타성과 차이를 강조하는) 불연속의 철학에서 제기된 비상동적인 타자성 혹은 이질성, 총체성의 파편화되고 불완전한 성격, 완전한 해결의 불가능성 등을 인식의 전제로 하면서, 차이, 대체, 도약, 상상 등과 같은 개념을 동원한다.[17]

네그리는 변증법(이탈리아 공산당)이 가세해 만들어 나가려는 발전의 문제를 모든 발전적 연속성을 파괴하는 적대적인 힘들과 경향들의 갈등모델로 설명한다. 정치와 경제는 이분법적 관계가 아니라 '차이를 가지며 미결정적인 과정으로 얽혀진 것'으로 파악한다. 동일성은 차이로 투영되며 차이는 적대성으로 인식된다. 따라서 총체성 개념도 차이 및 관계의 통일로 파악한다. 그는 모순론보다는 차이(존재론)에 기초를 둔 구성으로서의 현실관계에 착목한다.

---

17) 라이언, 『해체론과 변증법』, 나병철·이경훈 옮김, 백의, 1994, 1장. 이러한 인식은 데리다를 중심으로 해체론이란 이름으로 발전되었고, 해체론에서는 동일성과 로고스중심주의에 반대해서 이타성과 차이에 주목한다. 라이언은 데리다의 해체철학을 네그리의 아우토노미아 이론과 접맥시키려고 한다.

네그리는 『요강』을 해석하면서 맑스의 방법론을 결정적 추상의 방법, 경향의 방법, 연구영역의 새로운 서술 및 명료화의 방법, 실천상의 진리 등으로 제시한다. 맑스는 결정성이 항상 모든 의미, 모든 긴장, 모든 경향들의 토대라는 인식 위에서, 변증법적 총체성이나 논리적 통일성 속에 갇히지 않고, 연구에 총체성을 불어넣어 주고 그 연구가 앞으로 나아갈 수 있는 새로운 근거들을 끊임없이 규정하는 방법으로 나아가고 있다고 해석한다. 또한 네그리에 따르면 연구와 서술간의 논리적 관계는 일면적이지도 직선적이지도 않으며, 연구의 서술형태를 띠는 모든 결론은 새로운 연구와 새로운 서술에 공간을 열어준다. 새로운 주제에 대한 각각의 규정은 즉각 새로운 적대를 나타내고 작동하게 하는 역사적 경향적 운동을 통해서, 그리고 이를 통해 새로운 주제들이 결정되는 과정을 통해서 일어난다. 이러한 새로운 서술은 현실(운동)의 총체성을 구성하는 과정에 관한 문제이다. 그렇기 때문에 직선적 연속성이 아니라, 적대가 지닌 각각의 결정적 순간과 서술의 각 도약마다 항상 새로운 서술을 찾는 탐구 리듬 속에서 끊임없이 요구되는 관점들의 다원성이 있을 뿐이다. 그는 열려있는 동학으로서 총체성에 대한 파악으로 나아가려고 한다.[18]

그는 역사유물론의 방법들이 지닌 앞서 말한 몇 가지 기준을 역사과정의 대안들, 그것의 변화, 실재(현실)의 도약 및 전화, 주체의 참여 등을 수행하는 최종원칙 안에서 재구성해야 한다고 하면서 맑스의 방법 가운데 가장 중요한 것으로 '구성'(constitution)의 원리를 제시한다. 갈등의 재구조화 및 투쟁의 발전에 따라 이론적 틀의 전위(대체)를 적극적으로 사고하고, 전위의 전위(전도의 전도)를 통해 새로운 구조의 구성으로 나아가는 데에 맑스의 방법의 핵심이 있다. 구성원리는 변형(transformation), 이행을 분석하기 위한 근본적인 기준이 된다고 한다. 덧붙여 새로운 구조를 구성하는 것은 언제나 새로운 적대의 구성임[19]을 강조한다.

---

18) 네그리, 『맑스를 넘어선 맑스』, 74-78쪽.
19) 같은 책, 138-140쪽.

네그리에 따르면, 자본의 변증법은 통일의 변증법이며, 이러한 변증법은 자본이 노동자계급의 투쟁을 묶어두는 형식이다. 자본이 노동자계급 주체성을 자본주의발전에 이용하는 데 성공할 때 자본은 변증법적 관계의 모순적 통일을 강요한다. 그러나 노동자계급의 투쟁을 묶어두고 통일성을 부여한다는 것은 자신의 독자적인 논리에 따라 움직이고 발전하는 이다른 주체―노동자계급―를 자본이 극복해야 한다는 것을 의미한다. 다른 계급을 통제하고자 하는 것이 아니라, 자신을 해방하기 위해 다른 계급을 파괴하고자 하는 계급의 특징을 이루는 것은 적대의 논리, 분리의 논리이다. 따라서 적대적이며 상이한 두 계급에게는 두 가지 상이한 논리가 있다[20]는 것이다.

자본주의에 적용해 볼 때, 자본주의는 두 주체를 가진 사회체계로서 그 속에서 한 주체(자본)는 노동 및 잉여노동의 부과를 통해 다른 주체(노동자계급)를 통제(지배)한다. 이러한 통제 논리는 인간의 발전을 자본주의적 한계 안에 묶어두는 변증법이다. 그러므로 독자적 주체로서의 노동자계급의 중심적 투쟁은 '노동거부'를 통해 자본주의를 파괴하는 것이다. 지배와 사보타지. 이 거부의 논리(사보타지)는 적대적 분리의 논리이고 그것의 실현은 자본의 변증법을 침식하여 파괴한다. 이러한 파괴로써 얻은 공간 속에서 혁명 계급은 자신의 독자적 기획―자본의 극복이자 새로운 사회의 구성―을 만들어 간다. 자본의 구조화와 노동자계급의 자기가치증식. 프롤레타리아트의 자기가치증식은 교환가치를 회수하려는 힘(권력)이고 사용가치에 대한 재전유능력[21]이다.

네그리는 파괴하는 사고와 구성하는 실천이라는 스피노자적 틀을 원용하면서,[22] 노동거부의 적극적 지향이 구성의 긍정적 측면을 이루어 나감

---

20) 클리버, 「서설」, 『맑스를 넘어선 맑스』, 27-28쪽.
21) Antonio Negri, 'Capitalist Domination and Working Class Sabotage,' in *Working Class Autonomy and the Crisis*.
22) Antonio Negri, *The Savage Anomaly: The Power of Spinoza's Metaphysics and Politics*.

을 강조한다. 구성의 방법은 스피노자 및 니체에서 푸코 및 들뢰즈에 이르는 발본적[급진적] 비판 전통 속에서 찾아 볼 수 있으며, 변증법에 대안을 구성하고, 열린 공간을 제시한다고 한다. 이러한 방법은 우리 자신들에 대한 역사적 존재론, 사회적 존재의 구성에 대한 계보학에 근거한다.[23] 우리가 지식주체로, 권력주체로, 도덕적 행위주체로 구성되는 방식에 대해 질문하는 것이며, 근거(근원)에 관한 이론이 아니라 존재의 계속적 구성에 관한 이론이다. 즉 선험적 준거나 목적론이 아니라 존재의 전진적 구성이 지닌 창조적 측면을 강조한다. 존재(being) 개념은 불연속의 생산, 예견할 수 없는 것, 사건에 개방되어 있어야 한다. 따라서 존재개념은 생성(becoming) 개념이 되고, 여기서 절대자가 아니라 현실 주체들의 욕망이 구성해 나가는 것을 강조하게 된다. 이제 특이한/개별적(singular) 주체들의 구성적 힘에 대한 탐색[24]이 요구된다. 사회적 존재의 구성기제들에 대한 분석이 필요하며, 이것은 또한 존재론적 구성과정에 개입할 가능성을 제시한다고 한다. 나아가 그 구성권력을 만들어 나가는 구성주체들의 계보학이 필요하게 된다.[25]

2) 자본주의: 노동/자본

자본주의 사회를 분석할 때 전통적으로 자본운동을 축으로 파악하여 왔다. 이에 대해 네그리는 자본주의 사회에 적대적인 두 주체(자본과 노동)를 상정하고(때로는 노동자계급을 우위에 두고) 두 주체간의 투쟁(계급투쟁) 속에서 자본운동과 산노동(노동자계급)의 관계들을 분석해 나간다. 그러한 문제설정에서 볼 때, 자본의 확장은 스스로를 표현하는 힘이

---

23) Michael Hardt and Antonio Negri, *Labor of Dionysus*, pp. 285-289.
24) 우리가 어떻게 주체로서 구성되는가? 우리는 우리 자신을 어떻게 어느 정도로 주체로 구성하는가? 하는 문제를 탐구하는 것이다. 네그리는 이러한 예로서 들뢰즈와 가타리의 작업에 주목한다(*A Thousand Plateaus*, Univ. of Minnesota Press, 1987). 그는 특이한 주체들의 유목민적 운동, 욕망의 탈영토화 흐름, 일관성의 내재적 구도에서 정치적 배치를 추적하는 그들의 분석을 구성적 힘을 탐색하는 것으로 평가한다.
25) Ibld., pp. 307-312.

지만 대신 확장할 때마다 해결해야 하는 적대적인 관계를 담고 있다. 이러한 운동은 어떤 해결책으로 이루어지는 것이 아니라, 반대로 끊임없는 장애물의 재설정 속에서 분리의 재개로 이루어진다. 모순이 아니라 분리가 과정을 움직인다. 즉 분리에 따른 계급간의 충돌이 운동의 원인이며 계급투쟁만이 자본을 운동케 한다.[26]

먼저 산노동(노동자 계급구성)의 변화에 대한 분석을 보자. 네그리는 산노동을 분석할 때에 즉자적 계급/대자적 계급이란 대당을 거부하고 계급구성(class composition)이란 개념을 통해 파악하려고 한다. 계급구성이란 노동자계급의 사회화과정을, 그리고 투쟁 속에서 자본에 대항하여 밑으로부터 나오는 노동자계급의 적대적 경향의 확산 및 통일을 포괄하는 개념이다.[27]

그는 자본주의발전의 시기구분과 궤를 같이하면서 노동자 계급구성의 변화를 다음과 같이 파악한다.[28] '대공업'시기의 첫 국면(1848-1914)에 나타나는 '전문노동자'(professional worker)에서, 1차 세계대전에서 1968년 혁명까지의 '대공업'의 두 번째 국면의 '대중노동자'(mass worker)로, 그리고 1968년 이후의 '사회적 노동자'(social worker)로 노동자 계급구성이 변화한다. 이들 노동자 계급구성의 변화를 노동과정의 특징 변화를 중심으로 보자면,[29] 전문노동자는 기계의 지배 안에서 기계 자체의 부속품으로 다루어지지만, 노동사이클에 대한 명확한 지식을 갖추고 있다. 장인적 숙련공은 공장으로 가게 되고 노동자의 자질은 더욱 대량화되고 복잡

---

26) 네그리, 『맑스를 넘어선 맑스』, 227쪽.
27) 구성 개념은 구성/재구성/탈구성(해체) 등 변화를 지칭하는 하위개념들을 동반하며, 기술적 구성/정치적 (재)구성 등 구성내용을 지칭하는 하위개념들을 동반한다. 자본과의 관계에 의해 규정된 정적이고 수동적인 노동자계급을 의미하는 '노동자계급헤게모니'라는 용어에 대립하여, 이것은 새롭고 집단적인 노동자계급주체 또는 역사적 변화의 대행자(agent)에 대한 탐색을 가능케 하는 개념화이다.
28) Antonio Negri, 'Interpretation of the Class Situation Today: Methodological Aspects,' in Open Marxism 2, pp. 75-78.
29) 네그리는 노동자 계급구성의 변화를 노동과정의 측면(기술적 구성), 소비양식의 측면, 규제양식의 차원, 정치적 구성의 특징 등으로 나누어 분석하고 있다.

해진 기계체계의 보완물이 된다. 대중노동자는 노동력이 행하는 산업활동과 관련하여 완전히 추상적이게 되며, 대다수 노동자들은 탈숙련화되고 노동사이클에 대한 지식을 잃게 된다. 1968년 이후에는 공장의 자동화와 사회의 컴퓨터화가 노동과정을 더욱 철저하게 규정한다. 생산적 노동은 생산과정에서 그 중심성을 잃게 되고 '사회적 노동자'가 새로운 지배적 위치를 차지하게 된다. 사회적 노동자는 노동의 실체라는 측면에서 전적으로 추상적이고 비물질적(immaterial)이고 지적이며, 노동의 형태라는 측면에서는 유동적이고 다가적(poly-valent)이다.

사회적 노동자의 특징은 유동성에 있는데, 이것은 비물질노동이 지배적이게 된다는 것을 의미한다. 이는 사회적 노동자의 노동협동(laboring cooperation) 형태가 커뮤니케이션 네트워크를 통해 이루어지기 때문이다. 사회적 노동자는 자본의 조직적 역할을 필요로 하지 않고 스스로를 조직화하고 가치를 창출해 나간다. 사회적 노동자는 사회적인 것의 생산 및 재생산 조건들의 전체성 속에서 노동하는데, 이러한 전체성은 과학기술을 축으로 작용하고 있는 복잡한 '기계'[30]들에 의해 작동한다. 사회적 노동자의 노동은 공장이 아니라 환경 속에서, 사회적 공장을 넘어선 생태학적 기계 속에서 이루어진다.[31] 사회적 노동자의 상은 이제 반(半)기계, 반인간인 사이보그(Cyborg)가 된다.

자본은 노동에 의존하지만 노동은 자본에 의지하지 않고도 스스로를 움직여 나갈 수 있게 된다는 것이다.[32] 이렇게 될 때 자본 및 국가의 지배는 전적으로 외재적이며 정치적이 된다.

나아가 이러한 방향은 자본의 정보적 재구조화와 맞물려 있는데, 여기서 착취의 비판은 소통(커뮤니케이션) 비판을 통해 이루어진다. 노동협동의 장소인 소통은 자본의 지배가 관철되도록 고정화된다. 여기서 자본의 생산적 명령[지배](command)과 노동협동 간의 적대가 현재의 주요한

---

30) 여기서 기계 개념은 가타리에게서 빌어온 것으로 생각된다.
31) *The Politics of Subversion*, 제4장.
32) Michael Hardt and Antonio Negri, *Labor of Dionysus*, pp. 279-280.

적대로 등장한다.

다음으로 자본의 변화에 대한 분석을 보자.

네그리의 자본에 관한 분석은 오페라이스모(노동자주의)[33]의 초기 인물들의 생각을 이어받고 있다. 자본주의적 생산의 사회적 조직화 위에서 움직이는 사회적 자본은 자신 안에서 노동자계급이 기능하도록 하기 위해서 '자본의 계획'을 필요로 하며, 따라서 사회적 자본은 사회적 권력으로 나타나고, 계급투쟁은 동시에 자본의 계획 안에서 규정되고 조직된다고 파악하는 트론티의 논의[34]와, 자본주의적 발전 속에서 노동의 사회화과정에 주목하면서 협동이 기본적인 형식이라는 판지에리[35]의 주장을 이어받고 있는 것이 그 예이다.

이들의 인식을 공유하면서 네그리는 '사회적 자본' 개념을 더욱 정교하게 만든다. 그는 유통을 매개로 한 사회적 재생산영역에 주목한다. 기존의 맑스주의 논의가 잉여가치론을 강조하는 것은 자본의 구조 지체 안에 계급투쟁이 내재해 있다는 것을 보여준다. 그러나 『요강』에서는 잉여가치법칙을 자본의 재생산과 유통의 기제들 속으로 확장하는 이행(passage)이 일어나고 있음을 지적한다. 여기서 그는 유통은 모든 개별적 생산계기들뿐만 아니라 모든 사회적 재생산조건들을 조직하고 묶어내는 근육이라는 맑스의 주장을 제시한다. 사회적 유통자본의 출현은 자본의 사회화를 함축하는데, 네그리는 유통 가운데에서도 특히 노동력과 임금간의 교환, 그리고 그에 뒤이은 임금과 사용가치 간의 교환이라는 '소규모유통' 영역에 주목한다.[36] 여기서 임금은 자기요구를 부과할 수 있는 노동자계급의 힘을 나타내며, 그 힘의 크기는 계급투쟁 자체에 의해 결정될 뿐이라고 강조한다.

---

33) 이탈리아에서 60년대 초반에 나타난 흐름으로 노동자 대중의 자생성을 강조하고 대표제를 거부하는 노동운동 조류를 말한다. 이 흐름은 공장단위를 강조하는 결점이 있으나 공장 내부의 지배통제구조를 전복하려는 운동으로서 아우토노미아운동의 발판이 되었다고 할 수 있다.

34) Mario Tronti, 'Social Capital,' *Telos*, No. 17, 1973.

35) Raniero Panzieri, 'Surplus value and planning: notes on the reading of *Capital*,' in *The Labour Process and Class Strategies*, CSE Pamphlet, no. 1, 1976.

36) 네그리, 『맑스를 넘어선 맑스』, 248-256쪽.

따라서 유통이론은 잉여가치론의 연장이며 유통에 대한 자본의 지배는 위기에 대한 자본의 승리를 의미한다. 생산의 사회적 조건들은 유통의 조직화에 의해 형성되고 조직되고 지배된다. 이제 자본은 사회적 자본이 되고 잉여가치는 사회적 잉여가치가 된다. 이러한 사회적 자본으로의 이행은 형식적 포섭에서 실질적 포섭으로의 이행과 궤를 같이한다.

그렇지만 소규모유통을 통해 산노동의 지속적인 재생산을 보증해야만 하는 자본주의적 재생산의 아이러니는 사회적 자본의 끊임없는 (재)구조화를 동반한다. 즉 노동자계급의 저항으로 인해 자본은 항상 위기에 처할 수 있으며 자본은 계획을 통해 자본의 재구조화를 통해 대처해 나간다. 이러한 대응은 사회적 자본에 새로운 변형을 가져온다.

자본의 재구조화는 점증하는 기술적 통제 및 분절화, 개별 기업과 방계 기업의 통합(신용), 그리고 산업의 국제적 재조직화(노동의 분산) 형태를 취한다. 이는 결국 더 커다란 사회화, 서비스화, 그리고 유연성을 뜻하며, 실업자와 노동자의 분리, 기업간 분리, 사회적 노동자층의 프롤레타리아화와 서비스화를 통한 생산적 노동의 비생산화, 대량생산의 지역적 분산, 사회 전 부문에 자본주의 생산의 도입, 모든 노동자계급의 집중성의 파괴, 그리고 개량주의를 만들어 낸다.[37] 이제 사회 전체가 하나의 공장이 된다. 벽이 없는 공장, 분산된 공장, 즉 '사회적 공장'이 출현한다. 이제 자본은 공장에서만 명령(지배)하는 것이 아니라 사회 전체를 명령(지배)한다. 생산과 재생산의 경계는 사라진다. 물론 사회적 공장의 출현은 사회적 노동자의 출현과 궤를 같이 한다.

사회적 공장에서의 수탈은 더 이상 생산자의 수탈에만 머물지 않고 생산자공동체에 대해 수탈한다. 자본은 모든 곳에 스며들어가 모든 곳에서 가치를 추출하기 위해 노력한다. 이제 생산은 사회적 연결망을 통해서 이루어지며 노동과정 자체가 공장에서 사회로 옮겨가고 있다. 가치이론은 지도제작법(cartography)[38]이 되고 노동은 공장과 관련이 없지 않지만, 통

---

37) 「에필로그」, 『맑스를 넘어선 맑스』, 358-361쪽.

신망, 정보산업 등 사회간접시설들이 노동의 전제조건을 이룬다. 공장을 넘어선 환경, 사회적 공장을 넘어선 생태학적 기계가 생산의 장이 된다.

그런데 사회적 노동자의 높은 생산성의 바탕이 되는 자원은 과학과 커뮤니케이션, 특히 지식의 커뮤니케이션이다. 따라서 자본은 커뮤니케이션을 착취해야만 한다. 자본은 공동체를 전유해야만 한다. 그리고 지식을 통제할 수 있어야만 한다. 이것이 바로 선진민주주의에서, 오히려 사회적 노동자의 세계경제에서 발생하는 착취의 형태이다. 나아가 커뮤니케이션의 착취는 사회적 노동자의 노동생산성의 집합적 성격을 신비화한다(숨긴다). 그렇지만 공동체의 형성은 사회적 노동자에게 있어서 전제조건인 동시에 목적이 된다. 따라서 전형적인 자본주의의 커뮤니케이션 착취방식과 지배형태는 매우 높은 수준의 통제와 지배, 그리고 독재의 형태를 띠게 된다.

이러한 사회적 노동자의 생태학적 기계는 선진자본주의국가에서 착취자와 피착취자 간의 갈등이 고조되었기에 형성가능해진 통합된 세계시장 속에 있으며, 이 속에서 사회적 자본은 세계적 자본이 된다. 세계적 자본의 필수요건은 정치적 통제형태가 일차적인 자본통제형태가 되는 것이며, 따라서 통제에 의해 통제가 생산되며, 자동화와 컴퓨터혁명이라는 테크놀로지로 무장된 통제가 세계경제 속에 확산된다.[39]

이러한 성격을 지닌 사회가 축이 된 세계시장의 자본주의적 식민지화는 세계시장의 통합을 가져왔는데 이러한 통합은 금융 수단들의 발달을 통해 이루어졌다. 화폐적 통제, 테러극대화, 원자력이용 등이 나타나고 국가는 확산되는 커뮤니케이션과는 반대로 비밀수호를 자랑하는 핵국가

---

38) 가치는 이른바 '생산적 노동'에서만 창출된다고 흔히 믿어 왔지만, 실체론적인 '생산적 노동' 개념 자체가 문제될 뿐만 아니라, 컴퓨터화 및 자동화에 따라 노동의 성격이 변화하면서 자본은 사회의 곳곳에서 가치를 창출/수탈한다. 맑스가 『자본』에서 서술한 회계적 수식에 의거하여 노동시간(절대적/상대적 잉여가치)에 착목한 가치론은 설 자리가 약해지고, 시간과 공간의 축약 속에서 가치창출의 모습은 공간적 분포도 즉 지도를 통해 오히려 잘 나타난다고 한다.

39) 네그리, 『맑스를 넘어선 맑스』, 5장.

가 된다.[40] 그러나 통합을 위해 사용된 수단들이 통합이 진전되어감에 따라 위기를 맞게 되었다(외채변제 거부 등). 따라서 사회적 노동자의 세계경제는 적대적 현상이 되어가고 있다. 세계적 규모에서 국민경제가 국제적으로 통합과 다중심적이고 엄밀히 계획된 통제기획 안에 국민경제들이 종속되는 현상을 두고 네그리는 가타리와 함께 '통합된 세계자본주의'라는 개념을 쓰고 있다.[41] 그들은 이를 나중에는 '제국'개념으로 바꾼다.

3) 위기/국가

네그리는 경제발전과 그 위기를 결정하는 데 노동자투쟁이 수행하는 적극적인 역할을 강조한다. 경제발전은 노동이 결정적인 역할을 하는 자본과 노동 사이의 불안정한 적대적 관계에 의존한다고 하면서 경제를 정치적으로 독해한다. 발전은 자본과 노동 사이의 적대에 의해, 특히 잉여가치와 임금 사이의 관계에 의해 결정된다. 맑스는 자본주의의 주기적 순환이 필연적으로 위기를 포함하는 것으로 보는데 여기에서 노동자계급의 적극적인 역할이 강조되는 것이다. 노동자계급의 자율성이 출현하는 것이 바로 자본의 위기이며, 자본은 기본적인 힘 관계를 재정비하는 데 위기를 이용한다. 더 나아가 그는 이윤율하락이라는 위기는 세력관계의 결과이고 투쟁 속에서 주체의 경향들 및 반경향들의 결과라고 주장한다. 산노동의 양을 감소시키려는 노동자투쟁은 자본주의발전에 환원불가능한 한계를 형성하는데, 자본은 이에 대해 위기를 이용하여 사회적 분절을 재조정하지만, 이 재조정은 계급적대를 격화시키고 위기를 전 사회로 확대시켜 나가게 된다.[42]

이러한 위기를 해결해 나가기 위해 '사회적 계획국가'가 등장한다. 사회적 계획국가는 발전을 조직화하기 위해 노동자계급을 통제하는 계획을 수

---

40) 같은 책, 6장.

41) Antonio Negri and Félix Guattari, *Communists Like Us*, p. 47.

42) Toni Negri, 'Marx on Cycle and Crisis,' in *Revolution Retrieved—Writings on Marx, Keynes, Capitalist Crisis and New Social Subjects (1967-83)*, pp. 43-90.

행해 나가지 않을 수 없다. 결국 그것은 가치법칙의 완전한 작동과 직접적인 통제에 이질적인 모든 요소들을 제거하면서 이를 통해 체제를 강화하려고 하는 국가이다. 이러한 사회적 국가는 부르주아지와 사회주의자들 사이의 동맹에 의해 보증된 경제발전을 통해 나아가는 즉, 노동에 토대를 둔 국가이다.[43]

계획국가 개념과 관련하여 국가의 재구조화 정책이 중요한 것으로 부각된다. 이탈리아 공산당의 역사적 타협(개량주의)도 생산관계에 대한 이러한 자본주의적 재구조화에 필수적인 요소이다. 역사적 타협은 노동의 이데올로기, 즉 고용과 생산적 노동의 이데올로기를 취하며, 실업이라는 무기로 위기를 통제함으로써, 프롤레타리아트[44]로부터는 노동자를 고립시키며, 사회로부터는 공장을 고립시켜, 프롤레타리아트의 통일을 방해한다. 새로운 계획국가는 노동자 착취에 노동자가 참가하는 것일 뿐이라고 강조한다. 그러나 한편 이러한 자본의 재구조화는 사회적 노동자를 출현시킨다.

이러한 인식 위에서 네그리는 이탈리아 공산당의 '시민사회론'과 '정치의 자율성론'을 공격한다. 네그리는 국가의 헌법을 계급구성의 변화에 따라 변하는 것으로 간주하며, 새로운 헌법 개정은 정치적 정당성을 지닌 착취와 마찬가지라고 본다. 따라서 정치경제학 비판은 필연적으로 행정, 헌법, 그리고 국가에 대한 비판이 되어야 한다고 주장한다. 전후 1948년 헌법의 목적은 노동자계급을 무장해제시키는 것이었다고 파악한 위에서, 법률의 구체적인 생산성은 투쟁과 갈등을 극복하는 데 있는 것이며, 이것은 노동을 사회적 생산의 기초로 만드는 기능이라고 파악한다. 즉 문제는

---

43) Toni Negri, 'Keynes and the Capitalist Theory of the State Post-1929,' in *Revolution Retrieved—Writings on Marx, Keynes, Capitalist Crisis and New Social Subjects (1967-83)*, pp. 5-42.
44) 네그리는 프롤레타리아트를 노동자계급보다 광의로 사용한다. 특히 프롤레타리아트에는 다양한 주변계층들(여성, 이민자, 학생, 실업자 등)이 포괄된다. 그에 비해 노동자계급이라고 프롤레타리아트와 구별해서 쓸 때에는 '공장'노동자 또는 '보장된' 노동자를 의미한다.

헌법의 형식적 통일에서, 현실에서 통일이 지닌 기능적 효과로 나아가는 데서 법률체계의 형식성과 모순되는 갈등을 인정해야 한다는 것인데, 자본은 노동의 권리 및 노동조합의 권리를 인정하는 방식으로 갈등을 해결해 나가고 있다. 이것의 긍정적인 결과는 사회적 계획국가이며, 이는 '노동의 헌법화'를 완성하고, 전체 과정을 계획하고 질서지움으로써 노동을 국가의 기초로 삼는다고 한다. 45)

그는 더 나아가 법은 상부구조가 아니며, 법이라는 형태 속에 착취라는 자본의 지배가 실행되고 있다고 파악한다. 국가를 자본주의적인 착취 및 축적에 통합된 것으로 파악할 것을 주장한다. 이에 기초하여 사회를 공장으로, 국가를 시장으로 인식할 것을 요구한다. 헤게모니 개념의 남용을 비판하면서 그는 자본주의적 지배는 시민사회를 생산과정 및 권력구조의 프로젝트로 전환시켜 버렸다고 주장한다. 46)

이러한 계획국가는 노동을 끌어안고 있는 사회적 자본의 국가이기 때문에 케인즈 식으로 균형모델 속에서 사고할 수 없다. 계획의 규칙은 노동자계급의 자율성이 출현함으로써 파괴된다. 따라서 사회주의적 계획은 '가치법칙에서 사회적 전체에 대한 결정성으로' 나아가는 조화를 가져오려고 한다.

그럼에도 불구하고 비합리성을 유통의 위기에서 삭제할 수 없다. 위기는 노동 생산력에 한계를 설정하는 데 사용되고, 파괴는 자본의 자기보존에 봉사하게 된다. 위기와 불황의 영속화는 자본의 영속화의 조건이 된다. 이제 계획국가를 '위기국가'—자본의 생존을 위한 자유로운 지배·관리를 특징으로 하는—로 변형하는 것이 자본의 정치적 구성을 특징짓는다. 위기국가는 다국적기업과의 관련 속에서 국민국가의 위기로 나타나게 된다. 위기국가에서는 시장과 교환을 통한 '형식적' 통제가 무너지고 가치의 정치적 결정, 사회적 노동에 대한 명령이 강화되고 강요되는 것이다. 47)

---

45) Michael Hardt and Antonio Negri, 'Labor in the Constitution,' in *Labor of Dionysus*, pp. 52-135.
46) 『맑스를 넘어선 맑스』, 362-371쪽.

여기서 위기는 임노동관계의 생산·재생산의 위기 모두를 의미한다.

1960년대 이후 관리를 통한 명령에 기초한 국가, 정치위기의 조작, 약탈 등등을 일삼는 국가가 등장했다. 이후 1980년대 들어 자본주의발전과 궤를 같이 하여 국가의 특성도 변화한다. 네그리는 위기국가의 발전단계를 다음과 같이 나누고 있다. 첫째 단계는 1960년대에 자본주의적 발전과 계급투쟁간 단절(임금투쟁의 양적 방법)이 나타난 시기이고, 두 번째 단계는 1970년대에 노동자계급의 연대표현으로서 질적 임금을 주장('정치적 임금'으로의 변형)하는 시기이다. 이에 대해, 자본은 사회적 노동력이 기반한 생산적 영역을 분열시키고 분산시킴으로써 대응하기 시작한다. 바로 여기에서 '위기국가의 위기'가 등장하게 되며, 국가는 프롤레타리아트에게 돌아가는 공적 비용의 확대를 전복시키고자 시도한다. 일반적 안정을 재구축하려는 1980년대의 위기국가에서는, 명령(지배)은 그 형태에서 더욱 파시스트적이 되어 그 자체의 재생산에 더욱 고정되며, (자본의 노동에 대한 실질적 포섭이 주어진) 사회적 관계의 총체성에 내재적인 방식으로 행사될 수밖에 없다.

그러나 이러한 국가는 계급관계라는 구조적 모순을 가지고 있을 뿐만 아니라, 사회상(像)을 재생산하고 사회적 총체성의 효과적 시뮬레이션을 통해 명령(지배)을 정식화하고 사회적 과정의 중복을 통해 총체성을 수축시키는 능력(화폐를 통해 수행)과 명령(지배)의 문화적 차원 간의 모순(기능적 모순)으로 인해 '일상적 파시즘'으로 나타난다. 현재 생산력은 사회화된(사회적) 노동자계급으로 구체화되고, 더 나아가 노동자계급의 생산적 권력은 재생산과정의 전 영역에서 행사되어 재생산의 전 영역이 적대의 핵심영역이 된다. 국가의 파시스트적 특성은 이 영역에서 어떤 형태의 매개도 거부함으로써 전개된다. 국가는 사회를 자신의 상으로, 화폐로 변형시키고, 자본은 그것을 소비할 수 있게 된다. 이 지점에서 위기국가

47) Antonio Negri, 'Crisis of the Planner-State: Communism and Revolutionary Organization'(1971), in *Revolution Retrieved*, 1988, pp. 118-124.

의 파시스트적 특성은 가장 발전된다. 이러한 국가는 핵국가(권력의 존재 이유를 기술적으로 객관화, 최대화), 정보체계국가(동의 창출의 최대화), 조합적 국가(이해집단의 매개), 파시스트국가(배제, 주변화, 선별적 억압기제들의 극단화)라는 특성들을 지닌다. 내전을 통제수단으로서 주기적으로 계획적으로 사용하며, 노동의 실질적 포섭수준에서 그리고 동의문제로 보이는 유통문제에 대한 해결책으로서 테러적 요소가 근본적이게 된다. 48)

사회적 노동자의 등장과 자본의 정보재구조화를 축으로 커뮤니케이션이 중요해지는 현재의 시점에서, 국가는 삶의 다양한 흐름을 자본주의적 시간의 리듬에 종속시키려고 하며, 커뮤니케이션의 확장력과는 반대로 비밀을 무기로 하면서 기술적 합리화를 무기로 통제(핵테러)를 행사하는 핵국가로 나타난다. 49)

네그리는 국가론을 정리하면서, 국가의 상대적 자율성이 자본주의적 발전 이전의 단계에서는 어떤 의미를 가질 수 있지만, 국가는 잉여가치추출이 이루어지는 형태이기 때문에 더욱이 실질적인 포섭의 시기에는 국가와 정치의 어떠한 자율성도 상상할 수 없다고 한다. 실제 사회주의 국가에서는 자본주의적 생산의 불충분한 발전 때문에 국가와 사회주의적 과제에 대한 상대적 자율성의 여지가 남아 있을 수 있으나, 선진자본주의 국가에서는 전혀 여지가 없다. 선진자본주의 국가에서 국가의 힘은 집합적 자본가의 힘이며, 노동자투쟁과의 관련 속에서만 설명될 수 있고, 따라서 국가는 전쟁의 현실(계급관계)에서 한 극(極)일 뿐이다. 이러한 맥락에서 그는 국가의 폭력과 그에 대항한 폭력의 문제를 고려한다. 그는 폭력문제를 고려하면서 파괴하는 것이 아닌 건설하는 것에, 파괴보다는 구성에 관심을 기울인다. 50)

---

48) A. Negri, 'Crisis of the Crisis-State'(1980), in *Revolution Retrieved*, pp. 181-192.
49) Antonio Negri, *The Politics of Subversion*, 12장. 그리고 *Communists Like Us*, 1990, pp. 53-54.
50) Antonio Negri, 'State and class in the phase of real subsumption,' in *The Politics of*

정치(적인 것)가 사회(적인 것)에 투사하고 사회적인 것을 발본적으로 구성해 나가는 한, 국가론의 문제는 새로운 사회를 향해 나아가는 프롤레타리아트의 권력, 즉 '구성권력'의 문제로 제시된다.[51]

4) 당/조직

네그리로 대표되는 아우토노미아 운동은 (이탈리아) 공산당과의 대립 속에서 형성되어 왔다. 네그리가 쓴 글을 중심으로 아우토노미아 조직론을 간단히 살펴보자.

네그리는 『전략의 공장』(1977)에서 레닌에 대해 평가·비판하면서 조직론의 전개방향을 제시한다.[52] 레닌이 혁명이론에 기여한 것은, 정치적 계급구성(노동자계급이 주체로서 역사의 결정적 계기에서 제시하는 요구 행위, 정치의식 수준이 지닌 결정성)에 따라 조직을 구축할 필요성, 현실을 변형시킬 수 있는 계급 주체 속에서 혁녕적 삼재력을 설정하는 문제, 최상의 혁명방법이 현존 사회구성체에 대한 분석에 기초를 둔 이론적, 실천적 예상으로서 경향의 방법이라는 점 등이었다고 한다. 그러나 레닌의 가장 큰 한계는 국가에 대항한 투쟁을 노동에 대항한 투쟁으로 제시하는 것이 불가능했다는 것, 그리고 계획이 레닌에게는 긍정적이었으나, 그것은 단순히 자본주의적 지배의 한 형태이므로 공격해야 할 첫 번째 것임을 인식하지 못했다는 점이다.

네그리에 따르면, 레닌의 준거는 산업노동자의 전위였다. 레닌의 당은 노동의 형식적 포섭 시기에, 공산주의를 가능케 하는 계급구성이 달성되기 이전에 그 이상의 발전의 필요성을 부과하였다. 전위는 외재적 조직으로서 중앙당을 필요로 했으며, 당은 하나의 공장이었다. 노동자들은 공장에서 당에 필요한 규율과 조직을 배운다. 당시의 계급구성이 외적 지향에

Subversion, pp. 177-190.
51) Antonio Negri, 'Interpretation of the Class Situation Today: Methodological Aspects,' in *Open Marxism 2*, pp. 100-104.
52) 『맑스를 넘어선 맑스』, 353-354쪽.

대한 필요성을 결정하였고, 러시아의 후진적 조건 때문에 착취에 대항하는 투쟁은 경제발전을 지지하는 투쟁이 되었다는 것이다. 네그리는 레닌의 조직론이 적용되었던 '전문노동자' 시기에는 이처럼 노동자의 정치적 계급구성의 측면에서는 대중요소와 전위요소라는 이중적 조직 위에서 그리고 산업생산과 사회조직의 노동자관리(대중의 사회주의적 해방이라는 기획)라는 강령 위에서 노동자당을 중심으로[53] 조직운동 및 조직론이 전개되었다고 본다.

그러나 '대중노동자' 시기에는 조직론도 달라진다. 레닌적인 노동자당을 중심으로 한 경험들이 지속되기는 하지만, 선진국들에서 새로운 조직형태가 출현하게 된다. 사회적 공장 속에서 경제투쟁과 정치투쟁이 완전히 동일시되며, 레닌의 전위는 '대중전위'가 된다. 당은 노동자계급의 이익을 '대표'하는 사람들을 더 이상 필요로 하지 않는다. 네그리는 새로운 당은 대중에 의해 결정되는 조직이어야 한다고 하면서, 파리 코뮌, 미라피오리당, 러시아 소비에트 등을 대중 속에서 대중의 활동에 기초를 둔 정당한 권력의 원천을 지닌 것으로 본다. 이제는 대중 수준에서 자본의 탈집중화에 대항한 '노동거부', '평등임금'(정치적 임금: 생산성, 발전과는 무관한 노동자의 요구)이 제기된다. 그 속에서 부르주아 독재의 현재적 형태에 대항하여 노동소멸(zerowork)을 스스로 조직화하여 권력을 재전유하려는 방향이 제시된다.

정치적 과업은 공장투쟁과 사회적 지형 안의 투쟁들 및 임금투쟁을 전복과 접합하는 것으로 제시되고, 전위와 대중적 과정(즉 레닌과 룩셈부르크)을 결합시킬 필요성을 제기한다. 따라서 대중의 전위당은 임금투쟁과 혁명적 권력투쟁을 통일시켜야 한다. 여기서 당의 임무는 자본의 힘이 계급에 대해 가지고 있는 신비화된 상을 파괴하는 것, 자본의 지배를 파괴하는 것이라고 한다. 새로운 당은 단순히 노동자권력의 실행기관에 불과

---

53) Antonio Negri, 'Interpretation of the Class Situation Today: Methodological Aspects,' in *Open Marxism 2*, pp. 75-78.

하며, 자본주의적 가치증식의 대립물이다. 당의 공격 목표는 노동에 대한 지배로서의 가치법칙이며, 당은 노동자의 자율성을 '비노동의 공산주의적 권력'으로 특권화시켜야 하며, 이것이 '당기능의 최고의 필요성'을 인식하는 것이라고 한다. 당은 노동자계급 운동에 종속되어야 하며, 대중 수준에서 계급전위들은 임금을 활용하고 민주주의 투쟁과 정치투쟁을 일치시켜 나간다. 전위 노동자들은 노동자권력의 기능 담당자들일 뿐이다. 노동자계급은 당을 이용할 수 있지만, 단지 자신의 활동이 당을 지배할 때에만 그러하다.[54] 네그리는 노동자계급을 지배하는 당이 아니라 노동자계급으로부터 지배받는 당을 생각한다.

네그리는 임금노동에 대항하는 공격, 재구조화(타협)의 정당성 파괴, 그리고 자본의 무력 사용에 대항한 전투적 투쟁의 준비라는 세 가지 공격 지점을 개괄하면서 효과적인 지휘기능이 발전한 당 형태를 제시하지만, 대중권력만이 이러한 지휘능력을 결정한다고 새차 주장한다.[55]

여기서 문제는 조직의 분절들과 조직 전반 사이의 분열이며, 대자본이 추구하는 사회적 구획을 파괴하는 대중계기와 전위계기를 통일하는 노동자계급의 접합이라고 한다. 공격의 계기와 대중운동 사이의 관계에서 '지속적 단절'에 집중하면서, 공격의 상이한 기능 담당자들(가사노동자, 실업자, 학생, 주변인)을 결합해야 하는 문제가 전면에 부상하였다[56]고 파악한다.

이처럼 대중권력에 기초한 당 개념 및 조직의 상은 노동자 계급구성의 변화에 따라 수정된다. 특히 68년 이후 공장에 들어온 젊은 노동자들은 임금투쟁과 권력투쟁 사이의, 공장투쟁과 공동체(사회)투쟁 사이의, 분절된 투쟁과 전반적인 투쟁 사이의 관계에 대해 새로운 인식을 조직에 가져왔다. 젊은 노동자는 어떤 논쟁도 숭배하지 않고, 체념도 관료적 가능

---

54) 라이안, 「에필로그」, 『맑스를 넘어선 맑스』, 348-349쪽.
55) 네그리, 『맑스를 넘어선 맑스』, 361쪽.
56) Tony Negri, 'The Workers' Party of Mirafiori'(73-74), in *Working Class Autonomy and the Crisis*, pp. 61-65.

성의 복잡한 계산도 하지 않고, 다만 요구의 신선함과 착취에 대한 새로운 증오를 보일 뿐이었다.[57]

네그리는 이러한 '사회적 노동자'의 등장과 함께 재생산영역이 적대 및 투쟁의 영역이 되었다는 점과 재생산영역을 파괴하는 '색다른' 노동자운동의 중요성을 강조한다. 이러한 운동은 자신들 속에 자신들의 사회를 건설(자기가치증식)해 나간다. 이제 당의 문제, 조직의 문제는 구성의 문제로, 자기가치증식의 문제로 제시된다. 당은 분리의 논리로부터 논의되어야 한다고 주장하면서, 그는 당은 자기가치증식 과정의 보장자로서 프롤레타리아권력의 한 기능이고, 자기가치증식 과정에서 조직된 대중 속에 지도력이 존재한다고 본다. 당은 자기가치증식의 실천에 뿌리를 두고 있지만 이러한 실천을 공격의 임무와 결합해야 한다. 즉 프롤레타리아 권력은 자본주의 권력의 파괴를 목표로 한다. 그런데 권력은 권력의 관계망 속에 용해되어 있다. 그리고 계급의 독립은 개개의 혁명적 운동들의 아우토노미아(자율성)를 통해 이루어지는 것이다. 결국 다양성의 통일을 이뤄 나가야 하는데, 개인적 차원에서 문제는 프롤레타리아 자기가치증식 과정에 직접 참여함으로써만 해결될 수 있는 것이지, 당이 개인이나 주체에 다가가야 하는 것은 아니다. 당은 노동거부를 해방과정을 위한 수단으로 전환시키기 위한, 그리고 프롤레타리아트의 자기가치증식 과정의 진전 가능성을 강화해 가기 위한 축이 된다[58]고 한다.

노동자계급의 주체성은 저항에서 전유로, 재전유에서 자기조직화로 나아간다. 주체성의 적대적 생산과정에서 다양한 힘들의 작동을 통해 미시적 투쟁에서 몰(mole)적 적대적인 대결로 이행해 간다. 이 과정에서 주체의 자기인식 위에서 사회적인 것을 재전유하는 과정이 진행된다. 이러한 재전유는 생산조직의 민주적 과정을, 그리고 이 주체들의 적대자들에 대

---

57) Tony Negri, 'One Step Forward Two Steps Back: The End of the Groups,' in *Working Class Autonomy and the Crisis*, pp. 55-59.
58) Antonio Negri, 'Capitalist Domination and Working Class Sabotage,' in *Working Class Autonomy and the Crisis*, pp. 128-132.

항하여 생산조직의 배타적 결정성을 구성해 나간다. 아우토노미아는 다수의 조직망, 모든 합법적, 비합법적 투쟁의 동원, 모든 '분자적 망상(網狀) 조직'의 조정, 조우 계기들의 전진적 축적으로 구성된다.[59] 이 과정에서 당은 실행기관의 의미를 지닌다는 것이다. 당은 대항권력의 조직자, 따라서 공산주의적인 조직의 집단적인 사회적 기구로서 다시 태어날 수 있을 것이라고 한다. 변천하는 기구로서 당은 계급의 일반적인 이익을 대표하는 역할을 거부하고, 대신에 특정한 계급이익을 조직하고 만족시킬 수 있는 가능성을 나타내야 한다. 그런데 기존의 공산당은 보수적이고 반동적인 이데올로기의 근원이 되고 있는데, 다수의 프롤레타리아트를 포함하지 있지만 그들의 역할은 기본적으로 조합조직화와 이들의 힘을 통제하는 것이다.

네그리는 이러한 관심 위에서 가타리와 함께 분자적 결집방식을 통해 어떻게 새로운 동맹을 실현해 갈 것인가를 탐색한다.[60] 더 나이기 대중의 지성으로 소비에트를 건설할 것을 주장한다. 비물질적 노동이 지배적이게 되고 생산과 생활형태 사이의 차이가 없어지는 상황에서 대중의 지성(일반적 지성)으로 구성되는 소비에트를 통해 기존 권력에 대한 대안을 만들어 갈 수 있다[61]고 강조한다.

이러한 인식 속에서 네그리는 공산주의에 대한 새로운 상을 제시한다. 그에 따르면, 공산주의란 자본의 범주들 속에서 전도된 형태로 즉각적으로 주어져 있다. 공산주의의 가장 중요한 특징은 그것이 구성 주체의 행동의 결과라는 것이고, 이러한 주체의 노동이 자본주의적 가치 및 노동형태에서의 해방으로 구성된다는 것이다. 공산주의의 미래는 오로지 건설될 수 있을 따름이다. 즉 공산주의는 자본주의의 논리적 전개의 결과물도 아니고 목적론도 아니며 오히려 자본의 파괴와 현실의 변혁에 의한 새로운 주체의 형성 그 자체라고 본다.

---

59) Antonio Negri, *The Politics of Subversion*, pp. 140-152.
60) Antonio Negri, *Communists Like Us*, (with Félix Guattari), pp. 103-130.
61) 네그리, 「제헌적 권력─대중의 지성으로 소비에트를!─」, 『성균비평』 창간호, 1994.

공산주의적인 노동거부(분리)는 이 주체, 그 주체의 완전한 자율성이 지닌 자유로운 운동의 다양성을 해방한다. 더욱이 이러한 다양성과 잠재적인 '과잉' 생산성은 이미 자본주의에 내장되어 있다는 것이다. 공산주의의 구체화(물질화)는 자본가치가 부과하는 한계를 넘어서 산노동이 지닌 사용가치의 발전으로 이루어질 것이며(전도), 공산주의로의 이행은 자율적인 주체가 구체적(물질적)으로 자기를 구성하는 것이다(전도의 전도: 구성). 62) 이러한 구성의 문제는 사회적 노동자라는 주체의 등장으로 진행중인 문제가 되었다고 한다.

네그리는 『야만적 별종』 등에서 스피노자에게 의지하고, 나아가 들뢰즈, 가타리 등이 사용하는 개념을 도입하여 구성의 문제에 천착한다. 스피노자는 '권력'에 대항하여 '역능'(potenza, puissance)을 특권화한다. 역능이라는 개념은 그것이 권력의 기초인 안정성과 절대성을 붕괴시키는 전위(대체) 및 변형의 원리를 전면에 제기하는 구성 및 생산의 개방성 및 반(反)종말목적성을 의미하기 때문에 권력에 대해서 전복적이다. 스피노자는 역능을 존재의 물질적 생산 및 구성이라고 파악하고, 대중(multitude)의 행위를 세계 구성적 실천이라고 하였다. 스피노자의 새로운 '합리성'은 욕망에 기초를 둔 구성적 존재론과 집단적 '상상'(창의적 생산의 원칙)의 조직으로 이루어져 있다. 네그리는 스피노자를 욕구와 욕망 속에서 인간 생활의 실제적인 물질적 기초, 갈등, 인간적 생산의 집단성을 승인하는 반유토피아(dysutopia)에 대해 서술한 것으로 파악한다. 63) 네그리는 스피노자의 이 서술을 받아들여 대중의 역능에 기초를 둔 구성권력의 전망, 공산주의에 대한 새로운 전망을 더욱 확정한다.

구성 문제의 제기는 가타리와의 공동작업을 통해 더욱 확장된다. 공산주의는 각자에게 환원할 수 없는 개인들 및 집단들이 지닌 특이성(singularity)이 인정되고 해방되는 공동체의 구성이며, 특이화과정64)으

---

62) 「공산주의와 이행」, 『맑스를 넘어선 맑스』, 277-303쪽.
63) Antonio Negri, *The Savage Anomaly: The Power of Spinoza's Metaphysics and Politics.*

로서 노동해방과 주체성 해방의 결합을 통해 사회적 '개인'의 발전을 가져오는 것이다. 네그리는 새로운 주체들(사회적 노동자)은 이미 이에 접근하고 있으며, 공산주의는 성숙해 있다고 낙관한다.

4. 맑스를 넘어선 맑스

네그리는 탈근대론의 문제제기를 적극적으로 수용하면서도 그것을 사회적 관계와 적대의 문제설정 속에서 받아들인다. 물론 그렇다고 해서 모든 현상을 적대의 틀로 환원하려는 것은 아니다. 그의 논의는 노동과 자본의 힘 싸움이라는 인상을 주는데, 여기에 대해 자본주의를, 더 나아가 현대사회를 너무 단순화시킨 것이라는 반박도 가능할 것이다. 그러나 노동과 자본의 대결이라는 존재론에서 시작하는 그의 논의를 상내화시켜서는 안될 것이다. 역사 속에서 형성된 그런 적대적 현실을 달리 볼 수도 있다는 진술로 현실을 바꿀 수는 없을 것이다.

오히려 자유주의적 담론들을 적극적으로 차용하면서도(예를 들어 자유 개념) 현실 분석에 기초하여 전복을 시도하려는 네그리에게서 기존의 맑스주의를 넘어서려는 적극적인 의미를 찾아 볼 수 있다. 또한 '현실 사회주의'에 대한 비판적 분석 위에서 그는 전복이 새로운 구성으로 나아갈 수 있는 출발점이라고 인식한다. 문제는 맑스를 넘어서는 것으로 끝나는 것이 아니라, 항상 현실을 구성해 나가야만 하는 것이다. 그의 말대로 "모든 봉합선은 새로운 상처를 일으킨다." 그러나 새로운 상처가 또 다시 봉합선을 만들어 내는 것을 어떻게 막을 것인가? 네그리는 들뢰즈, 가타리 등과 함께 노마드적(유목민적) 사고를 추구한다. 물론 상처를 일으키고 파괴하기 위해서만이 아니라 해방을 위한 새로운 구성을 향해서.

---

64) Antonio Negri, *Communists Like Us,* (with Félix Guattari), p. 39.

안토니오 네그리의 정치경제학비판
—노동과 자본

1. 머리말—정치경제학비판의 현주소

제도학계에도 이제는 정치경제학 강좌가 개설되기도 한다. 그런데 맑스는 분명히 정치경제학비판이라는 제목을 달았지 정치경제학이란 말은 비판의 대상으로만 사용했다. 그런데 왜 정치경제학이라고 할까?

한국에서 정치경제학과 관련된 논의들은 가치론, 공황론, 자본주의발전론, 현대자본주의의 성격분석, 노동과정론 등을 통해 전개되고 있으며 최근에는 화폐론이 주목받고 있다. 이러한 논의들이 이제는 현실의 움직임과는 동떨어져 제도학문의 어엿한 분야로 진행되고 있다. 왜 가치론 논쟁을 벌이느냐는 질문에 정치경제학자는 착취를 얘기하기 위해서라고 한다. 그러면 왜 투하노동학파니 추상노동학파니 하면서 논쟁하느냐고 물으면, 생산을 중심으로 가치론을 전개해야 한다고 대답하거나, 유통과정에서 승인된 노동을 강조해야 한다고 대답한다. 이러한 논쟁들을 보면 생산과 유통을 구분하여 어느 것을 우위에 두어야 하는가를 따지면서 그 대당(생산/유통)을 넘어서지 못하고 있다. 이 대당을 극복하려는 것이 정치경제학자들의 임무처럼 보이는데 말이다.

전반적으로 현재의 정치경제학 논의는 맑스가 생각했던 바인 정치경제학비판 즉 현실비판을 포기하는 경향을 보이고 있다. 이 논의들은 자본주의를 논의할 때 항상 자본을 중심에 놓고 자본의 동학을 전체 사회의 동학으로 설정함으로써 위기나 이행 등을 항상 자본(주의) 발전의 부수물로서 나타나는 것으로 인식한다. 이 경우, 아무리 모순과 적대를 이야기해도 자본이라는 중심은 이미 설정되어 있다.

그러나 자본주의를 자본의 동학에만 기초하여 파악하려는 '자본의 정치경제학'이란 흐름에 반대하여 '노동의 정치경제학'을 대립시키고 나아가 정치경제학비판을, 현실비판을 해 나가려는 일군의 흐름이 있다. 이 흐름을 대표하는 네그리의 정치경제학비판은 단순히 정치경제학 논의에 머물지 않고, 기존의 맑스해석을 비판하고 반(反)경제학이라고 혹평받는 정치적 독해를 강조하면서 오히려 현실자본주의에 대한 발본적 비판과 새로운 대안을 제시한다.

네그리는 소비에트의 정치경제학은 물론 서구 공산당들의 정치경제학적 분석을 비판하면서 자신의 논의 및 운동관을 아우토노미아라는 기치하에 전개시키고 있다. 1) 전체적으로 네그리의 이론적 성과는 기존의 맑스주의(정치경제학)를 발본적으로 혁신한다는 점이다. 네그리는 (자본에 잉여가치를 생산해주는) 노동을 신성시하는 맑스주의 교조에 내항하여 노동거부를 외치고, 자본의 가치증식에 대항하여 필요노동과 사용가치를 내세우는 노동자자기가치증식을 주장한다. 자본의 정치경제학에 대항하여 노동의 정치경제학을, 즉 진정한 정치경제학비판을 강조한다. 얼핏 보면 무조건 싸우자는 것이 아닌가 하는 느낌을 받지만, 푸코, 들뢰즈, 가타리 등의 프랑스 사상가들과 함께 네그리의 핵심적인 주제는 새로운 주체성, 혁명적 주체성에 대한 탐구라고 할 수 있다. 2) 탈근대사상의 흐름

---

1) 네그리의 전반적 논의에 대해서는 졸고, 「아우토노미아—안토니오 네그리의 현대사회분석」, 『이론』 12호, 1992년 가을 참조.
2) 이러한 주체성에 대한 탐구는 푸코의 광범위한 연구뿐만 아니라 가타리의 초기 연구들(『정신분석과 횡단성』, 『분자혁명』)에서부터 줄곧 지속되어온 관심이라고 할 수 있다.

속에서 이들은 공통적으로 해체를 넘어서서 새로운 주체성을 탐색하고 구성해 나가려는 점에서 전진적이라고 할 수 있겠다.

그러나 네그리는 새로운 주체성에 대해 공상적인 논의에 그치는 것이 아니라 기존 사회의 틀을 분석하고 그 속에서 새로운 균열점을 찾아내면서 새로운 주체성을 탐색해 나간다. 그런 과정에서 그는 근육질에 검고 눈을 부라린 노동자상이 아니라, 자동기계 옆에서 이런저런 아이디어를 생각해 내려고 애쓰면서도 끊임없이 기계에서 분리되어 공장 밖으로 밀려나고 그래서 공장이 아닌 곳에 오히려 더 많이 포진하게 되는 노동자상을 제시한다. 그리고 그러한 노동자 상 속에서 자본에 의해 강요된 노동을 거부하고, 이 거부(사보타지)를 곧바로 자기가치증식으로 연결시켜 가려는 산노동의 역능(puissance)을 강조한다.

2. 네그리의 정치경제학비판

네그리는 정치사상과 국가론 연구자로 출발하여 정치경제학비판에 대한 관심으로 나아갔다. 그의 정치경제학비판은 주로 맑스의 『정치경제학비판요강』(이하 『요강』)에 대한 강의록인 『맑스를 넘어선 맑스』와 「자본주의지배와 노동자계급사보타지」에서 전개된다.[3] 후자는 대중적인 팜플렛으로 쓰여진 것이다. 여기서는 먼저 『맑스를 넘어선 맑스』를 중심으로 정치경제학비판에 대해 원론적인 논의를 전개하겠다.

1) 『요강』의 중요성[4]

네그리는 흔히 정치경제학자들이 강조하는 『자본』보다 『요강』의 중요

---

3) 네그리, 『맑스를 넘어선 맑스』, 윤수종 옮김, 새길, 1994. 「자본주의지배와 노동자계급사보타지」는 『지배와 사보타지』, 윤수종 옮김, 새길, 1996에 실려 있다.
4) 『맑스를 넘어선 맑스』, 제1강의.

성을 더욱 강조한다. 『요강』을 계급투쟁과 혁명에 관한 맑스주의적 과학을 포괄하는 저서라고 보기 때문이다. 종종 기존의 맑스주의가 『자본』을 반동적 정치를 정당화하기 위해 객관주의적이고 결정론적인 방식으로 해석해 온 것에 비하여, 네그리는 『요강』에서는 자본주의를 구성하며 결국은 폭발시키는 계급투쟁에 대한 맑스의 이해가 가장 풍부하고 가장 완전하게 완성되어 있다고 본다. 『자본』은 자본주의의 동학을 잘 보여주는 저작이지만 설명구도에 있어서 자본과 노동이 결합한 동학이 아니라 자본이 중심이 된, 자본이 축적해 나가는 동학만을 그리고 있다. 이러한 『자본』의 일면성은 결국은 자본의 정치경제학으로 귀결된다. 따라서 자본주의 사회가 지닌 현실적 적대를 희석화시키고 더욱이 자본주의 사회의 동학을 역사적 경향 속에서 파악하는 것을 가로막는다.

네그리의 『요강』 독해는 맑스가 검토한 각각의 범주들과 관계들이 '계급투쟁의 적대적 성격을 어떻게 분명히 하고 그것과 어떻게 관련되는지'를 보이려 한다.[5] 네그리는 『요강』에는 『자본』에서와는 달리 두 계급의 투쟁 속에서 경향적으로 전개되는 자본주의발전에 대한 상이 들어 있다고 본다. 더욱이 『요강』에서의 맑스는 자본주의 사회의 역사적 발전이 어떻게 체제를 위기에 몰아넣고 그것을 파괴할 수 있는 힘을 발전시키는 주체로서 즉 적대적 주체로서 노동자계급의 발전을 포함하고 있는지를 분명히 인식한다고 지적한다.

더 나아가 네그리는 『요강』이 특히 1857-58년의 위기(공황) 속에서 주체의 문제를 제기한다는 점에서 더욱 중요하다고 본다. 네그리는 위기와 혁명주체 발생 사이의 관계 문제가 『요강』의 핵심 주제라고 본다. 이와 관련하여 적대는 임금 개념 속에서 노동자계급 개념으로 돌아오며, 노동자계급 개념은 항상 자본에게는 위기와 대파멸의 개념이라는 것이다. 그런데 『자본』에서는 찾을 수 없는 노동자계급 및 혁명적 주체 개념과 밀접

---

5) 이런 의미에서 해리 클리버는 네그리의 『요강』 독해를 정치적 독해라고 한다. 그는 네그리 식의 정치적 독해를 『자본』에 대해서 수행한다. 해리 클리버, 『자본론의 정치적 해석』, 풀빛, 1986.

하게 연결되어 있는 임금 개념을『요강』속에서는 볼 수 있다. 자본의 동학을 중심으로 한 객관주의적 분석이 아니라 계급투쟁 속에서 귀결되는 경향에 대한 분석을 해나가는 개방적 저작인『요강』은 자본의 과정 속에서 혁명적 주체의 분석에 대해 주체적 접근을 만들어 낸다는 것이다. 이처럼 네그리는『요강』독해를 통해서 기존의 정치경제학에서 소홀히 했던 주체문제6)를 정치경제학비판의 중심적인 문제로 가져온다.

기존의 맑스주의에서『자본』은 정치경제학비판을 경제이론으로 축소하고 주체성을 객관성 속에서 말살하고 프롤레타리아트의 전복능력을 자본가권력의 재조직 및 억압능력에 종속시키는 데 종사하기도 한 텍스트였다. 그에 반해『요강』은 현실운동 속에서 자본가적인 '위로부터의 혁명'에 대한 비판을 나타내며, '아래로부터의 혁명'에 대한 확신을 담고 있다고 본다.

2) 방법: 구성의 방법7)

네그리는 이분법 위에서 매개를 통한 통일(지양)을 강조하는 변증법에 반대해서, 실재(현실) 과정이 지닌 유물론적 불연속성을 특징으로 하면서 내적으로 분리되어 있는 개념인 총체성 개념을 제시한다. 차이들은 총체의 분절들로서 분리의 가능성을 지니고 있으며 관계 또한 분리의 가능성을 포함해야만 한다. 그런데 여기서 차이들은 주체들이 전제되어야 가능하다. 주체를 배제하지 않고 전제한 위에서 차이들의 구조화로서 관계가 발생하고 그 차이들 및 관계들의 총화로서 총체성 개념이 제시된다.

이렇게 차이를 강조하는 인식방식은 정치경제학비판에서는 분리의 논리로 이어진다. 분리의 논리는 정반합의 논리 속에서 통일을 지향하는『자본』의 변증법과는 달리 분리를 통해 전개되는 역동성(『요강』의 논리)을 강조한다. 분리의 논리는 탈근대 철학에서의 해체론8)에 근접한다고도

---

6) 기존의 정치경제학에서는 당위적인 '보편계급론'으로 전개된다.
7)『맑스를 넘어선 맑스』, 제3강의.
8) 해체론에서는 동일성과 로고스중심주의에 반대해서 차이에 주목한다. 라이언,『해체론과 변증법』, 나병철 · 이경훈 옮김, 백의, 1994, 1장.

할 수 있다. 그러나 네그리에게 있어서 분리의 논리는 해체에 머물지 않고 경향적 적대의 설정 속에서 구성의 원리로 넘어간다.

분리의 논리와 구성의 원리. 네그리는『요강』은『자본』과는 달리 경향을 분석하는 저서로서 이러한 분리의 논리로 파악할 수 있으며, 나아가 적대적 경향 속에서 자본주의 전개를 파악함으로써 새로운 개념의 대체(전위)와 대체의 대체를 통한 더욱 새로운 개념의 구성으로 전개되어 간다고 주장한다.[9]

구체적으로 네그리는『요강』을 해석하면서 맑스의 방법론을 결정적 추상의 방법, 경향의 방법, 연구영역의 새로운 서술 및 명료화의 방법, 실천상의 진리 등의 기준들로 제시한다. 그러나 그는 이러한 방법의 기준들을 역사과정의 대안들, 그것의 변화, 실재(현실)의 도약 및 전화, 주체의 참여 등을 수행하는 최종원칙 안에서 재구성해야 한다고 하면서, 맑스의 방법 가운데 가상 중요한 것으로 '구성'(constitution)의 원리를 세시한다. 분리된 주체들의 적대적 경향 속에서 갈등의 재구조화 및 투쟁의 발전에 따라 이론적 틀의 대체(전도)를 적극적으로 사고하고, 대체의 대체(새로운 서술)를 통해 새로운 구조의 구성으로 나아가는 데에 맑스 방법론의 핵심이 있다는 것이다. 이러한 구성원리는 변형, 이행을 분석하기 위한 근본적인 기준이 되며, 방법론에 질적인 도약이라는 차원, 집단적 세력관계에 근거한 역동적이며 창조적인 차원(적대적 경향)을 도입할 수 있게 한다.[10] 따라서 객관적 분석에 그치고 주체는 그 객관적 필연성에 따라 가야 하는 것으로 인식해온 기존의 맑스주의적 방식과 결별하고, 분리의 논리에 근거한 적대적 경향의 전개 속에서 상이한 주체성의 전개를 파악하고 그에 근거하여 새로운 구성으로 나아간다. 이제 주체성이 전면에 등장하는 구성작업을 강조할 수 있게 된다.

---

9) 구성의 방법론은 스피노자 및 니체에서 푸코 및 들뢰즈에 이르는 발본적 비판 전통 속에서 찾아 볼 수 있으며, 변증법에 대안을 구성하고 열린 공간을 제시한다고 한다. 하트와 네그리,『디오니소스의 노동 1, 2』, 갈무리, 1996(7).
10)『맑스를 넘어선 맑스』, 138-140쪽.

3) 자본의 정치경제학

네그리의 자본분석은 기존의 맑스주의적 논의를 일신한다. 기존의 정치경제학은 자본의 생산과정을 강조하고 가치는 바로 이 생산에서 나온다고 강조하였다. 물론 네그리도 이것 자체를 부정하는 것은 아니지만, 자본은 공장단위에서 하나의 생산자본으로서 이루어지는 것이 아니라 유통을 통과하여 사회적 자본으로서 사회를 지배하는 사회적 권력을 강화해 간다는 것이다. 따라서 상대적으로 유통을 강조하고 유통을 통한 사회화를 강조하는 이론을 전개하게 된다.

이러한 관점에서 네그리는 『요강』 독해를 통해 (『자본』에서처럼) 상품에서 시작하는 가치론이 아니라 화폐에서 시작하는 가치론을 강조하고, 가치론보다는 잉여가치론을 우선시하고, 잉여가치론의 사회화로서 이윤론을 파악해 나간다. 이러한 과정에서 나타나는 사회적 자본은 세계시장 속에서 가장 확장된 모습을 보인다.

(1) 화폐론[11]

『요강』에서의 추론은 화폐에서 곧바로 가치로 나아간다. 네그리에 따르면 가치는 화폐형태 속에서 제시된다.[12] 화폐는 가치 자체의 형태로서 자신의 다양한 기능에 의해 사회관계들을 표현하고 규제하고 조직하며, 상품의 세계로 나타나는 이 세계를 완전히 표현하고 그 자신을 통해 상품의 가치증식을 결정한다고 한다. 따라서 화폐는 착취를 위해 조직되고 요구되는 교환으로서의 가치를 즉각 보여준다는 것이다.

이러한 접근법은 모든 범주적 근원 안에서 일차적인 실천적 적대를 두드러지게 한다. 상품에서 가치로 나아가는 방법은 무엇인가 보편적인 것에서 가치가 그리고 나서 잉여가치가 나오는 것처럼 추론해 나가는 데 반

---

11) 같은 책, 제2강의.
12) 화폐는 가치 자체의 표현형태로서 사용가치의 측면이 약하게 드러난다. 즉 사용가치보다는 (교환)가치의 담지자로서 화폐는 다양한 기능을 통해 가치법칙을 관철시키는 대행자로 나타난다.

해서, 화폐에서 가치로 나아가는 분석은 지배에서 잉여가치를 통해 가치로 나아가는 방법이라는 것이다.

화폐형태하에서 가치법칙은 처음부터 공황 속에서, 적대적 방식으로, 사회적 차원을 지닌 것으로 제시된다고 한다. 맑스의 방법은 공황(위기)에 관한 화폐적 상→사회관계의 위기→유통영역에서의 위기→필요노동과 잉여노동 간의 생산영역에서의 위기로 하강해 간다. 이처럼 공황분석을 위해 제시된 화폐분석에서 시작함으로써 『요강』에서는 가치법칙이 매개적으로뿐만 아니라 직접적으로 착취법칙으로 제시된다. 더욱이 화폐의 전반적 지배(권력)는 유통 속에서 이루어지며, 한편으로는 지배의 총체성으로서 생산에 대한 권력으로 그리고 생산에서의 권력으로 나타나고 다른 한편으로는 보편성과 무차별성으로서의 가치로 나타난다고 한다.

이처럼 화폐를 갑자기 끌어들임으로써 지배형태 속에 잉여가치가 전제된 위에서 가치를 도출하고 그것을 통해 착취에 대한 직접적인 비판이 기능하다. 이리하여 화폐분석은 화폐비판에서 권력비판으로 나아가는 경로를 예시하고 개시한다.

(2) 가치론: 잉여가치와 착취[13]

가치론은 정치경제학의 가장 본질적인 부분으로 여겨져 왔다. 정치경제학 논의는 거의 가치론(본질)에서 시작되며, 가치론을 모르는 사람은 항상 껍데기(현상)만을 알고 있는 것처럼 자숙해야 했다. 그런데 가치론 논의에서 맑스가 『자본과 임금노동』에서 '일한 만큼 받는 것이 아니라 먹을 만큼 (그것도 짜게) 받는 것이 임금'이라고 설명하면서 강조한 잉여가치에 대한 주목, 즉 착취에 대한 논의는 부차적인 것으로 처리되어 왔다.

네그리는 『요강』독해를 통해서 이러한 가치론에 대해서 잉여가치론을 전제한 가치론을 강조한다. 착취가 전제된 위에서 잉여가치가 가능하고 그런 전제 위에서 가치론이 성립한다는 것이다. 네그리는 흔히 논의되는

---

13) 『맑스를 넘어선 맑스』, 제4강의.

가치론은 범주적 종합에 관한 이론으로서 혁명의 장에 들어가는 데 없어도 괜찮은 고전들과 부르주아적 사기의 유산이라고 말한다.

가치론과 관련하여 네그리는 특히 맑스의 생산적 노동 개념은 상당히 환원적인 규정이며 자본가적 개념인 반면, 노동자적 개념으로서 생산적 노동 개념은 필요노동이라고 주장한다. 여기서 노동은 교환형태, 화폐형태를 띠는 경우에만 자본으로 변형될 수 있으며, 자본은 노동자에게는 사용가치인 것을 교환가치로 환원시키려고 한다. 노동과 자본의 교환이 지니는 차이로서 이러한 적대는, 노동과 자본이 자율적이고 독립적인 실체로서 자신들의 생산적 종합을 구성하는 교환의 계기에서만 현존한다는 것을 의미한다. 여기서 적대의 내용은 사용가치 대 교환가치의 대립, 주체적 노동 대 대상화된 노동의 대립이다. 그 대립의 내용을 볼 때 교환가치를 추구하는 자본은 동질화를 지향하고 양화를 추구하는 권력(pouvoir) 으로 나타나고, 사용가치를 추구하는 노동은 다양성(이질화)을 추구하는 역능(puissance)으로 나타난다.

이처럼 잉여가치론 속에서 네그리는 적대의 계기를 강조하고 노동자계급의 역동성을 강조한다. 기존의 정치경제학에서 잉여가치는 우선 잉여노동시간의 연장(절대적 잉여가치 생산)을 통해, 나아가 고정자본의 거대화(기술진보) 속에서 점차 줄어드는 필요노동시간에 대해서 잉여노동시간의 상대적 확장(상대적 잉여가치 생산)을 통해 설명되었다. 적대의 계기는 감추어지고 자본의 힘만이 관철되는 식으로 설명되어온 것이다.

그런데 주체들의 적대를 극단적으로 강조함으로써 가치법칙은 잉여가치법칙의 형태를 취하기 시작한다. 즉 잉여가치론은 결과적으로 직접적으로 착취이론이다. 지배 및 압박이란 정치적 과정으로서, 사회에 대한 일반화된 지배로서의 착취만이 가치와 잉여가치를 규정하며, 따라서 가치법칙이 잉여가치법칙에 종속되며, 착취 없이는 가치는 없다. 이러한 관점에서 보면 공산주의는 가치법칙, 가치 자체, 그것의 자본주의적 또는 사회주의적 변이형태(착취)의 파괴이자 산노동의 해방이라는 것이다. 이러한 주장은 가치법칙의 관철을 정치경제학 원론으로 생각하는 기존의 정치경제학(및 자본주의 사회에서의 공산당들)에 대한 비판이자, 가치법칙을 변형하여 관철시킨 현실사회주의에 대한 비판이기도 하다.

(3) 이윤론[14]

이렇게 화폐론에서 시작하여 잉여가치론으로 넘어간 맑스의 분석은 유통 속에서의 착취, 사회에 대한 착취론인 이윤론으로 넘어간다. 네그리에 따르면 『요강』의 분석은 잉여가치에서 이윤으로, 일반화되고 사회화된 잉여가치로 나아간다. 생산의 범주인 잉여가치가 유통을 통해 사회적 범주인 이윤으로 되며, 잉여가치의 이윤으로의 이러한 사회화는 잉여가치의 모순을 사회적으로 확장하는 과정이다. 이제 자본은 생산 내부에서의 특수한 착취일 뿐만 아니라 산노동의 힘만이 만들어 낼 수 있는 사회적 차원들을 스스로 무상으로 획득한다. 잉여가치의 사회화는 잉여가치의 확장 및 강화 즉 착취의 확장과 강화이며, 사회적 잉여가치 즉 사회적 자본의 잉여가치는 현재와 미래의 사회적 노동에 대한 자본가적 지배가 된다.

잉여가치의 사회적 확장 속에 포함되어 있는 착취의 새로운 특질은 총체적인 사회적 노동, 즉 다수 대중의 협동 속에서 부유해지는 노동뿐만 아니라 사본의 가치를 보존하는 노동, 인구의 단순증가에서 비롯하는 노동, 사회의 과학적 잠재력에 뒤따르는 노동에 의해 무상으로 만들어진다. 이윤은 사회적 생산력의 무상이용으로 만들어진 전지구적 잉여가치의 사회적 표현이다. 따라서 잉여가치에서 이윤으로의 확장은 사회적 자본의 사회적 착취라는 경향의 격화를 나타낸다고 한다.

이러한 이윤론은 기존의 이윤론을 혁신한다. 균등화와 평균화를 통한 『자본』식의 회계도식으로 그려진 이윤론은 이미 생산과정에서 결정된 잉여가치는 단지 사회적으로 유통(실현)되어 자본에게 돌아가는 것으로만 설정된다. 그러나 네그리의 이윤론은 유통, 즉 사회를 통과하면서

---

14) 같은 책, 제5강의.

착취를 강화한다. 이윤은 더 이상 생산에서의 잉여가치 착취에만 머무는 것이 아니라 다양한 사회적 수탈을 감행한다. 공장에서만이 아니라 사회에서, 더 나아가 세계자본주의 속에서도 수탈이 이루어지는 것이다. 이처럼 네그리는 유통을 강조함으로써 생산에 집착했던 정치경제학이 갖는 편협성을 공격할 뿐만 아니라 착취의 확산을 강조하게 되고 다른 한편으로는 그에 따른 노동자주체성의 새로운 공간을 인식할 수 있게 해준다.

주체성의 관점에서 보면 이윤범주는 자본에 의한 노동의 형식적 포섭에서 실질적 포섭으로의 이행, 자본에 의한 사회의 실질적 포섭으로의 이행이라는 경향 속에서 구체화되는 범주이다. 따라서 이윤론을 자본이 사회를 지배해 나가는 이론, 즉 자본의 주체성론이라고 한다.

주체성론에 이른 이윤론에서 네그리는 위기론으로 넘어간다. 위기의 근본법칙은 필요노동과 잉여노동 간의 모순적 전개 관계에, 즉 잉여가치 법칙의 작동 속에 있다. 잉여노동에 대립하는 필요노동, 즉 가치증식에 한계를 구성하는 필요노동의 고정성이 존재한다. 여기서 위기를 파악하기 위해서는 발본적인 분리, 자본의 발전으로부터 노동자계급의 자율성을 읽어내야 한다. 즉 위기는 노동자계급의 독자성, 자율성이 자본에게 가한 압박에 의해서 나타난다는 것이다.

이러한 관점에서 네그리는 맑스의 파국론이 지닌 의미를 재해석하는데, 계급투쟁의 발전을 최대로 강화함으로써 또 착취법칙의 타당성을 최대로 확장함으로써 위기에 대한 상을 그릴 수 있다고 한다. 이윤론에서 자본주의 붕괴와 관련하여 중요한 것으로 항상 지적되어 왔으며, 파국론을 몰고 왔던 이윤율저하경향법칙은 『요강』에서는 직접적으로 착취당하지만 창조적인 산노동과 병진하는 것으로 파악된다. 이윤율저하경향은 이윤이 지니는 힘에 대항하는 산노동의 저항을, 노동자의 생산능력에 거슬러 그리고 자본가를 위한 생산력 및 산노동의 활력에 거슬러 사회적 자본의 힘 속에 산노동을 고정하려는 것에 반대하는 저항을 말한다. 이윤율저하경향을 정확하게 산노동의 저항 속에 위치지우고 있는 것이다. 이처럼 이윤율저하경향의 법칙은 잉여가치론의 견지에서 해석할 경우에만 궁극적으로 옳다고 본다. 필요노동의 자유, 스스로에게 적용된 노동의 창조성, 창조적이고 파괴적인 노동의 힘이 바로 자본의 실제적 한계와 자본 위기를 가져오는 원인이다. 이처럼 잉여가치론은 이윤율이론을 통과하여 계급투쟁의 산물로서의 위기론에서 자신의 현실적 경로를 마감한다.

다시 말해서 네그리는 위기가 기존의 정치경제학 논의에서처럼 자본의 결함이나 자기조절 미숙, 과잉생산, (생산재 생산부문과 소비재 생산부문 간의) 불비례에서 생기기보다는, 노동자계급의 투쟁에 대응한 자본의 재구조화에서 발생한다고 본다. 위기의 원인은 계급투쟁에, 노동자계급의 투쟁에 있지 자본의 동학에 있지 않다는 것이다. 이상과 같은 이윤론 및 위기론을 통해 네그리는 기존의 정치경제학의 생산중심적인 분석을 확장하며, 사회적 수준에서 착취와 그것을 둘러싼 동학을 구성해 낸다.

(4) 사회적 자본과 세계시장[15]

이상에서 본 것처럼 네그리의 관점에서 유통은 착취의 동학이 형성한 구조의 확장이며, 유통론은 잉여가치론의 연장이자 확대이다. 유통은 자본이 지닌 잠재력의 확장이며, 모든 사회적 조건의 전유이며, 그것들의 가치화(가치증식)이다. 유통은 비록 잉여가치를 직접 생산하지는 않지만 자본으로 하여금 각 유통지점에서 잉여가치를 생산할 수 있게 해준다. 이처럼 유통은 자본의 사회화를 만들어 낸다. 자본은 사회를 구성하며 자본은 완전히 사회적 자본이 된다. 공장제수공업에서 대공업으로, 그리고 '사회적 공장'으로의 이행이 이루어진다.

이제 자본은 생산에서의 잉여가치 착취에만 머무는 것이 아니라 유통

---

15) 같은 책, 제6강의.

을 통해 사회적 착취를 강화한다. 이러한 의미에서 네그리는 사회적 자본이란 개념을 강조한다. 그런데 자본이 착취에 대한 장애물을 극복하고 자신의 승리전략을 재규정하기 위하여 부과해야만 하는 '영속혁명'과 자본의 확장과정은 '세계시장의 건설'을 향하는 경향이 있다. 점차 세계의 자본주의적 통일과 자본진출하의 세계사회의 실질적 포섭이 진전된다.

그러나 세계사회의 실질적 포섭이 진전될수록, 제국주의라는 포괄적 공간적 주제는 착취, 잉여가치, 그리고 계급적대라는 내포적 주제와 더욱 일치하게 된다. 자본이 지닌 팽창적 제국주의적 과정과 세계착취의 평균적 조건들을 구성하려는 자본의 긴장은, 동시에 혁명적 주체성이 지닌 제 조건의 결과 및 전제이다. 자본의 제국주의적 확장도 자본으로서의 자신의 규정성 속에 내재하는 격렬한 반대를 피하기 위한 시도를 나타낸다. 따라서 세계시장이란 주제는 자본주의적 발전이 지닌 혁명적 경향에 대한 가장 성숙한 예증이라고 한다.

그럼에도 형식적 포섭에서 실질적 포섭으로의 이행 속에서 자본은 실질적 주체이며 집합적인 사회적 힘이다. 그러면 이러한 사회적 자본은 전 사회를 전일적으로 지배할 것인가?

유통은 위기에 대한 자본주의의 승리이지만, 위기와 자본 자체를 이루는 관계, 즉 두 계급 간의 분열 및 그들의 투쟁을 제거하지는 않는다. 오히려 유통은 자본, 노동자계급, 그리고 그들의 광범위한 투쟁 등의 재생산을 포함한다. 네그리의 분리의 논리에 따르면 자본의 확장은 스스로를 표현하는 힘이지만 대신 확장할 때마다 해결되어야 하는 적대적 관계이다. 이러한 운동법칙은 끊임없는 장애물의 재설정 속에서 분리의 재개로 이루어진다. 모순 속에서의 적대가 아니라 분리를 통해 더욱 선명해지는 적대를 강조한다. 그래서 그는 계급투쟁만이 자본을 움직인다고 말할 수 있게 되며 산노동의 관계들로 돌아갈 것을 강조한다. 즉 노동자 계급주체는, 자본가적 포섭이 노동자 계급주체의 정체성을 없애지 못한 채 노동자 계급 주체의 활동을 지배하기 때문에 나타날 수밖에 없다. 자본이 지배하는 이러한 객관적 과정은 노동자계급의 새로운 주체적 수준을 드러내기 시작한다.

이상과 같은 네그리의 자본의 정치경제학은 자본 개념의 재정립을 요구한다. 생산에 중심을 둔 자본을 생산과 재생산을 고려하는 자본 개념으로 확장하고 더 나아가서는 세계시장이라는 문제를 포괄하는 자본 개념을 요구한다. 더욱이 잉여가치와 자본의 사회화와 병행하여 노동자계급의 실천의 장도 확장되어 감을 강조한다. 여기서 자본전개의 대립적 형태는 분리 논리의 폭발에 따라 새로운 서술로 나타나며, 사회적 자본의 규정으로 나갔던 과정은 전도되어 노동자주체론, 즉 임금론이 나타난다.

4) 노동의 정치경제학: 임금론16)

맑스는 조기 저작들에서 자본수의하의 임금의 일반적 경향은 전반적으로 하락한다고 주장하였다. 자본의 축적, 산노동의 기계로의 대체, 노동생산성의 증대 등은 이처럼 한편으로는 명목임금을 저하시키는 경향으로 존재하지만, 다른 한편으로는 새로운 욕구를 창조하여 점점 더 널리 보급시킬 뿐만 아니라 새로운 산업부문을 창조하는 경향이 있다.

지금까지 임금론은 저하경향에 초점을 맞추어 왔다. 이런 논의 속에서는 궁핍화 테제가 제기되고, 절대적 궁핍화인가 상대적 궁핍화인가라는 대당적 인식을 넘어서려는 노력 속에서 노동력재생산비용의 증가와 임금의 상대적 감소를 관련시키면서 궁핍화테제의 정당성을 주장하기도 하였다.

그렇지만 이런 논의들은 여전히 자본 중심적인 논리 속에서 이루어져 왔다. 맑스는 자본과의 관계 속에서 임금으로 표현되는 필요노동의 양이 역사문화적으로 결정된다고 설명하지만, 정치경제학 논의에서는 그것을 항상 부차적인 것으로 취급해 왔다. 그리고 맑스도 임금을 『자본』의 노동일의 투쟁에 관한 부분에서는 계급투쟁 속에서 설명하고 있고 그래서 상

---

16) 같은 책, 제7강의.

세한 역사적 분석으로서 제시하고 있지만, 자본의 동학에 관한 설명틀 속에서는 임금을 상수(constant variable)로 처리하고 있다.

네그리는 이러한 흐름에 대해 강력하게 반발한다. 그의 분리의 논리가 가장 강력하게 관철되는 곳은 바로 임금론에서이다. 임금을 단순히 자본과의 관계 속에서만 규정하지 않고 오히려 노동과의 관계 속에서 규정한다.17) 자본의 주체성론이 이윤론이라면 노동자의 주체성론은 임금론이라고 본다.

흔히 맑스에게서 임금론이 없는 것은 임금론이 자본 분석에 종속되는 요소로 생각하기 때문이라고 보는 것은 문제가 있는데, 왜냐하면 모든 요소들은 자본의 법칙이 아니라 계급투쟁의 법칙에 종속되어 있다고 간주해야 하기 때문이다. 이런 관점에서 네그리는 전체적인 자본이론은 오직 임금론을 통해 발전하고 자신의 기초를 형성할 수밖에 없기 때문에 '임금에 관한 책'이 빠진 '자본에 관한 책', 즉『자본』은 일면적인 자본의 정치경제학이라는 것이다. 자본이론은 끊임없이 임금론에 의거하며 그것을 포함해야 하며, 완전한 자본이론을 위해서도 노동의 정치경제학이 필요하다.18)

네그리는 임금과 관련하여『요강』의「소규모유통」장에 주목한다. 여기서 그는 주체성의 관점에서 자본의 독해를 반전시킬 수 있는 가능성에 대한 즉각적인 사례를 발견한다. 흔히 자본이 생산과정으로부터 나타나는 순간부터 다시 생산과정으로 들어갈 때까지의 전체기간을 포괄하는 '대규모유통'에 대비하여, 자본 가운데 임금으로 지불되어 노동능력과 교환되는 부분으로 정의되는 '소규모유통'은 필요노동의 가치가 재생산되고 결정되는 영역이다.

---

17) 자본이 이윤의 관점에서 (노동생산성에 따라) 평가한 임금이 아니라, 노동자가 자신의 고유한 욕망에 기초하여 필요로 하는 임금.
18) 네그리의 정치경제학비판에 기초하여『자본』의 일면성을 부각시키면서 M. Lebowitz는 *Beyond Capital*(Macmillan, 1992)에서 자본의 정치경제학, 임금노동의 정치경제학이란 용어를 사용한다.

네그리는 '소규모유통' 속에서 필요노동(임금)은 생산물과 접촉하여 그 것들을 사용가치로 변형하며, 따라서 소규모유통은 필요노동과 관련된 욕구의 영역이 발전하는 공간이라고 본다. 이런 인식에서 네그리는 산노 동의 특징을 통해 임금을 강조한다. 산노동의 역능, 즉 임금, 필요노동의 양은 자본주의발전의 기초일 뿐만 아니라 일반적으로 자본주의의 근본법 칙들을 결정한다. 노동은 추상화되고 사회화되면 될수록 욕구의 영역을 더욱 확장하고 새로운 욕구를 창출하며, 자본으로 하여금 그것들을 충족 하도록 강제한다. 임금은 이런 욕구들을 기초로 하여 형성되며, 바로 필 요노동과 그것이 지닌 창조성은 임금형태 속에 감춰져 있다는 것이다. 더 나아가 임금 속에 표현되어 있는 필요노동만이 자본주의적 가치증식에 대 해 대립할 수 있다는 것이다.

네그리의 이러한 해석은 자본과 임금노동이 지닌 적대적 측면을, 나아 가 노동자계급의 주체성을 확인하고자 하는 것이다. 이러한 확인은『요 강』의「기계에 관한 단상」에 대한 독해에서 더욱 진전된다.

이 부분은 이행과 관련하여 네그리가 가장 주목하는 지점이기도 하다. 네그리에 따르면「기계에 관한 단상」에서는 적대가 노동계급주체성의 형 태를 띠는 지점까지 발전하여 전복으로 발전한다고 한다. 자동기계체계 의 확산과 더불어 직접적 노동 및 그 양은 생산의 결정적 원리로서 소멸하 며, '생산과정은 인간 자신이 수행하는 직접적인 노동도 그가 일하는 노동 시간도 아니며, 오히려 그것은 그 자신의 종합적인 생산력의 전유, 자연 에 대한 이해, 사회체로서의 자신의 존재를 통한 자연에 대한 지배이며, 한 마디로 말해서 생산 및 부의 커다란 주춧돌로 나타나는 사회적 개인의 발전'(『요강』, 독어판, p. 705)이라고 한다. 즉 가치론이 자신을 노동시 간의 양, 혹은 노동의 개별적 차원으로 측정할 수 없을 때, 즉 착취의 측 정불가능성은 착취의 형태를 수정한다고 한다. 가치형태는 순수하고 단 순한 지배형태이자 정치형태라는 것이다. 자동화의 진전에 따라 노동은 오히려 기계에서 벗어나 기계를 새롭게 전유하면서 자신의 삶을 변형시켜 갈 수 있다. 또한 스스로도 노동에서 벗어나 비노동으로 나아갈 수 있다. 비노동, 즉 노동거부는 노동자의 관점이 되며 가치법칙이 전도되고 잉여가치법칙이 재해석될 수 있는 기초가 된다. 자동기계체계의 진전과 더불어 오히려 산노동의 역능에 기초한 이행의 근거들을 찾아낼 수 있다는 것이다. 이런 인식에서 임금론은 이제는 노동자계급의 자기가치증식에 관한 이론으로 전화한다.

그래서 네그리는 맑스가 쓰지 못한 「임금에 관한 장」은 노동자계급의 욕구, 즐거움, 투쟁, 그리고 필요노동의 수준에 관한 장, 즉 비자본, 그러므로 비노동에 관한 장이었을 것이라고 추측한다.

이처럼 네그리는 잉여가치론 안에 규정요소(필요노동)로서 함축적으로 포함되어 있는 분리에 대한 강조를 통해 임금론을 보여준다. 이 적대적 영역이 기계에 대한 이론, 사회적 자본에 대한 이론, 실질적 포섭에 대한 이론 등을 통해 겪은 전반적인 전도로, 그리고 이 모든 것들은 자본관계의 부정으로서 즉 자본주의적 지배의 전도로서가 아니라, 이제 필요노동과 잉여노동의 부정 및 재전유로서의 사회적 개인 및 공산주의이론으로 나아갈 수 있다. 결국 네그리는 임금이론을 분리의 논리 속에서 고찰하면서 주체성, 노동자계급 및 프롤레타리아적 발전에 주목함으로써, 자본의 가치증식에 대한 사보타지(노동거부)를 통해 노동자계급의 자기가치증식으로 나아갈 수 있는 기반이라고 생각하게 된다.

3. 자본주의발전과 노동자주체성

이상의 정치경제학비판 속에서 제기한 문제제기를 기반으로 네그리는 자본주의발전을 시기 구분하면서 현대 자본주의의 성격을 분석하고, 새로운 주체성에 대해 더욱 구체적으로 접근하려고 한다. 즉『요강』독해를 통해 논리적으로 분석한 것을 현실 자본주의 역사에서 경향적으로 관철되어 가는 모습 속에서 확인한다.

먼저 네그리는 가치론에 관한 맑스의 고찰은 가치형태를 객관적 척도로 환원하는 한계를 지닌다고 말한다. 이로 인해 맑스는 자신의 비판적 전제와 분석의 풍부함에 반하여 자본의 역사적 발전을 단선적 축적의 경향들에 따라 파악할 수밖에 없었고, 결과적으로 계급투쟁을 파국과 혁신에 비추어 성공적으로 보여줄 수 없었다고 한다. 또한 네그리는 맑스의 가치론이 산업혁명의 기원에 묶여 있다고 하면서, 자본주의발전의 시기구분을 통해 맑스가 말한 가치법칙을 상대화시킨다. 19)

1) 자본주의발전과 노동자 주체성20)

네그리는 맑스의 자본주의에 대한 규정이 당시의 시대적 한계에 묶여 있음을 강조하면서 생산적 노동과정에 대한 분석으로 나아갈 것을 강조한다. 이러한 문제설정 속에서 사본주의의 약동적 발전과정을 구분하고 현대자본주의의 특성을 밝히면서 새로운 시기가 시작되고 있다고 주장한다.

네그리는 맑스가 관심을 가졌던 대공업기에서 시작하여 현재까지를 크게 두 시기로 구분하여 설명한다. 먼저 1848년 경부터 시작된 '대공업(2차 산업혁명)'기는 1968년 혁명까지 1세기 이상 지속된다고 보고 두 국면으로 다시 구분한다. '대공업'의 첫번째 국면은 1848년부터 1914년까지에 걸쳐 있다고 본다.

네그리는 이 시기의 특징을 다음과 같이 정리한다. (1) 노동과정의 측면에서, 노동자는 처음으로 기계장치의 지배〔명령〕 속에서 다루어지고 기계장치 자체의 부속품이 된다. 생산주기에 부속된 노동력은 노동주기에 관한 명확한 지식을 갖추고 있다. 장인적 숙련공은 공장으로 투입되고 이전에는 독립적이었던 노동자의 자질은 대신 더욱 대량화되고 복잡한 기계장치의 부속품이 되기 때문에, 이전 시기인 '매뉴팩처'기와 관련하여 노

---

19) 가치론의 위기와 관련한 상세한 논의는 『지배와 사보타지』, 137쪽을 참조.
20) 네그리, 「맑스에 관한 20가치 테제」, 『지배와 사보타지』, 131-136, 143-146, 151-152쪽.

동자계급의 기술적 구성은 완전히 변한다. 네그리는 이 시기의 노동자를 '전문노동자'(professional worker)라고 규정한다. (2) 소비규범의 측면에서는, 자본이 생산할 수 있는 능력에 의해서만 조절되지만 적절한 임금능력, 상응하는 유효수효를 동반하지 못하는 대량생산이 지속적으로 더욱 확인된다. 그러므로 대량생산은 빈번한 파국적 폭락을 겪는 경제주기의 심한 불규칙성의 규정성에 의해 조절된다. (3) 규제양식의 측면에서는, 국가는 금융자본의 형성 및 독점체들의 공고화와 제국주의적 발전 간의 더욱 엄밀한 수준의 제도적 통합을 향해 발전한다. (4) 프롤레타리아트의 정치적 구성(compositon)의 측면에서는, 대중의 사회주의적 해방이라는 기획에 따라 (대중요소와 전위요소, 조합주의 요소와 정치적 요소를 지닌) 이중조직에 기반하고, 산업생산 및 사회조직의 노동자관리 강령에 기반한 노동자당이 형성된다. 여기서 전문노동자의 기술적 구성은 사회주의적 조직의 정치적 구성에서 적절한 자기 모습을 드러낸다. 모든 다른 활동과 사회계층을 지배하고 그것에 의미를 부여하는 생산적인 공장노동의 능력과 노동가치들을 근본적인 것으로 간주하는 것이 이 시기의 특징이라고 한다.

대공업 시기의 두 번째 국면은 1차대전부터 1968년 혁명까지라고 보며, 다음과 같이 특징지을 수 있다고 한다. (1) 노동과정의 측면에서, 프롤레타리아트의 새로운 기술적 구성이 이루어지는데, 이는 노동력이 속한 산업활동과 관련하여 완전히 추상적이게 되는 노동력 유형이며 노동력은 테일러주의에 의해 재조직된다. 따라서 '탈숙련화된' 거대한 노동자대중은 복잡한 (소외된) 노동과정에 삽입된다. 이 시기의 노동자를 '대중노동자'(mass worker)라고 규정하는데, 이들은 노동주기에 관한 지식을 상실한다. (2) 소비규범의 측면에서는, 포드주의, 즉 대량산업이 생산한 상품의 취득에 대한 기대로서 임금이라는 관념이 형성되는 국면이다. (3) 규제규범의 측면에서는, 완전고용의 유지와 사회보장을 통해 생산적 활동을 지지하기 위하여, 조금씩 케인즈주의 정치학에 의해 고무된 개입주의 국가 모델이 형성된다. (4) 프롤레타리아트의 정치적 구성의 측면에서는, 사회주의적 노동자조직들의 경험('전문노동자'적인 경험)이 지속되는 한편, 새로운 조직형태들이 주로 미국과 대부분의 선진자본주의나라들에서 출현한다. 이러한 '대중노동자' 조직형태들에서 전위는 대중수준 안에서 활동하며, '노동거부', '평등임금'과 같은 커다란 개념적 집결지점을 발전시키고 모든 대표(delegation) 형태를 발본적으로 거부하면서 대중 및 기층 형태들 속에서 권력을 재전유한다.

이 두 국면은 전체 사회에 대한 산업자본의 지배가 끊임없이 증가하는 강도(intensity)에 따라 구분된다고 한다. 이 시기에서 첫 번째 국면과 두 번째 국면의 구분은 보다 고도한 노동추상화 국면으로의 이행, '전문노동자' 헤게모니에서 '대중노동자' 헤게모니로의 이행으로 표시된다.

네그리는 이제 우리가 처한 새로운 시기(3차 산업혁명 시기)를 이전 시기와는 다른 특징을 보인다고 강조하며, 이 시기는 1968년 직후에 시작되는 것으로 본다. 그는 그 특징을 다음과 같이 정리한다. (1) 노동과정은 항상 더욱 발본적으로 공장자동화와 사회의 컴퓨터화에 의해 조건지워진다. 직접적인 생산적 노동은 생산과정에서 중심성을 상실하는 반면에 '사회적 노동자'(그리고 이것은 사회적 생산망 속으로 이전된 노동협동의 기능복합체이다)가 헤게모니적 지위를 차지한다. (2) 소비규범은 다시 한 번 시장에서의 선택으로 되돌아가며, 이런 관점에서 (사회적 생산 및 소통 조직이라는 필수적 전제에 근거한) 새로운 유형의 개인주의가 스스로를 표현할 수단을 갖는다. (3) 규제양식은 다국적 선들을 따라 확장되며, 규제는 세계시장을 더욱 더 광범하게 포괄하는 통화차원들을 통해 관철된다. (4) 프롤레타리아트가 주재하는 영토가 사회적인 것처럼, 프롤레타리아트의 구성은 사회적이다. 노동의 실체 측면에서 프롤레타리아트의 구성은 전적으로 추상적, 비물질적, 지적이며, 노동의 형태라는 측면에서는 유동적이고 다가적(polyvalent)이기 때문이다. 이제 생산적 협동은 산업과는 독립적인 조건으로서 자본주의적 기계에 선행한다. 이러한 노동의 성격을 지닌 '사회적 노동자'(social worker)는 대중이 지닌 현실적 자율성을, 자본과 관련하여 집합적 자기가치증식이 지닌 현실적 능력을 입증한다고 한다.

네그리는 자본주의발전을 시기구분을 하면서 또한 각 시기에 나타난 이데올로기도 분석한다. 그는 특히 역사유물론의 힘을 무효화시키는 방법으로 나타났던 이데올로기를 강조한다. 먼저 계급투쟁을 생산의 자연사로 환원하는 방식으로, 이것은 사회민주주의자들의 주요한 길이었고 프롤레타리아 운동의 '전유국면'(1848-1914)에 특징적인 이데올로기였다. 볼셰비키들이 이 이데올로기를 자신들의 것으로 만들었다는 것을 고려할 때, 그리고 그들이 확실히 사회민주주의자들이 아니었던 반면 2차 산업혁명의 첫 번째 국면(러시아의 발전수준)에 심하게 묶여 있었다는 것을 고려할 때 이 점은 명확해진다고 한다. 나아가 계급투쟁을 자본의 변증법적 운동 속에 해소하는 방법으로, 이것은 근대 개량주의의 길이었고 혁명운동의 '대안국면'(1917-1968)에 특징적인 이데올로기였다고 한다. 이 두 가지 방식은 속류적으로 유물론적 혹은 변증법적인 종합에로 이끄는 방식으로 산노동의 역능을 무효화시킨다.

그리고 그는 현대의 이데올로기로서는 탈근대주의를 들고 있다. 탈근대주의를 포스트포드주의적 노동현실의 변화에 대응한 자본주의적 이데올로기라고 본다.

네그리는 이처럼 시기구분을 해 나가면서 자본주의의 변화에 따른 맑스의 가치론의 타당성에 문제를 제기한다. 현대 자본주의 사회와 관련하여 네그리는 가치법칙의 위기를 얘기한다. 가치법칙의 위기란 이제 가치를 객관적 척도로 환원할 수 없다는 것을 의미한다. 오늘날 자본주의적 생산과정은 사회적 생산의 최소 개별분절까지 포괄할 수 있을 정도로 높은 수준의 발전을 이루어, 사회에 대한 자본의 '실질적 포섭'이 이루어진다. 실질적 포섭하에서 생산양식은 매우 유연하여 생산(능)력(productive forces)의 운동, 즉 생산에 참여하는 모든 주체들의 운동과 실제로 구별이 어

렵다. 따라서 가치형태는 생산(능)력들 사이에 발전하는 '소통'(com muni-
cation)이라고 주장한다.

그렇게 되면 척도를 고정시킬 수 없으며, 사회적 축적의 측정불가능한
질과 관련하여 척도이론은 더 이상 아무런 의미도 없게 되고, 노동관계의
발전을 위한 공간도, 사회 안의 생산적 통로도, 노동주체들 간의 상호작
용도 모두 정의상 측정불가능하게 된다. 가치법칙이 단순히 노동척도의
정의 속에 있다면 가치법칙의 위기는 자본주의적 사회 구성의 위기를 함
의할 것이다. 그러나 가치법칙이 척도에 대한 정의로 환원될 수 없고 위
기에 처해 있다 할지라도, 노동의 가치증식 기능과 노동을 착취할 자본의
필연성은 여전히 남아있다.

여기서 네그리는 맑스의 노동척도에 따른 착취 개념에서 벗어나 착취
개념을 새로이 정의해 나간다. 네그리에 따르면 실질적 포섭 시기에 착취
는 사회적 협동의 형태 및 산물을 장악, 집중, 수취하는 것이며, 따라서
매우 유의미한 방식에서 경제적 결정이지만 그 형태는 정치적인 것이라고
한다. 그리고 사회적으로 보면 착취는 사회적 협동 시간을 통제하기 위한
도구들을 생산하는 것이라고 한다. 달리 말하면 착취 개념을 이제 더 이
상 양적 범주 안에 가둘 수 없다. 착취는 대신 역사적 자연적 세계의 인간
적 가치증식 위에 있는 그리고 이에 대항하는 지배의 정치적 기호이며,
생산적인 사회적 협동 위에 있는 그리고 이에 대항하는 지배라고 한다.
이와 같은 네그리의 논의는 가치법칙의 타당성에 대해 문제를 제기하면서
도 오히려 실질적 포섭하에서 착취가 사회화되고 노동의 성격도 더욱 사
회화되면서 사회구성의 기초를 이루는 것은 오히려 더욱 더 노동임을 강
조한다.[21] 그리고 이제 척도화할 수 있는 직접적 노동이 아니라 점차 생
산에서 중심이 되고 있는 지적이고 과학적인 노동 즉 비물질적(im-
material) 노동이 가치의 토대로서 나타난다고 한다.

---

21) 주체성 문제와 관련해서는 혁명적 주체성의 출현장소로서 공장 노동자계급의 중심성
이 끝났다는 중요한 문제를 제기하는 것이다.

네그리는 이러한 설명에 덧붙여 현시기 자본주의발전이 지닌 특징들을 좀더 밝히고 있다. 그에 따르면 현재 자본주의발전이 지닌 특징(3차 산업 혁명의 최초 국면)은 1970년대에 이루어졌다. 금본위제의 파기로 상징되는 자본의 공격은 선진자본주의 나라들에서 노동자투쟁과 제3세계에서의 해방투쟁이 1960년대에 (대중노동자 투쟁의 마지막 공격에서) 만들어 낸 압력을, 그 누적효과를 파괴하려는 시도이며, 이러한 과정에서 자본은 자신의 고유한 정책을 관철시키고 그에 따라 자본주의는 새로운 특징을 드러내고 있다.

현대 자본주의는 공장의 경계를 뛰어넘어 확장되는 '사회적 공장'에서 노동하는 '사회적 노동자'의 착취에 집중한다고 한다. 또한 사회의 컴퓨터화를 통해 특히 소통의 생산적 사용과 외부(공장)에서 사회 그 자체의 내부(소통)로 사회의 통제프로그램의 이전을 포함한다. 그리하여 사회(즉 맑스의 용어로 재생산과 유통)를 생산 속에 통합하는 특징을 보인다. 그리고 착취의 혼합에, 착취의 다종다양한 층들, 구성들, 수준들의 이러한 혼합에 상관적으로 나타나는 새로운 국가형태('위기국가')는 생산적인 사회적 전체에 대한 차별화된 통제를 통해, 어떤 시간 어떤 공간에서든지 위기들을 생산하는 유기적인 능력 및 필요성을 만들어 간다고 한다. 자본은 국가의 경계를 넘어서 착취체계를 전세계에 걸쳐 더욱 확산하며, 이 수준에서 모든 착취형태의 통합과정을 찾아 볼 수 있다. 지속적으로 다국적화 과정을 더욱 확장하고 테일러리즘과 포디즘을 주변지역으로 옮기고 세계적 수준에서 기능하도록 만들어진 조잡하지만 효과적인 위계적 체계를 설치하며, 나아가 세계 금융통합을 지속적으로 추진하는 국면을 보이게 된다. 이제 국가별 자본주의가 아니라 '통합된 세계자본주의'가 자본권력의 주도적 형상이 된다(나중에는 '제국'이라고 말한다).

2) 노동자주체성의 기획[22]

네그리는 이렇게 자본주의발전에 대해 시기 구분을 하면서 가치형태의 변형과정, 즉 자본주의발전의 한 시기에서 다음 시기로 이행하는 과정들은 자본주의적 사회관계의 역동성의 결과로 일어나며, 착취가 지닌 적대적 관계에 의해 결정된다고 본다. 사실상 자본주의적 혁신은 항상 산물, 타협 혹은 반응이다. 말하자면 노동자의 적대에서 나오는 강제이다. 노동자의 투쟁에 의해 자본은 자신을 재구조화해 나가면서 발전하지만, 이 과정에서 노동자 스스로도 새로운 모습으로 자신의 역능을 확장해 간다.

그런데 이러한 역동성 속에서 가치변형의 형상들(자본주의발전의 시기구분/노동자성격분석)은 발전의 전략적 모순들이 된다. 즉 가치형태의 형상들과 대면하면서 노동자주체성은 독자적인 기획을 발전시켜 나간다. 그 내용을 살펴보자.

2차 산업혁명의 첫 번째 국면(1848-1914)에서 가장 큰 모순은 직접적인 노동과정과 자본주의적 생산과정 사이의 모순이라고 한다. 노동과정의 정 중앙에 서서 완전히 노동과정을 통제하는 '전문노동자'는 생산통제를 원한다. 노동과정의 노동자통제 및 관리를 옹호하는 것과 생산주기의 통제를 옹호하는 것이 이 국면에서 전략적 모순이라는 것이다. 노동자통제와 관리라는 논지를 둘러싸고 '전문노동자'의 다수는 혁명적 주체의 지반을 구성하며, '전유'(appropriative) 모델로 공산주의 기획을 발전시킨다.

2차 산업혁명의 두 번째 국면(1차 세계대전의 종료에서 1968년 혁명까지)에서 전략적 모순은 생산과정과 재생산과정 사이에, 혹은 오히려 노동의 극단적인 사회화에 위치한다고 한다. 노동자들이 거부하는 '탈숙련화된' 추상적 노동의 대량화와 협동·임금 수준·욕구의 질의 수준에서 전반적인 상승 사이의 모순이 폭발하게 된다. '대중노동자'는 '노동거부'와 자신의 노동이 극도로 사회화되는 것을 둘러싸고 '대안'(alternative) 모델로 자신의 고유한 공산주의 모델을 구성한다.

1970년대 이래 현재까지의 시기(3차 산업혁명)에는 새롭고 매우 고도한 전략적 모순, 즉 자본주의 지배[명령](그것이 부르주아적이든 사회주

---

22) 네그리, 「맑스에 관한 20가지 테제」, 『지배와 사보타지』, 138-152쪽.

의적이든) 와 대립하는 발본적인 생산적 사회화(사회적 협동) 사이의 모순을 포착할 수 있다고 한다. 이 시기의 공산주의는, 기존의 대표제 모델을 거부하고 대중이 자신들의 산노동에 기초하면서 생활세계 속에서 자신들의 역능을 확장해 나감으로써 구성할 수 있는 '구성(constituent) 권력'의 모델에 따라 제시된다. '구성권력'은 사회적 생산에 형태를 부여하며, 사회적인 것과 경제적인 것을 정치적인 것 안에 포괄하며, 생산조직과 정치조직을 철저하게 구성적인 방식으로 결합한다고 본다.

이처럼 네그리는 발전의 전략적 모순들이 새로운 적대적 주체성들을 보여주며 그 모순들은 자신의 고유한 역능을 자유롭게 펼치는 대중(multitude)이 지배하는 과정의 결실이라고 한다.

그러면서 네그리는 역사는 살아있는 현실이고 혁신이 역사의 영원한 추동력이라는 사실은 산노동의 역능에 대한 고려와 산노동의 입지조건이 지니는 환원불가능한 자율성[아우토노미아]에 입각해서만 이해할 수 있다고 한다. 가치론 혹은 오히려 착취의 척도가 낡고 무용해지면 질수록 산노동은 더욱 더 지배적 현존이 되고 그 자신의 발전의 방향 기준이 된다. 산노동은 끊임없이 지배의 한계를 파괴하고 현실의 구성을 향해 나아가는 불가피한 운동이다. 네그리는 이런 인식 속에서 현대 프롤레타리아트의 비밀스럽고도 은밀한 삶을 고려해야 한다고 강조한다. 집단적 실천에 대한 분석, 프롤레타리아적 독자성에 대한 분석이 요구된다는 것이다.[23]

4. 새로운 주체성의 구성을 향하여

전반적으로 네그리의 정치경제학비판은 자본의 동학을 밝히기보다는 노동을 중심에 두고 자본과 노동의 동학을 밝히고 나아가 혁명적 주체성

---

23) 『맑스를 넘어선 맑스』, 332쪽.

의 확인과 새로운 구성을 지향한다.

네그리에 따르면, 새로운 구성으로 제시되는 공산주의란 자본의 범주들 속에서 전도된 형태로 즉각적으로 주어져 있다. 그러나 그 전도 자체로 이루어지지는 않는다. 공산주의의 미래는 오로지 건설될 수 있을 뿐이며, 자본주의의 논리적 전개의 결과물도 아니고 목적론도 아니며 오히려 자본의 파괴와 현실의 변혁에 의한 새로운 주체의 형성 그 자체라고 한다.

분리의 논리에 입각한 노동거부[24]는 이 주체, 그 주체의 완전한 자율성이 지닌 자유로운 운동의 다양성을 해방시킨다. 더욱이 이러한 다양성과 잠재력은 이미 자본주의에 내장되어 있다는 것이다. 공산주의의 구체화(물질화)는 자본가치가 부과하는 한계를 넘어서 산노동이 지닌 사용가치의 발전으로 이루어질 것이다. 즉 공산주의로의 이행은 자율적인 주체가 구체적(물질적)으로 자기를 구성하는 것이다.[25] 이러한 구성의 문제는 비물질적 노동을 특징으로 하는 사회적 노동자라는 주체의 등장으로 진행중인 문제가 되었다.

이러한 관점에서 네그리는 (가타리와 함께) 공산주의를 새롭게 규정한다. 이들은 공산주의를 '모든 차원에 걸친 의식과 현실—정치적인 것과 사회적인 것, 역사적인 것과 일상적인 것, 의식적인 것과 무의식적인 것—의 변형으로 나아가게 하는 다양한 실천들의 접합'[26]으로 규정한다. 이제 자유와 특이한(singular) 동시에 집단적인 풍부한 상상에서 연원한 창조적 과정들을 강조한다.

이러한 과정들을 분자적으로(moléculaire) 확장시켜 가는 것이 네그리의 전략이다. 새로운 혁명적 주체성의 구성을 통해서. 개별적이고 집단적인 활동을 확장하고 이러한 분자적 활동의 연결망(réseau)을 통해서. 그는 구성권력의 관점에서 당 문제를 파악할 것을 주장하면서, '당' 문제에

---

24) 노동거부와 자기가치증식의 관계에 대해서는 「자본주의적 지배와 사보타지」(『지배와 사보타지』 수록)와 8장 「노동거부」를 참고.
25) 『맑스를 넘어선 맑스』, 277-303쪽.
26) 네그리·가타리, 『자유의 새로운 공간』, 이원영 옮김, 갈무리, 1996, 28쪽.

서 '구성권력의 역능'이라는 문제로 진전해 간다.[27] 국민을 통치하는 자본주의 국가권력이 아닌, 인민대중(people)을 지배하는 당이 아닌, 대중(multitude)의 솟아나는 역능에 근거한 권력의 구성을 향해 나아가려고 한다. 물론 그 방식은 아우토노미아를 통해서일 것이다.

[27] 아우토노미아조직론의 문제는 네그리의 작업 가운데 또다른 핵심을 이룬다. 이와 관련하여 네그리는 구성의 방법을 더욱 확장하여 생성 개념에 의거하면서 특이한 주체들이 구성권력을 만들어 나가는 과정에 대한 탐색으로 나아간다. Antonio Negri, *The Savage Anomaly*, Univ. of Minnesota Press, 1991을 참조.

2부

자본주의의 전개

제국주의에서 제국으로[*]

1. 머리말

안토니오 네그리와 마이클 하트가 쓴『제국(*Empire*)』은 저자들의 말대로 맑스의『자본론』과 들뢰즈와 가타리의『천개의 고원』을 모델로 삼아 현재의 제국주의(세계 지배 상황)를 분석한 것이다. 저자들은 이 책을 통해 기여하고 싶은 것은 전반적인 이론적 틀과, 제국을 이론화하기 위한 그리고 제국 안에서 제국에 대항하여 활동하기 위한 개념들의 도구 상자를 제시하는 것이라고 밝혔다.

『제국』은 한편으로는 맑스의『자본』에 입각해 있다는 점에서 맑스주의적인 설명들을 많이 계승하고 있는데, 특히 탈근대주의(포스트모더니즘)가 문화 쪽으로 기울고 사회 변화에서 생산의 중요성을 과소평가해 온 점들에 대해 비판하면서 생산의 새로운 변화를 강조한다.

제국주의에 대한 맑스주의적 설명과 비판은 커다란 흐름을 형성해 왔다. 저자들은 맑스의 제국주의적 경향에 대한 단편적인 서술들에 이어 레닌의 독점자본주의의 반동화 테제에 입각한 제국주의에 관한 설명, 그리

---

[*] 이 글은 안토니오 네그리와 마이클 하트가 쓴 『제국(*Empire*)』(Harvard University Press, 2000)의 논지를 정리한 것이다. 글의 내용 중 일부는『문학과 사회』, 2001년 여름호에「"기획 21세기": 안토니오 네그리와 마이클 하트의『제국』─제국주의에서 제국으로」라는 제목으로 발표된 것임을 밝혀둔다.

고 그 후의 힐퍼딩이나 로자 룩셈부르크의 제국주의에 대한 설명들을 비판적으로 전유한다.

또한 다른 한편으로는 탈근대 사상의 흐름을 뚫고 나아가 반근대적인 문제설정을 공유한다. 마키아벨리, 니체, 스피노자 등에 근거하여 근대적 문제설정의 한계들을 비판하고, 차이와 다양성을 긍정하는 탈근대적인 문제설정을 흡수한다. 그러나 탈근대적인 문제설정을 차이와 해체로만 받아들이지 않고, 권력처럼 차이를 통합하거나 초코드화하지 않고 차이들을 통해 표준화되지 않은 구성을 구축해 나간다.

이러한 문제설정 위에서 『제국』은 근대적 주권 개념을 분석해 나간다. 국민국가에 기반한 근대적 주권은 네트워크 권력에 기반한 제국적 주권으로 변형되어 간다. 그리고 이러한 이행에서 탈근대화의 생산적 내용으로서 생산의 정보화에 주목하며, 제국주의에서 제국으로의 변형 과정에서 권력의 문제, 즉 주권의 변형만을 생각하는 것이 아니라 바로 그 주권이 유지되는 지형인 생산의 영역으로 하강한다. 이때 생산의 영역은 객관적인 경제적 영역의 생산이 아니라 주체성의 생산이란 측면이 강조된다. 이러한 사고의 밑바탕에는 자본주의발전을 추동하는 것은 대중의 저항이라는 인식이 깔려 있다. 푸코와 들뢰즈, 가타리의 생각을 받아들여 생체정치적 생산으로의 이행과 차이를 용인하면서 통합을 해 나가려는 제국적 권력의 새로운 양상과 기존의 훈육 통치에서 통제사회로의 이행이 일어나고 있다는 것을 강조한다.

이렇게 볼 때, 『제국』은 그간 경직된 맑스주의적 분석들에 대한 반작용으로 문화 및 상부구조 설명에 치우쳐 온 탈근대주의를 비판하고 넘어서려는 함의를 지닌다. 근대의 이성중심성을 비판하고 해체를 지향하였던 탈근대주의의 흐름은 대중에 대한 관심, 특히 사회의 주변으로 밀려나는 대중의 양상에 대해 별로 관심을 갖지 않기 때문이다.

더불어 『제국』은 그간 다양하게 제기되어 온 제국주의에 대한 상을 정리해 주는 의미를 지닌다. 국민국가의 경계를 강조하던 그간의 제국주의

상을 해체하며, 특히 세계체제론적인 관점에 대해서도 비판을 가하고 있다. 로자 룩셈부르크의 문제의식을 확대하면서 세계시장의 보스로서 제국의 등장에 초점을 맞추고 있다. 특히 제국은 탈근대적인 양상들을 포섭하면서 새로운 지배의 양상을 보여준다는 점이 강조된다.

식민지 체제가 무너졌을 때, 그리고 나서 자본주의 세계 시장에 대한 소비에트라는 방해물이 최종적으로 붕괴하자마자, 저항할 수 없고 되돌릴 수 없는 경제적 교환들과 문화적 교환들의 지구화〔세계화〕가 진행되었다. 전지구적 시장 및 전지구적 생산 회로와 더불어 전지구적 질서, 새로운 지배 논리 및 지배 구조, 즉 새로운 주권 형태가 등장했다. 제국은 바로 이러한 전지구적 교환들을 효과적으로 규제하는 정치적 주체, 다시 말해 세계를 통치하는 주권 권력이다. 세계 시장의 우두머리인 셈이다.

그러면 네그리와 하트의『제국』의 논지를 요약 정리해 보자. 물론 이들의 논의는 서구중심적인 설명임을 염두에 두어야 할 것이다.

2. 현재의 정치적 구성

1) 세계 질서

제국이란 문제설정은 먼저 세계 질서가 있다는 것을 전제로 한다. 세계 질서란 이질적인 전지구적 세력들의 상호작용에서 자생적으로 생겨나는 것도 아니고, 또한 전지구적 세력들을 초월하는 단일한 권력과 중심에 의해 명령되지도 않는다. 이제 제국주의 열강들 모두를 과잉 결정하고 통합적인 방식으로 구조화하고 결정적으로 탈식민지적이고 탈제국주의적인 권리에 대한 하나의 공통 관념하에서 다루는 권력이 생겨나는데, 이것이 바로 제국이다.

제국은 구성된다. 전지구적 체계의 발전은 체계적 균형을 가져오는 지속적인 계약화 절차를 부과하는 기계의 발전인 것 같다. 그 기계는 전체 사회 공간을 가로질러 권위와 행위의 실행을 미리 결정하는 것 같다. 그리고 제국은 제국주의와는 달리, 무력 자체에 기반해서가 아니라 무력을 권리와 평화에 기여하는 것으로 제시할 수 있는 능력에, 갈등을 해결할 수 있는 자신의 능력에 기반하여 성립되고 구성된다.

새로운 초국적 사법적 질서의 동학 및 접합 구조는 근대에서 탈근대로의 이행에서 내적 질서를 규정하게 된 새로운 특성들에 강하게 일치한다. 국제적 법률 체계와 국내 법률 체계는 절차, 예방, 청원과 같은 사법적 실행에 대한 헤게모니를 지닌다. 규범성, 제재, 억압은 이러한 것들에서 나오며 절차적 전개 과정 안에서 형성된다. 여기서 국내법과 초국적 법의 새로운 기능 작용으로 볼 때, 그 법들은 위기의 지형에서 작동한다. 법 적용의 영역에서 위기는 법률 생산의 계기에서 작동하는 '예외'에 초점을 맞추도록 한다.

법률의 적용에서 예외의 기능은 매우 중요하다. 유동적인 상황을 통제하고 지배하기 위해서는, 언제나 예외적으로 개입 요구를 규정할 수 있는 능력을, 그리고 위기에 처해 있는 배열〔지배〕 장치의 다양성과 다원성에 다양한 방식으로 적용될 수 있는 무력과 도구들을 작동시킬 수 있는 능력을 개입 권위에 부여하는 것이 필요하다. 그러므로 여기서 개입의 예외성이란 이름으로 경찰권이라는 권리 형태가 생겨난다. 예외를 지배할 수 있는 사법 권력과 경찰력을 전개할 수 있는 능력은 제국적 권위 모델을 규정하는 좌표이다.

그러나 초국적 법의 현대적 변형을 통해서 제국적 구성 과정은 직간접적으로 국민국가의 국내법에 침투하거나 그것을 다시 윤곽지운다. 이러한 변형의 가장 중요한 징후는 개입권의 발전이다. 개별적인 주권 국가나 초국적 권력(유엔)은 자발적으로 맺은 국제 조약들의 적용을 확보하거나 부과하는 데만 개입하는 것이 아니라, 이제는 권리에 의해서가 아니라 합의에 의해서 정당화되는 초국적 주체들이 모든 형태의 비상사태에 보다 상위의 윤리적 원리의 이름으로 개입한다.

2) 생체정치적 생산

사법적 개념들과 사법 체계들은 사회적 현실 위에서 자신들의 작용을 규정하는 물질적 조건들을 나타낸다. 그 물질적 조건들의 변화에 대해서는 푸코의 작업에 기대어 설명할 수 있을 것이다.

제국적 지배의 구체적 기능 작용과 관련하여, 먼저 훈육사회에서 통제사회로의 이행을 생각할 수 있다.[1] 훈육사회는 관습, 습관, 생산 실행을 생산하고 규제하는 배열 장치(dispositifs)나 장치의 분산된 네트워크를 통해 사회적 명령이 구축되는 그런 사회이다. 이러한 사회를 작동시키고 포섭 그리고/혹은 배제의 메커니즘과 자신의 지배 규칙에 복종시키는 것은 사회적 지형을 구조화하고 훈육의 '이성'에 적합한 논리를 제공하는 훈육 제도들을(감옥, 공장, 정신병원, 병원, 대학, 학교 등등)을 통해 수행된다. 자본축적의 첫 국면은 이러한 권력 패러다임하에서 수행되었다고 말할 수 있다. 반대로 통제사회는 명령 메커니즘들이 더욱 더 '민주적'이고 더 한층 사회적 장에 내재적이며 시민들의 두뇌와 신체를 통해 배분되는 사회이다. 권력은 이제 두뇌(정보 체계, 정보 네트워크 등에서)와 신체(복지 체계, 감시 활동 등에서)를 생활 감각 및 창조 욕망으로부터 자동적으로 소외되는 상태로 직접 조직하는 기계들을 통해 실행된다. 그러므로 통제사회는 우리의 공통적이고 일상적인 실행들을 내적으로 활성화하고 정상화〔표준화〕하는 훈육 장치들의 강화와 전면화에 의해 특징지어지지만, 훈육과는 반대로 이러한 통제는 유연하고 동요하는 네트워크들을 통해 사회 제도들의 구조화된 자리들을 훨씬 벗어나 확장된다.

권력 패러다임의 변화에서도 이러한 생체정치적 성격을 읽어낼 수 있다.[2] 권력은 모든 개인을 포괄하고 그 또는 그녀를 자발적으로 재활성화

---

1) 훈육(discipline)은 푸코가 자주 사용한 용어로 지배체제가 국민이나 대중을 체제에 순응시키는 과정을 지칭하였다. 특히 여러 가지 제도들을 통한 훈육장치의 내면화를 언급하였다. 들뢰즈는 좀더 유연하고 매끄러운 지배방식을 통해 훈육을 더욱 내재화하는 사회를 통제(control) 사회라고 하였다.
2) 생체정치(biopolitics)란 개념은 푸코가 사용한 것이다. 통상 정치가 대표를 만들거나 권력을 만들어내는 과정을 말한다면, 생체정치는 대중의 일상적인 삶 자체에 개입하여 변형

하는 본질적인 결정적인 기능이 될 때만, 주민의 전체 생활에 대해 효과적인 명령을 내릴 수 있다. 이러한 권력은 생활〔삶〕을 철두철미하게 침투하여 관리하려고 한다. 이처럼 사회생활을 내부에서 규제하고 따라다니고 해석하고 흡수하고 재접합하는 권력 형태를 생체권력이라 할 수 있다.

통제사회와 생체권력에 대한 이러한 개념화는 제국 개념의 중심적 측면들을 묘사한다. 제국 개념은 주체들의 새로운 다변성을 이해해야 하는 틀이며, 새로운 권력 패러다임이 나아가고 있는 끝이다. 국제 질서의 정당성은 더 이상 매개를 통해서 구축되지 않고 오히려 전적으로 다양하게 직접적으로 파악된다. 독재나 전체주의의 사법적 기술과는 반대로 권리는 효율적인 채 남아 있지만 정확히 예외 국가와 경찰 기법에 의해서 절차가 된다. 이것은 권력과 주체성들 사이의 비매개적 관계를 드러내는 것이며, 이처럼 제한되지 않은 전지구적 공간 전역에서, 생체정치적 세계의 깊은 곳까지, 그리고 예견할 수 있는 시간성에 대처하는 것이 새로운 초국적 권리를 규정하는 근거가 된다.

20세기 후반에 들어서서 다국적이고 초국적인 산업적 금융적 기업들이 전지구적 영토들을 생체정치적으로 구조화하기 시작한다. 기업들의 활동은 더 이상 추상적인 명령의 부과와 단순한 도적질과 부등가 교환의 조직에 의해서 규정되지 않는다. 오히려 기업 활동은 직접적으로 영토와 주민을 구조화하고 접합한다. 초국적 자본은 직접적으로 노동력을 다양한 시장에 배분하며, 자원을 기능적으로 할당하며, 세계 주민의 다양한 부문을 위계적으로 조직한다. 투자를 선별하고 재정적 화폐적 동원을 지시하는 복잡한 장치가 세계 시장의 새로운 지도, 혹은 정말로 세계의 새로운 생체정치적 구조화를 결정한다.

그러므로 거대한 산업적 재정적 기업들의 역능은 상품뿐만 아니라 주체성도 생산한다. 즉 욕구, 사회 관계, 신체, 그리고 마음을 생산한다. 그와 더불어 생체정치적인 질서 생산은 소통 산업에 의해 발전되는 언어,

---

시켜 가는 과정을 말한다.

소통, 그리고 상징의 생산이 지닌 비물질적 연계 속에서 이루어진다. 소통 네트워크의 발전은 새로운 세계 질서의 등장과 유기적 관계를 지닌다. 소통 산업은 생산을 새로운 규모로 조직하고 전지구적 공간에 적합한 새로운 구조를 부과할 뿐만 아니라 새로운 세계질서를 정당화한다. 새로운 세계 질서의 정당화는 이제 소통 산업들에서, 즉 차이를 강제로 중화시키기 전에 자기 생성적이고 자기 조절적인 균형이란 놀이에서 차이를 흡수하는 상황을 창조하는 제국적 기계에 의해 이루어진다.

정당성의 이러한 새로운 틀은 정당한 무력을 행사하는 새로운 형태를 포함한다. 제국적 개입을 위한 정당한 힘〔무력〕의 병기고는 이미 광대하게 전개되는 군사적 개입뿐만 아니라 도덕적 개입과 사법적 개입과 같은 다른 형태들도 포함하고 있다. 특히 도덕적 개입은 뉴스 매체와 종교 조직을 포함하는 다양한 기구들에 의해 실행되지만, 가장 중요한 것은 NGO들 가운데 몇몇일 것이다. NGO들은 정부에 의해서 직접 운영되지 않기 때문에 바로 윤리적이거나 도덕적인 정언 명제에 기초하여 행동하는 것으로 상정된다. 그렇지만 인도주의적인 NGO들은 실제로 새로운 세계 질서의 가장 강력한 평화적 무기에 속한다.

전체적으로 제국 자체의 주권은 경계〔국경〕가 유연하고 정체성이 잡종적이고 유동적인 주변들에서 실현된다. 제국의 구성은 어떤 계약 메커니즘이나 조약에 기초한 메커니즘에 기초해서도 어떤 연방적 근거〔자원〕를 통해서도 형성되지 않는다. 제국의 기반을 이루는 제국적 규범성의 자원은 새로운 경제적-산업적-소통적 기계, 즉 전지구화된 생체정치적 기계에서 생겨난다.

3) 제국 안에서의 대안들

제국의 구성과 제국의 전지구적 네트워크는 근대적인 권력 기계들에 대항하는 다양한 투쟁들에 대한 그리고 특정하게는 대중의 해방 욕망에 의해 추동된 계급투쟁에 대한 하나의 반응이라고 할 수 있다. 즉 대중이 제국을 낳았다고 할 수 있다.

1960년대 이후 비판적 사고의 많은 부분이 사회적 주체들이나 국민적 지역적 집단들의 정체성에 기반한 저항의 장소들을 재조성해 왔고 종종 정치적 분석을 투쟁의 국지화에 근거지워 왔다. 특히 전지구화에 대한 저항과 국지성의 방어라는 좌파의 전략은, 많은 경우에 국지적 정체성으로 나타나는 것이 자율적이거나 자기결정적이지 않고 실제로는 자본주의적 제국 기계의 발전에 연료를 공급하고 그 발전을 지지하기 때문에 해롭기도 하다. 또한 그간 항상 제기되어 왔던 국제주의는 국민국가를 파괴하고 새로운 전지구적 공동체를 건설하기 위한 기획이었다. 그 결과 제국이 형성된 것이기도 하다. 그러나 오늘날 그러한 프롤레타리아 국제주의 시대는 끝났다. 투쟁들이 하나의 사슬의 고리들처럼 서로 관련된다고 생각하기보다는, 투쟁들이 각자의 맥락에서 적합한 숙주를 찾으려고 자신의 형태를 조율하는 바이러스처럼 소통한다고 생각하는 것이 더 좋을 것이다.

그리고 이러한 전지구화를 미리 보여주는 투쟁들은 산노동의 힘의 표현이었다. 산노동은 자신에 대항하여 축적된 죽은 노동과 대결하기 때문에, 항상 고정된 영토화하는 구조들, 국민〔일국〕적인 조직들, 스스로를 죄수로 만드는 정치적 인물들을 파괴하려고 한다. 이러한 투쟁 속에서 프롤레타리아트의 구성은 변형되어 왔고, 프롤레타리아트에 대한 이해 역시 변형되어야 한다. 프롤레타리아트를 자본주의적인 생산 및 재생산의 규범들에 의해 자신의 노동이 직접적으로나 간접적으로 착취당하고 그 규범들에 종속되는 모든 사람을 포함하는 광범위한 범주라고 이해할 수 있을 것이다.

프롤레타리아트는 정말 차이와 층화에 의해 다양한 방향으로 분절된다. 그렇지만 오늘날 능동적인 다양한 생산 형상들 사이에서 비물질적 노동력의 형상이 자본주의 생산의 도식과 프롤레타리아트의 구성 양자에서 점차 중심적인 지위를 점한다.

그리고 세계적으로 전개되는 새로운 프롤레타리아트의 투쟁 형태를 보면, 그들이 표현한 욕망과 욕구는 서로 다른 맥락으로 번역될 수 없다.

우리가 상당히 칭송하는 소통의 시대에, 투쟁들은 거의 소통할 수 없게 되었다. 물론 이러한 투쟁 모두가 그들 자신의 국지적이고 직접적인 환경에 집중되어 있을지라도 초국적 관련성의 문제들, 제국적 자본주의 규제의 새로운 모습에 고유한 문제들을 제기했다. 즉 이러한 투쟁들 모두는 상당히 다르고 국지적인 조건에 견고하게 뿌리내리고 있을지라도 즉각적으로 전지구적 수준으로 도약하고 제국적 구성을 전반적으로 공격한다. 또한 이러한 모든 투쟁은 경제 투쟁과 정치 투쟁 사이의 전통적인 구분을 파괴하며 동시에 경제적이고 정치적이고 문화적이다. 그러므로 그 투쟁들은 생체정치적 투쟁이며 생활 형식을 둘러싼 투쟁이 된다.

그럼에도 투쟁들은 소통할 수 없다. 투쟁의 소통을 막는 실질적인 장애물은 투쟁들이 저항하는 공통의 적에 대한 인식이 없다는 것과, 각각의 특수한 언어를 사해 동포적인 언어로 '번역'할 수 있는 공통적인 투쟁 언어(예를 들어 코민테른 식의 투쟁언어)가 없다는 것이다. 오히려 이때문에 유사성에 기초해서가 아니라 차이, 즉 특이성들의 소통에 기초해서 기능하는 새로운 소통 유형을 찾아내야 할 것이다.

또한 투쟁 방향과 관련하여 기존의 약한 고리론은 그 힘을 잃는다. 이제 제국의 구성에서 권력에 '외부'는 없으며 그러므로 약한 고리들도 더 이상 없다. 모든 투쟁은 제국의 핵심을, 제국의 강점을 공격해야 한다. 그러나 그 어떤 지리적 지역(워싱턴이나 도쿄 등)에 우선권을 두는 것이 아니라, 제국의 가상적(유동적) 중심을 어떤 지점에서도 공격할 수 있다는 것이다.

3. 주권(통치권)의 이행

네그리와 하트는 현재의 정치적 구성을 '제국'이라고 제시하고, 제국주의에서 제국으로의 이행을 주권의 이행과 생산의 이행으로 나누어 탐색한다. 주권의 이행, 이른바 상부구조의 변화를 살펴보자. 물론 네그리와 하트는 상부구조와 토대라는 전통적인 맑스주의적 토픽을 거부하지만 말이다.

1) 두 개의 유럽, 두 개의 근대성

유럽과 근대성은 처음부터 투쟁, 갈등, 위기로 특징지워졌다. 그 과정에서 근대 주권 개념은 내재성3) 구도에 대한 혁명적 발견, 이러한 내재적인 힘들에 대항한 반작용과 권위 형식의 위기, 이러한 위기를 내재적인 힘들의 구도를 초월하고 매개하는 주권의 장소로서 근대 국가 구성체 속으로 부분적이고 일시적으로 해소하는 계기들을 통해 정립된다.

이 과정에서 근대성의 두 가지 양식을 확인할 수 있다. 첫 번째 근대성 양식은 철저한 혁명적 과정이었다. 자신의 과거와의 관계들을 파괴하고, 세계 및 삶의 새로운 패러다임이 지닌 내재성을 선언한 근대성은, 지식 및 행위를 과학적 실험으로 발전시키고, 인간성과 욕망을 역사의 중심에 설정하면서 민주주의 정치를 향한 경향을 규정한다. 이것은 흔히 세속화 과정으로 묘사되기도 한다. 이러한 새로이 등장하는 운동들 및 역동성들의 힘을 지배하고 몰수하는 지배 권력을 세울 수 있도록 구축된 두 번째 근대성 양식이 있다. 이것은 내재적인 구성권력(constituent power)에 대항하여 초월적인 구성된 권력(constituted power), 욕망에 대항하여 질서를 설정한다. 근대성 자체는 이처럼 내재적인, 구축적인, 창조적인 세력들과 질서를 재건하려는 초월적 권력 간의 부단한 갈등에서 태어나는 위기에 의해 규정된다.

유럽 근대성의 내부적 갈등 또한 동시에 전지구적 규모에서 외부적 갈등으로 비추어졌다. 유럽 안에서 구성적이고 전복적인 세력들을 통제하려는 동일한 반혁명 권력이 또한 다른 주민들을 유럽의 지배에 종속시킬 가능성 및 필요성을 실현하기 시작했다. 근대성의 위기를 해결하기 위한 반혁명적 기획은 형식적으로 자유로운 수많은 주체들을 훈육시킬 수 있는 초월적 장치를 구축함으로써 내재성 관념을 지배[제압]하는 것이었다.

초월적인 정치적 장치를 발견하는 데서 근본적인 이행은 대중이 지닌 모

---

3) 개념, 언어, 이념 등과 관련하여 존재하는 모든 것이 인간들에 의해 바로 이 현실 세계 표면 위에서 구성되며 존재한다. 어떠한 것도 외부에서 부과된 것이 아니라 인간 자신들 속에서 구성된다는 의미에서 내재성(immanence) 개념을 사용한다. 초월성과 대립된다.

든 자율적 권력[힘]을 그것을 지배하고 그것 위에 서있는 주권 권력에 이전하는 계약에 의해 수행된다. 주권은 초월성과 대표성에 의해 규정된다. 하지만 근대 주권의 토대에는 자본주의의 발전과 시장을 사회적 재생산 가치의 근거로 확인하는 것이 있다. 이처럼 주권과 자본의 종합이 완전히 이루어질 때, 그리고 권력의 초월성이 완전히 선험적인 권위 실행으로 변형될 때, 바로 그때 주권은 전체 사회를 가로질러 지배하는 정치 기계가 된다.

2) 국민국가의 주권

근대성의 위기를 해결하거나 적어도 봉쇄하기 위해 권력 기계들이 구축되었다. 그 과정에서 하나의 주요한 대응 방식이 바로 국민의 탄생이었다. 영토 세습제의 신학적 근거를 초월적인 새로운 근거로 대체하는 점진적 과정에서 왕의 신성한 신체보다 오히려 국민의 정신적 정체성이 주요한 위치를 차지하게 되었다. 주권은 국민[민족]석 성체성, 즉 혈연관세의 생물학적인 연속성, 영토의 공간적인 연속성, 그리고 언어적 공통성에 근거한 문화적이고 통합적인 정체성에 의해 안정화됐다.

또한 주권의 변형 과정에서 봉건적인 신민에서 훈육적인 시민으로의 주민의 전환은 주민의 수동적 역할에서 능동적 역할로의 전환을 나타냈다. 그리고 부르주아지의 정치적 승리는 국민 주권 개념을 통해 근대 주권 개념을 완성하는 것과 일치했다. 이제 주권의 초월적인 모습들은 현실로 내려와 현실의 제도적이고 행정적인 과정에 놓이게 됐다. 따라서 정당화 문제는 권력 실행의 분절들을 통해 기능하는 행정 기계의 측면에서 다루어지기 시작했다.

주권은 근대성의 위기에 대한 하나의 해결책으로서 처음에는 국민을 언급했고, 그 후 국민 역시 불안정한 해결책으로 드러났을 때는 인민을 언급했다. 근대적 인민 개념은 국민국가의 산물이고 국민국가의 특정한 이데올로기적 맥락 안에서만 생존한다. 인민은 자신을 벗어나 있는 것을 배제하고 그것과 자신의 차이를 설정하면서 내적으로는 정체성과 동일성으로 향하는 경향이 있으며, 대중의 다양한 의지들 및 행동들로부터 독립적이고 종종 그것과 충돌하는 하나의 단일한 의지 및 행동을 제공한다. 따라서 모든 국민 주권은 자율적인 대중을 복종하는 인민으로 만들려고 한다.

18세기와 19세기에 유럽에서 국민 개념과 관련하여 두 가지 작용이 근대적 인민 개념의 구축에 기여한다. 하나는 자신들의 원주민 〔대문자〕타자와의 변증법적 대립의 놀이 속에서 〔대문자〕유럽 인민들의 정체성을 구축하는 식민적 인종주의의 메커니즘들이고, 다른 하나는 하나의 헤게모니적인 집단, 인종, 혹은 계급이 전체 주민을 대표한다는 것을 통해 내적 차이를 감추는 것이다.

이렇게 구축된 국민 개념은 지배자의 수중에서는 울혈〔정지〕과 복고를 촉진하는 반면, 피지배자의 수중에서는 변화와 혁명의 무기인 것 같다. 국민은 더 강력한 외부 세력들에 대항하는 방어선인 한에서, 그리고 잠재적 공동체〔하나의 국민〕의 공통성(통일)을 제시하는 한에서 진보적이다. 그러나 국민〔민족〕은 공동체를 상상하는 유일한 방식이 되며, 또한 외부〔다른 국민〕와 관련하여 방어적 역할을 수행하는 구조들은 내부적으로는 억압적 역할을 수행한다. 더욱이 국민국가 형태하에서 민족이익이란 깃발 아래 국민은 전체주의로 향하는 모습을 보이기도 하였다.

3) 식민지 주권의 변증법

처음부터 근대성의 위기는 인종적 종속 및 식민화와 밀접한 관련을 가졌다. 국민국가는 자신의 영역 안에서는 인민의 순수성을 창조하고 재생산하기 위해 애쓰는 반면, 외부에서는 〔대문자〕타자들을 생산하고, 인종 차이를 창조하고, 그리고 근대적 주권 주체를 한정하며 지지하는 경계들을 세우는 하나의 기계이다. 비유럽적 타자들을 부정〔소극〕적으로 구축함으로써 최종적으로 유럽적 정체성 자체를 창립하고 유지하는 것이다.

이러한 속에서 식민지는 필연적으로 이중적이고 억압할 수 없는 자신의 적대자로서 유럽적 근대성에 변증법적으로 대립한다. 식민지적 정체성은 무엇보다도 마니교적[이원론적]인 배제 논리를 통해 기능한다. 이러한 식민지적 정체성들의 구축은 중심부와 식민지 사이의 경계의 고정성에 크게 의존한다.

그러나 현실 속에서 자본과 식민 노예제의 관계는 훨씬 더 밀접하고 복잡하다. 자본은 세계 도처에 현존하는 노예 생산 체계를 포섭하고 재강화할 뿐만 아니라 새로운 노예 체계를 창조했다. 식민지들에서 노예 노동은 유럽에서 자본주의를 만들었으며, 유럽의 자본은 노예 노동을 결코 포기하려고 하지 않았다. 물론 유럽 열강들이 대서양을 건너 노예 경제의 기초를 다졌던 바로 동일한 시기에 유럽에서 농업 경제의 재봉건화가 존재했고, 노동 이동을 차단하고 노동시장 조건을 동결하려는 매우 강력한 경향이 존재했다.

식민지에서의 실제 사회적 상황은 결코 순수한 적대 세력들 간의 절대적 이항으로 깔끔하게 분류되지 않고, 현실은 항상 증식하는 복수성들을 나타낸다. 하지만 정체성들과 타자성들을 생산하는 추상 기계로서 식민주의는 식민지 세계에 이항 분할을 부과한다. 이러한 타자성의 절대적 부과는 부메랑식의 효과로서 대항 폭력에 직면한다. 노예제는 경제적 이유에서가 아니라, 반란 노예들에 의해 전복된다.

또한 민족[국민] 해방이라는 국민 주권의 진보적 기능은, 반제투쟁이나 민족주의 운동이 대개 근대화 기획을 수행할 책임을 진 새로운 지배 집단을 강력하게 확립하는 대리(delegated) 투쟁이 됨으로써 퇴색한다. 대중을 대표하는 인민, 인민을 대표하는 국민, 국민을 대표하는 국가라는 대표제의 연쇄고리에 입각한 국민국가의 주권은 부르주아 권력을 만들어 내지만, 식민지에서 벗어난 국민국가는 내부의 억압적인 지배구조를 지닌 채 전지구적인 자본 질서에 종속된다.

4) 이행의 징후들

식민주의의 종결과 국민의 쇠퇴하는 역능은 제국 주권 패러다임으로의 전반적 이행을 나타낸다. 여기서 탈근대적인 제국 주권으로의 이행을 나타내는 징후들을 몇 가지 지적할 수 있다.

먼저 근대적인 이분법을 공격하고 파편화된 정체성들을 긍정하며 표준적인 권력적 인물상(백인, 남성, 유럽인)을 공격해 나가는 차이의 정치를 언급할 수 있다. 급진적인 탈근대적 차이의 정치는 난민, 주변자, 피착취자, 그리고 피억압자들의 가치와 목소리를 체현한다. 그러나 이것은 제국 지배의 기능들과 실행들에 대항하여 효과적이지 않을 뿐만 아니라, 심지어 그것들에 일치하고 그것들을 지지할 수조차 있다. 또 다른 징후는 잡종성들의 해방을 추구하고 식민지적 이분법을 넘어서려는 탈식민주의 담론이나 탈식민주의 기획에서 볼 수 있다. 지배적인 이분법적 구조를 지닌 권력을 전복하기 위해 차이의 복수성을 긍정한다는 점에서 탈식민주의 기획은 탈근대주의와 만난다. 이행의 색다른 징후로는 근본주의를 들 수 있다. 근본주의는 흔히 이해되듯이 전근대 세계의 재창조가 아니라, 오히려 진행중인 현재의 역사적 이행에 대한 강력한 거부라고 할 수 있다. 예를 들어 이슬람 근본주의들은 근대성과 근대화에 대해 단호하게 반대하는 데서 매우 일관되게 통일되어 있다.

다만 탈근대주의 담론들은 우선적으로 전지구화 과정에서의 승리자에게 호소하는 반면, 근본주의 담론들은 패배자에게 호소한다고 할 수 있다. 즉 증가된 이동성, 비결정성, 그리고 잡종성을 향한 현재의 전지구적 경향은 일부 사람들에 의해서는 일종의 해방으로 그러나 다른 사람들에 의해서는 고통의 악화로 경험된다.

이러한 징후들에 덧붙여 가장 강력한 징후는 세계 시장 이데올로기이다. 세계 시장은 자신의 무한한 복수성들을 가지고 모든 이분법적 분할을 압도한다. 세계 시장은 국민국가의 경계들을 파괴하는 경향이 있으며, 국민국가가 부과해 왔던 종류의 이분법적 분할로부터 해방되어 차이들을 관리해 나간다. 기업들은 자신들의 영역 안에 차이를 포함하려 하며, 따라서 기업 작업장에서 창조성, 자유로운 활동, 다양성을 최대화하는 데 목표를 둔다. 이러한 기획은 '다양성 경영'으로 적절하게 불린다.

그러나 이러한 이행의 징후를 읽으면서 전복의 주체를, 공통의 생활 형식 주위에서 확인되며 모든 역사 시기에 항상 현존하는 사회적 주체인 가난한 자(빈민)를 볼 수 있다. 가난한 자는 삶의 공통 분모이며, 대중의 토대이다. 오늘날 생체정치적인 생산 체제에서 그리고 탈근대화 과정에서, 가난한 자는 종속되고 착취당하는 모습이지만, 그럼에도 불구하고 생산의 모습이다. 이들을 정치적이고 생산적인 지형의 중심에 다시 놓는 것이 탈근대성의 핵심적 발견 내용일 것이다.

5) 네트워크 권력: 미국 주권과 새로운 제국

미국 주권의 형성과정은 유럽의 근대적 주권과 중요한 차이를 보이며, 미국 주권의 구성에서 새로운 제국적 주권이 형성된 기반을 식별할 수 있다.

미국 헌법은 전체 대중을 활성화함으로써, 그리고 대중의 구성 능력을 조직화된 대항 권력들의 네트워크에서, 다양하고 평등화된 기능들의 흐름 속에서, 그리고 역동적이고 팽창적인 자기 조절 과정에서 조직함으로써, 부패에 빠져드는 모든 주기적 쇠퇴를 저지하기 위해 고안됐다. 이렇게 형성된 미국 주권 관념이 지닌 특징은 권력의 내재성에 대한 긍정이다. 그러나 내재성의 구도 위에서 주권을 구성하는 과정에는 대중 자체의 갈등적이고 다원적인 본성에서 결과하는 경험이 나타나게 되는데, 주권 권력은 이를 통제해야만 한다. 그런데 미국의 새로운 주권 개념은 마치 통제라는 생각을 자신의 헌법에서 없애기를 원하기라도 하는 것처럼, 외부를 향해 아주 강하게 열린다. 즉 주권이 무한한 지형 위에서 작동하는 개방적이고 팽창적인 기획으로 향한다. 물론 여기서 팽창 경향은 배타적이지 않고 포괄적이다. 따라서 제국의 발전 및 팽창의 기저에는 내적 갈등을 조절한다는 내재적인 평화 관념이 있다.

팽창 경향을 지닌 미국 주권은 광대한 제국을 향해 나아간다. 그러나 그 헌정사를 중심으로 살펴볼 때, 미국 주권은 체제가 아메리카 원주민

〔인디언〕들의 노동에 의존하지 않았기 때문에 그들을 배제할 수 있었으나, 흑인 노동은 새로운 미국의 본질적인 지지물이었기에 포함하였다. 하지만 흑인들은 〔미국〕헌법에 평등하게 포함될 수 없었다. 흑인 노예제는 역설적으로 헌법의 예외인 동시에 토대였다.

이러한 모순은 새롭게 발전된 미국의 주권 관념에 위기를 가져왔는데, 그것은 이 모순이 미국의 주권 관념의 토대에 생명력을 불어넣는 자유로운 순환, 혼합 그리고 평등을 차단했기 때문이다. 흑인과 백인, 자유인과 노예 사이의 거대한 내적 장벽은 제국의 통합 기계를 차단했으며 열린 공간들에 대한 이데올로기적 요구를 꺾어버렸다. 미국내 계급투쟁의 전개에 따라 공간의 팽창을 더 이상 갈등을 해결할 수 있는 전략으로 사용할 수 없었고, 사회적 갈등은 직접적으로 폭력적이고 화해할 수 없는 사건으로 나타났다.

미국의 열린 공간들은 마침내 쇠퇴하였다. 공간의 폐쇄에 대한 내부적 해결이 불가능했기 때문에, 제국적 과정은 외부와 관련하여 실현될 수밖에 없었다(루즈벨트와 윌슨의 정책). 미국은 자신이 점차 계급적대를 진정시킬 필요에 의해 추동된다는 것을 알았고, 따라서 반공이 최우선적인 정언 명제가 되었다. 냉전 이데올로기는 가장 과장된 마니교적 분할 형태를 발생시켰으며, 결과적으로 근대 유럽의 주권이 지닌 몇 가지 중심적인 요소들이 미국에서 다시 나타났다. 냉전 이데올로기를 전파하면서 미국은 국내외에서 직접적이고 잔인한 제국주의적 기획들의 창시자가 되었다.

1968년을 전후하여 베트남전쟁에서의 돌이킬 수 없는 군사적 패배와 더불어, 공화주의적 원리들로 복귀하라는 압력과 애초의 헌법 정신이 강력한 내부 사회운동들에 의해 제기되었다. 미국이 이제 해외에서 제국주의적 모험에 아주 깊숙이 휩쓸려 들어갔을 때, 신좌파의 출현은 구성권력 원리에 대한 거대하고 강력한 긍정〔확인〕이었으며 사회적 공간들의 재개방에 대한 선언이었다.

이제 냉전을 넘어서 네트워크 권력이라는 전지구적 기획은 미국의 현 위치를 규정지었다. 냉전이 약화되자, 국제 경찰력을 행사하는 책임은 미국의 어깨에 정확하게 '떨어졌다'. 오늘날 국제 조직들은 미국에게 새로운 세계 질서에서 중심적 역할을 맡도록 요청한다. 20세기 후반의 모든 지역 갈등에서 미국은 군사 개입을 요청받는다. 내키지 않을지라도, 미군은 평화와 질서의 이름으로 이 요청에 응답해야만 할 것이다. 이것은 제국의 중심적 특징들 가운데 하나이다.

제국적 권력에서 미국이 특권적인 지위를 지니는 이유는, 부분적으로는 미국의 역할(특히 그 군사적 역할)이 소련에 대항하는 투쟁에서의 중심 인물로부터 새롭게 통합되는 세계 질서의 중심 인물로까지 지속되기 때문이다. 그러나 무엇보다도 미국 자신의 고유한 헌법이 지닌 제국적 경향을 강조하지 않을 수 없다.

6) 제국적 주권

제국적 세계로의 이행에서 변화한 것은 경계(국경)가 더 이상 존재하지 않고, 더 이상 외부는 없다는 것이다. 내부와 외부 사이의 구별은 점차 약화된다. 공적인 것과 사적인 것의 구분이 모호해지고, 자유주의 정치의 장소를 구성하는 근대사회의 공공 공간은 사라지는(사유화되는) 경향이 있다. 제국 사회에서 스펙터클은 가상적 장소, 혹은 더욱 정확하게는 정치의 무-장소(non-place)이다. 스펙터클은 어떠한 내부도 외부와 구분할 수 없는 그런 식으로 통일되어 있으면서 동시에 분산적이다. 군사적인 의미에서도 더 이상 외부는 없다. 제국주의 전쟁, 제국주의 사이의 전쟁, 그리고 반제국주의 전쟁의 역사는 끝났다. 이제는 정말 제국 내부의 국부적(minor)이고 내적인 갈등의 시대에 진입했다. 모든 제국적 전쟁은 시민 전쟁(내전), 경찰 행동이다.

제국에서는 위계와 차별이 없어지는 것이 아니라 오히려 미분적으로 강화된다. 제국적 인종주의는 인종들 간의 본질적이고 생물학적인 차이에 집중했던 근대 인종주의 이론과는 달리, 미분적(differentialist) 인종주의, 즉 인종 없는 인종주의 혹은 생물학적 인종 개념에 의존하지 않는 인종주의이다. 제국은 인종적 차이를 결코 본성의 차이가 아니라 항상 정도의 차이로, 결코 필연적인 것이 아니라 항상 우연적인 것으로 설정한다. 백인, 흑인, 황인 등의 색깔 차별이 아니라 기능에 따른 새로운 위계화가 진행된다. 박찬호는 메이저리그로 가고 우즈는 한국의 프로야구로 온다. 하지만 복종은 더욱 이동적이고 유연한 일상적 체제 속에, 안정적이고 잔인한 차별적 위계를 창조하는 일상적 실행 체제 속에 규정된다. 이제 제국의 지배는 끊임없이 팽창하는 자신의 영역 안에서 차이의 놀이와 미시-갈등성의 관리에 의거한다.

제국으로의 이행에 따라 주체성의 생산은 훈육사회에서와는 달리 어떤 특수한 장소에 제한되지 않는 경향이 있다. 또한 생산 장소의 불확정성은 생산된 주체성 형태의 비결정성(잡종성)을 가져온다.

이러한 제국에서는 명령 장치는 관대하고 자유주의적인 얼굴을 가지고, 제국 영역 안에 수용된 차이들의 긍정을 포함한다. 대개 제국은 분할을 창조하는 것이 아니라 오히려 현존하는 혹은 잠재적인 차이를 인정하고, 그 차이를 찬양하며, 그 차이를 일반적인 명령 경제 안에서 관리한다. 그래서 제국의 세 가지 명령은 '포괄하라, 구별하라, 관리하라'이다.

이제 제국 주권은 하나의 중심적인 갈등을 둘러싸고 조직되지 않고 오히려 미시 갈등들의 유연한 네트워크를 통해 조직된다. 제국 사회의 모순은 파악하기 어렵고, 증식하며, 국지화할 수 없다. 즉 모순은 도처에 있다. 권력의 장소도 도처에 있지만 또한 어디에도 없다. 그러나 바로 이때 제국 주권을 규정하는 개념은 총체적 위기, 즉 부패일지도 모른다.

근대 주권에서 제국 주권으로의 이행을 개념적으로 표시한다면, '인민에서 대중으로, 변증법적 대립에서 잡종성의 관리로, 근대 주권의 장소에서 제국의 무-장소로, 위기에서 부패로'라고 할 수 있다. 이러한 변형과정 속에서 제국 안에서의 (노동)거부는 새로운 공동체를 만들고 새로운 생활양식들을 창조해 나가려 할 때 해방의 정치로 나아갈 수 있다.

4. 간주곡: 대항 제국

제국에서 제국에 대항하는 기획은 운동의 조직적 이동성과 운동의 인종-언어적 잡종성을 보여주는 세계산업노동자조합(Industrial Workers of the World(IWW))의 사례에서 그 모습을 찾을 수 있다. 세계화에 대항하는 지방화가 아니라, 전지구적으로 생각하고 전지구적으로 행동하는 것을 배워야만 한다.

자본주의적 착취 관계는 공장에 한정되지 않고 사회 전체 영역을 점하는 경향을 보이면서 어디에서나 팽창하고 있다. 노동력이 지닌 특질들(차이, 척도, 그리고 결정)은 더 이상 파악될 수 없고, 마찬가지로 착취 또한 더 이상 국지화(局地化) 되거나 양화(量化) 될 수 없다. 제국은 바로 노동이 착취당하는 세계적 생산의 무-장소이다. 물론 무-장소는 전지구에 두뇌, 가슴, 몸통, 손발을 가지고 있다.

여기서 '왜 사람들이 반란을 일으키는가' 하는 문제보다는 '왜 사람들이 반란을 일으키지 않는가', 라이히의 질문처럼 '왜 인간들은 마치 예속이 자신들의 구원인 것처럼 완강하게 자신들의 예속(노예 상태)을 위해 싸우는가'를 따져봐야 한다.

사실상 제국 권력은 더 이상 대중의 역능을 훈육시킬 수 없다. 제국 권력은 대중의 역능이 지닌 일반적인 사회적 능력과 생산적 능력에 대해서 통제를 가할 수 있을 뿐이다. 경제적 측면에서 보자면, 유연하고 전지구적인 화폐 체계가 조절 기능자로서의 임금 체제를 대체한다. 규범적인 명령은 통제 절차와 경찰로 대체되었다. 그리고 지배의 실행은 소통 네트워크들을 통해 이루어진다. 이것이 바로 착취와 지배가 제국적 영역 위에 일반적인 무-장소를 구성하는 방식이다. 비록 여전히 대중의 살갗 위에서 구체적으로 경험되고 있다 할지라도, 착취와 지배는 너무나 무정형적이어서 감출 여지조차도 없는 것 같다. 만약 외부라고 인식될 수 있는 장소가 더 이상 존재하지 않는다면, 우리는 모든 장소에서 저항해야만 한다.

훈육 시대에는 사보타지가 저항의 근본 관념이었던 반면, 제국적 통제 시대에는 도주가 저항의 근본 관념일 것이다. 도주는 어떤 장소를 갖지 않지만, 권력의 장소를 철거하는〔비우는〕것이다. 근대의 역사를 통틀어 볼 때, 노동 인구의 이동성 및 이주는 항상 거부와 해방 추구를 표현한다. 이주라는 유령을 볼 때, 뒤에서 밀고 있는 것은 소극적으로는 제국적 재생산이 지닌 비참한 문화적, 물질적 조건으로부터의 도주이다. 그러나 적극적으로 앞으로 당기는 것은 풍부한 욕망이고, 표출적이며 생산적인 능력의 축적이다. 이렇게 볼 때 도주와 탈출은 제국적 탈근대 안에서 대항하는 강력한 계급투쟁의 한 형태이다.

저항하는 사람들은 자신들의 인간 조건의 국지적이고 특별한 구속으로부터 벗어나려고 하면서, 또한 끊임없이 새로운 신체와 새로운 삶을 구축하기 위해 시도해야 한다. 따라서 오늘날 투쟁한다는 것은 제국 내부에서 투쟁하고, 제국의 잡종적이고 변조해 가는 영역 위에서 제국에 저항하여 색다른 공동체들을 건설해 가는 것을 의미한다.

자 이제 생산의 영역으로 하강해 보자.

5. 생산의 이행

생산의 영역은 사회적 불평등이 분명히 드러난 곳이며, 더욱이 제국의 권력에 대한 가장 효과적인 저항과 대안이 생겨나는 곳이다. 이처럼 생산의 영역을 강조하는 것은 탈근대주의의 문화 편향에 대한 비판과 정정의 의미를 갖는다고 할 수 있겠다.

1) 제국주의의 한계

제국주의에 관한 맑스주의적 사고의 전통에서 중심적인 주장 가운데 하나는 자본주의와 팽창 사이에 내생적인 관계가 존재하며 자본주의의 팽창은 필연적으로 제국주의라는 정치 형태를 취한다는 것이다. 자본은 실현과정에서 유통 부문을 확장하려는 경향을 지니며 비자본주의적 환경인 외부를 필요로 한다. 이처럼 자본은 실현의 욕구를 채우고 새로운 시장을 찾기 위해서 뿐만 아니라 축적 주기 즉 자본화 과정에서 다음 순간에 필요한 것들을 충족시키기 위하여 팽창한다.

이 과정에서 자본주의는 이제 비자본주의 환경을 점진적으로 프롤레타리아트화하여 본원적 축적과정을 지속적으로 전개함으로써 비자본주의적 환경 자체를 자본화한다. 즉 외부를 내면화한다. 이것은 자본주의와 제국주의 간의 불가피한 관계를 보여주는 것이며 반제 투쟁은 반자본 투쟁이 된다. 더욱이 자본은 이윤율의 균등화와 포섭을 통해서 독점체들이 지배하는 자본주의적인 세계 시장으로 향해 나아가는 경향을 지닌다.

제국주의적 과정이 가져온 경계선들은 자본주의발전을 가로막고 제국주의 세계 시장의 완전한 실현을 가로막는다. 자본은 결국 제국주의를 극복해야 하고 내부와 외부 사이의 장애물들을 파괴해야 한다. 이제 자본주의적 조절은 국민국가의 조절에서 전지구적 시장의 정치적 조절로 나아가게 되며 이것은 제국주의에서 제국으로의 이행의 주요 특징이다.

2) 훈육 통치

점차 전지구적인 훈육국가가 등장하여 주민들의 생활주기를 더욱 광범위하고 깊게 포괄해 나가고 주민들의 생산 및 재생산을 자신의 교섭 틀 안에 질서지워 나간다.

지배적인 자본주의 나라들의 제국주의 정치는 새로운 전지구적 무대에서 탈식민화, 탈중심화, 그리고 전세계에 훈육적인 생산 및 지배형태의 확산을 둘러싸고 조직되었다. 탈식민화 과정의 완성은 지배관계의 새로운 세계적 서열화가 마무리된다는 것을 표시했다. 미국이 확고하게 열쇠를 쥔 상태에서, 군사적 중장비를 통해서 권력을 휘두르던 국면에서 달러를 통해서 권력을 휘두르는 국면으로 넘어갔다. 탈중심화는 생산의 장소 및 흐름을 분산하는 과정으로 나타났다. 점차 초국적 기업들이 전지구를 횡단하여 자신들의 활동을 확실하게 구축하기 시작하였고, 식민지에서 벗어난 나라들과 종속국들에서 경제적 정치적 변형의 근본 동력이 되었다. 그리고 생산적 흐름의 분산을 통해 새로운 지역 경제와 새로운 전지구적 노동 분업이 결정되기 시작했다. 훈육과 지배양식의 확산은 포드주의 임금체제, 테일러주의적 노동조직 방식, 근대적이고 온정주의적이고 보호적인 복지국가 모델에 따라 이루어졌다. 그러나 복지국가에 대한 약속은 근대화를 달성하기 위한 충분한 동의를 얻어내는 미끼로 작용하였고, 그 효과는 바로 사회적 생산 및 재생산을 관통하는 훈육 체제의 확산이었다.

그렇지만 근대화와 발전이라는 미명하에 식민지 이후의 제3세계가 거대하게 변형되었다. 특히 대중의 혁명적인 해방과정은 근대화라는 이데올로기를 넘어서 엄청나게 새로운 주체성 생산을 드러냈다. 세계 시장의 통일 경향으로부터도 몇 가지 중요한 효과들이 나타난다. 노동 및 사회를 조직하는 훈육 모델이 지배 지역으로부터 바깥으로 광범위하게 확산됨으로써, 나머지 세계의 수많은 주민들이 임금체계에 들어갔다. 새로운 훈육 체제는 훈육 체제로부터 탈출하고자 하는 욕망을 구축하고 자유롭고 싶어하는 훈육되지 않은 다수의 노동자들을 경향적으로 만들어낸다. 또한 대부분의 전지구적 프롤레타리아트의 이동성이 증가하였다. 이러한 주체성의 움직임을 기존의 훈육 조건들 속에서는 더 이상 통제할 수 없게 되면서 새로운 통제 형태가 제시되어야 했다.

3) 저항, 위기, 변혁

지배적인 자본주의 국가들에서 노동자의 공격은 일차적으로 훈육적인 자본주의 노동체제에 대항하는 것으로 나타났다. 무엇보다도 이 공격은 일반적인 노동거부로 그리고 구체적으로 말하면 공장 노동거부로 표현되었다. 두 번째로, 노동자의 공격은 자본주의적인 노동시장 분할을 전복시키는 데 일조했다. 사회 집단들의 분리, 노동시장의 유동성, 그리고 추상 노동시장의 위계들을 위협하면서 보장된 사회적 임금과 아주 높은 수준의 복지에 대한 전반적인 요구를 제기하였다. 세 번째로, 노동자의 공격은 자본주의 명령〔지배〕에 직접 대항하여 전개되었다. 또한 종속적인 국가들에서의 농민과 프롤레타리아트의 투쟁은 지역정치체제와 국제정치체제에 개혁을 강요하였고, 특히 위기를 본국 영역에서 종속 영토들로 옮기는 구제국주의적 전략의 가능성을 제거했다. 제국에 들어서서 이러한 다양한 투쟁들은 하나의 공동의 적, 즉 국제적인 훈육 질서에 대항하여 결집하였다.

이러한 대중의 저항에 의해 야기된 위기에 대해 자본은 억압 전략과 프롤레타리아트의 계급 구성을 변형시키는 두 가지 방법을 택하였다. 자본의 억압 전략은 사회적 과정을 완전히 역전시키고, 노동시장을 분리하고 해체시키며, 전체 생산 주기에 대한 통제를 재정립하는 것을 목표로 했다. 자본은 보장된 노동자와 비보장된 주민층 사이의 분리를 재강화하였다. 각 국가 내부에서 그리고 국제적으로 사회적 이동성과 유동성을 통제함으로써 위계적 부서화 체계를 재구축하였다. 이러한 시도에서 휘두르는 중심 무기는 생산의 자동화와 컴퓨터화를 포함한 기술의 억압적인 사용이었다.

억압 전략과 함께 이루어지는 프롤레타리아트의 계급 구성을 변화시키는 전략은, 그렇게 함으로써 새로운 노동 실행들을 통합하고 지배하며 그로부터 이익을 취하려는 기술적 변형을 수반하였다. 프롤레타리아트는 스스로의 적대심과 자율성 속에서 실제로 자본이 미래에 어쩔 수 없이 채택해야만 할 사회적이고 생산적인 혁신 형태들을 발명한다. 물론 자본은 이것들을 포획하려고 한다.

다시 말해서 자본은 프롤레타리아트 주체성의 새로운 생산에 직면하고 대응해야만 했다. 이러한 주체성의 새로운 생산은 결국은 비물질적 노동의 전개 속에서 표현되는 생태적 투쟁, 즉 훈육 체제에 대한 거부와 새로운 생산성 형태의 실험으로 나타나는 생활양식에 대한 투쟁에 도달했다.

4) 생산의 정보화

세계 시장의 경향적 실현은, 오늘날 한 나라 혹은 한 지역이 과거의 조건들을 재창조하고 한때 지배적인 자본주의 국가들이 발전했던 것처럼 발전하기 위해서는 자신을 전지구적 권력 네트워크에서 격리시키거나 분리시킬 수 있다는 모든 통념을 파괴한다. 지배적인 국가들조차도 이제는 전지구적 체계에 의존하고 있으며, 세계 시장의 상호 작용은 모든 경계를 전반적으로 해체해 왔다. 점점 더 모든 고립이나 분리의 시도(쿠바, 북한, 아프리카의 일부 나라들)는 단지 전지구적 체계에 의한 더욱 잔인한 종류의 지배, 즉 무력함과 빈곤으로 돌아가는 것을 의미할 뿐이다.

생산 부문의 변화로는 산업의 지배에서 서비스와 정보의 지배로의 이행을 지적할 수 있으며, 이것은 경제적 탈근대화 즉 정보화라고 부를 수 있다. 서비스업이 건강 보호, 교육, 그리고 금융에서부터 운송, 오락(연예), 그리고 광고에 이르기까지 광범위한 활동을 포함하게 되고, 산업 생산도 정보의 요소들을 흡수해 감에 따라, 생산에서 지식, 정보, 정서, 그리고 소통이 중심 역할을 하게 된다. 모든 생산은 서비스 생산을 향하고, 정보화되는 경향이 있다. 그리고 생산 흐름들과 네트워크들의 중요성이 증가하는 방향으로 단호하게 나아간다. 또한 그런 경향은 세계의 종속된 국가들과 지역들에게도 이러한 정보화 방향에서 하위 파트너로 합류하도록 강요한다.

기술적 측면에서 이러한 변화를 가속화하는 것은 산업에서의 자동화와 컴퓨터의 사용 증가이다. 오늘날 우리는 점점 더 컴퓨터처럼 생각하고 있고, 소통 기술들과 그것들의 상호 작용 모델은 더욱 더 노동 활동에 중심이 되고 있다. 이러한 탈근대화 즉 정보화는 인간 되기의 새로운 양식을 나타낸다. 사람들은 산업 기계의 전통적인 기법을 정보 및 소통 기술의 인공 두뇌적 지성으로 실질적으로 대체해야 한다.

생산의 정보화는 주체의 측면에서는 비물질적 노동의 확산으로 볼 수 있다. 비물질적 노동의 첫 번째 형태는 정보화되어온 그리고 생산과정 자체를 변형시키는 방식으로 소통 기술들을 통합해온 산업 생산 속에 포함되어 있다. 제조업은 하나의 서비스로 간주되고, 내구재를 생산하는 물질적 노동은 비물질적 노동과 혼합되고 비물질적 노동을 향한다. 두 번째 형태는 분석적이고 상징적인 일들을 하는 노동인데, 한편으로는 창조적이고 지성적인 처리와 다른 한편으로는 일상적인 따분한 일(예를 들어 타자 치기)들로 나누어진다. 세 번째 형태는 정서의 생산과 처리를 포함하고 (가상적인 혹은 현실적인) 인간적 접촉, 즉 신체적인 양식의 노동을 요구한다. 이런 비물질적 노동의 각 형태 속에는 협동이 노동 자체 속에 완전히 내재되어 있다. 따라서 비물질적 노동의 협동적 측면은 국가나 자본에 의해 외부로부터 부과되거나 조직되지 않는다.

정보 경제로의 이행에서, 일관 작업은 생산 조직화 모델로서의 네트워크로 대체됐고, 이 네트워크는 각각의 생산 부지 안에서 그리고 생산 부지들 사이에서 협동과 소통 형태들을 변형시켜 왔다. 생산은 이제 수평적인 네트워크 기업들로 조직되는 경향이 있다. 생산의 탈영토화와 자본의 이동성 증가를 향한 이런 경향은 노동의 협상 지위를 약화시켰다. 확실한 안정성과 계약의 힘을 누려 왔던 전체 노동 인구는 점점 더 불확실한 고용 상황에 처하게 되었다. 일단 노동의 협상 지위가 약화되면, 네트워크 생산은 자유계약노동, 가정노동, 파트타임노동, 그리고 삯일과 같은 다양하고 낡은 비보장노동 형태들을 받아들일 수 있다.

다른 한편으로 경제의 정보화를 특징짓는 생산과정과 부지들의 탈중심화와 전지구적 분산은 생산 통제의 집중화를 촉진하였다. 몇몇 핵심 도시들이 금융 서비스, 무역 서비스와 관련하여 전지구적 생산 네트워크를 경영하고 지배하는 통제도시들로 떠오른다.

이제 소통 네트워크의 구조와 관리가 초국적 기업들에게는 가장 적극적인 합병과 경쟁의 지형이 된다. 새로운 정보 인프라가 새로운 생산과정에 완전히 내재적이게 된다. 현재의 전지구적 정보 인프라는 리좀적이며 완전히 수평적이고 탈영토화된 민주주의적 메커니즘과 방송국들에 특징적인 소수 독점적 메커니즘의 결합체로서 특징지을 수 있다. 이러한 전지구적인 정보 인프라를 사유화하는 자본주의 권력의 작동(소수 독점적인 모델)에 저항하여 공통적인 것(민주주의적인 즉 리좀적인 모델)을 만들어 나가야 할 것이다.

이제 생산한다는 것은 점점 더 협동과 소통적 공통성들을 구성하는 것을 의미한다. 상품을 사용하고 상품의 점유에서 유래하는 모든 부를 처분할 수 있는 배타적 권리로 이해되는 사적 소유 개념 자체는 이 새로운 상황에서 점점 더 무의미해진다. 이러한 틀에서 배타적으로 소유하고 사용할 수 있는 상품들은 더욱 적어진다. 즉, 공동체가 바로 생산하는 것이며, 생산하는 동안 그 공동체는 재생산되고 재규정된다. 그러므로 고전적이고 근대적인 사적 소유 개념의 근거는 탈근대적 생산양식 속에서 어느 정도 해체된다.

5) 혼합된 구성

생산 패러다임의 네트워크 모델로의 전환은 초국적 기업의 권력을 증대시켜 왔다. 이제 정치적 매개 메커니즘은 갈등의 매개 및 계급 갈등의 화해라는 전통적인 정치적 범주를 통해서라기보다 오히려 관료적 매개와 경영 사회학이라는 범주를 통해 실제로 기능한다.

주권 권력의 측면에서 단일 정부의 통일성은 해체되어 일련의 기구들(전통적인 기구들 외에 은행, 국제적 계획 기관들, 기타 등등)에게 맡겨져 왔으며, 여기서 기구들은 모두 점차적으로 정당성을 권력의 초국적 수준에서 찾는다. 이처럼 거인들(초국적 기업과 전지구적 생산 및 유통 네트워크)이 지배하게 되고 국민국가의 일국적인 헌법체계는 약화되면서, 새로운 전지구적 구성의 피라미드가 나타난다.

피라미드의 꼭대기에는 미국이 있고, 그 바로 밑에는 초국적 기업들과 다양한 네트워크들이 있다. 맨 밑에는 인민의 이해를 대변하는 집단들로 구성된다. 이 전지구적 피라미드에서 국민국가들은 인민의 이익을 대변하기도 한다. 그러나 전지구적 인민은 정부 기구들에 의해서가 아니라 국민국가와 자본에 상대적으로 독립적인 다양한 조직들에 의해서 오히려 대변된다. 매체와 종교조직들이 그것이다. 전지구적 시민사회에서 가장 새로운 세력들은 바로 NGO들로, 이들은 현대의 권력 네트워크들의 말단에 있거나 전지구적 권력 삼각축(미국, 유럽, 일본)의 넓은 토대이다. 이러한 NGO들의 활동은 생체권력의 영토 위에서 삶 자체의 요구들에 대처하면서 '정치를 넘어서' 제국의 작용과 일치한다.

이 피라미드 구조는 경직된 경계를 지닌 불변적 구조가 아니다. 이 구조는 별개의 기능(군주제, 귀족제, 민주제)들의 유기적 상호작용의 혼합적인 성격에서 기능들 자체의 잡종화를 향하는 경향이 있다. 보편적인 네트워크 속에서 잡종적인 주체들이 형성되며, 제국은 이들을 통제하는 데 집중한다. 제국은 근대적이고 자유주의적인 혼합된 구성[입헌] 모델에서 잡종적 구성 모델로 넘어간다. 잡종적 구성의 다양한 기능들과 기구들을 결합하는 접착제는 공적 담론과 여론을 생산하고 조절하는, 통합되고 동시에 확산되어 있는 이미지 및 관념 장치인 스펙터클이다. 보이는 것만이 의미를 획득하게 되는 매체조작을 통한 제국의 스펙터클은 공포의 소통을 통해 통제 메커니즘으로 작동한다. 물론 이러한 스펙터클에 대항하여 주체들의 새롭고 더욱 강력한 투쟁 장소들과 투쟁 형태들이 나타난다.

6) 전지구적 통제사회의 관리

이제 제국적 주권은 초월성에 근거한 근대적 주권과는 달리, 지배관계의 연계와 네트워크를 통해 내재성의 구도 위에서 작동한다. 시민사회라고 이해되는 것과 대부분 동일하거나 밀접하게 관련되어 있는 훈육사회를 구성하는 사회 제도들(학교, 가정, 병원, 공장)은 어느 곳에서나 위기에 처해 있다. 이러한 제도들의 벽들이 붕괴됨에 따라, 이전에 그것들의 제한된 공간들 안에서 작동했던 주체화의 논리들은 이제 사회적 장으로 퍼지고, 사회적 장을 가로질러 일반화된다. 제도들의 붕괴, 시민사회의 소멸,[4] 훈육사회의 쇠퇴는 모두 근대사회적 공간의 홈패임을 매끄럽게 하

---

4) 시민사회는 자본과 주권 사이의 매개지점으로 복무하였다. 그러나 이제 시민사회를 구성하는 구조들과 제도들은 점차 사라지고 있다. 이러한 소멸을, 자본주의 국가와 노동자 사이의 변증법의 쇠퇴라는 측면에서, 즉 노동조합들의 유효성과 역할의 쇠퇴, 노동자와의

는 것을 포함한다.[5] 여기에서 통제사회의 네트워크들이 생겨난다.

훈육의 내재적인 실행—즉, 주체들의 자기 훈육화, 주체성들 자체 안에서 훈육 논리의 끊임없는 속삭임—은 통제사회에서 훨씬 더 일반적으로 확장된다. 그리고 통제사회에서 주체성의 내재적 생산은 공리계적인 자본의 논리와 일치해 나간다. 훈육사회에서 각 개인은 다수의 정체성들을 가지고 있었지만, 서로 다른 정체성들은 어느 정도 생활의 서로 다른 장소들과 서로 다른 시간들에 의해 규정되었다. 통제사회에서는, 정확히 이러한 장소들, 이러한 적용 가능한 개별 장소들은 자신들의 규정과 경계 설정을 상실하는 경향이 있다. 통제사회에서 생산된 잡종적 주체성은 제도 바깥에 있지만 제도들의 훈육 논리에 훨씬 더 강하게 지배당한다.

시민사회의 소멸과 국가 경계의 쇠퇴 속에서 사회적 공간이 전반적으로 균등화되고 매끄럽게 되는 한편, 사회적 불평등과 분할은 여러 측면에서 형태를 달리하면서 더욱 심해졌다. 제국은 극도로 불평등한 주민들이 아주 밀접하게 접근해 있는 것으로 특징지어진다. 이렇게 근접해 있다는 것은 영구적인 사회적 위험 상황을 만들어 내며, 분리를 유지하고 사회적 공간의 새로운 관리를 보장하기 위하여 통제사회의 강력한 장치들을 필요로 한다. 그리하여 개방적이고 상호작용적인 공공공간이 점차 쇠퇴해가고 부자와 빈자의 분리를 유지하기 위한 정교한 조치들이 만들어진다(예를 들어 도시건축).

이와 관련하여 제국의 노동 정치는 우선 노동의 가격을 낮추려고 하며 '모든' 사람에게 일하도록 강요한다. 전체적으로 보면 노동은 많아지고 임금은 적어진다. 새로운 생산성 규범들은 노동자들을 분화시키고 분할한다. 화폐 정책은 노동 정책이 명령한 분할을 강화한다. 나아가 폭력, 빈곤, 그리고 실업에 대한 공포는 결국 이러한 새로운 분할을 만들어내고 유지하는 일차적이고 직접적인 힘이 된다.

단체협상의 쇠퇴, 헌법에서의 노동자의 대표성의 쇠퇴에서 분명히 파악할 수 있다.
5) 홈패임(striation)은 매끄러움과 반대되는 말이다. 들뢰즈와 가타리가 사용한 개념으로 굴곡지고 층화된 상태를 나타낸다.

이러한 상황에서 제국적 행정은 분산시키고 분화시키는 메커니즘으로서 작용하며, 자기 조절을 통해 그리고 제국의 내부 경찰력에 의해 갈등을 조절하고 폭력을 실행함으로써 지배한다. 근대적 국민 주권 체제들에서는 행정이 갈등을 선형적으로 통합하는 방향으로 그리고 갈등을 억압할 수 있는 일관된 장치를 향해 작용한 반면에, 제국적 틀에서는 행정이 프랙탈(fractal)하게 되고 차이들을 통제함으로써 갈등을 통합하려고 한다.

그래서 행정 문제는 통일성의 문제가 아니라 도구적인 다기능성의 문제가 된다. 근본적인 것은 특별한 목적을 위한 행위들이 지닌 특이성과 적합성이다. 행정 행위는 점점 더 자기중심적으로 되고, 따라서 자신이 해결할 수 있는 특정한 문제에만 기능하게 된다. 이처럼 제국적 행정이 지니는 통일적 기반과 지배적인 가치는 국지적 효율성에 있다. 그러나 국지적 효율성 속에서 작용하는 행정은 체제의 최후 위협에 대하여 체제를 지킬 수 없으며 갈등의 소설과 폭력실행에 의존하는 제국적 명령(지배)에 의지하게 된다.

근대 체제는 행정과 명령을 구별할 수 없게 만들 정도로 일치시키는 경향이 있었던 반면에, 제국적 명령은 행정에서 분리된다. 제국적 명령은 훈육 양태들을 통해서가 아니라, 오히려 생체정치적 통제 양태들을 통해서 실행된다.

제국적 통제는 전지구적이고 절대적인 세 가지 수단들, 즉 폭탄(군주권력), 화폐(귀족권력), 그리고 에테르(민주권력)를 통해서 작동한다. 절대적인 폭력의 작동인 수소폭탄(핵) 무기가 지닌 최고의 위협은 모든 전쟁을 제한된 갈등, 내전, 추한 전쟁 등으로 축소하였다. 나아가 모든 전쟁을 행정력과 경찰력이 독점하는 영역으로 만들었다. 화폐는 국내 시장의 화폐적 파괴, 일국적 그리고/또는 지역적 화폐 조절 체제의 해체, 그리고 국내 시장들의 금융 권력의 욕구에의 종속을 통해 세계 시장을 구축해 내는 전지구적인 절대적인 통제수단이다. 그렇지만 에테르(소통의 관리, 교육체계의 구조화, 그리고 문화의 조절)가 제국적 통제의 최종적인 근본적 매개체로서 최고 대권으로 나타난다.

다시 말하면, 제국적 권력의 효율성은 폭탄에 의한 파괴에, 화폐에 의한 판결에, 소통에 의한 공포에 기반을 두고 있다. 이 경우들 각각에서 이런 메커니즘의 통제력을 미국이 장악하고 있는 것처럼 보일지도 모른다. 아마도 무력의 독점과 화폐 조절에는 부분적으로 영토적 한정을 할 수 있을지 모르지만, 소통은 그럴 수 없다. 소통은 생산관계를 정립하고 자본주의발전을 이끌고 생산력을 변형하는 중심이 되어 왔다. 이런 힘은 극도로 개방적인 상황을 낳는다.

이러한 제국적 지배에 대항하기 위해서는, 거대한 정부, 거대한 기업, 거대한 노동에 집착하는 것이 아니라, 생산적 협동의 네트워크 속에서 대중의 자율적 자치를 구성해 나가야 한다.

6. 제국의 쇠퇴와 몰락

이제 제국을 넘어서는 운동 노선들을 추적하고 대안들을 밝히는 방향으로 나가보자.

1) 가상성 (virtuality)

제국 권력의 무-장소에 대항하기 위해서는, 척도를 벗어난 측정할 수 없는 것에 주목하고 척도를 넘어선 것(가상적인 것)을 사고해야 한다. 측정할 수 없다는 것은 미리 구성된 척도를 벗어나 있다는 것이고 상황성〔우연성〕을 가져온다. 그러나 제국은 이러한 상황성이 전복성이 되지 못하도록 권력을 행사한다. 그래도 가치는 측정할 수 없는 세계 속에서 살아가고 길러진다. 즉 가치는 인간의 고유한 지속적인 혁신과 창조에 의해서만 결정될 것이다. 실제로 제국에서 가치는 척도를 넘어서 발생한다. 착취가 지속되고 생산적인 혁신 및 부의 창조가 계속된다는 점에서 가치는 여전히 강력하며 편재해 있다. 이 척도를 넘어서는 것(가상적인 것)은 어떠한 외재적인 척도로부터도 자율적인 생산활동(대중의 활동 역능)에 의해 구성되는 장소를 말한다.

그에 반해 제국 권력은 자신의 생명력을 항상 새로운 에너지 및 가치 원천을 창조하는 대중의 역능에서 끌어오는 기생충이다. 대중의 가상적 역능이 지닌 척도를 넘어선 활동은 제국의 존재론적 직조를 구성하지만 제국의 구성된 권력(constituted power)[6]과 끊임없이 갈등한다. 구성된 권력은 대중의 활동을 자신이 원하는 틀 속에 포획하여 가두려 한다.

세계 공간이란 가상성 속에서 이동적인 대중은 전지구적 시민권을 획득해야 한다. 여기서 기존의 틀을 깨는 형태로, 즉 탈주의 형태로 유목론과 이종(異種) 혼합을 제기할 수 있다. 그러한 활동 속에서 대중은 축적된 지식, 기술, 그리고 노하우가 창조한 집합적이고 사회적인 지성으로서 노동 역능을 지니고 있다. 제국은 이러한 역능을 빨아먹으려는 드라큘라다.

따라서 제국에서는 가상적인 것과 현실적인 것 사이의 이행의 상이한 대안을 둘러싼 정치 투쟁이 중심적인 투쟁 지형이 된다. 현실로 드러난 것뿐만 아니라 드러나지 않은 것을 어떻게 드러나게 할 것인가를 둘러싼 투쟁이 가속화된다. 가상적인 것은 가능한 것과 현실적인 것을 접속시키는 이음새이며, 척도 바깥에 있으면 파괴적인 무기가 되고 척도를 넘어서 있으면 구성권력(constituent power)[7]이 된다.

2) 제국의 생성과 부패

대중의 저항에 의해 촉진된 위기 속에서 형성된 제국은 생체정치적 세계이며, 이 생체정치적 세계의 원동력은 생성(generation)이다. 생성의

---

6) 대중의 활동을 배열장치 안에 묶어두려는 기존의 권력형태를 말한다. 따라서 대중의 구성 능력을 억압하는 권력형태라 할 수 있다.
7) 일련의 사법적 정치적 틀들을 끊임없이 창조하고 활성화하는 권력형태를 말한다. 특히 아래로부터 대중의 활동에 의해 구성되는 권력형태를 지칭한다. 군주제보다는 귀족제가, 귀족제보다는 민주제가 구성권력의 성격을 좀더 띠고 있다고 할 수 있겠다.

내용은 주체성이 지닌 특이하고 창조적인 과정이 사회에서 만들어 내는 노동 및 다양한 실험들이다. 이러한 것들은 주체성들(대중)의 욕망을 표현한다.

생성에 반대되는 것으로서 부패는 욕망의 사슬을 깨부수며 생체정치적 생산 지평을 가로질러 욕망의 확장을 방해하는 것이다. 부패 형태는 무한히 많지만 몇 가지를 지적할 수 있다. 근본적인 생체정치적 생산에 의해 규정되는 공동체 및 연대와 대립하고 이것을 파괴하는 것(마피아 형태의 부패), 맑스주의에서 말하는 이른바 착취, 이데올로기의 기능 작용이나 언어적 소통 감각의 도착, 그리고 제국 정부가 실천하는 테러위협 등이 있다.

생성이 탈근대에서 우리에게 제공하는 것은 '척도를 넘어선' 신체들이다. 제국은 이러한 특이한 신체들의 공동체를 파열시키려 하며 그 공동체의 삶을 방해하려고 한다. 제국은 각종 부패를 통해 대중의 협동적 자율성을 부추기면서 동시에 그 자율성을 방해하고 통제하려고 하는 반면, 대중(multitude)[8]은 그 자율성을 확장하여 구성권력을 만들어 가려고 한다.

3) 제국에 대항하는 대중

제국에서는 정치를 구성하는 사회적 갈등들은 어떤 종류의 매개 없이도 직접적으로 서로 대결한다. 여기서 모든 피착취자와 피지배자 사이에 어떠한 매개도 없이 제국에 직접적으로 대립하는 대중을 제시할 수 있다.

제국에 대결하는 구체적인 방안으로 몇 가지를 제안할 수 있겠다. 첫째, 세계를 이동하는 자율적 대중이 지닌 역능을 활성화하는 방안으로서 '전지구적 시민권'을 주장한다. 이것은 대중이 자신의 체류권과 이동권을 가짐으로써 공간에 대한 통제권을 재전유하여 새로운 지도를 제작할 수 있는 권리이다. 또한 공간적으로 주변화되는 다양한 충들을 포괄할 수 있

---

8) 자본주의 사회에서 획일화되고 매체에 의해 주조되는 수동적인 무리로서의 '대중' (mass)과는 달리, 자신들의 주체적인 욕망과 주장들을 결집해 나가는 개별자들의 집합체를 말한다.

는 연대의 고리로서 말이다.

둘째, 생체정치적 생산이란 상황에서 사회적 임금과 모두에게 보장된 수입을 확보해주는 '사회적 임금권'을 내세운다. 제국의 생체정치적 맥락에서 프롤레타리아트는 하루 종일 어디에서나 일반적으로 항상 생산한다. 바로 생체정치적 생산의 이러한 일반성에 근거한 사회적 임금에 대한 요구는 자본 생산에 필수적인 모든 활동에 대한 보상을 요구하는 것이므로, 실제로 보장된 수입이라는 요구를 전체 주민에게까지 확장시킨다.

셋째, 생산수단을 비롯한 지식, 정보, 소통, 정서에 자유롭게 접근하고 통제할 수 있는 '재전유권'을 주장한다. 제국적 생체권력 영역에서 생산과 삶이 일치하는 경향이 있기 때문에, 계급투쟁은 삶의 전영역에서 폭발할 잠재력을 지닌다. 언어 감각 및 소통 감각, 기계 및 기계의 사용이라는 문제, 대중의 집합적인 경험과 실험, 생체정치, 대중의 구성권력 등에 기반하여 궁극 목적으로서 제기하는 주장이다. 재전유권은 바로 자기통제 및 자율적인 자기생산을 위한 대중의 권리이다.

물론 이러한 정치적 강령적 요구를 담지한 대중의 활동적 힘이 재전유와 자기조직화의 원동력이 되어야 할 것이다. 대중의 생산양식은 노동이라는 이름으로 착취에 대항하여, 협동이라는 이름으로 소유권에 대항하여, 자유라는 이름으로 부패에 대항하여 제기된다. 나아가 노동 속에서 신체들을 자기 가치 증식하고, 협동을 통해 생산적 지성을 재전유하며, 자유 속에서 실존을 변형시킨다.

오늘날의 생산 기반(매트릭스)에서 노동의 구성권력은 인간의 자기 가치 증식(세계 시장의 모든 부문에서 모두에게 균등한 시민권)으로서, 협동(소통할 수 있고, 언어를 구축할 수 있고, 소통 네트워크를 통제할 수 있는 권리)으로서, 그리고 정치 권력으로서는 그 권력 기반이 모든 사람들의 욕구 표현에 의해 정의되는 사회의 구성으로서 표현될 수 있다. 이것은 사회적 노동자와 비물질적 노동의 조직화, 즉 대중이 관리하고, 대중이 조직하고, 대중이 지도하는 생체정치적 통일체—작용하고 있는 절대적 민주주의—로 조직하는 것이다.

이러한 투쟁의 방향에서 제국의 시대에 투사의 모습은 대중의 삶을 가장 잘 표현하는 사람, 즉 생체정치적 생산과 제국에 대항한 저항의 담지자여야 한다. 이념을 갖춘 대변인으로서의 지식인이 아니라 대중의 역능(욕망)을 활성화할 수 있는, 즉 대표제적인 활동이 아니라 구성적인 활동을 해 나가는 활동가의 모습말이다.

7. 맺음말

이상과 같이 '제국주의에서 제국으로의 이행'이라는 테제로 전지구화(세계화) 논의를 정리하고 대중의 역능에 기초한 저항운동을 생각해 보았다.

우리가 직면하는 제국은 엄청난 억압과 파괴력을 휘두른다. 그러나 그런 사실 때문에 구 지배 형태를 그리워해서는 안 된다. 제국으로의 이행과 전지구화 과정은 해방(자유화) 세력에게 새로운 가능성을 제공한다.

물론 전지구화는 하나의 사태가 아니라 복수적 과정이며, 통일되어 있거나 단성적이지 않다. 우리의 정치적 과제는 이러한 과정에 단순히 저항하는 것이 아니라 그 과정을 재조직하여 새로운 목표를 향해 나가는 것이다. 제국을 유지하는 대중의 창조적 힘은 또한 대항 제국을, 즉 전지구적 흐름과 교환의 대안적인 정치 조직을 자율적으로 구축할 수 있다. 따라서 현실적인 대안을 구축하기 위한 투쟁뿐만 아니라 제국에 항의하고 제국을 전복하는 투쟁은 제국적 지형 자체 위에서 발생할 것이다. 그러한 새로운 투쟁은 이미 전지구(세계적 공장)에서, 공장에서, 학교에서, 감옥에서, 사무실에서, 길거리에서, 내 머리 속에서 발생하기 시작하였다.

물론 이러한 (거부)투쟁들을 통해 대중은 새로운 민주적 형태들을, 새로운 삶의 형태들을 만들어 감(자기가치증식)으로써, 제국을 관통하고 제국을 넘어설 수 있을 것이다. 제국의 권력을 장악해서가 아니라 제국의 기계들과는 다르게 움직이는 기계들을 발명함으로써 말이다.

흔히 제3세계라고 불리는 지역이나 우리나라의 경우에도 대중은 점점 더 제국과 직접 대립하게 된다. 제국은 다양한 네트워크를 통해 대중에게 직접 압박을 가한다. 더 이상 매개를 통한 해결이 아니라 모두가 모든 곳에서 나서야 할 때이다. 다양한 분자적, 국지적 투쟁들과 전지구적 연대 투쟁들을 뱀처럼 요동치게 하면서 사회적 공장, 전지구적 공장 곳곳에서 벌여 나갈 때, 제국의 압박에서 벗어날 수 있는 자유의 공간들을 확장해 나갈 수 있을 것이다.

3부

구성권력

이탈리아의 아우토노미아 운동

1. 머리말

그 동안 이탈리아의 다양한 대중운동은 '비의회좌파' 혹은 '극좌파'라는 명칭으로 폄하되어 왔다. 이러한 명칭은 의회 중심적 사고 위에서, 또는 공산당의 입장(노선)을 중심성으로 전제한 위에서 붙여진 이름이라고 생각된다. 운동의 중심성을 오히려 대중성에서 찾으려고 한다면 그러한 명칭은 폐기되어야 마땅할 것이다.

여기에서는 60년대 중반부터 70년대 말에 걸쳐 이탈리아에서 나타난 대중들의 '밑으로부터'의 투쟁을 단순히 '자생성'이라고 치부해 버리거나 단순히 국가를 부정하는 아나키즘적 경향으로 강조하기보다는 오히려 새로운 조직적 모색으로서 '아우토노미아 운동'이라는 점을 강조하고자 한다. 아우토노미아(자율) 운동은 결코 동질적이지 않으며, 매우 상이하고 때때로 대립적이기까지 한 경험들로 이루어져 있다. 비록 이탈리아 노동자주의라는 단일한 '기원'으로 소급할 수 있는 조직적이고 이론적인 길들을 포함하고 있지만, 그들을 하나의 규정으로 묶어낼 수는 없다. 아우토노미아 운동은 정치적 차이들과 내적 다양성을 지니고 있으며 이 운동의 성장은 바로 이러한 차이들 및 다양성에 기인한다고 할 수 있다. 또한 그렇기 때문에 (이탈리아) 국가는 이러한 운동 안의 차이들과 종별적(특유한) 태도들을 무시하려고 하지만 그런 것들이 지닌 힘을 제거할 수는 없다. 아우토노미아 운동은 기존의 지배체제를 파괴하고 또 다른 체계로 대체하려는 것이 아니라, 분자적 활동과 그것의 증식을 통해서 체제를 붕괴시켜 나가면서 전혀 다른 새로운 사회를 구성해 나가려는 시도로 해석된다. 물론 이탈리아 아우토노미아 운동이 처음부터 이러한 지향을 명확히 하고 전개된 것은 아니었다. 운동의 전개과정에서 그리고 변화된 사회상황 속에서 점차 이러한 지향이 부각되었고 이론화도 시도되었다.

흔히 이탈리아 아우토노미아 운동을 소수 지식인들이 특정 잡지를 만들어 사상을 전파하면서 기존 당이나 노조조직과 독자적인 활동을 하는 것으로 규정한다. 이렇게 규정할 경우 대중 투쟁과의 연관을 무시하는 경향이 생겨난다. 또한 잡지 중심의 조직운동을 테러리즘과 연결시키는 구도 속에서 분석하며, 더욱이 대중폭력조차도 테러리즘이라는 틀 속에서 인식하려는 경향이 있다. 이탈리아 역사상 아우토노미아 운동은 소수 지식인들(또는 운동조직), 대중들의 다양한 자율적 투쟁(대중폭력 포함), 테러리즘 등의 구성요소를 갖는데, 운동의 중심축은 대중들의 자율적 투쟁이었다. 여기서는 아우토노미아 운동을 대중들의 다양한 자율적 투쟁을 중심으로 서술해 보고자 한다.

2. 이탈리아 노동자주의(오페라이즈모)

1944년 살레르노 전환 이후 이탈리아공산당은 기독교민주당과의 타협정책을 통해 자본주의발전을 지향하는 방향으로 나아갔다. [1] 이러한 기조 위에서 1950-60년대 이탈리아 자본주의는 그 생산력을 급속히 발전시켜 갔고 이와 함께 남부의 이주노동자들이 북부지역으로 대거 옮겨 왔다. 기

---

1) 최장집, 「이탈리아공산당의 노선분석—사회주의의 한 대안적 모색」, 『경제와 사회』 2권 1호, 1989년 봄, 12-47쪽.

존의 노조는 이러한 노동자계급 구성의 변화를 반영하지 못하였고(남부의 이주 노동자들을 포괄하지 못하였다), 그런 와중에서 노동자들의 불만이 폭발하였다.

1960년대에 노동자투쟁은 중도좌익정부라는 제도적 틀 속에서 폭발하였다. 1964년 경기후퇴 시기에 사회당은 기민당과 결합하여 경제발전 강령을 제시하고 전기 및 화학부문에서 특정 기업들을 국유화하고 공공서비스를 개선하려고 하였다. 제시한 경제강령 가운데 일부만이 수행되었지만, 이것은 의회투쟁에만 몰두하고 있던 공산당을 약화시켰다. 공산당은 노동자계급에게서 점차 멀어지면서 힘을 잃게 되었고 노조들에게는 임금의 경제적 조절(합법적 파업)만을 하도록 하였다.

이런 배경 속에서 아우토노미아 운동은 1950년대 초반 북부 이탈리아의 대공장들에서 생겨났다. 2) '아우토노미아의 토대'(Autonomy at base)는 원래 남부에서 온 이주노동자들이 그들을 대표한다고 자처하는 (공산당의 후원을 받는) 조합대표자들에 대항하여 고안한 것이다. 아우토노미아 운동은 곧 임금인상요구를 넘어서 노동관계뿐만 아니라 노동 그 자체에 대해 문제제기를 하게 되었다.

50년대 중반 이후 대중운동이 고양되었고 특히 1958년 들어 피아트공장 노동자들은 공식노조와는 독립적으로 파업을 전개하였다. 이러한 상황에서 노동자계급의 '독자성'을 강조하는 주장이 전개되었다. 이러한 주장을 대표했던 판지에리(Laniero Panzieri, 1921-64)는 노동자계급의 주요 문제는 '노동자운동의 혁명적 자율성, 완전한 자율성'을 재장악하는 것이라고 주장하였다. 3) 노동자계급의 독자성, 자율성을 강조하는 각 소그룹들은 학습 집단 및 노동선전원들의 전국적 결합을 이루어 냈다. 이들은

2) 이탈리아 노동자주의의 지적 기원을 부분적으로는 해외—프랑스와 미국—에서도 찾을 수 있다고 한다. 50년대 프랑스에서 *Socialisme ou Barbarie* 그룹의 경험은 하나의 전환점이었고, 미국에서는 1940년대 트로츠키운동 내부에서 발생하여 1950년대 분리된 The Johnson-Forest Tendency가 있었다. 클리버, 『자본론의 정치적 해석』, 풀빛, 78-87쪽.
3) Richard Drake, *The Revolutionary Mystique and Terrorism in contemporary Italy*, Indiana University Press, 1989, p. 42.

조사연구를 병행하는 실천을 강조하면서 1961년에 잡지 『붉은 노트』(Quaderni Rossi)를 창간하여 조직활동을 하였다. 이 잡지를 중심으로 한 성원들은 그후 아우토노미아 운동의 중심인물들이 된다.

1962년에는 토리노에 있는 피아트공장 금속노동자들의 폭력적 파업이 전개되었다. 피아트 공장은 노동자들이 세 개 주요노조인 CGIL, CISL, UIL4)로 분열되어 자본가의 온정주의적 통제하에 있었다. 노동자들의 불만이 상당히 높았으나 노동자들은 서로 연결되지 않은 채 있었고, 노조 및 노조지도자들에 대해 매우 비판적이었다. 연초의 파업 패배에 이어 6월의 파업은 노조들 간의 합의가 안돼 즉각 붕괴되었다. 이런 경험 속에서 밑으로부터의 압력에 의해 노조들은 공동전선을 펴나갔고, 7월 들어 파업은 전 도시를 폭력으로 몰아넣을 만큼 위협적인 일련의 노동자소요를 가져왔다. 파업이라기보다는 폭동에 가까웠다. 이때 '이탈리아노동조합'(UIL)은 회사와 별개의 협상을 하여 평화에 합의하였는데5) 파업노동자들은 이에 항의하여 그 (황색)노조의 사무실을 공격하였다. 난투극이 벌어지고 경찰이 개입하여 파업자들과 경찰 사이에 혈전이 벌어졌다. 분노한 군중은 가로등을 깨고 상점 창을 부수고 전차를 가로막고 바리케이드를 치면서 저항하였다.6)

이러한 사건에 대해서 사회당과 공산당은 '붉은 노트'를 강하게 비난하였다. 이때부터 아우토노미아 구성분자(파)들은 이탈리아 의식 및 정치의 일부가 되었다. 이들은 혁명적 맑스주의를 재정식화하려고 하였는데 (맑스→룩셈부르크→소비에트 레닌→관료제 비판 및 공장평의회의 그람시→직접민주주의 및 계급정치의 모란디), 이러한 재정식화는 독자적 노동자운동의 촉발을 강조하였다.

---

4) CGIL (통일노조), CISL (이탈리아 노동조합 동맹), UIL (이탈리아 노동자 연맹)은 각각 공산당, 카톨릭, 사회당과 연계되어 있었다.
5) 이탈리아는 복수노조체계여서 각 노조별로 협상하기도 하고 공동협상을 하기도 한다. 그리고 각 노조들은 특정 정당들과 연계를 가지고 있다.
6) Richard Drake, op. cit., pp. 45-46.

파업 이후 '붉은 노트' 안에 보다 직접적으로 정치적인 토리노 사람들과 조사를 중시하는 로마 사람들 간에 분화가 이루어지면서 1963년 『노동자계급』(Classe Operaia) 집단이 탄생하였다. 이 잡지는 1964년 1월부터 1967년 3월까지 발간되었다. 이들은 직접적인 정치적 행동형태를 계급투쟁에 도입하고자 하였고, 그 형태로는 '노동거부, 사보타지행위, 와일드 캐츠 스트라이크, 노조가 선언한 파업에의 참여거부' 등을 제시하였다. 바로 이 시기에 아우토노미아 운동의 출발점이 된 '노동거부 전략'이 제시되었다.

'노동자계급'의 성원이었던 트론티는 새로운 자본주의하에서 모든 사회는 결국 담장 없는, 생활의 모든 측면이 체계의 축 아래에 들어가는 공장이 될 것이라고 하면서, 공장은 모든 사회에 대한 자신의 배타적인 지배를 확장해 간다고 하였다. 이러한 배타적 지배는 자본주의 사회의 근본적인 합리화를 통해 진행되고 있는데, 드론티는 그러한 지배에 대한 '직접적인' 투쟁을 강조하였다. 나아가 '사회적 생산관계 안에서 사회체계에 반대하는 전반적 투쟁을 계획하고, 부르주아 사회를 자본주의적 생산의 내부로부터 위기에 빠트리는 것이 필요하다'고 역설하였다. 이 체계에 노동자들이 통합되지 않게 하는 것, 자본주의적 발전에 대결하는 것, 자본주의 체계와의 절대적 비협력 전술이 바로 '노동거부'이다.[7]

1968년 운동 이전에 전개된 노동자계급의 독자성, 자율성을 강조하는 이러한 흐름을 흔히 '노동자주의'(Operaismo, workerism)라고 한다. 이 흐름은 기본적으로 공장 안의 투쟁에 초점을 맞추고 공장 안의 명령〔지배〕(command) 체계를 깨트리는 데 주안점을 두고 있었다. 기존의 노조조직이 공장내 명령체계를 유지하려고 했기 때문에 노동자주의적 흐름은 비노조화된 운동의 형태를 띠는 경향이 있었다. 그러면서 자본의 관점에 대항해서 '노동자의 관점'을 강조하였다.

---

7) Mario Tronti, 'The Strategy of the Refusal,' in Working Class Autonomy and the Crisis, 1979, pp. 7-21.

이처럼 노동거부는 아우토노미아 운동의 출발점이었으며, 이러한 노동거부의 흐름을 이어 받아 68년 운동이 지지한 공장규율의 거부는 공산당의 노동윤리와 노동자운동에서의 공산당의 헤게모니에 대항하는 것으로 출발하였다.

노동자주의적 운동 흐름에 이어 70년대 들어 전개된 아우토노미아 운동은 공장 안에서뿐만 아니라 공장 밖에서의 다양한 운동들을 강조하고 '사회적 공장'이란 문제설정에 입각해 있었다. 물론 노동자주의라는 흐름 위에서 68년을 전후한 저항운동의 광범한 확산이 그 후 아우토노미아 운동을 배태할 수 있었다.

3. 1968년 운동

이 시기에는 프랑스, 독일, 미국 등지에서 신좌파운동이 폭발하였다. 다른 나라와는 달리 이탈리아의 68년 운동은 노동자운동과 융합되고 그 후로도 강력한 사회운동으로 전개되었다는 특징을 보인다.

60년대 말에 이탈리아 사회에서 발생하였던 전반적인 사회적 위기에서 결정적인 사건은 69년에 정점에 달했던 노동자들의 반란이었다. 그러나 공장소요의 직접적인 기폭제는 대학에서 일어난 운동이었다. 부적절한 교육시설과 낡은 지식수준, 대학의 권위 등에 대한 저항으로 시작된 학생운동은 학생총회(assembly)에 의한 자치 요구로 분출되었다. 학생들의 저항은 67년 1월 토리노 대학에서 학교를 점거하는 방식으로 시작되어, 68년 봄에는 로마 대학으로 확산된 후 급속히 전국 대학으로 확산되었으며, 갈등은 대학당국뿐만이 아니라 국가와의 대결로 확대되었고, 68년 3월에는 학생들이 거리에 나와 투쟁하기 시작하였다.

이렇게 된 배경에는 다음과 같은 사정이 있었다. 대학이 확장되면서 입학생과 졸업생의 불균형이 심해졌고(노동자 자녀의 입학 증가, 높은 탈락율), 점점 대규모 주변적 인텔리겐차들이 생겨났다. 이러한 조건 속에서 1967-68년 사이 학생운동의 이데올로기는 급속히 급진화되었다. 중국의 문화혁명, 베트남의 테드공세, 프랑스 5월 혁명의 영향 아래 전투적인 대중은 전통적인 대학구조에 대한 도전에서 이탈리아 국가 구조 자체에 대한 대결로 나서게 되었다. 학생들은 정통 공산주의(공산당)의 영향을 경험하지 않고 급진적인 행위 및 의식으로 '매개' 없이 넘어갔다. 그들의 반권위주의적 공격은 중도좌익정부의 무능을 드러냈고 기민당의 정책을 탄핵하였다.

이탈리아 68년 운동은 학생소요가 노동자계급투쟁과 융합했다는 점에서 독특(유일)하다. 68-69년에 북부 이탈리아의 공장노동자들의 대중적 저항이 시작되었다. 노동자들의 요구는 임금보다는 생산과정에 대한 통제에 초점을 맞추었으며, 자생성이 그 특징이었다. 노동자들은 노조지도부를 위협하였으며, 임금에 관심을 가질 때에도 '한 공장 안에서 모든 등급의 노동자들에게 동일한 인상률'이라는 평등주의적 형태를 제시함으로써 분파주의를 극복하려 하였다. 이러한 압력이 처음 분출된 곳은 노동자계급의 전통적(공산당계) 조직이 강한 곳이 아니라 전통적으로 수동적이며 기민당의 우세지역인 베네토(Veneto)였다. 이들은 공산당의 지도를 원치 않았다. 일일스트라이크 조직을 노조 공식기구에 파견하는 것을 거부하고 학생모임 같은 집회(assembly)를 설치하였다.

1969년의 투쟁은 노동자들이 생산속도를 높이라는 경영진의 요구를 거부하면서 시작되었다. 노조는 도시에서의 고율 임대료(rent)에 대항한 파업을 지시하기도 하였지만 기본적으로 노동자들의 에너지를 공장에 한정하려 하였다. 그러나 노동자들의 저항은 대중적 가두투쟁으로 발전하였고, 토리노와 밀라노 등에서는 총파업이 단행되었다. 10월에는 도시투쟁이 전국적인 현상으로 되었으며, 69년말 연금체계 개혁을 강요하는 총파업이 단행되기까지 하였다.

이 '뜨거운 가을'에 이루어진 노동자투쟁의 내용을 보면[8] 그 방향이 발본적 변화를 지향하고 있었음을 알 수 있다. 공장 안에서의 반(反)서열제 투쟁, 반(反)공장경영자 투쟁, 임금차별과 물질적 동기부여에 대한 거부, 노동자와 화이트칼라 스탭의 관계개선을 위한 투쟁, 노동자와 학생의 연계투쟁, 대(對)생산투쟁, 대(對)사물투쟁, 반(反)조합투쟁, 반(反)전위투쟁, 반(反)대표투쟁 등은 이 당시 운동에 있어서 아우토노미아적 성향을 강하게 나타내고 있었다.

이 기간에 이탈리아 노동운동의 주요 성과 가운데 하나는 새로운 작업장 대표형태인 공동기층위원회(Comitato Unitario di Base)의 발전이었다. 운동 초기에는 모든 노동자들에게 파업집회가 개방되었고, 투위조직들만 존재하였다. '우리는 모두 대표다'라는 슬로건하에 대표(delegates)를 거부하는 방식으로 나아갔고, 노조원과 비노조원이 다 참여하고 노동자들이 직접 통제하는 조직화로 나아갔다. 9)

이러한 저항의 결과 69년과 70년 초에 새로운 계약들이 속속 체결되었다. 노동자들의 요구가 대폭 수용된 계약들이 체결되었고, 더욱 중요한 것은 공장 안에서 권력균형의 거대한 변화가 나타났다. 그런데 69년에서 70년에 걸친 협상들에서 경영진은 노조를 대표로 인정하는 방식으로 진행하였고, 노조들이 공동기층위원회를 대체해 나갔다. 10) 1972년에는 북부의 대규모 사업장에서 정상적인 노조구조가 재생되었다. 이렇게 노조를 통해 제도화되었지만 노동자투쟁의 성과는 노조구조의 쇄신을 가져왔고, 다양한 법개정 등을 통해 실질적 개혁이 이루어졌다. 그리고 특히 이 시기 노동자들의 밑으로부터의 저항은 분열되어 있던 각종 노조조직들에 압력을 가하여 노조연합체의 탄생을 가져왔다.

1968년에 대학과 공장들에서 시작된 투쟁의 흐름 속에서 그리고 69년

---

8) Lotta Continua, 'Cultural Revolution,' *Radical America*, Vol. 5, No. 5, 1971, pp. 25-31.

9) Adriano Sorfi, 'Organizing for Worker's Power,' *Radical America*, Vol. 7, No. 2, 1973, pp. 33-45. Sorfi는 기존의 레닌적 당에 대해서 '대중전위'(mass vanguard)를 제시하고 외부적 전위에 대해서 '내부적 대중전위'를 제시하기도 하였다.

10) 이것은 공산당계열의 노조가 운동의 성과를 흡수해 나가는 방식이기도 했다.

의 '뜨거운 가을'에 노동자 계급운동이 활성화되는 가운데, 정통 좌익과 노동자운동 사이에 분열이 생겨났으며 대중적 기반을 지닌 아우토노미아 정치운동을 향한 길이 열렸다. 또한 이 시기에 만들어진 공동기층위원회, 학생자율집회(assemblies) 등에 기초하여 몇 가지 전국적 운동조직이 생겨났다.[11]

공산당은 68년 운동에 대해 처음에는 당황하였다. 공산당 내부에서는 68년 운동을 적극적으로 수용하려는 입장과 극단적이고 무정부적인 것으로 보는 입장으로 나뉘어졌다. 예컨대 '마니페스토'(Il Manifesto) 그룹은 당의 공식 입장을 비판하고 자신들의 생각을 펴기 위해 월간지를 발행하고 토론 및 논쟁을 전개하였다. 이 그룹은 나중에 당에서 축출되어 활동하게 된다. 신좌파 안에서도 노동자주의적 흐름과 맑스레닌주의적 흐름(조직)으로 분화되는 양상이 나타났다.

전반적으로 이탈리아의 68년 운동은 새롭고 폭발적인 사회현상들을 고전적인 정치혁명 틀과 결합하는 특징을 지녔다. 임노동에 대한 비판과 노동거부는 대중투쟁의 원동력이었고 구체적인 자유형태들을 향한 추구였다. 그러면서도 계급갈등이 극도로 양분화되고 정치적 매개 및 제도적 장치들이 미비하였기 때문에, 자유를 위한 새로운 공간들 및 소득을 위한 투쟁과 국가장치 파괴라는 레닌주의적 문제설정이 연결될 수 있었다.[12]

4. 아우토노미아 운동(1970년대)

이 시기의 운동은 '공장에서 사회로' 나아갔고 다양한 투쟁형태 및 운영 방식들을 통해 대중의 창조성을 드러냈다. 이렇게 투쟁공간이 공장에서

---

11) Radical America, 'Italy: New Tactics and Organization,' *Radical America*, Vol. 5, No. 5, 1971, pp. 3-9.
12) Antonio Negri, 'Do You Remember Revolution?', in *Revolution Retrieved*, Red Notes, 1988, pp. 231-232.

사회로 확산된 것은 노동자계급의 투쟁에 대응한 자본의 재구조화에 따른 노동자 계급구성의 변화에 기인한다.

자본재구조화의 요소로서 정치적으로 나타난 것이 바로 '역사적 타협' 정책이다. 13) '역사적 타협'을 계기로 공식적인 노동운동(공산당과 노조)과 아우토노미아 운동 사이의 분열이 심화된다.

역사적 타협으로 인해 아우토노미아 운동은 공산당과 손잡고 하느냐 아니면 자신의 조직을 해체하느냐 하는 기로에 서게 되었다. 1973년부터 아우토노미아운동은 한편으로는 좀더 조직화된 운동('지속적 투쟁'(Lotta Continua)의 경우)으로, 다른 한편으로는 전국적인 조직은 해체되고 지역조직들로 나뉘어 진행되는 '아우토노미아 영역'으로 분화되어 전개되었다. 그런데 이때 아우토노미아 운동은 운동 내외부에서 아우토노미아적인 여성운동의 등장으로 큰 자극을 받았다. 이 아우토노미아적 여성운동은 '개인정치학'을 새로이 강조하였고 생활의 질적인 요구와 투쟁의 자율조직을 연결시킬 것을 강조함으로써 기존의 운동모델에 대해 문제를 제기하였다.

역사적 타협 정책의 실시, 대중노동자의 중심성 상실, 새로운 사회적 주체의 등장과 새로운 대안적 사회에 대한 요구 등은 1973-75년 사이에 아우토노미아 운동의 확산을 가져 왔다. 14) 1974-1976년에는 대중적 불법 행동 및 폭력의 실천이 다양한 투쟁형태로 확산되었는데, 이러한 실천은 폭력 저항을 지향하여 무장조직으로 나가는 방향과 새로운 사회적 주체에 의한 분산된 폭력의 행사(대중폭력)라는 방향으로 분화되었다. 이러한 흐름 속에서 77년 들어 이른바 '주변층'(학생, 여성, 실업자 등)의 '봄 반란'은 로마대학의 점거에서 시작하여 볼로냐에서는 봉기상태로까지 발전하였다.

77년 말에서 78년을 통해 무장조직들이 성장하였고 아우토노미아 운동

---

13) 공산당이 기민당과 함께 집권당을 구성하면서 노동자계급을 압박하는 다양한 정책을 전개해 나가게 된 것을 말한다.
14) Negri, op. cit., pp. 236-237.

의 위기는 더욱 급박해졌다. 78년에 발생한 전수상 알도 모로 납치 및 살해사건은 아우토노미아 운동과 '무장'집단 간의 간격을 더욱 벌려 놓았다. 테러리즘과 국가의 대응폭력이 연쇄작용하는 가운데 제도권정당과 테러리스트 사이에서 가능한 아우토노미아 운동의 공간이 축소되어 갔다. 이러한 과정은 79년 4월 19일 지식인들과 많은 활동가들에 대한 체포로 극적으로 전개되었다.

여기서는 이 시기의 운동을 무장운동[15]은 생략하고 몇 가지 부문운동으로 나누어, 대중들이 창의성을 발휘한 아우토노미아적인 투쟁경험들을 중심으로 살펴보겠다.

1) 노동운동과 사회투쟁

68년 운동에서 노동자들의 투쟁 이후 협상이 노조를 매개로 이루어졌고[16] 더욱이 노동시간, 성과급, 직업안정성 및 직무평가 등의 항복들에 대해서는 타결이 이루어지지 않은 상태에 있었다. 이런 상태에서 공산당과 노조는 이러한 쟁점들과 관련해서 작업장에서 공세를 강화하는 대신, 방어적인 직접적 요구에 자신들을 한정해 갔다.[17]

따라서 노동자 기층에 의거한 아우토노미아적 노동운동은 68년 운동과정에서 형성된 아우토노미아적 조직 및 집단들과 기존 노조조직 사이에서 활성화되었다. 또한 그것은 노조운동에 한정되지 않고 사회투쟁과 결합되어 나가는 양상을 보였다.

노동자투쟁이 제도화되는 과정에서 대표제가 다시 부활하였고, 이에 대한 반발이 기층노동자에게서 나오기도 하였다. 토리노의 피아트공장에서는 대표의 역할을 공식화하는 것에 반대하는 캠페인이 벌어지기도 하였

---

15) 이에 대해서는 Richard Drake의 책과 Leonard Weinberg and William Lee Eubank, *The Rise and Fall of Italian Terrorism*, Westview Press, 1987을 참조.
16) 노조를 중심으로 한 노동운동사에 대해서는 Joanne Barkan, *Visions of Emancipation: The Italian Workers' Movement Since 1945*, Praeger, 1984을 참조.
17) Lucio Magri, 'Italian Communism in the Sixties,' *NLR*, No. 66, 1971, p. 47.

다. 1970-71년에는 대표와 대중노동자 사이에 분리가 진행되긴 했지만 대중참여가 지속되었고 노조지도부에 반대하는 결정도 이루어졌다. 즉 제도화되긴 했어도 대표구조는 '운동'적 특성들을 지니고 있었다. '모든' 노동자들이 대표를 선출하였고 대표들은 '동질적인 집단'을 대표하였으며, 언제든 소환될 수 있었고 현장단위(plant) 수준에서 협상할 수 있도록 위임되어 있었다. 대표와 기층노동자 간의 분리가 진행되면서 특징적이었던 것은 여성과 이민노동자들은 제대로 대표되지 못한 채로 있었는데 반해 젊은 노동자들 및 반숙련노동자들은 더 잘 대표되었다는 점이다. 여성노동자들은 정식노조원이 아닌 경우가 많았지만 동원과정에서는 가장 분노하고 전투적이었다. 여성들의 움직임은 70년대 중반의 대중운동으로 분출되면서 노동운동에 커다란 자극을 주게 된다.[18] 노조와 기층노동자 간의 분리 정도는 노조에 따라 차이가 있었고, 노조연합체나 전국지도부, 당들에 대해 일정한 독자성을 지니고 있는 지역 노조들은 아우토노미아적인 노동자투쟁에 적극적으로 가담하였다. 물론 투쟁이 확산되면 전국지도부나 정부의 압력이 강화되기 일쑤였다.

공장 안에서도 다양한 투쟁이 전개되었다. 피아트의 미라피오리 공장에서는 노조의 파업투쟁과는 전혀 다른 운동이 등장하였다. 1972년 9월 토리노 총파업 이래 가을 동안 토리노의 피아트 미라피오리 공장의 노동자들은 '내부행진'(cortei interni)[19]에 들어갔다. 73년에 들어서 자동차노동자들이 연좌에 들어갔을 때 경찰이 진입하였고 경찰과의 충돌과정에서 한 노동자가 죽는 사건이 일어났다. 2월 들어 약 2만여 명의 노동자들이 공장을 점거하였다. 이것은 그후 '공장점거' 투쟁형태의 확산을 가져오는 계기가 되었다. '내부행진'과 더불어 '대량결근'을 통해 노동자들은 일을 하지 않고도 상당한 임금을 전유하였다. 그리고 결근투쟁은 다른 투쟁형태들(파업, 피켓팅, 공장점거, 대중시위)과 결합되어 나갔다. 3월말에

---

18) Robert Lumley, *States of Emergency*, Verso, 1990, pp. 257-261.
19) 작업 부서마다 다니면서 문과 출입구를 부수며 십장, 파업파괴자, 경호인들을 몰아내는 공장 내부의 군사적 행진을 말한다.

공장은 다시 점거되었다. 노조는 투쟁을 제어하려고 하였으나, 노동자들은 점거한 공장 안에 항구적인 '정치집회'를 만들었다. 노동자들은 파업참여자들에게만 임금을 지불하고 십장과 파업파괴자들에 대해서는 인민재판을 실시하였다. 곧이어 토리노 지역에 있는 대부분의 공장이 노동자들의 손에 들어갔고,[20] 총파업은 무장점거로 전환되었다. 이것은 노조와 자본가에 의해 작동된 억압적 조건에 반대하는 힘의 직접적 행사로 볼 수 있는 형태였다.[21] 피아트 미라피오리 공장점거운동은 그후 엄청난 반향을 불러 일으켰다. 파업이 공장의 생산과정을 정지시키고 계약타결을 변경해 가는 것이라면, 공장점거는 공간 전체에 대한 노동자들의 장악과 관리가 이루어질 수 있는 형태였다.

점거투쟁 형태는 이미 68년 운동과정에서 다양한 부문에서 전개되어 왔다. 1969년의 '뜨거운 가을' 이후 빈 공동주책에 대한 대중적 점거, 광범하고 지속적인 임대료파업 등을 통해 노동자계급은 자신들의 주거조건을 위해 투쟁하였다. 사람들은 또한 식료품비 인상, 비싼 운송료, 부적합한 학교 및 간호시설, 비싼 의료시설, 감옥환경 등에 대항하는 투쟁을 전개하였다.[22] 그렇게 함으로써 그들은 자본가들의 통제에서 벗어난 새로운 생활양식을 자신들의 공동체 안에 만들어 가기 시작하였다. 이러한 투쟁들은 공동체투쟁이라고 할 수 있는데 노조적 전통을 넘어서는 것이었다. 68년 운동을 통해 공장 안에서의 계약이 노동자들에게 유리하게 전개된 바 있지만, 자본은 점차 인플레 및 각종 국가정책, 투기 등을 통해 노동자계급을 공격해 나갔다. 이에 대응해 노동자계급의 투쟁은 공장에서 사회로 확장되어 갔다. 공장이라는 공간 점거에서 공동체라는 공간을 점거하는 방향으로 확산된 것이다. 물론 이런 공동체투쟁은 노동자들이 직접 주

20) Potere Operaio, 'Italy 1973: Worker's Struggle and the Capitalist Crisis,' *Radical America*, Vol. 7, No. 2, 1973, pp. 27-31.

21) Tony Negri, 'The Workers' Party of Mirafiori (1973-74),' in *Working Class Autonomy and the Crisis*, pp. 61-65.

22) Ernerst Dowson, 'Italian Background,' *Radical America*, Vol. 7, No. 2, 1973, pp. 12-14.

도하기보다는 이웃공동체 수준에서 시작되었으며 노동자들이 합세하는 양상이었다.

70년대 초반에 전개된 이러한 운동들을 형태별로 나누어 살펴보자. 23) 먼저 임대료투쟁을 보면, 전국에 걸쳐 수년 동안 수천 여 임차인들이 임대료파업을 전개하였다. 나쁜 주거환경에 대한 항의로, 그리고 임대료를 내기가 힘들어서, 임대료 미납 사태가 발생하였고, 임대인들은 임차인들을 쫓아내려고 하였다. 이런 상황에서 전개된 임대료파업은 구역별, 층별로 조직화되었고 임차인들은 다양한 회의와 선전물들을 통해 경찰과 임대인들에게 맞섰다. 반(反)퇴각조가 만들어지고 즉각 달려올 수 있는 거리에 있는 근처 공장노동자들과의 연결을 만들었다. 그리고 임대료파업의 조직화에서 여성들의 역할은 필수적이었고 중요했다. 어린이들도 감시반의 차량타이어를 펑크내는 등 함께 하였다. 밀라노의 임차인조합과 같은 독자적인 조직들은 투쟁의 통제권이 임차인들 자신에게 있다는 것을 확신시켜 주었다.

주택점거 투쟁은 수백 명이 빈 건물에 들어가 머무는 것이다. 점거건물들은 대개 투기꾼들이 빈 채로 남겨 놓은 아파트나 빈 공공주택이었다. 어떤 경우에는 그 아파트를 건설한 노동자들이 점거에 참여하기도 하였다. 아파트의 관리 및 투쟁에 대한 결정권은 전체회의에 있었으며, 투쟁 과정에서 새로운 집합적 생활방식(일일보호센터, 공동취사, 인민건강센터 등)이 개발되었다. 1970년 밀라노에서는 일련의 점거 기간 중에 3만여 명이 시내에서 혁명적인 대중시위를 하였다. 점거투쟁은 흔히 경찰과 충돌사태를 빚었으며, 주변의 노동자들과 연계를 통해 요구를 관철해 나갈 수 있었다. 볼로냐에서는 실업노동자들, 이민노동자들, 학생들이 무주택자조직위원회를 구성하여 활동하기도 하였다. 이 위원회는 한 다국적 기업이 철거한 뒤에 그 자리에 일급 호텔을 지으려고 계획한 볼로냐

---

23) Lotta Continua, 'Take Over the City,' *Radical America*, Vol. 7, No. 2, 1973, pp. 79-112.

호텔을 점거하고는, 시와 시의회가 그 건물을 인수하여 숙소가 없는 자신들을 위해 사용하도록 요구하였다. 그리고 주택에 대해 임대인의 요구가격이 아니라 임차인이 지불할 수 있는 가격('정치적 가격')을 요구하였다. 볼로냐 호텔 사건 이후 주택점거투쟁은 다른 점거들로 계속되었다.[24] 1976년까지 1,500건의 공공주택 점거와 57건의 사유주택단지 점거가 있었을 정도였다.[25] 빈집 점거의 경우에도 공공주택의 경우 억압이 덜 직접적인 데 비해서 사유주택의 점거에 대해서는 억압이 매우 직접적이었기 때문에,[26] 운동은 공공주택에 집중되었다.

점거투쟁은 1974년 들어서는 운동에서 중심적인 역할을 차지하게 되었다. 임대료파업투쟁과 점거투쟁은 같은 투쟁의 부분투쟁이었고, 많은 경우에 동일 조직이 임대료파업을 하면서 점거를 준비하였다. 주택을 둘러싼 이러한 투쟁은 운송요금, 의료, 생필품 가격 등 다른 부문들로 투쟁을 확산시키는 계기가 되었다. 그런데 이런 투쟁은 모두 '직접행동'에 의거하였다. 노조나 어떤 대표를 필요로 하지 않고 직접성에 의거하면서 자본가들의 통제에서 벗어난 생활방식을, 자신들에 대한 새로운 정체성을 확인해 갈 수 있었다. 자신들이 빼앗긴 것을 되찾고, 자신들의 삶을 스스로 통제하고 자신들의 '도시를 장악'하기 시작한 것이다.

도시를 장악하는 투쟁들은 다양하게 전개되었다. 전투적인 여성들은 슈퍼마켓 앞에서 피켓 시위를 하였다. 밀라노에서는 경찰과 충돌하기도 하였다. '붉은 시장'(Red Market), 버스의 높은 요금과 나쁜 서비스에 반대하는 캠페인과 자율버스운행, 공장 통근노동자들이 임금이 너무 낮다고 하면서 버스요금을 거부하는 것 등 이러한 다양한 운동은 자율축소[자율인하](autoriduzione) 운동으로 발전해 나갔다.

---

24) Red Note, *Italy 1977-8: 'Living with an Earthquake'*, a Red Notes pamphlet, 1978, p. 29.

25) Robert Lumley, op. cit., p. 263.

26) Eddy Cherki, Michel Wieviorka, 'Autoreduction Movements in Turin,' in *Autonomia: Post-Political Politics*, 1980, p. 78.

그리고 모든 주요 도시에서 초중등학교 및 대학의 점거 및 파업이 있었는데, 노동자들과 학생들이 서로 연대하여 싸우는 경우가 많았다. 학교에서 어린이들은 '책 무상제공, 무료운송, 시험폐지, 교육에 있어서의 계급편견 배제, 지역공동체에 학교 개설하기' 등을 위해 싸웠다.

로마에서는 무료진료를 제공하는 '붉은 건강센터'가 설립되었다. 이것은 건강악화의 실제 원인인 생활 및 작업조건을 둘러싼 투쟁을 조직하는 중심지가 되었다. 전국에 걸쳐 좌익의사들이 계급편향적인 의료체계에 투쟁하는 데 참여하였고, 특히 의사들은 법정에서 노동환경으로 인해 병이 생겼다(직업병)는 증거진술을 하기도 하였다. 이러한 활동은 자본가의 공세에 대해 싸우는 데 중요한 것이었다.

더 나아가 이탈리아의 많은 감옥에서 죄수들은 자신들의 환경에 대항해 투쟁하였다. 밀라노와 나폴리에 있는 감옥에서는 감방에 방화하였고, 깃발을 들고 지붕에 올라가 항의하기도 하였다. 밖에서는 이러한 투쟁을 지지하기 위하여 '붉은 구조대'가 조직되었다. 이러한 죄수운동의 배경 위에서 나중에 남부의 죄수들이 무장조직에 충원되기도 하였다('무장 프롤레타리아 세포'[Nuclei Armati Proletari]의 경우).

이러한 사회투쟁들과는 달리 노조가 주도한 새로운 운동형태로 '150시간 기획'이라는 교육프로그램이 있었다.[27] 1973년 기술노동자 노조의 협상에서 이루어진 이 기획은 노동자들로 하여금 승진에 영향을 주는 자격증(기술노동자 가운데 80% 정도가 중등학교 졸업장을 받지 못했다)을 취득하도록 고안되었다. 공부를 하도록 하는 유급휴가였다. 그러나 이것을 국가나 사립학교가 아니라 노조가 주최하여 운영하였다. 따라서 교육과정의 내용, 교육형태, 학생선발, 교사임명도 노조가 하였다.

이 기획의 실행은 집단 학습 및 교육에서 몇 가지 눈에 띄는 실험을 하였다. 68년 운동의 학생 및 노동자 선도자들이 학급에 다시 들어왔고, 밀라노에 있는 지식인집단들은 대학 및 서점과 공동으로 교과과정을 위한

---

27) Robert Lumley, op. cit., p. 265.

연구노트들을 준비하고 강의하는 데 상당한 힘을 쏟았다. 연구노트들은 노동시장, 성과급, 조합역사, 급진적 사회학자들의 기타 연구들을 포함하고 있었다. 노동자들은 노동과정, 건강문제 등에 관한 자신들의 고유한 경험과 지식에 의거하여 교사와 학생 간에 토론을 이끌어 갔다. 또한 교사와 학생 간의 위계는 공식교육제도에서와는 상당히 달라 학생이 교사의 교사이기도 했다.

이 기획은 '노동자계급 문화'를 창조하고 '노동자적 관점에서' 문화를 비판한다는 계획에 치중하다보니 너무 공장에 관련된 것에 한정된 측면이 있었다. 그렇기 때문에 오히려 지식노동과 육체노동의 분할을 극복하기는 어려웠으며, 철학, 문학, 언어학, 기타 이른바 '문화'라고 하는 것들은 거의 없었다. 이러한 것을 두고 노동자주의적인 것으로 평가하기도 한다. 초기의 이상주의는 조금 사라지고 수단을 위한 방향으로 가기도 하였지만, 이 기획은 저항의 힘을 공장을 넘어서 해석하고 연결해 나갈 수 있는 노조의 능력을 보여 주었다. 공식교육제도에 대한 대안적 성격을 지닌 것으로서 창조적인 것이었지만 고립적이고 주변적이었기 때문에 교육제도를 개혁하는 발판이 되지는 못하였다.

2) 청년학생운동

68년 운동에서 학생층의 저항은 운동의 진원지가 되었다. 학생들은 그후 운동과정에서도 노동자와 함께 하는 다양한 투쟁에 참여해 왔다. 특히 문화혁명의 꿈을 지니고 있었고, 대항정보(counter-information), 반문화라는 주제하에 여러 가지 활동을 전개해 왔다.

그러나 반문화의 양상은 70년대 중반 이후에 들어 활발하게 전개된다. 1975-78년 사이에는 몇몇 주요 도시에서 젊은이들은 집합체들과 '프롤레타리아청년집단'을 조직하였으며, 건물을 점거하고 운송요금 및 영화입장료 인하 운동을 벌이고 자유라디오 방송국들을 설립하였다.

이러한 청년문화운동의 신선함은 '청년정체성'(youth identity)에 대한 주장에서 나왔다. 청년정체성은 60년대 말과 70년대 초에는 학생 및 노동 자정치에 의해 억압되어 있었거나 대치되어 있었다. 그렇다고 청년정체 성이 청년 경험에만 의거한 것은 아니었고 오히려 현대 거대도시에 전형 적인 상황의 산물이었다. '청년'은 배제(변두리에 삶), 주변성(노동시장 의 경계선에 있음), 일탈을 의미하였다. 흔히 '사회문제'라고 하는 이러한 특성들 때문에 오히려 청년들은 체제에 통합되지 않고 기존의 가치들을 비판할 수 있었다. 28)

밀라노에서는 1970년도에 만들어지고 전국적인 지도력을 갖추고 있던 두 개의 잡지, 『욕망초』(*Erba Voglio*)와 『벌거벗은 임금님』(*Re Nudo*)을 중심으로 청년운동이 전개되었다. 이 잡지들은 어린이의 욕망과 지식을 부정하려는 가족 및 국가 권위에 맞서서 어린이의 욕망과 지식을 긍정하 였으며, 초기 페미니스트운동 및 동성애운동의 논쟁을 개시하였다. 『벌 거벗은 임금님』은 광범위하게 읽혔으며, 수만 명을 동원하는 무료 팝콘 서트를 추진, 개최하였다. 잡지에 실린 내용들을 보면, 미국 언더그라운 드의 약물 및 '평화와 사랑'식 사고, 라이히적인 성해방 관념, '기상대' (Weatherman) 29) 및 '붉은 여단'의 마니페스토와 코뮤니케, 문화혁명에 관한 공산주의자들의 시각 등 여러 가지가 뒤섞여 있다. 이것은 이탈리 아 상황에 '낯선' 실천들을 적용하는 것이었고, 정치적으로는 좌익적인 것이었으며, 이들이 대중화하겠다고 주장한 것은 자유시간의 재전유를 위한 투쟁, 자유공간의 창출, 비의회좌익의 정치비판 및 반권위주의 등 이었다.

이러한 흐름에 동참하는 '젊은 프롤레타리아들'은 '인간상호적인 것, 개 인적인 것, 일상'의 정치학에 대한 필요성을 주장하였다. 여성운동과 마 찬가지로 이들은 공적인 것의 이름으로 사적인 것을 희생하도록 하는 활 동가들의 도덕주의를 비판하였다. 따라서 신좌파의 조직운동에 대해서

---

28) Ibid., p. 296.
29) 1969년 미국에서 결성된 급진적 학생조직 The Weather Underground 소속 회원들을 말한다. 이들은 무장봉기 노선을 취하였다.

까지 비판을 가하였고, 코드화된 담론에서 벗어난 사람들의 생활의 정치학을 개방하려고 하였다. 하지만 이들은 새로운 투쟁형태를 만들어 내기보다는 70년대 초반에 이루어진 투쟁형태(점거, 자율인하 등)들을 사용하면서 거기에 다른 의미를 부여하였다.

점거운동의 경우 70년대 중반에 와서는 주택에만 한정되지 않고 점차 정치문화적 센터로 사용될 수 있는 것들에 대한 점거로 확산되었다. 70년대 초반의 점거운동이 주택확보의 의미가 컸다면 이 시기의 요구는 재전유를 위한 투쟁이라는 측면을 강하게 지니고 있었다. 75년 초 밀라노에서 건물점거에 들어간 청년집단들은 77년 말까지 시내에 50개의 센터를 세웠고 2천여 명의 핵심 무단거주자들과 3-5천여 명의 일시적 참여자들을 포괄하고 있었다. 이들은 가족과는 다른 생활을 하고자 했고 기존의 관계 속에서 사는 것을 거부하였다. 점거지의 대부분은 평온했지만 일부는 경찰과 계속 충돌하였고 퇴거위협에 시달렸다. 또한 내부적 위험들이 있었는데, 특히 마약복용은 센터 안의 많은 젊은이들에게서 주요한 사회문제가 되고 있었다. 점거지의 내부 활동가들은 소식지를 통한 선전캠페인과 구조 및 상담 제공을 통해 당국이 약물복용에 대해 가하는 억압조치들을 대체하고 막아내려고 노력하였다.

이러한 경험들은 고립분산적인 것이었지만, 개인적 관계를 변형하고 개인적 자유를 획득하려는 좀더 광범한 욕망을 표현하였다. 그리고 청년집단들의 사회센터들은 서로 독립적이었지만, 공통의 목표를 공유하고 하나의 운동에 속한다는 느낌을 지니고 있었다. 운동의 기획(목표)은 지도력에 대한 우상을 파괴하고 남성과 여성 간의 평등 관계를 만들어 가려는, 상이하고 비폭력적이며 비경쟁적인 정치(학)였다. 페스티벌 등을 통해 이들은 이러한 대안적 사회성을 찬양하였다. 1976년 밀라노에서 청년집단들은 봄 페스티벌을 개최하였다. 이 페스티벌의 주제는 '우리의 삶을 스스로 통제하자'였다. 그것은 콘서트 겸 카니발로서 먹고 마시고 춤추는 디오니소스적인 풍경이었다. 자율축소(인하)운동도 청년운동의 일환으로 전개되어 나갔으며 70년대 후반에는 문화활동과 관련하여 많이 발생했다.

이러한 페스티벌과 이벤트들은 정부(와 공산당)가 시행한 내핍정책과 '위기 이데올로기'에 대항하는 저항의 표현이었다. 이러한 조치에 대한 반대는 노동거부, 작업일 축소, 일한 것과는 무관하게 일련의 욕구를 직접 충족하고자 하는 요구 등의 주제를 중심으로 분산된 힘들을 결집하였다. 이들은 운동을 수행하는 수단이나 방법에서 다양한 차이를 지니고 있었지만, '노동이 사회생활과 진보에 있어서 근본적이다'라고 하는 이데올로기를 거부하는 데서는 하나가 되었다. 더욱이 인간적 충족의 욕구에 따르기보다는 생산 체계의 요구에 따라 시간 자체가 조직되어야 한다는 생각에 대해 의문을 제기하였다. 따라서 청년운동은 노동세계와는 관련이 없는 또는 분명히 '반(反)노동'적인 행동형태들을 개발하였다. 이들의 글은 결근, 비협동, 사보타지, 와일드캐츠 스트라이크 등(임노동의 폐지라 규정되는)을 공산주의를 향한 노동자들의 욕망을 표현하는 것으로 찬양하였다.

여기서 '시민불복종', 즉 규칙을 깨고 도시생활의 일상성을 파괴하는 것은 거의 예술형태로서 실천되었다. 77년 운동에서 역설과 재치에 넘쳐 있는 여러 가지 슬로건들이 나타났다. 특히 이러한 문화활동을 전개해 간 사람들을 일컬어 '대도시 인디안들'(Metropolitan Indians)이라고 하였는데, 이들은 조직을 이루고 있었던 것은 아니지만, 연기, 전쟁그림, 마임, 익살적인 의상 등을 사용하고 공산당을 조롱하는 예리한 독설과 재치를 보임으로써 상당히 유명해지게 되었다.[30] 이러한 슬로건들을 통한 실험은 '횡단성'을 추구하는 반문화의 일부분이었다. 68년 운동 이후의 노동자운동의 전통을 이용하면서도, 더 나아가서는 현대기기를 적극적으로 활용하기도 하였는데, 이러한 대표적인 형태가 자유라디오운동이었다. 청년운동은 직접행동 형태를 취하였기 때문에 초기단계부터 폭력의 요소를 지니고 있었다. 그러나 폭력은 부수적이고 산발적이며 주로 방어적인 것이었고 운동참가자들의 주요 관심사는 도시 안에 자신들의 색다른 사회문

---

30) Red Note, op. cit., p. 112.

화적 공간을 창출하는 것이었다.

　70년대 중반에 활성화되어온 청년문화운동의 사회적 힘이 77년 운동 속에서 폭발적으로 드러났다. 1977년 운동의 최고조기에는 수만 명의 젊은이들이 대중저항에 참여하였고 경찰과 충돌하였다. 77년 운동은 전국적인 운동이었으나 로마와 볼로냐에 더욱 집중되었다. 먼저 로마에서 1977년 2월 초부터 학생들은 (1968년에 정립된 대중대학의 원리를 깨는) 말파티(Malfatti) 법률에 저항하여 로마대학을 점거하였다. 이때 파시스트들이 침입하여 학생들과 충돌을 빚으면서 대중적인 시위로 확산되어 갔다. 점거의 물결이 전국으로 확산되었고 주변 노동자들과 실업자들, 여성들이 동참하였다. 이때 공산당계 노조지도자인 라마(Lama)가 학생들을 설득하려고 학교에 들어갔지만, 학생들의 저지로 "라마는 티벳에 산다"는 비난을 들으며 계획된 연설도 못하고 피신하였으며, 그후 경찰의 강제진압이 있었다. 이러한 국가의 억압에 대항하여 학생, 노동자, 여성, 주변층들이 전국 각지에서 집결하여 5만 명이 넘는 데모대열을 이루었다. 5월초까지 지속된 투쟁과정에서 이들은 어떤 때는 함께, 어떤 때는 따로 대중시위를 조직하였다. 특히 이 시기의 투쟁은 경찰과 잦은 충돌을 빚었고, 폭력전술의 문제를 제기하였다. 또한 여성들도 중간에 어린 여성 강간사건을 둘러싸고 정부와 공산당의 미온적인 처리방식에 불만을 품고 자유라디오 연결망을 통해 결집하여 별도 시위를 벌여 대중적으로 저항하기도 하였으며, 기존의 신좌파 운동조직에 대해서도 강력히 도전하였다.[31]

　볼로냐에서는 3월 중순 열흘 정도 대중적인 저항이 폭발하였다. 볼로냐의 공산당 지방정부는 청년운동의 요구에 대해 적대적이었고, 극우전투적인 카톨릭집단과 활동가들 사이에 교내충돌이 생겼을 때 경찰을 진입시켜 진압하였다. 그 과정에서 한 시위자(Lotta Continua의 성원)가 경찰의 총에 맞아 죽는 사건이 발생하였고, 게다가 볼로냐 시장(공산당원)은 경찰의 행위를 정당화하였다. 그러면서 저항은 점차 반(反)공산당적이게

---

31) Ibid., pp. 49-78.

되었고, 대중적인 시위가 조직되고 가두투쟁이 전개되었다. 국가는 이 과정에서 활약하던 자유라디오(라디오 알리체)를 폐쇄하였으며, 많은 사람들을 구속하고 무거운 선고를 내렸다. 이런 과정에서 저항은 폭력적인 양상으로까지 발전하였다.

77년 운동은 공산당이 주도하는 전통적인 좌파에게뿐만 아니라 68년 운동 이후 성장해온 신좌파에게도 충격이었다. 77년 운동은 68년 운동 이후의 '제도화된' 형태들, 특히 아우토노미아 운동 안에서 조직화된 형태 (특히 Lotta Continua)에 대항하는 성격의 것이기도 했다. 68년 운동 이후 운동은 새로운 정치학으로서 아우토노미아를 제기하였는데, 이것은 70년대 운동과정에서 좀더 대중들의 자생적이고 창조적인 활동에 근거하려는 그리고 여성운동과 예술적 전위들의 생각을 받아들이는 창조적인 측과, 조직화되고 무장화된 아우토노미스트들 간에 분화되는 양상으로 나아갔다. 더욱이 77년의 충돌분위기와 억압적 상황은 정치적 폭력을 정당화하고 실행하던 집단들을 고무하여 그 후 테러리즘의 고조가 사회운동의 지평을 지배하였다. 정치적 폭력과 억압의 악순환이 운동을 분할하고 운동의 토대를 침식하였다. 77년 운동은 이처럼 폭력문제를 전면에 부상케 하였고 나아가 68년 이후 전개된 신좌파 조직운동에 일대 위기를 가져 왔다.

3) 자율축소(인하) 운동(autoriduzione, self-reduction)

자율축소(인하, 고정)란 소비영역에서 소비자들이 그리고 생산영역에서 생산자들이 집단적으로 결정된 수준에서 공공서비스, 주택, 전기 등의 가격을 또는 공장에서는 생산성비율을 스스로 줄이는(또는 고정하는) 행위를 말한다.

자율축소운동은 1968년 운동과정에서 나타나기 시작하였다. 작업장 안에서 반대운동의 일환으로 '산출량축소 파업'의 형태로 나타났다. 이것은 회사의 성과급체제에 대한 공격형태로 나타난 것이다. 산출량과 이윤은 상당히 줄어도 임금손실은 상대적으로 상당히 적었다. '산출량축소 파업'

은 '자생적으로' 시작되었으나 대규모사업장에서는 상당한 조정과 규율이 필요하였다. '공동기층위원회'가 이러한 기능을 하였는데, 이것은 각 작업부서에 비공식적 대표자들의 연결망이 있었기 때문에 가능하였다. 노조적이지 않고 비합법적인 성격을 지니고 있었으면서도 그 효과가 직접적이었기 때문에, 운동을 하면서 노동자들의 의식은 더욱 고양되었다. 그리고 이 자율축소운동을 통해 노동자들은 스스로가 경영할 수 있다는 것을 보여 주었다.

자율축소운동을 지지하는 사람(조직)들 사이에도 차이가 있었는데, 공동기층위원회는 자본주의체제에 대한 노동자들의 총체적 대립을 표현하는 노동자들의 반(反)합법 투쟁방법이라고 하였지만 노조는 파업형태에 집착하다가 나중에야(68년 겨울 이후) 지지하였다. 기층위원회들은 자진하여 자율축소운동을 선전해 갔고 상당한 성과를 올렸다. 32)

노동자들의 생산활동에서 전개되기 시작한 자율축소운동은 그후 점차 소비자들의 활동으로 넘어간다. 1968-69년 간에도 사회적 소비영역에서의 축소운동이 드물게 나타났는데, 학생들과 노동자들이 산발적이고 자생적으로 운송요금을 거부하기도 하였다. 검표원들은 데모대들에게 무료로 승차하게 해주기도 하였고 데모대는 차를 자신들의 것인 양 이용하기도 하였다. 1971년에는 밀라노에서 젊은이들이 연주를 거부하겠다고 위협하여 팝콘서트의 입장료를 인하한 일이 있었다. 임대료파업도 자율인하운동의 형태로 전개되기도 하였다.

사회적 소비 영역에서 나타난 자율인하운동은 1974년 들어 적극적으로 전개되었는데, 이는 정부가 생산을 재구조화하고 소비영역에서 공공지출을 줄이는 정책을 추진하면서 노동자계급의 가계를 압박해 갔기 때문이었다. 33) 이 시기의 자율인하운동에서 새로운 것은 운동이 공공운송, 전기, 주택난방 등과 같은 필수적인 사회적 소비의 다른 부문들로 확산되어 가

---

32) Robert Lumley, op. cit., pp. 185-193.
33) Eddy Cherki, Michel Wieviorka, op. cit., pp. 72-73.

는 방식이다. 무단거주와 슈퍼마켓 음식물의 조직화된 대중적 전유와 같은 유사한 실천들의 맥락에서 봤을 때, 이러한 투쟁은 단순한 방어적인 투쟁을 넘어서 노동자계급이 생산했지만 자본이 지불하지 않은 사회적 부를 재전유하는 것이었다.

1974년 여름 토리노에서 휴가기간 후 갑자기 버스요금을 인상한 것에 대해 벌인 통근노동자들과 노조의 자율인하투쟁은 전형적인 것이었다. 노조는 대체차표를 이전 요금으로 판매하였고 노동자들은 그것으로 차비를 냈다. 노조는 대체차표를 판 대금을 회사에 주는 방식으로 하여 인상된 요금을 내지 않고 이전의 요금을 냈다. 며칠만에 유사한 사건들이 토리노 주위의 중공업지역에서 발생하였고, 이러한 투쟁의 확산으로 지역당국은 운송요금을 실질적으로 인하하는 조치를 취하지 않을 수 없었다.

이러한 투쟁형태는 다른 사회적 소비영역으로 확산되었다. 특히 노동자계급 가계에 부담을 주고 있던 전기요금 문제로 투쟁은 급속히 확산되었다. 이탈리아에서는 전기산업이 국유로 되어 있었고 전국에 동일한 요금비율이 적용되고 있었다. 그래서 전기요금 투쟁에 있어서 직접적 대적 목표는 바로 국가였고 운동은 즉각 전국화되었으며 이 투쟁에 대한 노동자계급의 지지는 엄청났다. 더욱이 국가관리전기회사가 정당들에 자금을 지원했다는 스캔들에 휩싸였고, 가정요금에 비해 산업에 25% 정도 싼 요금을 적용하는 차별적 정책에 대한 대중적 반감으로 인해 운동은 요원의 불길처럼 번져나갔다.

운동의 선도적 움직임은 토리노와 밀라노의 중공업지역에서 나타났다. 지역노조 조직이 동참하여 공장노동자들을 동원하였는데, 공장내 노동자위원회 조직을 활용하였다. '자율인하위원회'가 만들어져 노동자들의 전기요금 납부서를 수집하고 노조의 도장이 찍힌 대체 납부서를 발행하였다. 그때 노동자들은 보통 50% 인하된 전기요금 납부서를 받고 그것으로 납부하였다. 34)

---

34) Bruno Ramirez, 'The Working Class Struggle Against The Crisis: Self-Reduction of

그러나 동원은 공장에만 한정된 것은 아니었다. 이러한 실천활동이 확산되자 자율인하위원회들이 작은 농촌마을뿐만 아니라 도시이웃(공동체)들에서도 생겨났다. 대도시 지역들 일부에서는 공동체투쟁의 오랜 역사 속에서 이미 존재하던 이웃공동체들이 이러한 위원회들의 설립을 도왔다. 이 위원회들 대부분은 블럭이나 아파트단지별 대표들로 구성되었는데, 이웃들을 동원하고 다양한 건물별 활동들을 조정하고 가까운 이웃들 및 공장들과 연계를 맺는 것이 임무였다. 전기공급을 중단하라는 국가관리전기회사의 강요를 거부한 그 회사 노동자들(전기노조)의 지지도 이 투쟁의 성공에 중요한 요소였다. 이러한 공장과 이웃 동원의 결합으로 수만 개의 납부고지서가 이탈리아의 각 주요 도시들에서 수집되었다.[35] 이러한 운동은 상당한 정도의 조정이 필요하였고 노조나 기층위원회가 이러한 역할을 맡았다. 극히 일부에서는 돈을 지불하지 않고 슈퍼마켓에서 쇼핑하는 '치고 빠지는'(hit-and-run) 자율인하운동도 있있다.

이러한 투쟁의 파고가 지닌 정치적 의미는 공장과 이웃 간의 영토적 연계를 마련한 데 있다. 전에도 수도세, 가스세, 전기세 등에 대한 이러한 투쟁들이 있었지만 몇몇 건물이나 이웃들에 한정되었지 공장이나 노조와 연결된 적은 없었다. 특히 이웃들에 대한 동원 속에서 매우 극적인 효과들이 나타났는데, 주택점거와 임대료인하 등과 같은 투쟁들과도 종종 결합되었다. 공장노동자들이 종종 동원의 선두에 섰지만 투쟁의 예봉은 우선적으로 이웃 수준에 있었다. 요금을 걷으러 오거나 전기공급을 끊으러 오는 공무원들을 물리치거나 경찰 및 파시스트들을 물리치는 곳이 바로 이웃(공동체)이었다. 여기서 투쟁의 중심에 선 것은 주부들이었다. 가사노동의 물질적 조건들에 대한 공격이 자본의 직접적 목표였기 때문에 주부의 핵심적 역할이 부각될 수밖에 없었다. 자율인하투쟁은 이들에게 가중된 착취에 대항하는 투쟁이었다.

Prices in Italy,' *Zerowork*, 1. pp. 142-150.
35) Ibid.

공장동원과 이웃동원은 차이가 났다. 이 투쟁이 확산되고 노동자들도 참여하면서 노조지도자들은 입장을 밝혀야 했다. 지역 노조지도자들은 운동을 도운 반면 전국 지도자들은 망설였다. 토리노와 밀라노의 몇몇 노조는 투쟁에 적극적으로 가담하여 노동자들을 획득하였지만, 다른 많은 노조지도자들은 이러한 투쟁을 노조 안의 방해세력에 대한 노동자들의 불만이라고 보고 노조를 통한 생활비용 인상투쟁을 지향하였다. 로마나 밀라노처럼 노조의 영향력이 강한 곳에서는 노조가 자율인하운동을 제어하였지만, 그렇지 않은 나폴리에서는 자율인하운동이 노조의 선도 없이 자율적으로 전개되었다. 토리노 지역에서 운동이 활성화될 수 있었던 것은 그 지역노조들이 전국지도부에 대해 자율성을 상대적으로 많이 지니고 있었기 때문이다. 노조연합체와 정부 간의 합의 이후 대다수의 노동자위원회들은 자율인하운동을 중지하도록 명령하였다. 이에 투쟁을 지속하려는 노동자들 및 노조와 노동자위원회 사이에 갈등이 빚어졌다.

이탈리아 전역에 걸쳐 공장 안에서 자율적인 기층노동자들이 노조의 방해를 부분적으로 저지하였음에도 불구하고, 노조정책의 명령은 공장 수준에서 자율축소운동에 심각하게 영향을 주었다. 그에 반해 노조가 작용할 수 없고 국가에 의한 직접적인 억압공세에 저항할 수 있는 기반이었던 이웃공동체들에서 투쟁은 지속될 수 있었다.

그러자 노조는 정치적으로 폭발적인 필수품소비 영역에까지 협상기능을 확장하였다. 임금결정 및 분배뿐만 아니라 임금이 사회적 소비영역에서 사용되는 방식까지 자본과 협상해 나갔다. 이렇게 하여 노조는 공장과 이웃동원 간의 애초의 자율적 연계를 분리시키고 국가와 새로운 전기요율을 협상함으로써 '위로부터의' 새로운 연계를 부과하려고 하였다.[36] 그러나 공장에서도 부분적으로는 운동이 지속됐고 이웃공동체들에서는 좀더 지속되었다.

자율축소(인하)운동은 공적 서비스 또는 국가에 대한 심각한 비판의

---

36) Ibid.

씨앗을 지니고 있었다. 또한 이러한 운동에 대중이 참여하는 것은 새로운 일이었다. 전에는 이러한 직접행동은 적극적 소수자(minorities)들에 의해서 이루어졌을 뿐이었지만, 다수 대중이 참여하면서 공적 제도와 국가에 대해 문제제기를 해나갔다.

자율축소운동의 맥은 계속 이어져 와 70년대 중반 이후에는 젊은이들이 각종 문화행사 입장료 인하(고정) 운동을 벌였다. 나아가 그렇게 해서 전유한 공간들을 자신들이 직접 자유롭게 활용하려는 재전유운동으로 나아갔다.[37] 이처럼 규칙을 깨고 도시생활의 일상성을 깨는 '시민불복종' 행위는 정당이나 노조가 제시한 수많은 정책과는 달리 대중의 표현수단이자 즐거움의 수단이 되었다.

4) 자유라디오운동

70년대에 이탈리아에는 3개의 국영방송이 있었는데 각자 자신들의 뉴스프로그램을 지니고 있었다. 집권 정당들이 이 방송국들을 분할하고 있었고 이 방송국들은 방송을 독점하고 있었다.

이러한 독점상황 속에서 1975년 7월 피드몬트(Piedmont)에서 불법적으로(?) 방송을 했던 '붉은 전파'(Onde Rosse) 사건이 터졌다. 이 방송은 혁명가요를 곁들이면서 유명한 활동가들과 인터뷰를 방송하였다. 매일 아침 '붉은 여단' 무장활동을 주도한 혐의로 수감된 한 활동가의 조속한 석방을 요구하는 방송도 하였다. 일주일 정도 방송한 뒤에 경찰의 습격으로 폐쇄되고 재판을 받게 되었는데, 법원은 국가가 방송장비를 몰수한 것은 헌법에 어긋난다고 판결하였다. 즉 방송의 국가독점은 불법이라고 결정하였던 것이다. 이러한 전파의 '해방'으로 즉각 한 해에 800개가 넘는 자유방송국들이 전국에 걸쳐 생겨났다.[38]

라디오 방송국들은 비교적 적은 비용으로 설립가능했고 운영비도 신문

---

37) Ibid., p. 302.
38) Red Note, op. cit., pp. 33-35.

에 비해 매우 낮았으며, 스탭진의 비용은 최소한이었고 자원자들에 의해 운영되었다. 그런데 신문과는 달리 듣는 것은 자유(무료)였다. 그래서 재정은 여전히 문제였다. 자금원천은 방송국이 요청한 공공기부금, 약간의 제한된 광고(비록 많은 방송국이 상업적 침투를 허용하지 않았지만), 정치집단이나 정당, 또는 다른 이해집단들의 후원(여기서도 일부 방송국들은 그러한 자금후원을 받지 않으려고 하였다) 등이었다. 당시에 자유방송국들 가운데 약 50-60%가 하루 종일 록음악을 내보내면서 상업적 지원을 받았다. 다른 30% 정도는 라디오 무선가들이나 소수집단성원들이 꾸린 적은 예산을 사용하였다. 그리고 20% 정도는 자유라디오의 '사회주의적' 분파라고 할 수 있는 방송국들이었다. 공산당은 형식적으로는 이런 방송국들과 아무런 관계가 없었다. 정부에 들어가면 국영방송채널에 참여할 것이라고 확신하고 있었던 듯하다.

자유라디오의 방송 내용은 매우 다양하였다. '노동자전위' 및 '프롤레타리아통일당'의 자금으로 로마에 설립된 '미래도시 라디오'는 방송에 대한 어떤 명확한 통제가 없었다. 그것은 혁명적 좌익들과 노동자운동 전체의 충분한 의견표현의 장이었다. 이러한 자유활동은 국가의 지배권력을 약화시키는 분자적 증식운동이었다.

국가는 자유라디오에 대해 압박을 가하기 시작하였다. 모든 방송국에 대해서 일정한 세금을 내도록 경제적으로 압박하였다. 이러한 움직임은 광고를 많이 받을 수 있는 상업방송국과 그렇지 못한 좌익방송 사이에 벽을 쌓으려고 계획한 것이었지만, 저항에 부딪쳐 실패하고 말았다. 그러자 국가는 '라디오 알리체'(Radio Alice)의 경우처럼 노골적인 물리적 압박을 가하였다.

볼로냐에서 3월 소요 및 시위 때에 라디오방송국은 아주 새로운 방식으로 이용되었다. 시위 중에 경찰들의 움직임을 추적하고 그것을 시위대들에게 연결해 주는, 직접적으로 공격적인 무기로 사용되었다. 경찰과 무장차량이 볼로냐 대학에 진입한 1977년 3월에, '라디오 알리체'는 공중전화

박스에서 시내의 동향을 알리는 동지들 및 시민들의 '생방송' 전화를 방송하였다. 경찰의 습격을 받고서도 재빨리 방송을 재개하고 장소를 바꾸어 가며 활약한[39] '라디오 알리체'의 경험은 이 시기 운동에서 지성적, 조직적, 정치적, 창조적 에너지를 축적하고 실험한 것의 상징으로 남아 있다.

77년 여름까지 자유라디오 방송국은 엄청나게 확산되어 소규모 '와일드캐츠' 방송국들의 연결망을 만들어 냈다. 자유라디오를 통해 기층조직이나 혁명조직들의 결정이나 약속을 신속히 교통할 수 있었으며, 조정되고 통제된 소리가 아닌 '직접적인' 소리들을 들을 수 있게 된 것이다.[40] 더욱이 일방통행식 방송을 하는 것으로 인식되어 온 대중매체를 아우토노미아적인 관점에서 이용할 수 있다는 중요성을 일깨워 주었다. 또한 이런 점에서 보면 수백만의 잠재적 알리체들이 현존할 수 있는 것이다.[41] 기존의 코드화된 방송을 거부하고, 다양하고 새로운 것들을 보내고[42] 육체의 소리를 직접적으로 보낼 수 있다는 것은 새로운 세계를 구성해 나갈 수 있는 운동임을 보여 준다. 이 새로운 테크놀로지는 '실제 생활'을 알려줄 뿐만 아니라 활용 여하에 따라 모든 수신자를 송신자로 바꿀 수 있는 잠재력을 가지고 있다는 것을 보여 주었다. 수직적 위계적 구조와 메시지의 일방적 흐름을 평등적 조직과 수평적 복수적 흐름으로 바꿔갈 수 있다는 것을 보여 준 것이다.

많은 자유라디오 방송국들이 재정지원은 약한 채 지지성원들의 선의에 너무 의존했고 국가의 압력이 계속된 때문에 쇠퇴하였다. 밀라노에 있던 '인민 라디오'(Radio Popolare)처럼 노조와 기부자들의 지원을 받은 방송국들만이 살아 남아 필요한 직업적 기술과 조직을 발전시킬 수 있었다.[43]

---

39) Ibid. , pp. 22-25.
40) Bifo, 'Anatomy of Autonomy,' in *Autonomia : Post-Political Politics*, p. 156.
41) Félix Guattari, 'Millions and Millions of Potential Alices,' in *Molecular Revolution*, Penguin Books, 1984, pp. 236-241.
42) Collective A/Traverso, 'Radio Alice-Free Radio,' in *Autonomia : Post-Political Politics*, pp. 130-135.
43) Robert Lumley, op. cit. , p. 305.

그러나 이것은 수평적 흐름을 활성화하는 발전방향은 아닐 것이다.

현실 운동 속에서 자유'라디오'는 점차 줄어들었지만 '자유'기계들은 끊임없이 새롭게 등장하고 있다. 거대한 방송매체에 대항하여 서로 소통할 수 있는 색다른 신형 기계들이 등장하고 있다. 어떻게 재전유할 것인가가 문제이다.

5) 조직운동

70년대 중반에 운동조직으로는 '마니페스토 그룹', '노동자 전위', '지속적 투쟁' 등이 전국적인 규모의 조직으로 활동하였고, '노동자 아우토노미아'는 전국적인 조직형태를 갖추지 않았지만 수많은 지역조직을 포괄하고 있는 광범한 영역이었다. '마니페스토 그룹'은 공산당에서 축출된 사람들을 중심으로 시작되었으나, 점차 다양한 성원들로 구성되어 다양한 토론을 전개하였다. '노동자 전위'는 68년 운동과정에서 기층공동위원회에서 출발하였는데, 스스로는 맑스레닌주의적이라고 했지만 어떤 사람들은 트로츠키적이라고도 하였다. 이 집단은 70년대 중후반에는 그리 큰 호응을 얻지 못하였다. '지속적 투쟁'은 70년대에 가장 활발한 조직이었는데, 한창 때에는 5만여 명의 활동가와 100여 명의 상근자들을 지니고 있었고 이탈리아의 94개 지역 전부에 거의 지부를 두고 있었다. '노동자 아우토노미아'는 전국적인 통일적 조직단위를 지니지 않은 하나의 영역, 흐름으로서 대중들의 창의성에 근거한 다양한 투쟁들에 개입하였다. 프롤레타리아투쟁과정에서 개입한 것으로 자주 드러나는 것은 '지속적 투쟁'과 '노동자 아우토노미아'였다. 44) '지속적 투쟁'은 레닌적 조직원리를 바탕으로 한 조직이었는데 70년대 중반 여성운동의 비판을 받으면서 해체의 길로 접어들었다. '노동자 아우토노미아'는 무장폭력을 지지하는 경향과 대중의 창의성에 기반하는 경향으로 분화되어 나갔는데, 전자는 국가의 폭압과 함께 쇠잔해 갔고 후자는 80년대 운동의 중요한 흐름으로 이어진다.

---

44) Red Note, op. cit., pp. 109-112.

5. 아우토노미아 운동의 현재성

아우토노미아는 반위계적이고 반변증법적이며 반대표제적인 정치의 '기관없는 신체'45) 이다. 노동자들의 신체로서의 자율적 신체는 노동규율에서 벗어나며, 전사들의 신체로서의 자율적 신체는 당조직을 무시하며, 교의(doctrine)의 신체로서의 자율적 신체는 기존의 분류방식을 거부한다. 또한 아우토노미아는 특정 영역을 갖지 않는다. 아우토노미아는 생산의 의무, 제도들의 수직성, 정치적 대표제라는 덫, 권력의 바이러스로부터 벗어나는 하나의 방법이다. 정치적 아우토노미아는 차이들을 위로부터 종합하려고 노력하지 않고 밑(토대)에서 심화시키고, 일반노선을 부과하지 않으며, 부분들을 그 자신의 특이성(singularity) 속에서 상호공존하게 하려는 욕망이다. 그리고 아우토노미아는 개인적으로가 아니라 집단적으로 행동하는 방식이다. 아우토노미아는 정치와 경제, 실존과 정치의 분리에 대한 거부로 특징지을 수 있는 많은 기관들 및 유동적인 조직들로 이루어져 있으며, 결코 통일되어 있지는 않다. 아우토노미아의 기관없는 신체는 영역을 갖지 않지만 역사를 갖고 있는데, 이 역사는 이탈리아적이다.

이탈리아에서 아우토노미아 운동의 성장은 직선적이지 않았으며, 1977년 로마와 볼로냐에서처럼 폭발적인 풍부함과 창의성의 계기들 뒤에는 종종 퇴조 흐름이 있었다. 그러나 투쟁의 경험과 역능은 분자적 수준에서 다시 순환되어 나갔다. 그리하여 새로운 정치투쟁의 지반을 예비해 나가는 이동성, 유목적 작업, 사회적 유동성을 만들어 냈다. 분자적 변형의 급속성과 범위는 또한 사회곳곳에 복잡한 '유연 통제' 형태들의 확산과 궤를 같이 하였다.

우리는 '정치'의 정의 그 자체가 하나의 문제가 되는 '탈정치' 사회에 살

---

45) 들뢰즈와 가타리가 아르토에게서 차용하여 사용한 개념으로, 아무 것도 등록되지 않은 상태에서 무엇이든 등록될 수 있는 신체란 의미이다.

고 있다. 그러나 또한 정치적인 것(the political)의 위기와 병존해서 사람들은 정치화되고 있고, 구체적이고 종별적인 그리고 지역(국부)적인 요구들(건강, 주택, 학교, 교육 등)을 제기하는 '정치 만들기'(making politics)의 새로운 방식들이 등장하고 있다. 오늘날 우리는 권력의 분자적 형태들에 가까이 가고 있다. 46)

사회적 대결구도의 본질은 변화하고 있다. 지금까지 정치는 생산관계(착취자와 피착취자 간의 갈등)와 연결되어 있었는데, 이것은 노동자계급의 중심성을 상정한다. 자본주의(사회주의를 포함한) 사회에서 공장과 사회 간의 대립은 점차 사라지고 있다. 공장들은 더 이상 투쟁의 중심이 아니다. 사회적 공장이, 사회가 투쟁의 장으로 등장하고 있다. 따라서 정치적 적대들은 오히려 하나의 사회적, 미시사회적 갈등으로 재정의할 수 있다. 계급투쟁은 보다 미묘한 대결구도들을 야기하고 있다. 투쟁의 주요한 목표는 체계가 창출한 등가성들에서 전복적 특이성들을 생산하는 것이다.

이상에서 살펴본 아우토노미아 운동이 우리에게 주는 현재성은 운동과정 속에서 대중이 만들어 갔던 창조성과 창의성이라고 할 수 있겠다. 이탈리아에서 70년대 말 운동조직들이 패배했다고 해서 77년 봉기에 나타났던 정치적 주체가 패배했다고 할 수 없다. 47) 더욱이 새로운 정치적 주체는 다양한 요구들을 관철시켜 가면서 분자적 증식을 통해 자신들의 고유한 삶의 방식들을 찾아 낼 것이다.

---

46) Selvere Lotringer/Christian Marazzi, 'The Return of Politics,' in *Autonomia: Post-Political Politics*, pp. 8-11.
47) Antonio Negri, 'Do You Remember Revolution?', in *Revolution Retrieved*, pp. 242-243.

여성운동과 진보의 방향
—1970-80년대 이탈리아의 자율적 여성운동의
전개를 중심으로

1. 머리말

맑스주의와 페미니즘의 불행한 결혼.[1] 현실 속에서 남성과 여성의 불행한 결혼처럼? 그렇다면 좀 서로 잘해 보자고 접합해 볼까? 철학을 통해서.[2] 이데올로기를 통해서? 아니면 여전히 계급정치학으로 해결할 것인가?[3]

맑스주의를 넘어서자는 주장이 여기저기서 들리고 있다. 맑스주의를 넘어선 다음에는 어디로 갈 것인가? 여전히 맑스주의를 넘어선 맑스주의를 주장하는 사람들도 있다.[4] 최근 탈근대적인 문제설정 속에서 다양한 비판들이 제기되고 있는데, 오히려 반근대적인(anti-modern) 문제설정이 필요하지 않을까? 전근대, 근대, 탈근대라는 도식보다는, 주류로 지배적

1) Heidi Hartmann, 'The Unhappy Marriage of Marxism and Feminism: Towards a more Progressive Union,' in *Women and Revolution*, South End Press, 1981(『여성해방론의 이론적 쟁점』, 태암, 1989).

2) 뤼스 이리가레, 『성적 차이와 페미니즘』, 권현정 엮음, 공감, 1997.

3) 미셸 바렛 외, 『페미니즘과 계급정치학』, 신현옥 · 장미경 · 정은주 편역, 여성사, 1995.

4) Cesare Casarino et al. eds., *Marxism beyond Marxism*, Routledge, 1996.

이었던 다수자적(major) 관점에 대항하여 소수자적(minor) 관점으로 설명할 수 있는 다른 역사와 생각들이 있지 않은가?

맑스주의를 소수자(여성)적 관점에서 비판함으로써 맑스주의를 확장하고 풍부화할 수는 없을까? 이성에 근거한 표준적 인간상을 제기해온 근대적 문제설정을 소수자적인 관점에서 비판하고 새로운 주체들을 통해 색다른 사회를 구성해 갈 수 있지 않을까? 물론 그러한 방향이 비록 맑스주의적인 것으로 귀결되지는 않더라도 말이다. 사실상 맑스주의에 대한 철저한 비판은 오히려 맑스주의 내부에서보다는 오히려 페미니즘에서 나왔다.5) 또한 맑스주의의 현실적 지형인 노동운동의 중심성에 대한 비판도 바로 여성운동에서 나오지 않았는가? 맑스주의의 혁신적 전환은 바로 여성운동과 여성주의(페미니즘)적 실천을 통해서 이루어질 수 있다고 생각한다.

여기서는 1970-80년대 이탈리아의 자율적 여성운동의 전개과정을 살펴보면서, 그것이 기존의 맑스주의 정치와 사고에 어떠한 변형을 가했는지 살펴보고, 진보 운동의 방향에 대해 지닌 함의를 생각해 보고자 한다.

2. 이탈리아 여성운동의 전개과정

이탈리아 여성운동은 19세기 말에 유럽 여러 나라에서 맑스주의와 페미니즘 간에 갈등이 있었던 것에 비한다면, 그다지 큰 갈등관계에 빠지지는 않았다. 그것은 이탈리아 노동운동은 생산영역 외부에서 발생하는 문화정치적 쟁점들에 대해서 비교적 개방적인 태도를 취해 왔기 때문이다. 그람시의 영향하에 노동운동과 맑스주의는 다양한 시민사회 영역을 포괄하려는 유연한 자세를 지니고 있었다. 그렇기는 해도 이탈리아 여성운동의 기본적 관점은 계급해방을 축으로 하여 여성문제가 해결될 것이라는

---

5) 레오뽈디나 뽀르뚜나띠, 『재생산의 비밀』, 윤수종 옮김, 박종철출판사, 1997.

전통적인 맑스주의적 여성해방론을 견지하고 있었다.

2차대전 직후 해방의 분위기는 보다 좋은 조건을 창조하여, 선거권은 여성에게까지 확대되었고, 성평등이 헌법에 보장되었다. 그러나 여성에 대한 '보호'가 주내용이었다. 특히, 두드러진 역할은 공산당과 연계된 이탈리아 여성조합(Unione Donne Italiae[UDI])에 의해 수행되었다. UDI는 1943년 반파집단으로 생겨난 '방어집단들'(여성방어와 자유의용군보조를 위한 집단들)의 베테랑들에 의해 1944년 창립되었다. UDI는 1950년 약 1백만 명의 여성을 회원으로 지닐 정도로 정점에 이르렀다. 해방 후 중요한 이슈는 모성보호권이었고, UDI는 이 캠페인을 위해 모든 자원을 동원하였다. 1950년에 기혼여성노동자에 대한 보호법(산전산후휴가, 양육휴가 등)이 통과되었다. 자율적인 여성운동의 부재에도 불구하고, 노동조합과 좌파정당의 정부에 대한 압력은 여성을 위한 정치적 이니셔티브의 중요한 원천이었고, 입법에서의 두드러진 결과를 가져 왔다.

남녀 동일임금은 1950년대, 1960년대 초반 동안 노동조합의 중요한 정책목표로서 채택되었다. 1956년에 이탈리아 정부에 의해 동일임금에 관한 국제협정이 비준되었지만, 현실에서 즉각적인 변화를 가져오지는 않았다. 동일임금은 단체협상의 대상이 되었고, 1960년대 초반 들어 동일임금에 국가가 동의하였다. 그러나 여전히 성에 따른 노동 분할은 지속되었는데도, 노동조합과 노동운동은 이 구조적 불평등에 대해서 큰 관심을 기울이지 않았다. 물론 노조가 점진적인 입법 추진을 강조하였기 때문에 여성에 대한 점진적 개선은 있었다.[6]

1) 68년 혁명 이후 1970년대의 여성운동

중간층과 노동자계급을 포함하는 급진주의적 여성운동은 68년 혁명을 계기로 하여 1970년대에 이탈리아 사회를 통하여 확산되었다. 운동의 흐

---

6) Bianca Beccalli, 'The Modern Women′s Movement in Italy,' *New Left Review*, No. 204, 1994, pp. 90-93(「이탈리아: 노조페미니즘의 진보성」, 장미경 편역, 『오늘의 페미니즘, 세계 여성운동』, 문원, 1996).

름은 처음에는 학생, 지식인, 중간층 여성으로 형성되었다(1968년 운동에 참가했던 여성임). '1968년의 젊은 여성'은 이탈리아에서 해방된 여성의 1세대를 의미했고, 1950-60년대의 근대화 과정 이후의 성인이라는 점, 고등교육을 받았다는 특징을 지니고 있었다. 이전과는 달리, 이 기간의 새로운 운동은 평등과 해방을 향한 초기의 여성투쟁을 불신하고, 평등이 아니라 '차이'에 대해 적극적인 평가를 한다. 즉 평등에 대한 요구는 결국 여성보호 주장으로 귀결된 것에 대해 반성하면서, 여성의 독자적인 특성, 남성을 준거로 한 것이 아닌 여성 그 자체의 특성을 강조하는 논리로 나아 갔다. 북부와 중부 대도시에서 출발한 급진적인 여성운동은 모든 지역(전국적 규모)으로 확산되었다.

1967-70년 무렵 가장 영향력 있는 집단은 '권위주의탈신비화Demau'(Demystification of Autoritarianism) 집단이었다. 이 집단은 권위주의에 대한 비판을 수행하였고 여성연구집단을 만들어 내면서 70년대 자율적 여성조직의 원천이 되었다.

1968년의 사회운동 과정을 겪으면서 1970년대 초에 주로 지식인과 정치 활동가로 구성된 여러 여성조직이 출현하였다.[7] 이 조직들은 좌파의 사상과 정치활동을 직접 비판하였고, 미국운동으로부터 새로운 페미니스트 이론과 실천을 배우고자 하였다. 작업장과 교육제도 속에서 자생적으로 소규모 비공식 집합체들이 생겨났는데, 여성조직들은 이 집합체들 간의 연계를 맺어 갔다.[8]

이들은 전통적인 좌파의 해방주의적 접근법들에 대해서, 여성을 남성 지배적인 당 구조 및 정책에 적용하도록 강요하고 가정과 직장에서의 성별노동분업에서 생겨나는 불평등을 무시한다고 공격하였다. 그리고 자신들은 68년 혁명의 반권위주의적 정치를 발전시키고 '운동적' 정신에 불을 당긴다고 생각하였다. 따라서 이들이 만든 조직들은 구조와 작동방식에

---

7) Rivolta Femminile, Movimenntode Liberazione della Donna, Lotta Femminista 등.
8) Robert Lumley, *States of Emergency*, Verso, 1990, pp. 315-316.

서 이전의 것들과 아주 달랐다.

1974년경까지 초기 조직들은 주로 의식향상을 실천하는 소그룹의 중요성에 집중하였다. 그 결과, 70-74년에 주요 조직 형태로서 의식향상(consciousness raising) 집단이 출현하였다. 의식향상집단을 통해 여성들은 가족생활, 성애(sexuality)와 성 경험, 다른 남녀와의 관계, 다른 제도와의 관계들을 분석하는 방법을 통해 서로의 인식을 확장해 나갔다. 의식향상은 이른바 이념교육식의 의식화를 말하는 것이 아니라 자기의식(autocoscienza)의 고양을 의미하였다. 자기의식화 작업은 여성들의 일상경험을 발견하는 데 초점을 두었고, 점차 개인적인 시간을 다른 여성들과 만나는 정치적 시간으로 전환시켜 갔다. 이를 통해 '집합적 정체성'(주체성)을 형성하였고, 이를 기반으로 집합적 실천으로 나아갈 수 있었다. 전통적인 방식에서 하듯이 이념을 의식적으로 배워서 그것을 따라 운동한다는, 그래서 이론 중심인 당의 시도를 받아야 한다는 방식과는 아주 다른것이었다. 이 작은 의식향상집단들은 대개 단명하였지만, 그 이후 다른집합체들이 등장하는 밑거름이 되었다. 또한 70-74년의 시기에는 자료와저작이 대량으로 출판되었다. 이 기간에 이탈리아 페미니즘은 국제 연대조직에 참가하고, 미국과 프랑스의 페미니스트 문화에 영향을 받았다.

이러한 자기의식화의 기초 위에서 나중에 〈여성건강집합체〉, 〈낙태집단〉, 〈자기분석집단〉, 〈가사노동을 위한 임금'위원회〉, 〈병원과 공장 주위의 개입집단〉, 〈여성서점〉 등을 만들어 갔다. 9) 이러한 실천형태들은남녀의 '평등' 개념에 기초한 것이 아니라 남녀의 '차이'를 강조하는 인식위에서 나타난 것들이다.

1970년대 초반의 이러한 인식제고 위에서 중반에 접어들면서 여성운동의 대중적 진출이 두드러지게 된다. 이 시기에 대중투쟁의 주요 쟁점으로이혼법 국민투표가 있었다. 사회당원인 푸르투나(Fourtuna)가 1965년에

---

9) Red Note, *Italy 1977-8: 'Living with an Earthquake'*, a Red Notes pamphlet, 1978, p. 114.

이혼법을 제출하였는데, 이탈리아공산당(PCI)은 국민투표를 회피하였다. 패배에 대한 두려움과 카톨릭과 비카톨릭의 분리를 두려워하였지만 광범한 여성대중의 시위 속에서 1974년 국민투표가 받아들여졌다.

이혼을 위한 싸움에서 PCI의 주춤거리고 내키지 않는 태도는 낙태를 둘러싼 투쟁에서도 반복되었다. 피임에 대한 교회의 적대감 때문에 이탈리아는 수십 년간 높은 낙태율을 보여왔다. 급진주의자들은 낙태에 대한 모든 제한을 폐지하기를 원했다. 낙태에 관한 논의가 진행되면서, 기독교민주당은 아주 제한된 법을 제시하였고, 다른 정당들도 각기 안을 제출하였다. 1975년 12월 6일 낙태를 지지하는 여성들의 대중시위가 있었다. 이때 PCI에 연결된 여성조직 UDI는 참여를 거부하였는데, 1976년 4월 두 번째 시위 때에는 합세하였다(5만여 명). 반면 사회당은 급진주의자와 페미니스트가 요구한 유형의 법을 변화시키는 데 참여하였다. 1978년 1월 페미니스트들과 UDI성원들은 PCI가 교회와 타협하는 데 대해 항의하였고, 결국 1978년 다소 자유주의적인 법이 의회에서 통과되었다.[10]

그리고 1977년 운동[11] 과정에서 어린 소녀의 강간사건에 대한 국가의 처리방식에 대한 불만을 품고 여성들이 자유라디오 연결망을 통해 대중적으로 결집하여 국가에 압박을 가하기도 하였다. 그 이후 성폭력에 관한 논의가 대중적인 차원에서 확산되어 갔다.

이러한 과정에서 여성운동은 대중운동으로서 성장하였고 공산당 중심의, 노동자 중심의 운동에 일대의 충격을 가하였다. 여성의 독자성을 강조하는 이러한 여성운동의 발전은 이탈리아 아우토노미아 운동의 주요한 흐름을 형성하였고, 소집단들의 네트워크(연결망)가 발전해 나갔다. 낙태를 금지하는 또는 의사의 허가 속에서 하도록 통제하려는 정책에 대항

---

10) Bianca Beccalli, op. cit., pp. 99-100.
11) 이탈리아의 아우토노미아 운동이 정점에 달했던 시기이다. 무장대의 활동이 강화되는 속에서도 학생들을 축으로 한 대중들의 국가에 대항하는 투쟁이 고조되었던 운동이었다. 이 운동을 정점으로 그 이후 기존의 조직들이 해체되고 훨씬 더 분산적인 아우토노미아운동이 전개된다.

하여, 여성들은 '불법적인' 낙태(자율낙태, autodenuncia)를 조직화해 나 갔다. 이와같은 시민불복종 및 불법행동은 바로 당국과의 대결로 나아갈 수 있었다. 여성운동은 낙태를 시민권이란 쟁점에서 권력이 사회에서 행 사되는 방식에 대한 투쟁으로 변형시켰다. 또한 낙태에 대한 시민불복종 과 대중동원을 통해서 스스로 전국적 세력으로 성장하였고, 개인적인 것 (일상적인 것)을 정치적인 것과 직결시켜 냈다. 그리고 생물학적 기능에 대한 통제를 위한 이러한 투쟁은 기존 사회의 지배적 가치들에 대한 비판 을 포함하고 있었으며, 신체정치가 구성되는 방식에 대해 문제제기하게 되었다.[12] 이 과정에서 페미니즘/여성운동이 제기한 요구들이 지닌 가장 커다란 특징은 여성의 자기결정에 대한 존중이었다. 이 시기의 다양한 '자 조(自助) 집단'들은 절대적인 자기결정권을 주장하면서 자신들의 고유한 방식을 관철시켜 가려고 하였다.[13]

이러한 나양한 여성 집합제의 출현은 기존의 정치에 대해 비판을 가하 였고 기존의 정당정치나 조직운동의 변형을 가져왔다. 특히 UDI는 기존 의 레닌적인 조직론에 입각한 전통적인 조직운동을 답습하다가 여성집합 체들의 움직임과 여성운동에 자극 받아 변해갔다. 페미니스트들이 들어 오기도 하여 UDI는 점차 이탈리아공산당의 명령에서 벗어나 자율성을 획 득하였고 독자적인 활동공간을 만들면서 변해갔다.

1977년 이후에 들어서는 국가적 이슈의 부재에서, 운동의 핵심으로 형 성된 소집단의 네트워크가 가시적으로는 해체되기 시작하였지만, 아우토 노미아적 흐름의 주제와 특징은 그후 하위문화로서 발전해 나갔다. 이러 한 흐름은 80년대 여성운동의 특징을 예기한다.

정치적 투쟁영역에서의 주체로서 페미니즘은 70년대 말 이후 점차 사 라졌지만, 노동조합에서의 페미니스트 동원의 독특한 흐름(여성의 자율 성)은 발전되었다. 노동운동과 페미니즘의 결합, 즉 '노동조합 페미니즘'

---

12) Robert Lumley, op. cit., pp. 321-325.
13) Joanne Barkan, 'The Genesis of Contemporary Italian Feminism,' *Radical America*, 18, no. 5, 1984.

은 이탈리아 여성운동의 가장 두드러진 특징 가운데 하나이다. 대중운동으로 성장했던 여성운동은 노동운동에 지속적으로 영향을 끼쳤다. 여성운동에서 역할했던 비의회조직들의 여성과 노조의 여성지도자들이 (여성)운동과 여성노동자들을 매개하였다. 그리하여 여성운동은 노동조합 안에서 더욱 구체적인 형태들로 전개되었다. 14)

노동조합에서 여성조합원은 자신들의 노동력 참여 비율에 비해 노동조합 체계(위계)에서 자신들의 대표는 매우 낮은 비율을 차지하고 있다는 생각에서 여성운동을 시작하였다. 여성조합주의자는 그 동안 활동을 통해 평등을 강조했지만, 여성활동가들에 의해 경험된 현실은 (평등이라고는 하지만) 위계와 불평등한 노동분업이었다. 이러한 문제를 타개해 나가고자 여성운동의 사고를 공장에 도입하여 생겨난 것이 바로 여성대표들이었다. 이들은 노조 안에 여성집합체(여성조정위원회)를 만들고 공장위원회에 여성소위원회를 만들었으며 노조연합체들(CGIL, CISL, UIL 등 각 정당에 연결된 전국적 노조연합체들)을 횡단하는 여성조직기구(범주횡단 inter-category 집단)들을 만들었다. 1976-77년에 많은 여성집단들이 이런 방식으로 노조 안에 만들어졌다. 노조 안에서 새로운 페미니즘의 양상은 조합회의에서 '집단적 개입'이었는데, 연단에 몇몇 여성연설자들이 등장하는 것이다. 보통 연설을 하면 남성연설자들이 하게 되었고, 이에 반발하여 연설에는 꼭 여성연설자가 발언하도록 강제하였다. 이와 더불어 시위에서 여성노동자들은 남성노동자들과 다른 행동대열로서 자신들을 조직했다. 시위 중에도 의무화된 붉은 깃발을 거부하고 노란 색이나 다양한 색의 깃발을 들고 나왔으며, 페미니스트 슬로건을 외치고 여성성을 찬양하였다. 작업장에서도 여성들은 남성들과 따로 모임을 열고 자신들의 고유한 문제들을 토론하였다. 여기서 남성들의 방식과는 다른 여성 자신들의 의견 및 감정 표현방식들(여성적인 말하기 및 듣기 양식)이 나타났다.

---

14) Bianca Beccalli, 'Italy: Working Class Militancy, Feminism and Trade Union Politics,' *Radical America*, 18, no. 5, 1984.

이러한 여성들의 분리주의적 전략은 68년 운동 이후에 열린 공간 속에서도 전혀 개선되지 않았던 남녀차별 문제를 노동운동 안에서 제기하는 것이었다. 이것은 기존의 남성노동(자) 중심성에 대한 하나의 경종이었으며 대중적인 여성운동의 흐름 위에서 가능해진 것이었다. 전통적인 노조적 관점에서 요구되던 것은 '슈퍼우먼'이었다. 이러한 상에 대해서 여성운동은 여성들의 삶이 지닌 상이한 욕구와 리듬에 적합한 노동상황을 요구하였다. 남녀 모두에게 자녀양육을 위한 유급휴가에서 직무분담과 더 많은 파트타임노동에 대한 제안에 이르기까지 일련의 요구들은, 노동시간에 대한 급격한 재조직화를 요구하는 것이었다. 이처럼 페미니스트들의 주장은 임노동이 유일하거나 가장 중요한 활동형태가 아니며 임노동도 인간의 욕구에 종속되어야 한다는 전제 위에서 출발하였다.[15]

나아가 노조페미니즘의 활동은 공장 안에서의 요구뿐만 아니라 사회에서의 여러 가시 요구들을 세기해 나갔다. 학교 수업시간의 조절, 유지원, 모든 어른을 위한 더욱 유연한 노동시간 등을 요구하였다. 이 연장선상에서 '여성통제'와 '여성아우토노미아'와 같은 집단들은 여성들이 공장 바깥의 영역에서 착취당하는 방식을 극화하기 위해 '가사노동에 대한 임금요구' 운동을 벌였다. 이것은 이혼과 낙태 문제와 더불어 대중적으로 전개된 운동이었다. 여성들은 사회의 주변에서 자신들의 지불받지 못하는 지위(노동)를 받아들이기를 거부했으며, 이러한 요구는 그들이 얼마나 일상생활을 변화시키려 하는지를 드러냈다.[16]

노조페미니즘 운동에서 중요한 항목 가운데 하나는 '150시간 교육기획'의 활용이었다. 여성들이 교육수준이 낮고 미숙련직에 많이 편제되어 있었기 때문에, 이 기획을 공간으로 하여 여성들의 다양한 활동이 전개되었다. 다양한 강좌들이 개설되었고 노동여성뿐만 아니라 지역의 비취업 여성들도 들을 수 있었고 학생들도 참여할 수 있었다. 또한 전문가/고객,

---

15) Robert Lumley, op. cit., pp. 325-328.
16) 카치아피카스, 『정치의 전복』, 윤수종 옮김, 이후, 2000, pp. 99-100.

교사/학생이라는 기존 관계를 변형시키는 실험들이 전개되었다. 이 기획은 공적 영역에서 여성들을 위한 '지적 공간'을 창조하였다. 이를 통해 노동여성들은 다른 계층의 여성들과 만나고 학생층도 만날 수 있었다.

1978년 말, 노동조합에서 여성의 새로운 역할에 대한 인식은 증대하였고, 페미니스트 사상은 노동조합의 담론으로 받아들여졌다. 전투적 여성들은 노동조합 안에서 여성의 자율적 네트워크에 대한 자신들의 기본적 욕구를 성취해 나갔다. 여성 네트워크는 탈중앙화되고 비관료적인 조직을 유지해 나가는 것이다. 보호와 평등을 넘어서는 여성의 특이성, 여성에 대한 '차이'의 인식을 강조하는 것이다. 즉, 여성과 남성의 차이를 부정하는 것이 아니라, 오히려 차이를 주장하고 확립시키고자 하는 전략이다. 이러한 여성운동의 활성화 위에서 여성동성애운동도 나타날 수 있었다.

전반적으로 여성운동은 70년대말 좌파운동의 위기 속에서 대안적인 정치학으로서의 의미를 지니는 것이었다. 1977년 운동의 붕괴와 '붉은 여단'의 획기적 부상 속에서 사회운동은 위기에 처해 있었다. 그런데 이러한 위기에 직접적으로 처해 있던 당시의 지배적인 좌파정치학의 형태들과 거리를 두고 있었던 여성운동은 다음 시기의 사회운동을 체현할 희망의 담지자였다. '조직'보다는 '운동'을 우선시하는 여성운동은 느슨하고 비공식적인 구조들로 이루어져 있고, 목표보다는 수단을 그리고 직접적인 행동을 강조하며, 개인적이고 '자연스런' 발언 및 행동형태를 선호하였다. 평등을 전제하면서 통일을 주장하는 것(해방, emancipation)이 아니라 차이를 전제한 위에서 자유화(liberation)와 아우토노미아(자율성)를 강조하였다.[17] 이러한 흐름은 운동의 방향을 외적인 것(시위, 행동)에서 내적인 것(자기의식화)에 집중하는 것으로 바꾸는 창조적인 형태들을 개발하였다. 물론 이러한 방향전환과 관련하여 외적인 것을 강조할 것인지 내적인 것을 강조할 것인지를 둘러싸고 다양한 논의가 있었다.

---

17) 해방이 '무엇으로부터 벗어난다'는 소극적인 의미를 지닌다면, 자유화는 '무엇을 향해 만들어간다'는 적극적인 의미를 지닌다. 해방이 기존 체계와 관계를 파괴해 나가는 것을 의미한다면, 자유화는 새로운, 색다른 사회관계를 만들어 가는 것을 의미한다.

페미니즘의 전반적인 발전에서 이탈리아적인 가장 큰 특징은 여성조직들과 좌파정당들 간의 갈등적 관계였다. 어쨌든 여성운동은 '노동자계급의 요구에 참여'한다는 추상적인 강령에 근거해서가 아니라 참여자들 자신의 물질적인 그리고 다양한 욕구에 기초하고 있었다. 이처럼 여성운동은 개인적인 것과 정치적인 것을 통합하는 데서 그리고 위계적인 구조 및 지도자상을 공격하는 데서 더욱 강력하였다. 그리하여 그 동안 정치의 기본원리로 생각되어온 '위임(delegation) 원리'를 반대하면서 '여성주체'를 직접적으로 제시하기에 이른다. 헤게모니 개념에서 벗어나서 자율적인 여성조직들의 기반 위에서 다양한 미시코뮌들을 만들어 가려는 것이다.

테러 운동과 아우토노미아 대중운동의 간격이 커지고 국가의 탄압이 강화되는 위기 속에서 각종 운동조직들이 점차 사라져 갔다. 여성운동은 살아 남기 위해서 정치적 조직에 의거할 필요는 없었다. 그리고 여성운동은 당이나 제도로부터 승인받는 조직들을 지닌 공적 세력이기를 그쳤다. 대신 여성운동은 잠재적이고 드러나지 않은 구조들을 지닌 하나의 '영역'이었다. 비공식적 조직들이 전국 조직을 대체하였고, 그 영향은 정치체제와의 관련 속에서보다는 전체 사회에 대한 '색다른' 의미를 만들어 내는 자신의 역능과 문화적 코드에 대한 효과와 관련하여 잘 드러났다.

2) 1980년대 자율적 여성운동

1970년대 말, 1980년대 초에 들어 대중적인 쟁점은 낙태 문제에서 성폭력 문제로 넘어갔다. 의회는 1979년 이래 새로운 성폭력반대법을 논의하고 있었다. 그러나 1990년까지도 강간과 성적 학대를 말하자면 풍기문란죄로 생각하였지 살인과 같은 인격체에 대한 범죄로 생각하지 않았다. 이탈리아 헌법상 의회 밖에서 개인들이나 집단들이 새로운 법을 입법제기하려면 5만 명의 서명을 필요로 하였다. UDI, '여성해방운동'(MLD), '로마 페미니스트운동' 집단이 이러한 절차를 따르기로 하였다. MLD는 급진당과 연합한 집단들 가운데 하나로 낙태운동을 중심적으로 이끌었던 조직이었다. MLD는 반드시 여성집단들은 아니었고 오히려 게이(남성동성애자) 운동이나 자유피임 및 낙태를 지지하는 단체들과 같은 시민권 영역에 개입한 집단들이었다. 이들 집단이 중심이 되어 30만 명의 서명을 받아냈고 이 법은 '여성법'으로 간주되었다. 이 법에 대한 논의는 1990년 말에 의회에서 다시 제기되고 논의될 때까지 그 기본골격은 크게 변하지 않은 채 있었다.

그런데 1988년 의회에서 그 법이 논의되었을 때 특기할 만한 발전이 있었다. 많은 여성 국회의원들이 의회에서 발언하면서 분명한 페미니스트적인 입장에 입각해 있었다. 더 이상 정당정치와는 상관없이 여성적 성(젠더)에 속하고 그것에 충실할 것을 강조하면서 말이다. 여성의원들이 그 문제에 대해 일치하지는 않았지만 더 이상 전통적인 정당계보에 따라서가 아니라 여성들 사이의 차이에 따라서 달랐던 것이다. 논쟁의 기본 용어들이나 조건들은 동일했지만 다양한 입장들을 드러낼 수 있게 되었으며, 특히 여성들이 자신들을 드러내는 주체적 방식이 변하였다. 비로소 페미니즘이 이탈리아의 전통적인 정치판을 '횡단'하였던 것이다.

페미니스트적 관점의 확산은 공산당 안에서도 논쟁과 변화를 자극하였다. 1986년에는 '여성의 힘은 여성에게서 나온다'는 부제를 단 '여성공산주의자 헌장'이 만들어졌다. 성적인 차이에 대한 이론적 개념 위에서 만들어진 이 문건은, 페미니즘이 공산당에 침윤했음을 보여주었다. 그러나 현실에서 이러한 것은 당의 지위서열에서 여성의 할당제와 대표성 문제로 부각되었다. '여성당' 논의도 있어 왔지만, 페미니스트운동이 제도적 영역에 직접 개입하는 것에 대해서는 반대하는 분위기가 일반적이었다. 1987년 총선에서 공산당은 여성후보자들을 많이 내세웠고, 여성주의적 모임에서 대표성 문제는 여전히 논의되었다.

한편 노조페미니즘은 성차별에 반대하는 투쟁을 거쳐 성적 차이와 자율적 여성주체를 긍정하는 방향으로 발전해 온 바 있었다. 그런데 68년 혁명의 힘에 의해 통합되었던 노조연합체들은 1984년 분열된다. 그리하여 1970년대의 조정위원회나 범주횡단 집단들은 점차 사라지고, 협력하려는 노력은 계속되었지만 노조연합체로 이루어진 조직들만이 존속하였다. UDI는 여성적 관심을 위한 동원 및 선전의 조정자로서 활동했을 뿐만 아니라 개인적이고 집합적인 발전을 위한 센터로서도 활동했다. 즉 다양한 여성집합체들을 조직적으로 지원할 수 있는 기반을 제공하였다. 그후 UDI는 지역 여성집단들의 느슨한 네트워크로 변해 갔으며, 전국조직은 1982년에 '더 커다란 운동으로 해체'되었다.

그리고 노조 안에서 자율적 여성주체들과 그들의 표현방식이 여러 가지 저항과 장애에 부딪쳤다. 그와 더불어 노조 안에서 자율성이란 문제가 제기되었고 일정한 침묵기 이후 새로운 독립성을 나타내는 여성센터들이 등장하게 되었다. 물론 여성센터들은 이처럼 노조페미니즘 안에서 자율성을 지향하는 집단들에 의해서 만들어지기도 하였지만, 노조와는 무관한 기존의 다양한 집합체들에 의해서 만들어진 것이 더 많았다.

1970년대 사회운동은 사회적 부분에 대한 국가의 개입을 요구했다. 그러나 동시에 이러한 개입이 기층으로부터의 정치행위와 민중적 통제를 허용하고 촉진할 수 있을 만큼 충분히 탈중심화되어야 한다고 주장한다. 공공지출 투쟁에서 보여주었던 것처럼, 국가예산을 노동자계급의 재생산 기반을 확보하는 데 사용하도록 하는 것은 바로 노동자계급의 공공영역(사회적 서비스)을 확보하는 것이었다. 이러한 공공영역을 노동자계급이 자율적으로 책임지고 관리해 나가기 위해서는 국가의 집중화된 구조와 기존 운동의 집중화된 구조를 탈중심화해야 했다.

이러한 탈중심화의 방향에 있던 것들이 바로 다양한 집합체들, 특히 자조집단들과 다양한 주도집단들(여성건강집합체[consutori], 지역위원회 등)이었다. 그런데 이들은 인적 물적 자원이 부족하였고 따라서 국가나 지방정부에 의존하거나 연계되기도 하였다. 그럴 경우 자율성을 잃을 위험이 있었다. 비제도적인 이러한 움직임은 대안을 만들지 못하였더라도 제도의 개선을 가져왔고, 일부는 대안제도들을 만들어 냈다. 그 대안제도들의 싹은 바로 다양한 여성센터의 등장이었다.

여성들은 자기의식화 작업을 통해 새로운 집합적 정체성(여성 주체성)을 정립하고 더욱 중요하게는 '집합적 의식'을 구성해 왔다. 이 여성주체성의 인식은 '성적 차이'에 기반한 것이었으며 '여성존재 being-women'에서 '여성되기 becoming-women'로 나아갔다. 이제 이탈리아 페미니즘을 특징짓는 것은, 바로 이론적인 분리주의적 사고 속에서 자율적인 여성주체를 분석하고 만들어 내려는 노력에서 여성되기라는 실천적 정치적 활동으로 진전하고 있었다.

1977년 운동 이후 집중화된 조직들은 해체되었고, 존속한다 하더라도 대중과의 연계가 점차 약화되어 갔다. 이미 1970년대 초반부터 싹이 보이기 시작했지만 1978년 이후 그리고 1980년대 접어들어 다양한 여성공간들이 생겨나기 시작하였다. 이전의 다양한 여성집합체들이 점차 자신들의 고유한 생활공간을, 다양한 문화활동을 전개하는 공간을 만들어 갔다. 대안적인 공간들을 설립하여 색다른 활동, 색다른 삶을 전개해 나갔다. 이제 여성운동의 초점은 여성센터의 창조였다.

더욱이 자기의식을 강조하는 여성집합체들은 신체의 발견에까지 이르고 대안적인 생활방식을 만들어 가는 것을 강조하였다. 여성적 주체성을 강조하면서 남성들과 남성적인 제도들과 접촉하지 않고 여성들끼리 사는 방식들을 만들어 갈 것을 주장하기도 하였다. 이런 분리주의적인 생활방식의 추구는 바로 여성들만이 참여하는 여성센터로 나아가는 과정이었다.

1970년대 말에 생겨서 계속 존속했고 1980년대 들어 새로 생긴 여성집합체들 가운데 지속된 것은 특정한 서비스를 제공하거나 '대안적인 제도'로서 기능하는 것들이었다. 1980년대에 전개된 여성집합체들과 여성센터의 활동을 몇 가지 사례를 통해 살펴보자.[18]

자기의식집단 가운데 80년대에도 계속 활동하던 것들이 있었다. 특히

---

18) 아래의 사례에 대한 소개는 Paola Bono and Sandra Kemp, *Italian Feminist Thought*, Basil Blackwell, 1991, pp. 82-202를 참조.

밀라노에 있던 '무의식 실천 집단'은 억압메커니즘에 대한 관심에서 여성들 사이의 관계, 상이한 사교성에 대한 탐구로 나아갔다. 이 집단은 프랑스의 '정신분석과 정치' 집단(들뢰즈와 가타리가 관여함)의 경험을 참고하면서, 분석제도들에 대한 비판을 전개해 갔다. 즉 분석제도(정신병원제도와 기존의 의사-간호사-환자 관계)는 권력과 특권을 지닌 위계적 제도이며, 분석관계에서 분석가는 환자가 생산한 것을 전유한다고 지적하였다. 나아가 분석지식을 공유하면서 기존의 관계(가족관계, 환자-의사 관계, 딸-어머니 관계 등)를 분석 비판하고 자신의 욕망을 표현할 수 있는 관계를 색출해 내려고 하였다.

밀라노에 있던 '여성의 자유'라는 집합체는 1975년에 설립된 책을 파는 협동체였는데, 여성집단들의 모임장소, 여성운동 자료실, 페미니스트문학 토론장으로 기능하였다. 여성서점, 여성식당, 여성술집, 그리고 다른 여성기구들과 함께, 이러한 집합체들은 '대안적인 서비스 복합체'를 형성하였고, 이것에 기반하여 여성들은 '남성적 제도들'과 접촉을 피할 수 있는 여성적인 삶의 공간을 꾸릴 수 있었다. 의식향상은 오랜 동안 응집된 집단을 유지할 수 있는 활동이 아니었다. 자기의식화를 통해 집단적 주체성을 인식하고 그에 기반하여 새로운 공간을 만들어 가야 지속될 수 있었다. 광범한 성차별 사회 안에서 여성들을 위한 대안들을 창조한다는 공동기획은 여성집단들을 함께 만족스러운 창조과정에 끌어들일 수 있는 활동이었다.

여성공간을 창출했던 집단 가운데 가장 두드러진 것은 '여성문화센터'였다. 1976년에 처음 만들어진 뒤, 여성을 위한 문화를 보존하고 이전하고 생산하기 위해서 성적인 관련연구를 위한 분리되고 자율적인 장소로서 수많은 집단들 속에서 급속히 생겨났다. 1986년에 첫 전국회의가 열렸을 때 이탈리아 전역에 약 1백 개의 여성센터가 있었다. 그 가운데 약 3분의 1가량이 공식적인 법적 구조를 지니고 있을 정도였다. 이 집단들은 조사연구를 목적으로 문화적 교류를 하였고 정보를 교환하고 쟁점을 토론하며 필요한 기획을 추진하였다. 대개 회원들의 기부로 자금을 자체 조달하였으며 일부를 지방제도나 국가제도에서 충당하였다. 시의회 등과 연결된 것도 있었다. 외양이나 특정 활동에서는 달라도 이들 센터들은 모두 도서관을 만들고 세미나와 논쟁을 조직하였다.

여성문화센터 가운데 가장 유명한 것은 1979년에 로마에 설립된 '버어지니아 울프 문화센터'였다. '여성대학'이라고도 알려진 이 문화센터는 매년 광범한 주제들에 관한 강의, 세미나, 회의를 조직하였다. 다양한 경력을 지닌 300명이 넘는 여성들이 매년 센터에 참여하였다. 1981년 이래 대부분의 강의는 단일한 주제 아래 조직되었다. 다른 문화센터들과 마찬가지로 이 문화센터의 문제 가운데 하나는, 조직가들 및 선생들과 '학생들' 간의 간격을 어떻게 좁히느냐 하는 것이었다.

이러한 소규모 집합체들의 창조적 잠재력을 실현시키는 것과 더불어, 소집단 페미니즘의 또다른 뚜렷한 성공은 더욱 더 많은 이탈리아 여성들에게 열린 대안으로서 레즈비어니즘의 출현이었다. 여성운동 안에서 레즈비언 단체의 가시적 등장은 1979년 로마 시위에서였지만, 1970년대를 통해 많은 레즈비언들이 여성주의의 목표와 분석에서 능동적으로 활동해 왔다. 1977년에 여성운동의 구조가 급속히 변화되면서 레즈비언집단들이 페미니즘과 분리되어 나타났다. 성적인 관계에서든 비성적인 관계에서든 여성들끼리만 살 수 있는 가능성은 더 많은 여성들에게 열린 선택지가 되었다. 1980년대 초반까지 다른 여성들과 완전한 생활을 꾸리려는 일부 페미니스트들의 희망은 이탈리아 여성운동 안에서 더욱 광범하게 수용되었다. 상당히 많은 페미니스트 인물들이 레즈비언으로서 등장하였고 전반적으로 이성애적인 페미니스트들은 더 이상 레즈비언 여성들과 분리될 필요를 느끼지 못하였다. 1984년 2월 로마에서 제4차 전국페미니스트 모임이 개최되었을 때, '분리주의적인 레즈비언 노선'이 아주 지배적이어서, 그 모임의 많은 토론이 여성운동 안에 이성애를 '수용하고' '관용할' 필요에 대해 집중되었을 정도였다. [19]

그 외에도 1983년 베로나에 설립된 여성들로만 이루어진 '철학연구집단'('디오티마Diotima')이 있는데, 이 집단은 논문들도 발표하였다. 학계 안밖에서 다양한 조사연구에 참여하던 여성들이 참여하여 만든 여성잡지 『여성』(*DWF*, DonnaWomanFemme)도 있었다. 이들은 다양한 여성 관련 주제들을 다루면서 여러 집단들의 가교 역할을 하였다.

이처럼 80년대 들어 이탈리아 여성운동은 분리주의적 관점 속에서 대안 제도들과 여성센터들을 만들어 여성들의 자율적인 활동공간을 넓혀 갔다.

3. 맑스주의 페미니즘이론의 변화

이러한 운동 배경 속에서 이탈리아 맑스주의 페미니즘의 이론적 성과는 70년대 초반에 이루어졌다. 여성운동과 노동운동이 전통적으로 크게 갈등하지 않았던 이탈리아에서 페미니즘이론은 맑스주의에 근거하여 진행되었다. 물론 엥겔스를 시작으로 하는 맑스주의이론에 대해서 페미니즘이론가들은 비판을 가해 왔다. 소련식으로 정리된 이론을 받아들이기보다는 맑스주의 논의를 확장하는 형태를 띠게 된다. 기존의 맑스주의에서 페미니즘이론은 가사노동의 사회화를 축으로 하여 논의되었다. 그리고 여기에서 더 나아가 가사노동을 둘러싼 논쟁의 형태를 띠었다. 페미니즘에서 제기된 논리는 기존의 생산적 노동 개념에 대한 공격으로 시작하였다. 이것은 생산을 중심에 두는 정치경제학을 유통, 재생산 등을 강조하는 정치경제학으로 확장하면서 정치경제학비판을 발전시켜 갔던 이탈리아 맑스주의, 특히 아우토노미아 흐름과 맥을 같이 한다.[20]

70년대 초반 논쟁 속에서 주도적이었던 한 팜플렛에서 마리아로사 달라 코스타와 셀마 제임스는 여성의 가사노동은 '영여가치를 창조한다'는

---

19) Judith Hellman, *Journeys Among Women*, Oxford University Press, 1987, p. 215.
20) 윤수종, 「안또니오 네그리의 정치경제학 비판」, 『비판』 창간호, 1997.

엄밀한 맑스주의적 의미에서 생산적인 것이라고 주장하였다. 21) 여성의 일은 다른 모든 노동을 위한 필수적 조건이고 그래서 잉여가치는 추출된다. 여성의 가사노동은 현재의 그리고 미래의 노동자들에게 음식과 옷을 제공할 뿐만 아니라 정서적 위안, 가정적 위안을 제공함으로써 여성들은 자본주의 기계의 톱니가 계속 돌아가게 한다고 한다.

이들은 이러한 관점에서 가사노동의 사회화를 주장하던 종래의 맑스주의 페미니스트들의 입장을 더욱 밀고 나가 '가사노동 임금지불' 운동을 하였다. 이른바 가사노동논쟁을 불러 일으켰다. 공적 산업에 참여하는 여성들의 노동은, 임금을 받고 인정을 받는 일관작업대에서 시작되고 임금을 받지 못하고 인정도 받지 못하는 가정에서의 일로 끝나는 두 배로 힘든 하루를 보내게 된다. 이러한 불공평한 상황을 종식시키기 위해서 가사노동 임금을 여성들이 요구하는 것이다.

이들은 남성들을 여성의 교활한 억압자라기보다는 바보같은 자본으로 간주했다. 남성들이 오로지 가정에 봉사하는 사람들로 보이지만 사실상 사장이라는 인물이 남편이라는 인물 뒤에 숨어 있다고 보았다. 그래서 가사노동 임금을 요구하는 페미니스트들은 개별적인 남성들(남편, 아버지, 남자친구)이 아니라 국가(정부와 고용주)가 가정주부들에게 임금을 지불할 것을 제안했다. 이들은 임금이 반드시 급료형태를 취할 필요는 없다고 했다. 그러한 임금은 모자가정으로 보조금을 받는 어머니에게 그들이 가정에서 행한 노동에 대한 보상비 형태로, 또는 과중한 책임을 지고 있는 모든 어머니들에게 육아비 형태로 분배될 수 있을 것이다. 만일 국가가 가정주부들에게 임금지불을 거절하면 그녀들은 가사노동을 거부해야 한다. 자본주의가 남성과 여성들의 노동력을 창조하려면 반드시 여성이 필요하기 때문에, 여성들의 그러한 반란은 혁명적인 잠재력을 지닐 것이라고 판단했다.

---

21) Mariarosa Dalla Costa and Selma James, *The Power of Women and the Subversio of Community*, Falling Wall Press, 1972.

이러한 논의는 아우토노미아론에서 이미 제기되었던 맑스의 생산적 노동 개념은 상당히 문제가 있다는 네그리의 논의와 맥을 같이 한다.22) 맑스는 생산적 노동 개념을 주로 『잉여가치학설사』에서 다루고 있다. 중농학파들의 실체론적인 생산적 노동 개념을 비판하는 것에서 시작하여, 맑스는 변형(metamorphosis) 개념으로서 생산적 노동 개념을 확인해 준다. 중농주의자들은 씨를 하나 뿌렸는데 열 개의 열매가 나오면 실체가 하나에서 열 개로 늘어났다고 보고, 이 과정에 투하된 노동을 생산적 노동이라고 한다. 그런데 맑스에게 있어서는 실체의 양을 증식시키는 것만이 생산적 노동은 아니다. 어떤 제품을 만들려면 양〔실체〕적으로 훨씬 많은 원료가 필요한데, 하지만 그 제품은 실제로 원료보다 양은 훨씬 작아진다. 원료는 다른 것으로, 제품 형태로, 새로운 형태로 변형된 것이다. 그래서 변형(『자본』에서 제일 많이 나오는 개념)이란 관점에서 파악한 생산적 노동 개념으로 나아간다.

맑스의 논의가 혁신적이었음에도 불구하고 네그리는 맑스의 이런 생산적 노동 개념, 변형에 기초한 생산적 노동 개념은 상당히 문제가 있다고 본다. 더 중요하게는 이탈리아 논쟁에서 그러한 맑스주의적 생산적 노동 개념이 결정적으로 깨진 것은 여성운동에 의해서이다. 여성운동은 왜 가사노동이 생산적이지 않느냐며 강력하게 문제제기를 하였다. 재생산노동, 특히 가사노동이 생산적이지 않다는 주장은, 자본의 관점에서 자본하고 결합된 노동만을 생산적 노동이라고 하는 인식에서 나온 것이라고 비판하였다. 더 나아가서는 가사노동이 생산적 노동임을 주장하는 운동, 즉 앞서 본 가사노동 임금지불운동을 펴나갔다. 맑스(주의)는 생산적 노동 개념을 자본과 결합해서 자본의 잉여가치를 생산하는 것이라는 입장을 갖고 있었는데, 이제 1970년대 여성운동에서 제기된 논쟁 속에서 생산적 노동 개념은 바뀐다. 자본의 입장에서 정의되던 것이 여성의 입장에서 다시 정의되면서 생산적 노동이 꼭 자본과 결합된 노동으로만 국한되는 것이

---

22) 윤수종, 앞의 글, 45-61쪽.

아니라, 그 개념이 확장되었다. 즉 다수(지배)자적인 입장에서 정의되던 것이 소수자적인 입장에서 정정된 것이다.

이러한 여성운동에서 제기된 이론적 정정은 정치경제학비판의 지형을 변형, 확장해 나갔다. 이런 흐름을 수용한 네그리의 논지를 다시 보면, 그가 말하는 정치경제학비판은 자본 개념의 재정립을 요구한다. 생산에 중심을 둔 자본을 생산과 재생산을 고려하는 자본 개념으로 확장하고, 사회 전체를 착취하는 자본 개념으로, 세계적 자본으로, 세계시장이라는 문제를 포괄하는 자본 개념으로 확장할 것을 요구한다. 이 과정에서 재생산이라는 개념은 아주 중요한 문제가 된다. 이러한 관점은 특히 앞서 본 여성운동을 통해 중요한 관점으로 정립된 것이다. 재생산도 자본의 재생산만이 아니라 사회를 통괄하는 재생산, 즉 노동력의 재생산까지를 포괄하는 것이다.

이러한 자본의 상은 동시에 변화된 노동자 상, 노동자주체성의 상을 제기하며, 특히 사회화론과 결합하면서 노동자계급의 실천의 장도 확장된다. 그렇지만 여기서 대립적 형태로서 분리의 논리가 제기되고, 사회적 자본의 규정으로 나갔던 과정은 전도되어 노동자 주체론, 즉 임금론이 나타나게 된다. 임금론이 다뤄야 할 노동력 재생산 문제가 노동자주체론의 핵심으로 등장한다. 가사노동, 매춘노동, 가외(extra)노동 등을 둘러싸고 엄청난 재생산의 비밀들이 밝혀져야 할 과제로 등장하게 된다.

80년대 이탈리아 여성운동은 일상생활의 정치와 분자적 활동의 확장으로 나아가면서 단순히 가사노동만이 아니라 여러 가지 노동형태들을 포괄하여 설명하려는 시도를 확산시켰다. 정치경제학비판은 분석 대상을 생산에서 유통을 거쳐 재생산을 포괄하는 것으로 확장하면서 교환가치를 축으로 한 설명을 넘어 사용가치를 포괄하는 설명으로, 더 나아가 비물질적 사용가치 개념까지 포괄해 나갔다. 23)

그러나 정치경제학비판은 여성운동이 제시하는 미래상에 비추어 볼

---

23) 뽀루뚜나띠, 앞의 책.

때, 즐거운 현실의 구성, 디오니소스의 노동을 향해 나아가야 할 것이다. 다양한 주체들을 추구해 나가는 탈근대적 주체성에 대한 탐구는, 공장노동, 가사노동 이외에 다양한 노동형태들(정서적 노동, 보호노동 등)을 포착해 나가고 그것들 속에서 이루어지는 창의적인 역능들을 확장해 가려는 실천으로 이어져야 할 것이다. 물론 그러한 실천과정은 공장노동을 축으로 하여 다양한 노동형태들을 수탈하려는 자본과, 그리고 그 집합적 자본가인 국가와 대결하지 않을 수 없지만. 노동을 피해가지 않고 노동을 확장해 감으로써, 문화나 이데올로기, 정체성 등의 문제에 집착하지 않고 오히려 디오니소스 노동을 향해 나갈 수 있지 않을까.

4. 여성운동과 진보의 방향

이상에서 이탈리아의 자율적 여성운동의 흐름과 맑스주의 페미니즘의 이론적 변화를 살펴보았다. 68년 혁명을 겪으면서 맑스주의에 의해 봉합되어 있던 페미니즘이 분출한다. 이념에 의해 막혔던 여성들이 자기의식화를 통해 여성적 주체성을 만들고 나아가 여성들의 자유의 공간을 만들어 갔다. 이탈리아 여성운동은 1970년대에 분리주의에 입각하여 여성정체성을 찾으면서 1980년대 들어 여성센터들을 설립하여 자신들의 색다른 삶을 실천해 가려고 하였다. 여성센터들이 코드화되지 않은 일상적인 측면들에 보인 관심은 문화혁명을 가져오는 것이었으며 그 양태는 '분자적'(molecular)이라 할 수 있다. 24)

결국 이탈리아 여성운동의 전개과정은 여성적인 자유의 공간을 창조하여 그 속에서 여성되기를 통해 기존의 남성적인 제도들을 변형시켜 가면서 사회의 지형도를 넓히는 것이었다. 권력의 집중성에 착안하여 집중화된 대중봉기를 통해 권력을 장악하여 사회를 바꾸어 나가겠다던 레닌적

---

24) Robert Lumley, op. cit., pp. 329-333.

실천의 방향은 이탈리아 여성운동의 전개과정에서 그 한계를 드러낸다. 이탈리아 여성운동의 경험은 더 이상 집중화된 방식이 아니라 분산적인 방식을 통해 다양한 자유공간, 다양한 미시코뮌을 만들어 가는 방향을 제시한다고 할 수 있겠다. 이념에 따라서, 이론 중심인 당의 지도를 따라서가 아니라, 자기의식화 위에서 집단적 주체성을 만들어 가는 주체화과정은 색다른 주체성 생산의 방향을 제시한다고 할 수 있겠다. 이탈리아의 자율적 여성운동은 바로 색다른 주체성 생산을 통해, 권력을 만들어 가지 않고 대중의 역능을 확장해 갈 수 있는 방향을 보여주는 것이 아닐까?

파업의 일상성: 노동거부에서 노동자 자기가치증식으로

1. 파업

파업은 흔히 '불만을 표현하거나 요구를 강요하기 위해서 피고용인 집단이 하는 일시적인 작업정지'라고 정의된다. 이 정의에서도 보듯이, 파업은 단지 '일시적인' 정지이어서 노동자들은 파업이 끝나면 같은 사용자 아래에 같은 직무로 돌아간다. 그리고 작업정지이기 때문에 잔업거부나 속도지연(태업)과 같은 행동과도 구분된다. 그리고 '피고용인' 집단이 취하는 집단적 행동이다. 이러한 전통적 정의에서는 소작인이 소작료(지대)를 지불하기를 거부하거나 학생들이 수업을 듣기를 거부하는 것은 비유적으로만 파업이라고 한다. 그리고 파업을 대개 '불만을 표현하거나 요구를 강제하기 위해서' 하는 상당히 계산된 행동이라고 정의한다. [1]

파업을 이렇게 좁게 정의하는 경우, 파업이라면 흔히 노동조합의 파업만을 중심에 놓고 생각하게 된다. 물론 이런 파업은 노동자와 사용자(자본) 간의 싸움이 가장 잘 드러난 형태이다. 그러나 사용자와의 갈등은 평화적 교섭 및 불만조정, 보이코트, 정치적 행동, 생산량 축소, 사보타지,

---

1) Richard Hyman, *Strikes*, Macmillan Press, p. 17.

결근, 개인적 이직 등 다양한 형태를 띤다. 생산량 축소, 사보타지, 결근, 개인적 이직과 같은 형태들은 조직적인 기반 위에서 뿐만 아니라 개인적인 기반 위에서도 일어날 수 있어 집합행동에 대한 대안이 될 수 있다. 또한 형식적인 교섭절차를 통해 불만을 추구하면서 동시에 파업, 속도감축, 잔업거부 등을 할 수도 있다. 이처럼 노동자는 전형적인 파업이 아니라 잔업거부, 준법노동, 속도감축과 같은 작업축소 행동, 항의결근, 대안적인 투쟁방식 등 다양한 형태들을 통해서 사용자와 대결한다.

자본에 대한 노동자들의 이러한 저항은 새로운 것을 만들어 간다는 관점에서 보면 소극적인 의미를 지니며 '거부'라고 할 수 있다. 이러한 거부는 적극적 거부와 소극적(수동적) 거부로 나눌 수 있다. 지금까지 파업을 생각하면 적극적인 거부를 생각하고 특히 조직화되고 제도화된 '일시적인' 대결형태를 떠올렸다. 그러나 조직화되고 제도화된 파업 개념을 넘어서는 것이 필요하다. 더욱이 자본의 지배가 공장에서 사회로 확장되면서 자본에 직접적으로 고용되어 있지 않은 다양한 층들의 투쟁이 빈번히 일어나고 있으며 이러한 투쟁들도 마찬가지로 자본에 타격을 가할 수 있는 것이다. 나아가 자본은 주체들을 포섭하려고 한다. 이 주체들이 자본에 포섭되지 않으려고 벌이는 다양한 투쟁을 주체성 파업이라는 측면에서 바라볼 수 있지 않을까.

여기서는 지금까지 파업을 좁은 의미에서 정의하고 파업을 통한 임금인상, 좀더 나아가 사업장(회사)의 관계안정화를 사고하던 방식에서 벗어나서, 파업을 넓은 의미에서 정의하고 일상적 파업을 통한 사회 변혁을 사고할 수 있는 계기를 찾아 보고자 한다.

2. 파업에 관한 논의

먼저 전체 사회의 변혁이라는 문제설정에서 파업 문제를 파악한 흐름을 정리하겠다.

맑스와 엥겔스는 노동조합이나 노동조합운동에 대해 언급하면서 파업에 대해서 보고하거나 홍보하였다. 그들은 기본적으로 노동조합과 노동자당에 대한 원칙적 주장의 기초를 세우면서, 그와 관련하여 파업을 언급한다. 엥겔스는 "영국의 노동운동은 최근 몇 년 동안 임금과 노동시간단축을 위한 파업이라는 좁은 틀 속에 머물러 있다. 더구나 파업은 선전 및 조직에 필요한 보조수단으로서가 아니라 최후의 목적이 되어 있다"[2]고 언급한다. 이들은 혁명과정에서 조직화의 필요성을 언급하고 노동조합과 노동자당의 건설을 생각하고 그 보조수단으로서 파업을 생각하였다.

레닌은 자본주의 사회의 성격 자체에서 발생하는 파업은 자본주의 사회체계에 대항한 노동자계급투쟁의 시작을 의미한다고 말한다. 특히 노동자들이 집단적으로 파업을 할 경우, 파업은 항상 자본가들의 지배를 문제삼기 때문에 자본가들을 공포로 몰아넣는다고 한다. 노동자들이 노동하기를 거부할 때, 노동자들을 비롯한 인민들을 착취하는 자본주의기계 진체가 징지될 위험에 처한다. 모든 파업은 자본가들에게 ·실제 주인은 자본가가 아니라 노동자라는 것을 상기시켜 주며, 더욱이 노동자에게는 자본의 억압으로부터의 해방과 사회주의라는 생각을 가져다 준다. 이러한 과정을 통해 파업은 노동자들을 단결시킨다. 그러나 파업은 '전쟁의 학교'이지 전쟁 자체는 아니고, 하나의 투쟁수단일 뿐이며 노동자 계급운동의 하나의 측면일 뿐[3]이다.

이처럼 레닌은 파업을 전체사회의 혁명과 관련하여 파악하였으며, 특히 노동조합 틀에서 벗어나 사회주의적 의식을 획득해 갈 수 있는 계기로 파악하고자 하였다. 그래서 파업 자체를 강조하기보다는 파업이 사회주의적 의식을 획득하는 계기가 되고 당을 만들어 가는 과정에서 어떤 역할을 할 것인가 하는 데 관심을 집중하였다. 레닌은 이처럼 의식 문제를 중시하는데, 이것은 집단적인 의식 중심인 당을 만드는 문제로 귀착된다. 즉 파업을 축으로 한 노동조합의 경제투쟁을 어떻게 정치투쟁으로 전화시켜 갈 것

---

2) 맑스·엥겔스, 『맑스·엥겔스의 노동조합이론』, 이경숙 옮김, 새길, 1988, 104쪽.
3) Lenin, *Collected Works*, vol. 4, pp. 310-319.

인가 하는 것이 레닌의 주요한 관심사였다. 이 구분 속에는 소비에트를 강조하는 레닌에서 전위당을 강조하는 레닌으로 변해가는 모습이 보인다.

파업문제를 혁명의 문제설정에서 파악하면서도 대중적이고 자생적 측면에서 분석한 사람이 로자 룩셈부르크이다. 그녀의 파업론은 흔히 대중파업론이라고 얘기된다. 『대중파업, 당, 노동조합』[4]에서 로자는 대중파업이 정치권리를 위한 가장 힘 있는 투쟁무기로 등장하였다고 확인한다.

러시아의 파업현상을 분석하면서 로자는 대중파업은 무엇보다도 프롤레타리아트가 일상적인 투쟁조건들과 특히 의회적 조건들을 창출하려는 수단으로서 행한 것이라고 확인한다. 로자에 따르면 대중파업은 아주 다양한 투쟁형태를 보여 주고 있으며, 그 특징이나 요인들은 각 도시와 지역에 따라 서로 다르고 그 일반적 특징도 혁명과정에서 자주 바뀌었다. 대중파업의 직접 원인은 완전히 우연적이었으며 심지어 사소하기까지 했으며 초보적인 모습으로 터져나왔다. 파업은 겉으로는 임금을 올리려는 단순한 경제투쟁이었지만 정부의 태도와 사회민주주의의 선동에 의해 최고의 정치적 현상이 되었다. 순전히 경제적이고 부분적인 임금투쟁으로 시작된 파업은 정치적 현상인 총파업에까지 이른다.

이처럼 로자는 아주 우연적이고 순전히 경제적이며 부분적인 원인에서 비롯된 파업이 확장되어 가는 모습을 강조한다. "1905년 러시아 1-2월 파업은, 거의 모든 프티 부르주아지, 자유주의 전문직업인, 상업노동자, 기술자, 배우 등과 예술집단의 성원들을 사로잡았고, 다른 한편으로 하인들과 하급경찰들, 심지어는 룸펜 프롤레타리아층으로까지 번져갔다. 이와 함께 투쟁은 도시에서 농촌으로 번져갔고 심지어 군대 막사의 철문까지 두드렸다. 이 투쟁은 사회조직의 모든 부문과 지역의 정치의식에서 나타난 온갖 복잡함을 반영하여 자본과 노동이 일반적으로 어떻게 배치되는지를 보여주는 거대하고 다채로운 그림이었다."

미리 준비된 계획도 없었고 조직된 행동도 없었지만 파업은 빠르게 정

---

4) 로자 룩셈부르크, 『대중파업론』, 최규진 옮김, 풀무질, 1995.

치적인 시위로 바뀌는 양상을 보인다. 또 정치적 행동이 일어났다가 소진된 뒤에 경제적 행동(파업)이 일어나기도 한다. 그리고 '무질서한' 파업과 '비조직적인' 혁명적 행동이 열광적인 조직화작업의 출발점이 되고 있다. 대중파업은 정치투쟁과 경제투쟁의 모든 국면, 혁명의 모든 단계와 요소들을 반영하는 변화무쌍한 현실이다. 정치파업과 경제파업, 개별산업부문의 총파업과 개별도시의 총파업, 평화적 임금투쟁과 가두의 대량학살, 바리케이트전투 등 모든 것이 서로 뒤엉키며 서로 나란히 진행되기도 하고 서로 엇갈리기도 하며 서로 뒤섞여 흘러가기도 한다.

또한 대중파업은 날마다 살아가는 사회생활의 균형을 파괴하는 투쟁이며, 모든 범주의 프롤레타리아트들이 참여한다. 노동조합투쟁의 외부에 존재할 뿐만 아니라 그들의 특수한 경제적 상태 때문에 노동조합의 관례적 파업이라는 협소한 틀 속에 갇힐 수 없는 광대한 프롤레타리아 집단에서 날카로운 적내감이 절정에 다다랐고 거기에 타오르기 쉬운 재료들이 풍부하게 쌓여 있다. 그러면서도 소수노동자 집단의 부분적인 문제 전체를 일반적이고 계급적인 문제로 곧바로 인식하여 대응해 나갔다. 대중파업에서는 가장 조직력이 뒤떨어지거나 완전히 미조직된 노동자들이 투쟁가능성을 발전시켜 나갈 수 있다. 그래서 노동조합과 당의 명령에 따라 일어나는 인위적 시위파업에서 벗어나 절정에 이른 계급적대감과 정치적 상황에서 초보적인 에너지를 가지고 솟아오르는 인민들의 운동이라는 대중파업의 생생한 그림을 볼 수 있다고 한다.

이상과 같은 로자의 논의는 몇 가지 중요한 쟁점을 제기했다.

우선 로자는 노동조합의 조직화된 파업을 넘어서 넓은 의미의 파업을 제시한다. 대중파업이라는 개념 자체가 이미 그러한 관점을 제시하고, 따라서 당을 만들어 가고 정치투쟁을 발전시켜 가야 한다고 보는 전통적인 맑스주의적 입장에서 간과한 많은 측면들을 다시 보게 해준다.[5]

---

5) Raya Dunayevskaya, *Rosa Luxemburg, Women's Liberation, and Marx's Philosophy of Revolution*, University of Illinois Press, 1991, pp. 17-19.

먼저 자생성(spontaneity)과 조직(의식)이라는 쟁점이 바로 그것이다. 로자는 자생적인 프롤레타리아 행위에 아주 민감하였다. 그렇다고 자생성이 의식적 지도와 반대되는 본능적 행동을 의미하지는 않는다. 그녀는 자생성을 혁명의 원동력일 뿐만 아니라 전위 지도부의 원동력이라고 생각하였다. '자생성의 요소는 러시아의 대중파업에서 예외 없이 중요한 역할을 했는데, 그것은 러시아 프롤레타리아트가 교육받지 않았기 때문이 아니라 혁명이 누구도 프롤레타리아트의 선생이 되도록 허락하지 않았기 때문이었다.' 이러한 자생성에 대한 강조 때문에 자생성과 전위(당)라는 대당설정에서 전위당을 혁명적 담보물로 생각하던 레닌주의자들은 로자를 자생성에 빠진 사람이라고 비난하였다. 그러나 로자는 자생성을 강조하면서 오히려 이러한 자생성에 방향을 제시해 줄 수 있는, 즉 정치적 지도를 할 수 있는 진정한 당을 강조한다. 명령하는 당이 아니라 대중의 자생성에서 힘을 얻는 당을 생각한 것이다.

로자는 1896년에서 1905년 사이의 러시아 파업사를 추적하면서 자본에 대항하여 거의 모든 프롤레타리아트가 끊임없이 경제파업을 일으키는 것을 확인하였다. 그리고 로자는 '경제파업에서 정치파업으로'라는 직선적인 발전경로를 비판하고, 정치파업이 경제파업을 활성화시킬 수 있음을 강조하고 정치파업과 경제파업이 서로 증폭시키는 효과에 대해서도 강조하였다. 경제투쟁과 정치투쟁을 구분하고 경제투쟁을 노동조합주의로, 정치투쟁을 혁명적 실천(사회주의적 실천)으로 구분하게 되면, 대중의 실천에서 멀어질 수 있는 전위당론이 제시된다. 이러한 레닌의 사고발전과는 반대로, 로자는 자생성을 강조하면서 경제투쟁과 정치투쟁의 관계를 상호작용하는 것으로 봄으로써 대중과 당(지도)의 문제를 긴장 속에 유지한다. 이 긴장을 두려워하면 레닌주의자가 되거나 아나키스트가 될 것이다.

더욱이 그녀는 룸펜프롤레타리아트에게서조차 감명을 받았다. 그녀는 대중파업에서 비조직노동자는 언제나 혁명적이고 중요했다고 하면서, 룸펜프롤레타리아트에서 예술가까지 혁명의 흐름에 있는 모든 사람이 지닌 자생성과 재능(창조성)에 주목하였다.

이처럼 로자는 다양한 노동자층의 파업에 주목했고 특히 비조직 노동자나 룸펜프롤레타리아트가 대중파업에서 하는 역할에 주목하였다. 이러한 발상은, 혁명주체를 추상적인 보편적 노동자상에 고정시켰던, 눈을 부라린 근육질의 (좁은 의미의) '생산적 노동자' 상에 사로잡혀 조직화된 노동자에 집중하였던 관점에서 벗어날 수 있게 해 준다. 나아가 다양한 노동주체에 대한 탐색을 가능하게 한다. 또한 보편적인 것으로 격상되지 않은 소비에트 조직형식을 생각할 수 있게 해주며, 조직문제를 대중활동과 분리할 수 없는 것으로 생각하게 해 준다.

이상과 같은 로자의 대중파업론은 현재 파업 현상에 대한 이해에도 많은 도움을 준다. 그와 관련하여 몇 가지 제안을 할 수 있을 것이다.

먼저 대중의 자생적 봉기에 대해 적극적으로 평가하고 정치투쟁과 경세투쟁의 구분을 넘어서려는 로자의 대중파업론에서, 일상투쟁과 계급투쟁의 구분을 넘어서는 대중투쟁론, 새로운 대중파업론을 생각해 낼 수 있다. 일상적인 일과 거대한(광대한) 일을 구분하고 그 각각에 상응하는 일상투쟁과 계급투쟁을 구분하여 생각하는 것을 넘어서서, 각 투쟁 속에서 흐름의 방향을 어떻게 만들어 갈 것인가 하는 문제설정으로 나아갈 수 있을 것이다.

그렇게 함으로써 좁은 의미의 공장에서 벗어나, 사회적 공장의 다양한 영역, 다양한 시설(설비)들 속에서 일어나는 다양한 노동거부, 주체성생산 거부라는 파업을 생각할 수 있을 것이다. 생산이 더욱 사회화되고 다양한 영역이 가치생산의 영역이 되고 다양한 노동이 이루어지는 과정 속에서, 이제 더 이상 전형적인 노동과정 장소인 공장 속에서 이루어지는 노동에 대한 거부, 즉 전통적인 파업을 통해 전체 사회를 변혁하는 계기를 만들어 내기는 힘들 것이다. 공장에서 다른 공장으로 파업을 확장한다는 고전적인 정식에서 더 나아가, 우선은 공장에서 거리로, 공장에서 사회로 파업공간을 확장해 나가는 방향을 제시할 수 있을 것이다.

이러한 방향제시와 관련하여 이탈리아를 중심으로 한 아우토노미아 이론가들의 문제설정을 검토해 보자.

3. 노동거부에서 노동자 자기가치증식으로

1) 노동거부

파업을 작업정지라는 좁은 의미에서 생각하는 것을 넘어서, 파업이 지니는 '지배와 명령에 대한 거부'라는 계기를 강조할 필요가 있다. 이러한 관점은 앞서 본 대로 사실 고전적인 맑스주의자들도 강조해 온 바이다. 그러나 서구의 현실에서 파업은 노동조합(주의자)들의 전유물처럼 인식되고 특히 당에 의해 지도되면서 대중의 역능을 억압해 왔다. 이러한 문제에 대해서 비판하면서 등장한 아우토노미아 이론가들은 파업을 단순한 작업정지를 넘어서 노동과 자본의 관계 자체를 바꾸어 나가려는 거부전략의 일환으로 보려고 한다. 전통적인 맑스주의적 개념으로 말하면 파업이라는 전형적인 노동거부 형식을 이행이라는 문제설정 속에서 파악하려는 것이다.

노동자계급의 거부전략은 노동거부, 자본주의적 발전 거부, 자본관계의 틀 안에서 교섭상대로 활동하는 것에 대한 거부를 의미한다. 그리고 작업을 거부하는 것, 즉 전통적인 노동자투쟁 형식으로서 파업은 생산의 조직자로서 자본의 명령에 대한 거부를 의미한다. 그것은 투하된 구체적 노동에 대해 일정 지점에서 '아니오'를 말하는 것이며, 노동과정을 일시적으로 정지시켜서 가치증식과정의 내용을 빼앗겠다고 위협한다. 이처럼 거부투쟁형식은 자본주의적 발전에 능동적으로 협력하는 것을 거부하고 (자본의) 요구에 대해 거부하는 것이다. 이러한 거부전략에는 노동자계급이 '자본주의 생산의 구조 안에서 그러나 자본의 정치적 주도권 밖에서' 자유롭게 발전한다고 보는 아우토노미아의 핵심사상이 들어 있다.[6]

---

6) Mario Tronti, 'la stratégie du refus,' in *Ouvriers et Capital*, Christian Bourgois, 1977,

거부전략은 '지배와 사보타지'라는 문제설정에서 그 의미를 드러낸
다.[7] 그런데 흔히 정치경제학에서는 자본주의적 지배의 선차성과 전면성
을 강조하고, 그러한 지배에 대한 저항이란 의미에서 노동자 투쟁을 다루
고 있다. 그럴 경우 모든 주도권은 자본에게 주어져 있고 노동자는 자본
가가 주도하는 관계를 파괴하는 것에 집중하는 것으로 된다. 파괴하고(국
가권력 장악) 나서 구성(건설)하자는 식의 단계론적인 사회주의(공산주
의) 건설론은 여기에 뿌리를 두고 있다.

그런데 노동거부전략을 제시한 사람들의 문제의식은, 노동자의 선차성
과 역능을 먼저 전제하고 그 위에서 자본이 지배와 명령을 구축하는 포획
장치(국가)를 만들어 간 것으로 생각한다. 그럴 경우 사회구성의 기본적
토대는 노동자의 역능 위에서 구성된 생산능력이다. 전통적인 맑스주의
적 개념에서는 생산력을 자본이 지닌 객관적인 힘, 자연을 변형시킬 수
있는 힘, 노동력과 생산수단이 결합하여 노동대상을 변형시킬 수 있는 힘
으로 정의해 왔다. 이 경우 생산수단의 발전정도가 생산력 수준을 평가하
는 척도가 되며, 이러한 문제설정은 부르주아들로부터 기술적 결정론이
란 비난을 받게 되었다. 가끔 생산력에서 노동력은 단지 주동적인 역할을
한다는 것이 언급될 정도였다.

이러한 전통적 해석에 대해서 노동자의 역능을 강조하는 자율주의자
(아우토노미스트)들은 생산력을 객관적인 (사실상 자본의) 힘으로 설정
하는 것에 반대하며 노동역능이 그 중심을 이루는 것(생산능력)으로 본
다. 즉 생산력을 자본가의 소유권 관점에서 보는 것이 아니라 노동자의
전유 관점에서 본다. 말하자면 생산력을 객관적인 이용 대상으로 보는 것
이 아니라 노동자의 역능이 관장하는 힘으로 보려는 것이다. 이럴 경우

---

pp. 289-310.
7) 사보타지 개념은 원래 프랑스의 노동자들이 쟁의 중에 사보(sabot, 나무를 파서 만든
신)로 기계를 부순 일에서 나온 말로, 좁은 의미로는 '쟁의중인 노동자가 생산을 방해하기
위하여 고의로 기계장치나 공장설비 등을 파괴손상시키거나 고의로 생산을 더디게 하는
것'을 의미한다. 여기서는 지배체제에 대한 포괄적인 저항의 의미이다. 이 글에서도 맥락
에 따라서 이 두 가지 의미 가운데 어떤 하나의 의미를 지닌다.

'객관적인' 생산력을 장악하여 착취하는 데 이용하려는 자본에 대항하여, 그 생산력 안에서 노동자의 역능을 풍부하게 하면서 색다른 관계(사회)를 만들어 가려는 전략을 제기하게 된다. 결국 노동거부 전략은 미래를 향한 전략이며, 노동거부 투쟁은 또한 노동능력의 축적과정을 전제한다. '모든 권력을 노동자에게'라는 구호가 거부의 최고형태가 된다.

다시 말하면 노동거부 전략의 핵심은 노동을 비켜가는 것이 아니라 관계의 전복을 통해 노동폐지를 향해 나아가는 과정을 만들어 가는 것이고, 그 과정에서 노동자의 역능을 풍성하게 할 수 있는 다양한 방식들을 만들어 가는 것이다. 무위도식하면서 시끄러운 노래를 불러대는 베짱이들이나 '고지식하게' 일만 하는 개미(그래서 개미에게 식량을 얻으러 오는 베짱이)가 아니라, '더 폭발적인' 노래(엄청난 노동)를 부르는 베짱이와 '더 지성을 갖춘, 더욱 지적인, 즐거운' 일(노동)을 하는 개미가 새로운 관계를 만들어 가는 것을 지향하는 것이다. [8]

더욱이 노동거부 전략은 혁명의 상에 대한 전복까지 노린다. 노동거부 사상이 더욱 힘을 얻는 것은 사회적 공장 개념, 사회적 노동자, 사회적 재생산, 노동력 재생산 등의 개념을 도입함으로써 공간적으로 확장된 전략을 제시할 수 있다는 것이다. 그리고 그러한 확장 속에서도 노동이 여전히 사회구성의 토대임을 강조하고 주체성과 관련해서는 노동자의 창조적 역능을 강조한다.

요약하자면 노동거부는 우선 가장 소외된, 그러므로 가장 (자본을 위해) '생산적인' 노동에 대한 거부이다. 둘째, 자본주의적 노동 자체, 즉 착취 일반에 대한 거부이다. 그리고 셋째, 생산양식의 갱신을 향한, 프롤레타리아의 창의 역능의 해방에 대한 긍정이다. [9] 결국 노동거부는 자본주의적 생산관계(자본과 노동자계급)를 거부하지만, 반면에 노동자계급의 실질적인 생산적 역능을 긍정하고 해방하려는 것이다. 현실에서 노동거부는 조직적

---

8) 베짱이 식의 노래로 노동거부를 제시한 다음 글을 패러디하였다. 강내희, 「노동거부와 문화사회의 건설」, 『문화과학』 20호, 1999년 겨울.
9) 네그리, 『지배와 사보타지』, 윤수종 옮김, 새길, 1996, 103-108쪽.

인 파업, 조업단축, 소동, 직접적 전유, 사보타지 등과 같이 자본에 반대하는 직접적인 행동형태를 띠거나, 결근, 약물사용 또는 대량이주와 같이 자본주의적 생산관계의 조건들을 거부하는 간접적인 형태를 띠기도 했다.

노동거부의 적극적인 의미는 노동의 자기가치증식에, 즉 다른 것 되기에 있다. 그러므로 노동거부는 전통적인 맑스주의가 지향했던 '노동자의 생산통제'라는 전유모델을 넘어서 '노동자 자기가치증식'이라는 대안모델로 나아간다.10)

2) 노동자 자기가치증식

네그리는 1970년대에 노동거부에 대한 보완물로서 혹은 오히려 그 거부에 내재한 긍정성을 특성화하는 수단으로서 맑스의 『요강』에서 따온 자기가치증식(Selbstverwertung)이라는 개념을 발전시켰다.

그런데 자기가치증식 개념은 이탈리아 노동운동에서는 1973년에 일어났던 토리노의 미라피오리에 있는 피아트 공장노동자들이 공장점거 투쟁을 전개하면서 드러난 운동의 방향과 관련하여 제기되었다. 미라피오리 투쟁에서는, 공장에서의 파업이 무장점거로 전환하여, 노조와 자본가에 의해 작동된 억압적 조건에 반대하여 직접적으로 힘을 행사하는 방향으로 나아갔다. 네그리의 분석에 따르면, 이 투쟁은 우선 자본가의 억압과 재구조화의 도구(대량휴직, 해고, 생산통제 등)를 사용할 수 없게 만들고 공격적인 투쟁을 확산시켰다.11) 이 투쟁은 공격적 투쟁(계획적 결근, 사보타지, 감독자에 대한 제재, 라인정지, 공장내부 무장행진, 생산을 끝내는 소등, 총파업, 공장의 군사적 점거)을 전개하면서, 대중적 혁신과 연속성(불복종행위, 공격행위, 정치적 당파그룹들의 복합행동의 세심하고 계속적인 전개)을 보여 주었다. 점거파업의 막강한 힘을 보여준 것이다.

그러나 투쟁은 사회적 영역으로 확대해 나가는 데 실패했고 결국은 내

---

10) 같은 책, 134-135쪽.
11) Tony Negri, 'The Workers' Party of Mirafiori(73-74),' in *Working Class Autonomy and the Crisis*, Red Notes, pp. 61-65.

부의 대중-전위 결합도 실패하게 되었다. 왜 피아트 노동자는 점거한 공장 외부로 움직이지 않았는가? 왜 사회적 수준에서 공격과 대중화의 변증법이 발생하지 않았는가? 여기서 네그리는 사회적 수준에서 조직의 접합과 투쟁의 종합이라는 문제를 제기한다. 그는 공장내 다른 부분, 사회적 공장의 다른 부문, 사회영역(청년, 여성 등)의 다른 부문과의 단순한 결합만이 아니라, 오히려 노동자계급이 계속적인 창조성을 발휘함으로써 내부적으로 색다른 관계를 창출해 나갈 것을 제안한다. 그는 공장점거라는 방법을 통해 확보된 공간 속에서 노동자계급이 자기활동을 전개해 나가는 단초를 보았고, 그것을 더욱 확장해 나갈 것을 주장하였다.

우리 나라의 노동운동에서는 점거형태의 파업이 흔히 전개되어 왔고 최근 한 사업장에서의 공장점거형태 파업은 노동거부에서 자기가치증식으로 나아가는 단초를 보여준다고 할 수 있겠다. 공장을 점거하고 해방구의 경험을 쌓으면서 진행된 투쟁[12]은 낚시대회(자본측에 의해 금기시 되었던 것, 해방감을 느끼며 다른 것 하기)를 하거나 파업투쟁 현장에서 대의원선거를 실시하여 아래로부터의 투쟁의지가 대의원체계에 반영되도록 했다. 그리고 이러한 투쟁에서 새로운 싸움방식이 개발되었다. 파업현장에서는 노동자들이 '생산수단'을 자신의 고유한 방식으로 사용할 수 있었고, 노동자 스스로 규율과 질서를 새롭게 세워나가고, 교육과 토론을 전개하고, 각 정문별로 스스로 파업프로그램을 짰다. 투쟁불참자를 징계하고, 가족대책위원회가 활동하고, 투쟁지도부 보호를 위한 자율적 결의에서 집단적 삭발투쟁이 전개되고, 바리케이드를 계속 넓혀 가고, 국가폭력에 대비한 모의 선상훈련까지! 하였다.

이러한 방법들은 정말 노동자들의 창의성의 표현이다. 그러나 그 창의성이 내부의 대중 자율성을 담보하고 횡단성을 확장해 나갈 수 있었는가? 가합의안을 두고 조합원 투표를 하려는 과정에서 가족대책위원회에 속한 주부들이 표결권을 요구했을 때 어떻게 했는가? 투쟁불참자를 징계할 때,

---

12) 노동자의 힘, 『결코 꺼지지 않는 미완의 투쟁』(99한라중공업투쟁 평가자료집), 1999.

자본에 복종하지 않는 다른 활동으로 넘어갈 수 있도록 해야 한다고 생각하지는 못했는가? 자신들에게 동참하지 않는다고 곧바로 자본 편인가? 사내하청노조와는 왜 연대하지 못하였는가?

공장점거투쟁은 파업(노동거부)의 적극적인 형태이지만, 노동자 자기가치증식으로 넘어가는 문턱일 뿐이다. 파괴에서 구성으로 넘어갈 수 있는 단초일 뿐이다. 바로 이 지점에서 노동자 자기가치증식이라는 문제가 제기된다. 이론적인 측면에서 좀더 살펴보자.

자기가치증식은 비노동의 영역에서, 자본주의적 생산관계가 지배하지 않는 영역에서 자본에 대립하는 모든 사회세력들 및 노동자계급이 창조하는 가치생산영역들을 말한다. 이 개념은 자본의 통제에서 독립하여 새로운 관계들을 만들어 가는 것을 의미한다. 자기가치증식과정은 고정된 부의 축적이 아니라 자본의 재생산 권력과는 분리된, 사회의 자율적 재생산 역능을 규정하는 욕구들, 즐거움들, 실천들의 축적으로 구축된다. 다른 식으로 말하면 자본과의 분리를 특징으로 하는 프롤레타리아 자기가치증식은 교환가치에서 벗어나는 힘이며, 사용가치의 세계를 재전유할 수 있는 능력이다.

문제는 여기서 자본의 재생산 메커니즘과는 독립적인 노동자계급의 재생산 메커니즘이 자본주의 사회 안에서는 임금에 기반하여 이루어진다는 것이다. 따라서 노동자계급의 역능이 전개될 수 있는 기반인 임금문제가 중요해진다. 자본은 위계화와 차별소득기제를 통해 노동자계급을 지배하려고 하는데, 노동자계급은 사회적 노동의 재생산비용으로서 '보장된 소득'을 요구한다.[13] 물론 서구에서의 일정한 보장소득과 각종 복지제도들은 노동자계급이 투쟁을 통해 획득한 불가역적인 성과이다.

그러한 불가역적인 성과는 바로 자기가치증식을 위한 기반이다. 임금은 흔히 일정한 경계(흔히 국가경계) 안에서 그 수준이 결정된다. 중국 노동

---

13) 1970년대 서구의 노동자운동에서 임금투쟁을 공공지출투쟁과 연계시켰던 것이 지닌 의미에 대해서는 네그리와 하트, 『디오니소스의 노동 2』, 갈무리, 1997을 보라.

자의 임금, 북한 노동자의 임금, 한국 노동자의 임금, 미국 노동자의 임금은 왜 차이가 나는가? 그 임금은 각국 노동자의 힘을 나타내 준다. 그래서 자본은 노동자의 힘이 약한 곳으로, 임금이 낮은 곳을 향해 질주한다.

이러한 임금토대에 기반하여 사회적 가치생산과정 속에 있는 모든 주역들이, 자신들의 통일성을 파괴하기 위해 자본이 움직여왔던 작동을 거부하고 거절하는 주역들이 중요해 진다. 사회적인 생산적 노동력인 다양한 주체들이 이러한 공통기반을 마련하고 그 위에서 자기활동을 구성해 나가는 방향이 제시된다. 그와 더불어 대공장들의 대중전위들은 대공장 안의 노동조합에 의해 보장된 측면에 집착하는 증후군을 파괴하기 위해 프롤레타리아 운동과 협력하여 투쟁해야 한다. 공장투쟁은 프롤레타리아트의 광범위한 다수 속에 살아 있어야 한다. 14)

결국 자기가치증식은 노동자계급이 자본주의적 축적과 발전의 메커니즘에 대항해서, 권력 그 자체를 전유하고 부를 재전유함으로써 생산 및 재생산의 지형에서 대안을 작동시킨다는 것을 의미한다. 자기가치증식의 목적은 생산 및 재생산 안에서 산노동을 완전히 해방하고, 집단적 자유를 위해 부를 전체적으로 사용하는 것이다.

자기가치증식 과정의 진보는 우선 개별적인 그리고 전체적인 노동시간의 부단한 축소에 의해서, 즉 자본에 팔리는 프롤레타리아적 생활의 양에 의해 소극적으로 측정된다. 두 번째로 자기가치증식 과정의 진보는 프롤레타리아 사회의 자유로운 재생산에 투여된 사회적 유용노동의 증식에 의해 적극적으로 측정된다. 결국은 노동거부와 노동자 자기가치증식은 노동시간의 전반적 축소에 초점을 둔다는 것을 의미하며, 그 축소를 동시에 혁명적 혁신 과정과 연결시킨다는 것을 의미한다. 15)

---

14) 공장 안에서 노동자들이 자율적인 영역을 확대해 가는 것도 중요한 것이다. 노조라는 제도에 집중되는 것을 문제삼는 것이지 노동자의 역능을 구성해 가면서 노동자계급 전체의 지형도를 그려나가는 데서 그들이 지닌 힘에 대해서는 오히려 긍정하는 것이다. 공장노동 중심성을 부정한다는 것과 공장노동에서의 노동자들의 역능구성을 부정하는 것은 전혀 다른 문제이다.

15) 네그리, 『지배와 사보타지』, 103-105쪽.

이상과 같이 전통적인 맑스주의에서 말했던 이행 문제에 대해서 네그리는 노동거부와 자기가치증식 개념을 제시하며 설명한다.[16] 이행은 혁명적 주체에 의해 자본이 지닌 모든 결정들을 거부하고 전복하는 것이다. 자본의 사회적 지배의 중요수단이 노동 및 잉여노동의 부과이기 때문에 노동거부를 통해 자본주의적 관계를 전복하고 잉여노동이 전적으로 노동자계급의 필요에 따르는 새로운 생산양식을 만들어 내는 구성적 실천으로 나아가자는 것이다. 그리고 노동에서 해방된 시간에 그리고 노동 자체의 변형 속에서 노동자계급이 스스로 다양한 기획들을 가공하는 것(자기가치증식)이다. 네그리는 파괴하는 사고와 구성하는 실천이라는 인식틀을 통해 노동거부의 적극적 지향이 구성의 긍정적 측면을 이루어 나감을 강조한다. 물론 파괴와 구성은 분리되어 있는 것이 아니다. 그러나 중심점이 노동거부에서 노동자 자기가치증식으로 옮겨간다.

자동화에 따라 자본은 직접적으로 고용한 노동자를 줄이면서 생산을 할 수 있게 되었다. 기계가 노동자들을 대체할 수 있게 되어 전통적인 의미의 노동거부, 즉 파업의 중요성은 약화되었다. 자본가는 직접 고용한 노동자들을 착취할 뿐만 아니라 사회적 공장의 다양한 노동자들을 착취한다. 물론 직접 고용계약을 맺거나 임금을 지불하지 않은 채 말이다. 그래서 노동거부 전략은 자본가와 직접적인 관련을 맺는 노동자들에게는 호소력이 있으나 다른 많은 영역의 노동자들에게는 먹혀들지 않게 된다. 그때문에도 노동거부에서 자기가치증식 전략으로 넘어갈 필요가 있다.

자기가치증식 전략은 자본의 요구에 맞추도록 생산되는 각 영역에서 노동자가 자기 자신의 욕구를 가치에 대한 자본의 요구보다 선차적인 것으로 내세우면서 계급으로서 자기 자신을 위해 노동하는 것이다. 자본에 의해서 부과된 노동의 폐지는 모든 계기에서 산노동에 생명을 부여한다. 따라서 이제 주체 문제가 부각된다. 자기가치증식은 노동폐지를 계획하는 것이며, 개인의 욕구, 욕망을 해방하여 자신의 역능을 키워가는 것을 향한다.[17]

---

16) 네그리, 『맑스를 넘어선 맑스』, 윤수종 옮김, 새길, 1994, 34-35쪽.

이제 더 많은 노동자들이 자본과 간접적으로 관련되어 가는 가운데 파업의 양상은, 공장에서의 작업중지를 넘어서 사회적 공장 안에서, 제국 안에서, 언제 어디에서나 거부하는 것으로, 그래서 색다른 주체성 만들기로, 자기가치증식으로 넘어가야 한다. 공장점거에서 사회적 공장의 점거로 나아가고, 부과된 주체성에 대한 거부에서 색다른 주체성 만들기로 나아간다. 여기서 가장 강조되는 것은 바로 노동의 질적 변화와 자기구성능력('일반적 지성')의 확장이다. [18] 자기가치증식에서의 구호는 흔히 '모든 권력을 민중에게!'로 표현되지만, 이때 권력은 대중의 창조적 역능을 말하는 것이 된다.

4. 파업의 일상성: 주체성 생산영역에서의 파업

파업에는 노동자의 생산통제에 대한 요구가 상당히 강하게 표현된다. 그러나 노동거부전략에서는 소극적 의미의 이 생산통제라는 틀을 넘어서 보다 다양한 대안적인 틀을 제시할 수 있다. 그 대안적인 틀이 기존의 권력을 해체해 나갈 수 있는 것은 틀 자체의 내용 때문이 아니라 그 틀을 다르게 작동시키는 색다른 주체성의 구성 때문이다.

초코드화하는 세계시장의 권력(제국권력)은 모든 활동을 자신의 틀 속에 집어넣으려고 한다. 이러한 상황에서는 노동조합 중심으로 이루어지는 조직화되고 제도화된 파업을 넘어서 권력이 미치는 각 분절지점들에서의 거부(파업)를 통해 자기가치증식(자율적 주체성의 구성)으로 넘어가는 것이 필요하다. 노조 중심의 파업을 대표제 권력(예를 들어 당)에 복

---

17) 이러한 주장은 서구에서 68년 혁명 이후 새롭게 나타난 사회적 주체들의 강령을 이론적으로 표현했다. 따라서 노동이데올로기에 집착하는 공산주의적 전통에 대한 부정을 표시하기도 하였다.

18) 노동의 질적 변화와 관련해서는 Corsani, Lazzarato, Negri, Boutang, *Le Bassin de Travail Immateriel (BTI) dans La Metropole Parisienne*, L'Harmattan, 1996을 참조. '일반적 지성', '대중의 지성'에 관련한 논의에 대해서는, 볼로냐 외, 『이딸리아 자율주의 정치철학』, 갈무리, 1997. 특히 빠올로 비르노의 글, 「"일반적 지성"에 관한 몇 가지 노우트들」을 참조.

속시키지 않으면서, 다양한 사회영역에서 특히 주체성의 생산영역에서 파업을 단행함으로써 새로운 사회를 구성해 나갈 수 있을 것이다. 그러한 의미에서 파업은 우리 시대의 전지구적 지배 양상에 대한 생체정치적 저항의 표현이자 자기가치증식의 징후로 남아 있다.

이제 대중의 은밀하고 일상적인 저항들을 주목해야 한다. 그것들은 국가나 자본의 이데올로기에 호명당할지라도 또는 그 포획기구 안에 있을지라도 색다르게 움직이려는 대중의 움직임이기 때문이다. 즉 주체성의 측면에서 보면 이미 호명에 대한 거부, 포획에 대한 거부이며, 소극적인 파업, 마음속의 파업이라고 할 수 있을 것이다. 이는 노동자 자율성의 출발점이 된다. 또한 최근에 많이 얘기되고 있는 도주와 탈주의 출발점이 될 것이다.

1) 노동자의 자율성과 일상적 저항

자생성 또는 경제투쟁이라는 이름 아래 대중파업이 지닌 일상적 측면을 무시해서는 안 될 것이다. 특히 의식성(조직)을 강조하고 전위당으로 결집해 가려는 사고 속에서는, 모든 싸움을 계급대립 전선으로 환원할 가능성이 높으며, 각 계급 내부에 특히 노동자계급 내부의 다양한 층 사이에서 이루어지는 다양한 욕망의 흐름을 단순화하여 결국은 하나의 코드로 만들어 갈 가능성이 있다. 이러한 사고는 결국은 거대 문제의 해결에만 집착하여 그 내부의 역동성과 창의력을 가로막는 결과를 가져올 수도 있다. 문제는 거대한 정치적 계급적 문제와 작은 경제적 일상적 문제라는 대당을 넘어서서, 일상적 흐름들이 권력적인 결집으로 나아가지 않게 하면서 거대한 문제를 해결해 가는 방향이 필요하다. 19)

그러기 위해서는 일상적인 저항과 그것이 새로운 것을 만들어 내는 방식에 주목해야 한다. 일상적이고 미시적인 문제일지라도 모든 노동자들이 지니고 있는 문제라면 엄청나게 중요한 문제임에 틀림없다. 또한 자본의 지배는 커다란 문제나 틀(국가장치)을 통해서만 관철되는 것이 아니

---

19) 가타리, 『분자혁명』, 윤수종 옮김, 푸른숲, 1998.

라, 다양한 시설(설비, 예를 들어 노동조합)을 통해서 그리고 노동자 대중의 신체 자체를 변형시키고 훈육을 내재화함으로써 실행된다. 이러한 지배에 대한 대항(파업)은 국가장치나 시설, 훈육방식에 대한 내재적 저항의 형태를 띠고 나타난다.

노동자저항의 형태는 개인적인 것과 집단적인 것이 있는데, 집단적인 것은 다시 고도로 조직되고 제도화된 저항과 자생적인 집단적 저항이 있다.

개인적인 저항은 노동규칙에 정해진 시간 이후에 오거나 이전에 가버리는 식으로 시간 측면에서 나타난다. 노동자들은 기계를 고장내거나 윗사람이 바쁘다고 믿게 만드는 다양한 속임수를 써서 자유시간을 확보하기도 한다. 계획적 결근이나 자발적인 이직 등도 나타난다. 이러한 형태들은 산업예비군으로부터의 압력이 약할 때 흔히 나타난다. 또한 명령수행을 거부하거나 자본(최고경영자)의 이익을 해치지 않는 식으로 명령을 수행하는 것, 무력한 상황에서는 작업속도를 방해함으로써 즉 자신의 주장을 내세우거나 설비를 정지시킴으로써 명령자를 불쾌하게 만드는 것 등이 있다.

집단적인 노동자저항으로는 차 마시는 시간을 내서 작업속도조절 선례들을 만들거나 기계가 정지할 시간을 서로 미리 알려주는 식으로 자신들의 시간의 일부에 대해 직접적으로 관리하는 것이 있다. 또한 서로 작업속도를 바꾸거나 작업을 정지하는 것을 눈감아준다. 노동자들은 쟁점들에 대해 집단적으로 주장하거나, 사보타지, 준법작업, 속도감축, 비공식적 파업으로 특수한 명령들에 대해 체계적으로 저항할 수도 있다. 결근이나 이직 등 고립된 노동자저항의 효과가 누적됨으로써 개인적인 저항이 자본에 해를 끼칠 수도 있지만, 집합적 저항의 개인적인 행위는 그 자체가 자본(경영자)에 대항하는 강력한 무기일 수 있다. 개인의 해고와 같은 개인적인 불만이 그 개인에 대한 집합적인 동정을 불러 일으켜 공식적인 파업행위를 불러일으킬 수도 있다. 종종 개인적인 저항형태와 집단적인 저항형태는 선택적으로 나타난다. 이를테면 집단적 저항을 억압하면 결근, 이직, 사고 등이 급증하기도 한다.[20]

대기업 연구소 연구원들의 일상적 저항에 대한 한 사례연구에 따르면, 21) 연구원들은 생산물파괴, 기물파괴, 물건훔치기 따위의 파괴적이거나 일탈적인 저항을 잘 하지 않는다. 기업체의 현대적 감시체제 때문에 위험할 것이기 때문이다(현재 미국을 지키는 것은 몰래카메라식 감시체제이다).

이들은 공식적인 상하소통체계와 다른 체계로서 '옆으로만 소통되는 비공식 커뮤니케이션'을 통해 나름대로의 독특한 공모체계를 유지한다. 상사가 없을 때나 술자리 등에서의 얘기 등을 통해 독특한 방식으로 상급자에 대한 거리감을 표현한다. 또한 기술개발과 경영혁신이라는 경영담론에 대한 해석전투를 통해 자본의 관리위주의 권위적인 경영방식과 알맹이 없이 치장된 경영혁신에 저항한다. 그리고 게으름피우기(업무와 무관한 다른 일 보기, 몰래 잠자기, 개인적인 사정을 둘러대고 일찍 퇴근하거나 정시 퇴근하기)나 냉담한 참여(문책당하지 않을 정도로만 일하기) 등을 통해 일상적으로 저항하기도 한다. 물론 연구원들은 동료의 태업을 목격해도 보고하지 않는다. 22) 일상적으로 경영의 민주화를 강제하고 착취율을 조율하는 수단으로서 태업과 냉담은 의미를 갖는다. 태업으로 프로젝트 기일이 늦어지고 성과가 미미하면, 경영진이 무리했다고 인식하여 다음 기획에서는 좀더 개선된 안을 시행하려고 하게 된다. 물론 연구원들에게 경영권을 주는 것은 아니다. 연구원들에게 더 많은 자율성을 주면서 그 자율성을 착취하려는 것이다. 일상적 저항은 개인적인 목적과 형태를 갖고 그 결과가 사소하지만, 동료들의 '공모적 침묵' 없이는 불가능하며 '공모'가 있어야 저항의 효과도 집단적일 수 있다. 이러한 일상적 저항은 축적되면 증폭된 효과를 낼 수도 있다. 물론 이러한 방어적인 태업과 냉담이 노동소외와 자본의 물질적 착취과정 자체를 공격하는 의도하지 않는 집단적 결과를 낳기도 한다.

20) Andrew L. Friedman, *Industry and Labour*, Macmillan Press, 1977, pp. 51-52.
21) 전제성, 「노동과 자본의 숨겨진 대결—재벌기업 전자공학계열 연구소의 경우」, 『사회비평』 12호, 1994, 305-314쪽.
22) 컨베이어벨트의 순환속도에 맞추어야 하는 생산직 노동자와 비교해 볼 때, 이들은 태업을 둘러싼 자본과의 대결에서 훨씬 유리하다. 너무 전문화되다 보니까 상급자도 하급자의 노동을 통제할 수 없다!

따라서 이제 문제는 소극적 저항인가 적극적 저항인가가 아니라, 그 저항이 전혀 다른 것을 만들어 가는 탈주선이 될 수 있는가 하는 것이다.

생산직에 있는 노동자의 경우는 좀 다르겠지만, 전반적으로 생산영역에서 노동자는 점차 기계로부터 밀려난다. 일시적으로 실업자가 되는 사람들도 있다. 그러나 이러한 노동자들이 노동을 하지 않는 사람으로 되는 것은 전혀 아니다. 그런 노동에서 벗어난 사람들이 정말 노동에서 벗어났을까? 전에는 10시간 노동하던 직장에서 떨려나와 가사노동 3시간, 식당에서 5시간, 친척집 일 돕는 데 2시간을 보내는 것이 정말 노동에서 벗어난 것인가? 오히려 자본가가 직접 통제하지 못하는 노동자들은 늘어난다. 또한 자본가가 직접 통제하는 노동자들에게도 창의성과 자율성을 더욱 주면서(그래야 가치증식을 시키니까) 그 자율성을 착취하려 든다. 자본에게 다시 포획되고 마는 자율성이지만 그 속에는 노동자의 역능 확장이 있다. 노동시간에서 '벗어나' 자유시간을 확보하자는 주장은 노동시간 단축 투쟁에서 의미를 지니지만, 더욱 중요한 것은 노동시간 안에서의 자율성 제고를 통한 노동능력의 확장이라는 문제를 고려해야 한다는 것이며, 또 그것을 얼마나 색다른(즐거운) 것으로 만들어 갈 수 있는지 생각해야 하는 것이다. 노동능력을 고려하지 않고 다른 영역(예를 들어 문화)으로 넘어가기만 하면 된다는 주장은 공허하게 들린다. 그러한 방식으로 자본의 포획기제에서 얼마나 벗어날 수 있을지 의심스럽다.

자본은 바로 자신이 직접 고용한 노동자들뿐만 아니라 다양한 주체들을 자신의 이윤 메커니즘의 흐름 안으로 끌어들이려고 한다. 사회적 공장 안에 있는, 제국 안에 있는 모든 주민을 자신의 지휘 아래 두려고 한다. 즉 자신에게 순응하는 주체성을 만들어 내려는 것이다. 그리고 이러한 주체성의 생산은 사회의 다양한 시설들을 통해 이루어지는데, 가족, 학교, 군대, 병원, 공장, 감옥, 네트워크…등이 그것들이다.

따라서 생산영역에서의 일상적 저항과 더불어, 흔히 소비와 분배 영역으로 인식되는 재생산영역에서의 일상적 저항 등을 주목해야 한다. 재생산영역은 사회적 재생산영역과 노동력 재생산영역으로 나눌 수 있다. 사회적 재생산영역은 다양한 설비들을 통한 이데올로기적인 물질적 재생산이 이루어지는 곳이고, 노동력 재생산영역은 가족을 통해 여성의 가사노동에 주로 의거해 주체성이 생산되는 곳이다. 재생산영역은 바로 주체성이 생산되는 영역으로서 중요한 의미를 가지게 된다.

2) 주체성 생산영역에서의 파업

이제 자본은 노동자들을 직접 통제할 뿐만 아니라 자신의 포획장치에 걸려드는 주체들을 만들어 내는 방식을 작동시킨다. 23) 그리고 주체성 생산영역 자체가 자본의 이윤획득의 주요한 대상이 되었다. 주체성 생산영역에서 생산의 특징은 내부적으로 직접 통제가 불가능하여 외부적으로 예를 들어 국가권력(그 무서운 핵국가!)이나 도덕을 통해 또는 이윤획득논리나 자수성가 논리에 의해 통제한다는 것이다. 여기서는 공장(이나 회사)에서처럼 자본과 노동의 대결이 직접적이지 않고 많은 경우에 대결은 그 주체들이 형성되는 공간인 각 설비(équipement, 제도) 안에서 위계제 내부의 갈등으로 나타나며, 그 갈등이 심각해지면 각 설비 안에 있는 다양한 주체들이 그 설비의 장(대표)이나 국가와 충돌하는 양상을 띤다.

다양한 주체들은 주체성 생산을 둘러싼 설비들에서 기존의 생산방식을 거부하고 자신의 욕구에 기초하여 생산방식을 변경해 나간다. 여기서 특징은 그 생산하는 것이 다른 것이 아닌 바로 자신이라는 것이다. 기존의 자기생산방식을 거부하고 자신이 원하는 자기생산으로 나아가는 것이다. 자율적 주체의 자기구성으로, 자기조직화로 나아가는 것이다.

자본이 사회를 전면적으로 일상적인 것까지 지배한다고 해서 주체성이 자본의 뜻대로 생산되지는 않는다. 자본과 노동자주체성은 분리되어 있다. 주체성은 특정 모델에 따라 혹은 국가장치의 호명에 따라 구성되지

---

23) Félix Guattari, 'Le Capital comme Intégrale des Formations de Pouvoir,' *La Révolution Moléculaire*, 10/18, 1980(「권력구성체의 적분으로서 자본」, 『진보평론』 6호, 2000년 겨울).

않는다. 오히려 주체성은 이질발생적인(heterogenetic) 경로를 따라 무한한 요소들로부터 구성되는 것이다.[24]

또한 주체성 생산영역에서는 소통(communication) 문제가 중요해진다. 주체성은 바로 소통을 통해 다양한 잠재력을 현실화하면서 자신을 구성해 나가기 때문이다. 여기서 주체성의 생산공간인 소통공간의 중요성이 부각된다. 자본도 소통공간을 자신의 의도대로 움직이려고 작용한다.

이런 구도에서 볼 때 공장공간에서의 파업을 다양한 공간에서의 파업으로 확산시키자는 주장을 할 수 있다. 또는 다르게는 재생산영역에서의 파업, 색다른 공간에서의 파업을 강조할 수도 있다. 물론 공장 안에서의 주체성 생산 측면을 간과해서는 안 될 것이다. 다만 주체성 생산은 각 생산의 접합지점에서 이루어진다는 점에서 소통을 통과한다는 것, 그리고 소통 속에서 색다른 과정을 만들어 간다는 것을 강조할 필요가 있다.

주체성 생산과 관련한 파업은 조직화되고 제도화된 방식으로 집단적으로 일어날 수도 있다. 그렇지만 결국은 개별 주체가 생산되는 것으로 (실은 집합적 주체성이지만) 귀결되기 때문에 개인적인 거부행위로 나타나는 경우가 흔하다. 그렇기 때문에 그것은 개인적인 일상적인 문제로 현상한다. 그러나 그 일상적인 문제들을 누구나 가지고 있는 것이라면 주체성 영역에서의 파업은 결코 개인적인 문제가 아닐 것이며 오히려 대중의 문제가 될 것이다. 물론 이러한 개별적인 거부가 축적되거나 집계되면 상당한 효과를 지닐 수도 있으며, 집단적인 가치증식과정으로 전환될 수도 있다. 특히 주체성 생산영역에서의 파업은 기존 설비에서의 도주나 탈주로, 그 설비 안에서의 기존 훈육방식에 대한 거부로 나타난다. 그러면서 곧바로 새로운 자기구성방식으로 넘어가게 된다. 즉 내부에서 적대적 투쟁을 벌여 자신의 위상을 높이되 다시 기존 틀에 남아 있는 것이 아니라, 기존 틀을 아주 벗어나 색다른 생활방식을 추구하지 않을 수 없는 것이다. 생활 자체를 둘러싼 투쟁, 즉 생태투쟁이 될 수밖에 없을 것이다.

---

24) Félix Guattari, *Chaosmose*, Galileé, 1992.

몇몇 주체성 생산영역에서 나타나고 나타날 수 있는 파업에 대해 간략하게 살펴보자.

시설별로 살펴보면, 먼저 공장에서의 명령에 대한 복종 거부를 비롯하여 앞에서 말한 다양한 형태의 파업이 나타난다.

가족에서는 청소년과 어린이의 복종거부, 가출, 여성들의 가사노동거부, 결혼거부, 임신거부, 출산거부, 육아거부, 동성애자들의 생물학적 성(고정된 성)에 대한 거부와 이성애적 가족 거부 등 다양한 형태를 볼 수 있다. 가족은 주체성을 생산하는 가장 기본적인 시설로서 자리잡아 왔으나 점차 해체의 길을 걷고 있다고 하겠다. 이른바 '정상적'인 (부-모-자녀) 핵가족의 비율이 점차 줄어들고 있고 다양한 가족형태가 나타날 수 있다.

학교에서는 학생들의 수업거부, 등교거부, 자퇴 등이 속출한다. 학교를 벗어나는 사람들이 늘어난다. 한국의 고등학교는 병영을 방불케 한다. 그렇기 때문에 학생들은 학교 내부에, 수업 안에 있어도 다른 짓을 한다. 학업에 무관심한 태도가 그 전형적인 방식이다. 대학에서는 정치적인 이유로 실행되기도 했던 동맹휴업이 있었다. 최근에는 프로젝트(돈)로 장악하려는 대학내 명령체계(지배)에 대해서 대학원생들의 프로젝트 작업 거부 등도 생각해 볼 수 있다(미국에서는 이런 일이 벌어지기도 한다).

군대는 '한번 갔다 와야 어른이 되는' 참혹한 주체성 순화 장치이다. 물론 군대 내부에서의 구타를 참지 못하고 벌어지는 자살, 탈영, 명령거부 등은 흔히 있는 일이다. 더욱이 자신의 뜻에 따라 범법자가 되더라도 입대를 거부하는 양심적 병역거부자들이 존재한다. 이들은 가혹한 처벌 속에서 죄수가 된다(한국에 1천 6백여 명이 있다).

감옥은 푸코가 판옵티콘이라는 개념을 도출해낸 지독한 훈육장치이다. 사회의 특정 기준을 위반한 사람들을 감금해서 사회에 순응하도록 만든다고 하는데 오히려 교도소(教盜所)가 되고 있는 것 같다. 죄수들의 식사거부(단식), 징역거부, 통제거부, 탈출…이 끊이지 않는다.

병원을 비롯한 다양한 보호시설들은 의사의 직업적 전문성(흰옷으로 표상됨)과 보호라는 구실 아래 사회의 많은 주변자들을 수용하고 있다. 시설에 수용된 사람들은 탈출 등의 방법뿐만 아니라 집단적 저항을 하기도 한다.

그 외에도 다양한 시설들을 생각할 수 있을 것이다. 더욱 중요한 것은 이러한 시설들을 통한 훈육이 점차 내재적으로 실행된다는 것이다. 점점 더 미세하고 정교한 절차들을 통해서 주체들의 삶을 관리해 간다. 여기서 주체들의 내재적 저항 또한 분출될 수밖에 없다.

최근 들어서는 각종 시설 안에서의 훈육을 넘어서 어디에서나 훈육이 이루어지고 있다. 훈육시설들을 넘어서 훈육이 확장되며 특히 소통을 통한 훈육이 점차 중요해지고 있다. 소통네트워크 안에서 훈육에 대한 거부가 최근 인터넷상의 파업으로 종종 나타나고 있는데, 이것이 그 점을 반증해 주는 것이다.

물론 이러한 각종 거부(파업)는 예전부터 다양한 형태로 전개되어 온 것도 있으며 최근에 새로운 형태로 등장하거나 새로운 영역에서 전례 없는 형태로 등장하는 것도 있다. 이러한 주체성 생산영역에서의 파업들에서 나타나는 특징은 개인의 정체성이 강조되고 개인적 활동이 곧바로 매개 없이 집단적 활동으로 전화할 수 있다는 점이다. 특히 새로운 소통수단(컴퓨터 네트워크)을 매개로 쉽게 결집되어 저항운동의 형태로 드러난다.

그러나 이런 다양한 형태의 거부들이 권력에 압력을 가하는 정도에 머무는 것이 아니라 전혀 다른 주체성을 만들어 낼 수 있는 가능성을 얼마나 가지고 있느냐 하는 것이 중요하다. 임금책정(자본가가 규정한)에서 생산성이나 물가인상 기준이 아니라 노동자의 재생산비용을 기준으로 삼는 것, 이탈리아의 집세투쟁에서처럼, 쫓아내겠다는 위협에 주부들이 자신들이 해온 가사노동 임금이 지불하지 않은 몇 달 치의 집세보다 더 많다고 반박하는 것은, 전혀 다른 발전논리, 전혀 다른 삶의 논리를 제출한다. 여기에서도 마찬가지로 자본의 적분으로서의 권력, 즉 국가와의 적대성이 드러난다.

그러면 주체별로 몇 가지 파업 형태를 생각해 보자.

(1) 학생(어린이)파업(school strike)

한국에서는 흔히 경제사정상 학교를 그만두는 것이 대부분이었으나, 최근 그런 경우는 급격히 줄어들고 오히려 학교생활 내지 교육제도에 적응하지 못하는 것으로 나타나는 학교거부 행위가 늘어나고 있다. 그러나 학교를 그만 둘 경우 다른 대안이 없어서 학교에는 가지만 실질적으로 학업을 그만 둔 상태로 몸만 교실에 앉아 있거나 적만 학교에 두고 있는 경우('개기기'-소극적 거부)가 적지 않다.

학교거부의 양태는 점점 더 다양해져, 성적 때문에 학교공포증을 갖게 되는 경우라든지, 바깥의 놀이문화에 빠져 버린 경우, 아침에 일어나기가 싫어서 학교에 지각하고 땡땡이 치던 것이 만성화된 경우, 아니면 적극적으로 하고 싶은 일을 찾았기 때문에 미련 없이 학교를 떠나는 경우가 생기고 있다. 최근에는 기존의 학교체제에서 버티기보다는 일찍 그만두고 자신이 하고 싶은 일을 하려는 학생들이 증가하고 있다. 돈벌이나 대중음악이나 컴퓨터 등에 빠진 경우가 그러하다. 그리고 또 학교거부는 흔히 가출과 연계되어 이루어진다. 25) 많은 아이들이 학교를 거부하고 '아이를 거부하는 사회'를 내심 거부하고 있다.

학교에서 교육받는 것에 대한 어린이의 저항이 커지는 동시에, 자본이 어린이의 나이에 내리는 규정에 대한 수용을 거부하는 것도 증가한다. 어린이들이나 청소년들은 어른들만이 할 수 있는 일이라고 생각하는 것을 서슴없이 하고 만다.

학생들의 자발적인 거부를 넘어서서, 수업거부, 등교거부 등은 지역운동과 결합하여 이루어지기도 한다. 강원도 탄광지역에서 탄광폐쇄와 그에 따른 대책미비에 항의해 탄광촌의 부모들이 학생들을 학교에 보내지 않고 행정기관과 권력에 압력을 행사한 적이 있다.

여기서 학교를 거부하는 것을 넘어서 다양한 대안들을 찾는 작업이 필

---

25) 조혜정, 『학교를 거부하는 아이, 아이를 거부하는 학교』, 또하나의 문화, 1996, 91-155쪽.

요하며 현재 대안학교 실험들을 주목할 수 있겠다. 26)

(2) 주부파업

여성의 가사노동거부. 가사노동을 거부하는 것은 주부로서의 역할과 주부의 실존적 게토로서의 가정을 거부하는 것이다. 27) 가사노동을 거부하는 일차적 과정은 집에서 나가는 것이다. 여성은 아내와 어머니로서만 자신의 남편과 아이를 만나는 것을, 즉 자신이 외출했다가 집으로 돌아온 뒤 식사시간에 만나는 것을 중지한다는 의미이다. 나아가 밤에는 잠자는 것 외에도 사랑을 하기를 원하기 때문에 남편의 야근교대를 폐지해야 한다고 여성이 요구한다면, 그것은 여성으로서 여성 자신의 독립적인 이해를 진전시키고 있는 것이며 남편과 자녀에게 불만족스러운 어머니이기를 거부하는 것이다.

어떤 가정주부들(남성과/또는 아이들에게 서비스를 제공한 데 대한 보상을 받지 못하는 또는 충분히 보상받지 못하는 기혼녀)은 다음과 같은 경우 이미 파업에 돌입했다고 할 수 있다. 한 여인이 남편과 이혼하면 그녀는 집에 남편이 있을 때 수반되는 일〔노동〕을 거부하는 것이다. 마찬가지로 한 여성이 피임이나 낙태를 하면 그녀는 대가족이 요구할 가외노동을 떠맡기를 거부하는 것이다. 비서가 커피타기를 '거부'하거나 간호원이 18시간 근무를 '거부'한다면, 그녀들은 '사랑으로', 다시 말해서 무료로 일하기를 거부하는 것이다.

가사노동거부를 넘어서 결혼거부(이혼, 독신), 가장거부(편모), 임신거부(출생률 저하) 등은 심각할 정도로 비물질적 욕구의 비충족과 좌절을 가져왔다. 출생률의 저하는 부분적으로는 아이들이 요구하는 가외 가사노동을 맡기를 여성가사노동자들이 거부하는 직접적 표현이며 동시에 여

---

26) 이한, 『학교를 넘어서』, 민들레, 1998.
27) Mariarosa Dalla Costa and Selma James, 'Women and the Subversion of the Community,' in *The Power of Women and the Subversion of the Community*, Falling Wall Press, 1972.

성들이 노동력을 재생산하는 기계로 기능할 것을 거부하는 것이다.[28) 가사노동거부는 자본주의적 사회 질서의 기본적인 노동력재생산 기반인 핵가족을 파괴한다.

(3) 죄수파업

감옥에서 일어나는 죄수들의 저항에는 매우 다양한 유형이 있다. 사실 가장 극단적인 억압이 가해지고 있는 사상범들의 경우에는 통방 등 규정을 어기는 행위 자체가 투쟁의 일환일 수 있다. 하지만 보다 적극적인 의미의 투쟁들은 개인적으로는 청원이나 면담 신청 등 합법적인 수단을 이용한 이의제기, 항의와 통제거부, 단식 및 자살이 있고, 집단적으로는 주어진 일정(영화관람이나 반공강연 등)에 대한 거부, 통제에 대한 무시 및 불복종, 그리고 통제와 무관하게 독자적인 행동을 취하는 방식, 수형자들이 감방 문을 차고 소리를 지르는 힘성투쟁(사우딩), 감옥권력의 부당한 권력행사나 교도관들의 불법행위를 교도소 외부에 전달하는 행위, 조직 결성 및 활동, 단식투쟁 등이 있다.

우리 나라에서는 일반죄수들에 비해 사상범들이 많은 저항을 주도하는데,[29) 가장 대표적인 방법은 단식투쟁이다. 개인적인 단식투쟁도 있지만 대개의 경우 집단적으로 이루어진다. 처우개선을 주요 요구로 하여 목숨을 걸고 통방을 통해 집단적인 압력을 가하는 것이다. 단식투쟁의 성공여부는 감옥권력의 부당함을 입증할 만한 증거의 확보·보전, 내부결속, 외부와 연락을 취해 문제를 어떻게 사회화시킬 것인가 등에 달려 있다. 외국의 경우에는 더 나아가 교도관들을 인질로 하여 감옥 내부의 일정 공간을 점거하여 자신들의 요구를 관철시키기도 하며, 죄수들의 결사권을 따내기까지 한다.

한국에서도 한 탈옥사건에서, 탈옥자는 자신의 행위가 감옥의 폭력과

---

28) 뽀르뚜나띠, 『재생산의 비밀』, 윤수종 옮김, 박종철출판사, 1997, 104, 121-122, 222쪽.
29) 최정기, 『감옥체제와 사상범의 수형생활 연구』, 전남대학교 박사학위논문, 2000, 182쪽.

억압에 대한 저항임을 밝힌 바 있으며, 대도로 이름을 떨친 한 출옥자는 감옥에서의 의문사 규명에 나서는 등 교도소의 잘못된 제도 및 관행에 대해 '교정'하려는 것을 볼 수 있었다.[30] 탈옥이야말로 감옥에서는 가장 적극적인 저항형태임에 틀림없다. 권력의 장소를 철거하는 것이다.

이 외에도 다양한 주체들의 파업을 지적할 수 있을 것이다. 앞서 시설별 파업형태에서 지적한 것들 외에도, 세입자의 임차료 파업, 농민들의 수세거부와 모내기거부, 노인들의 생명거부(자살)…등 수없이 나열할 수 있을 것이다.

(4) 사이버파업

오늘날은 컴퓨터네트워크를 이용한 투쟁이 많아지고 있으며 또한 그 유용성이 매우 높다고 할 수 있다.[31] 컴퓨터네트워크를 이용하여 노동자계급은 투쟁을 고립시키려는 자본과 국가의 노력을 파괴할 수 있고 파괴하였으며, 자신의 투쟁을 외부에 알리고 자본과 국가의 부당성과 잔인성을 외부에 알림는 자신의 언론매체로 이용하고 있다.[32] 사파티스타의 인터넷 활용은 잘 알려져 있다.

새로운 공간인 컴퓨터네트워크를 이용해서 대중은 자본과 국가가 무엇을 하는지 감시하며 그들에게 압력을 가하기도 한다. 특히 컴퓨터네트워크를 이용하는 새로운 투쟁방법도 개발하였다.[33] 사이버공간에서의 점거농성(온라인 점거, 웹사이트 점령), 사이버공간에서의 파업(사이버 연좌농성—특정 웹사이트에 다수가 집중적으로 접속하여 해당 사이트의 작동을 마비시킨다. 전자메일폭탄—전자메일을 이용해서 한 곳에 많은 편지를 보냄으로써 웹사이트를 마비시킨다. 집단항의—여러 사람들이 한꺼

---

30) 최정기, 「수형자는 어떻게 저항하는가?」, 『민주주의와 인권』 3호, 2002년.
31) 이상락, 『정보시대의 노동전략: 슘페터 추종자들의 자본전략을 넘어서』, 갈무리 출판사, 1999, 187-191쪽.
32) 에릭 리, 『노동운동과 인터넷』, 한울, 1998.
33) 이상락, 「신자유주의를 넘어서는 오늘날 노동계급의 투쟁—노동계급의 컴퓨터네트워크의 이용을 중심으로」, 『진보평론』 2호, 1999년 겨울, 88-93쪽.

번에 한 곳에 항의한다) 등이 그것이다.

컴퓨터네트워크를 이용하는 또 다른 투쟁방법으로는 사이버청원, 사이버시위(피케팅)라는 투쟁방법도 개발했다. 특정 통신망의 난에 지지글을 보낸다든가 온라인에서 자유를 부르짖는 네티즌들이 자신의 홈페이지에 특정 표시나 그림을 넣는 방식이다. 사이버파업은 수평적이고 비위계적인 주체들의 활동 속에서 새로운 쟁점과 사이버 여론을 형성해 나가는 기폭제가 된다.

5. 결론

파업을 공장에서, 작업장에서, 사업장에서 노동자들이 노사간의 협상 과정에서 사용하는 무기로 생각하고 운용하는 실천은 여전히 중요하다. 전통적인 노동자 파업은 노동자와 자본가 간의 힘겨루기에서 협상의 틀을 통해 노동자계급의 재생산 기반을 일정하게 확보하는 역할을 한다. 그러나 자본의 분할지배(보장된 노동자들과 비보장된 주민들로의 분할) 속에서 노동자계급은 다양하게 분화된다. 그리하여 특히 노조가 주도하는 파업은 보장된 노동자들만의 파업으로 자본의 분할지배를 가속화할 위험이 있다.

문제는 생산과정 자체, 노동과정 자체가 공장에서 사회적 공장으로 넘어가고, 다양한 재생산영역에서 이루어진다는 것이다. 자본은 공장의 지배를 전 사회로 확장한다. 나아가 주민들의 삶을 관리하기에 이른다. 자본에 순응하는 주체성을 만들어 나가는 것이 중요해진다.

이러한 상황에서는 생체정치적 지배에 대한 생태적 투쟁이 이루어져야 한다. 즉 생활방식을 둘러싼 투쟁이 중요해지게 되며 각종 설비 및 제도 속에서 이루어지는 주체성 생산을 둘러싼 투쟁이 두드러지게 된다. 복종하는 메커니즘을 만들어내는 각종 주체성 생산 방식에 대해서 '아니오'(파업)라고 말하면서 주체들이 자신들의 자율적 자기만들기 방식을 제기할 때, 다양한 권력 메커니즘들은 작동하기 어렵다.

자본의 지배를 거부하고 산노동의 생산적 주체성을 변형시켜 가는 것은 각종 설비 및 제도의 해체를 가져올 수 있고, 장치의 작동을 중단시킬 수 있다. 따라서 미시적이고 일상적인 관계 속에서 자율성을 억압하는 관계방식에 항의해 나가면서 새로운 조직화를 시도해 나가야 한다. 거대한 사업장 파업을 통해서 자본이 아니라 노동이 동력임을 밝히는 것도 중요하지만, 노동이 동력이 되면서 새로운 관계를 만들어 나가기 위해서는 일상적인 자기변형에 나서지 않으면 안 될 것이다.

일상적 파업의 농축 없는 전국적 파업이나 권력장악은 혁명성을 담보할 수 없다! 분자적 변형 없는 권력장악은 또 다른 권력으로 나아간다. 새로운 사회로의 이행은 사물의 현 상태에 대한 비판(거부, 파괴)이며 더욱 중요하게는 노동의 변형 속에서 새로운 사회의 구성이다. 새로운 사회로의 이행은 국가장치나 주요 설비들을 새롭게 재편하는 것만으로 이루어지는 것은 아니다. 미시적인 관계 속에서 이루어지는 권력만들기 방식을 해체해 나가지 않는 한 거시적인 관계 속에서의 권력을 어떻게 폐지할 수 있겠는가? 해방된 주체적 집단성의 새로운 구성[34] 없이는, 미시적인 관계 속에서 '아니오'를 제기할 수 있는 그래서 관습화된 관계들을 거부해 나감으로써 새로운 관계들을 만들어 가지 않고는, 새로운 사회는 불가능할 것이다. 이러한 의미에서 언제 어디에서나 일상적으로 파업을 해야 한다. 저 멀리 권력장치를 깨부수는 것만이 아니라 내 옆에, 내 몸에 붙어서 움직이는 권력욕망을 깨트려야 할 것이다. 그렇게 해서 작은 것에서 권력을 만들어 가는 기계들의 작용방식을 바꿔가야 할 것이다. 어느 날 국가권력을 장악한 '혁명'이 아니라 매일 매일 거부(파업)와 생성(자기가치증식)이 있는 '영원한' 개량을 향해….

---

34) 네그리, 「대항권력의 생리학」, 『비판』 2호, 241-250쪽.

4부

미래로 나아가자

집중화에서 자율적 조직화로

1. 머리말

과두제의 철칙. 많은 사람들이 모이고 규모가 커지면 조직이 생기고 위계가 생긴다고 한다. 그 많은 사람들이 어떻게 위계형태, 조직형태 없이 모여 살 수 있느냐고 한다. 정주영이 없는 현대를 생각할 수 있겠느냐고 반문한다. 기존 현실을 강화하는 이러한 생각에 대해서 단호하게 정주영이 없으면 현대는 더 잘 돌아갈 것이라고 단언한다. 지배장치가 없이 더 잘 돌아갈 수 있는 사회를 왜 생각할 수 없는가? 지배장치에 맞춰주지 않고 끼리끼리 살아갈 수 있지 않을까?

아나키즘과 민주집중제. 이 양자는 서로를 전제한다. 차라리 제3의 길로서 아우토노미아를 제기하겠다. 더욱이 자본주의 권력을 파괴하고 새로운 사회를 만들려 했던 웅장한 사회주의적 기획과 실천은 더욱 집중화된 권력장치를 만들어 냈다. 왜 민주가 아니라 집중제로 되었는가? 형용모순은 오래 갈수록 좋은데 왜 형용사는 그렇게 빨리 없어졌는가?

기존의 (맑스주의적) 조직론에 대한 비판은 자율적 조직형태에 대한 추구로 나타났다. 이 자율적 조직원리 및 형태는 기존의 조직(당, 노조 등)과 독립적으로 대중들의 자율적인 구성과정을 지향한다. 여기서 가장 중심적인 문제의식은 '조직화가 지배장치화하지 않을 수 있는 방향은 어떤 것인가?' 하는 것이다. 물론 조직 '형태'는 사회운동 과정에서 제출되고 대중들의 실천과정 속에서 드러나는 것이기 때문에 정해진 모델이 있을 수 없다. 또 논리적으로 도출할 수 있는 것도 아니다. 그러나 그러한 조직이 지향하는 조직원리들을 탐색하고 그 작동방식을 구체화함으로써 조직형태에 대한 상을 그려볼 수는 있을 것이다.

먼저 주류 조직론의 핵심인 관료제와 맑스주의 조직론을 집중화라는 측면에서 정리하고 그에 대한 대안으로서 자율적 조직화로의 방향을 탐색해 보자.

2. 집중화

1) 관료제론

베버는 자신의 관료제론을 '이념형'으로서 구성했으며, 현대 관료제의 이념형적 특징을 다음과 같이 제시했다.[1] ① 법규에 의해 계통화된 명확한 공적인 권한의 원칙이 존재한다. ② 관직위계제와 심급제의 원칙으로 단일지배 질서를 갖는다. ③ 근대적인 공무집행은 원본 또는 초안의 형태로 보존되는 서류문서를 바탕으로 수행된다. ④ 직무활동은 특수 전문훈련을 전제로 한다. ⑤ 완전히 발전된 공직에서는 공무활동이 관리의 전체 노동력을 요구한다. ⑥ 관리의 직무수행은 일반법규에 의해 이루어지며, 이 때문에 관료는 특수한 기술론(법률학, 행정학, 경영학 등)을 습득한다.

이러한 특징을 갖춘 '관료제'는 비단 국가에서뿐만 아니라, 사경제적 경영에서도, 또 종교단체, 군대, 정당 등 여러 단체에서도 나타난다.[2] 베버는 관료제화를 합리화의 방향으로서 제시하지만, 관료화의 위험도 경

---

1) 베버, 「관료제론」, 『지배의 사회학』, 한길사, 1981, 25-71쪽.
2) 베버는 관료제화의 전제와 근거로, 화폐경제의 발달, 행정사무의 양적 발달, 행정사무의 질적 변화, 관료조직의 기술적 우수성, 행정수단의 집중, 사회적 차별의 평준화 등의 역사적 배경을 제시한다.

고한다. 관료제는 전통적인 귀족지배에 대항하는 싸움에서 민주주의와 동시에 발전했고, 많은 민주적 대중정당들도 관료제적으로 조직되었다. 그렇지만 그는 관료제라는 통치장치가 민주주의와 배치될 가능성에 대해 염려한다.

관료제는 일단 형성되면 영속성을 지닌다. 관료제적 지배는 일반적으로 '객관화된 비인격성의 지배'로 나타난다. 즉, 이상적인 관료는 분노도 흥분도 하지 않고 증오도 정열도 없으며 따라서 오직 의무관념 아래 '인간을 고려하지 않고' 모든 사람에 대하여 형식상 평등하게 그 직무를 수행한다. 그렇기 때문에 관료제는 일단 완전히 실현되기만 하면 파괴하기가 가장 어려운 사회조직의 하나가 된다. 즉 행정의 관료화가 과감히 관철되면 사실상 난공불락의 지배형태가 된다. 개개의 관료들은 자신이 편입되어 있는 기구 안에서 몸부림칠 수가 없다. 명예직이나 겸직으로서 행정에 임하는 명망가들과는 대조적으로 식업관료는 불질석 이념석인 모든 것을 자신의 활동에 건다. 직업관료는 끊임없이 움직이는 기구 안에서 전문적인 과제가 위임된 개개의 톱니바퀴에 지나지 않는다. 그의 진로는 본질적으로 기구에 의해 제약을 받게 되는데 이 기구를 작동시키거나 정지시키는 것은 통상 그 자신이 아니라 최고간부이다. 관료들은 이 같은 메커니즘의 항구화와 조직된 지배권행사의 지속을 뒷받침함으로써 메커니즘에 참가한 요원 전체의 이익공동체에 유착된다. 관료기구는 일단 성립되면 객관적으로 파괴하기 어렵기 때문에 이 기구가 속성상 갖고 있는 비인격성과 결부되어 그런 기구를 지배할 능력이 있는 사람이면 어느 누구에게나 재빨리 봉사한다. 가령 적이 영역을 침범해 와도 관료기구는 적의 장악하에 최고간부만 바뀐 채 무슨 일이 있었느냐는 듯이 계속 기능한다. 왜냐하면 계속 기능하는 것이 적을 포함해서 모든 당사자들의 사활에 관계되기 때문이다.

베버는 활동적인, 열심히 일하는 의회를 통해 관료제화가 민주주의를 저해하는 경향을 해결해 나갈 수 있다고 보았다. 즉 의회를 통한 관료제

통제를 구상했다. 의회가 단지 연설하는 모임일 때, 그 결과는 자본가들의 이익에 봉사하고 쓸모없고 무책임한 정치적 리더십만을 양산하는, 통제되지 않는 관료제적 지배를 낳는다. 그럼에도 불구하고 베버는 근대적 기술과 생산이란 조건들과 근대국가의 대규모성을 생각한다면 집중화의 방향으로 나아가는 관료제가 불가피하고 필수적이라고 여겼다. 결국 관료제를 없앨 수는 없기 때문에 문제는 관료들이 자신들의 고유한 지위를 넘어서는 것을 그리고 관료제가 정치적 방향을 통제하지 못하도록 막는 방법들을 만들어내는 것을 생각하였다. 그리고 이러한 감독을 해낼 수 있는 정치적으로 책임있고 능력있는 정치적 리더십을 창출할 수 있는 제도, 즉 강력한 '일하는 의회'를 제시하였다. 한국에서 정주영이는 '바지저고리들'(국회의원들)을 비웃고 있을테지만.

2) 맑스주의 조직론

(1) 맑스의 관료제에 대한 관점

알튀세르의 말대로 맑스주의의 커다란 공백은 바로 조직론이다. 알튀세르의 경우 공백 가운데 하나인 국가문제에 천착하면서 이데올로기장치를 제기하였다. 그러나 이러한 논의 역시 기존의 맑스주의적 조직론을 혁신하기에는 권력과 장치(구조)에 매달려 있었다.

맑스는 헤겔에 대한 비판을 통하여 관료제에 대한 자신의 사상을 전개한다. 헤겔에게서 국가는 특정하고 상충하는 이익을 대표하는 시민사회나 집단들의 집합체에, 기업과 계급 등에 대비되는 일반이익을 대표하고, 관료제의 역할은 국가와 시민사회를 중재하는 것이었다. 그러나 맑스는 국가는 시민사회보다 오히려 일반이익을 대표하지 않는다고 보았으며, 이러한 생각을 국가의 일부인 관료제에도 적용하였다. 공동의 복지를 증진시키는 것을 그 취지로 하지만 보편성의 구실 아래, 실제 "국가관료제는 지배계급에 봉사하며 자신의 이익을 도모한다"고 한다.[3]

---

3) 맑스, 『헤겔법철학 비판』, 홍영두 옮김, 아침, 1989.

맑스는 1848년 『공산당 선언』에서 "현대국가의 집행부는 모든 부르주아지의 공통적인 사무를 관리하기 위한 위원회에 불과하다"라고 했으며, 절대군주정 아래에서, 프랑스 혁명기간 중에 "관료제는 부르주아지의 계급지배를 준비하는 수단"이었다고 주장했다. 왕정복고하에서, 그리고 의회공화정에서 관료제는 이러한 지배기구가 되었다. 그러나 보나파르트 체제가 들어서자 국가는 부르주아지로부터 독립을 획득한 듯 보였다. 왜냐하면 쿠데타를 통해 관료기구에 그 기초를 둔 독재국가의 권력이 명백히 프랑스 부르주아지의 정치력을 압도했기 때문이다. 하지만 이러한 사건은 부르주아지가 자신의 경제적 이익을 보장받기 위해 강력한 국가에 의존한 것일 뿐이다. 결과적으로 부르주아지는 너무 약했기 때문에 국가를 통제할 수 없었다. 강력한 국가의 탄생은 바로 강력한 관료제의 탄생에 불과했다. 이제 시민사회를 질식시킬 만큼 거대해진 관료제는 사회의 모든 부분을 침해했으며 그것의 숨구멍을 막는 '무시무시한 기생충'으로 변형된 것이다. "국가관료제는 '기생충'이며 '권력집중'이 그 특징이다."[4]

맑스는 관료제를 포함하여 국가 자체를 지배계급의 수동적인 도구로 간주하지 않았다. 그는 관료제의 역할은 사회 속에서 역사적으로 결정된다고 보고, 관료제를 지배계급의 이익을 옹호하는 국가장치의 하나로 보는 경향이 있었다. 이러한 관료제를 기반으로 한 국가에 대하여 맑스는 이론적으로는 국가사멸론을 제기하며, 현실 운동 속에서는 파리코뮌의 조치 중 '노동자의 평균임금 수준으로 관료의 봉급을 낮춤으로써 관료제를 억압한 것'을 특히 뛰어난 혁명적 조치였다고 보았다.[5] "파리코뮌이여, 관료제를 억압하라!" 맑스는 조직론을 가공하지는 않았지만 노동분업 폐지를 향한 사회로 진전해 가는 것, 현재의 사태를 실질적으로 바꾸어 가는 움직임을 공산주의로 규정하는 것 등에서 생산대중의 권력을 구상했다고 보여진다. 파리코뮌은 당시에 바로 맑스의 이러한 생각의 실례를 미

---

4) 맑스, 『루이 보나파르트의 브뤼메르 18일』(『프랑스혁명사 3부작』), 소나무, 1987.
5) Claude Lefort, *The Political Forms of Modern Society*, Polity Press, 1986, p. 90.

리 보여준 것이었다. 그리고 이러한 조직에 대한 상은 "모든 권력을 소비에트로!"라는 레닌의 사고에서도 이어진다.

이후 맑스주의는 권력장악이라는 문제에 집중하면서 관료제를 권력장악이 이루어지면 쉽게 해결될 문제로 생각하였다. 관료제를 일반적인 것으로 여겼고 관료제의 기능을 설명하려는 노력을 하지 않게 되었다. 항상 그 형태를 달리하면서 끊임없이 변화하는 관료제를 오직 계급투쟁에 의해 규정된 것으로 여겼다. 물론 맑스는 관료제의 대체물로서, 새로운 사회의 조직방향으로서 '파리코뮌'을 열광적으로 지지했지만 말이다.

(2) 레닌의 민주집중제론(전위당론)

레닌은 베버가 관료제의 통제장치로 생각한 의회란 단지 수다장이들이 떠드는 곳일 뿐이며 관료제와 하등 다를 바 없는 것이며 지배계급의 통치수단일 뿐이라고 생각했다. 자본주의 사회에서 국가권력의 실질적 중심은 자본가계급의 이익에 의해 통제되고 그것에 봉사하는 관료제에 놓여 있다. 한편 관료제는 근대적 기술과 대량행정에 의해 필연적으로 요구되는 불가피한 것처럼 보이지만, 레닌에게는 명확히 자본주의의 안정성과 부르주아지의 지배를 위한 특수한 '정치적' 명령이며 인민통제의 첨병일 뿐이다. 더군다나 의회에 의한 관료통제는 상상할 수도 없다. 왜냐하면 자본주의 사회에서 대표제는 인민을 바보로 만들기 위한 고안물일 뿐이기 때문이다. 즉 자본주의 사회에서 관료제가 권력의 실질적 중심이 되는 것을 막을 수 있는 것은 아무 것도 없기 때문이다. 결국 관료제를 없애는 것은 계급지배도구인 국가를 파괴하는 것이라고 생각하였다.

레닌은 맑스를 넘어서 조직론을 제시한다. 그러나 레닌의 조직론은 정세에 따라 변화한다. 『무엇을 할 것인가』 이전의 레닌은 '파리코뮌'을 강조한 맑스를 따라 '소비에트'를 강조하고 권력을 소비에트에 근거지울 것('모든 권력을 소비에트로')을 강조하였다. 러시아의 상황 속에서 이것은 노동자계급을 지배계급으로 조직하고 대중들을 정치적으로 각성시켜 국가행정에 직접적인 참여자로 만드는 제도들을 창출함으로써 가능하였다. 결국 '의회'와 '관료제'의 분쇄는 '총회'(assembly)와 '소비에트'(Soviet) 속에서 조직화된 프롤레타리아 독재를 통해서만 가능하다고 생각하였다.

그러나 비합법적 상황과 러시아의 후진적 상황 속에서 레닌의 조직론은 점차 전위당론으로 정리되어 갔다. 레닌은 자본주의를 전복하기 위해 직업적 혁명가로 묶인 '전위당'을 설정했고, 인민대중은 이들에 의해 목적의식적으로 각성되어야 할 존재였다. 민중집중제6)로 표현되는 레닌의 조직론은 스탈린에게서 교조화된다. 전위는 인민을 지도한다는 목적 속에서 모든 진리의 독점자로 변했고 점차 인민을 통제의 대상으로 삼게 된다. 이러한 전위와 대중의 분리는 러시아의 현실에서 공산당과 소비에트의 분리로 나타나게 됐으며, 소비에트의 기능은 당에 의해 지배되는, 단순히 공산당의 선전대나 거수기(전달벨트)로 전락했다. 소련의 국가-당 관료제는 소련을 지배하는 새로운 계급으로 등장하게 됐으며, 인민이 계획하고 통제해야 할 사회의 모든 부분이 관료제에 의해 운영되었다. 더욱이 알튀세르 학파의 분석에서처럼 국가-당-이데올로기가 일체화되어7) 가히 모든 부분을 정치화하고 단일하게 통치하는 전체주의적 모습을 드러내게 되었다.

이러한 전개과정의 단초는 레닌의 전위당론에 내재해 있다고 볼 수 있다. 레닌이 만들어낸 전위당론은 결국 이론/실천 대당 속에서 두뇌[이론중심]로서의 당 개념을 중심으로 하고 있다. 이는 지식노동과 육체노동의 분할을 반영한 것으로서 지식노동에 의한 육체노동의 지배를, 당에 의한 대중의 지배를, 국가에 의한 생산대중의 지배를 의미한다. 이는 당 안에서는 이론중앙과 조직중앙의 분리를 가져왔고, 결국은 이론중앙을 특권화하여, 극단적으로는 무오류의 당, 즉 가장 극단화되고 희화화된 형태로서 (주체사상의) 수령론이 등장하는 모습으로 나타난다.

---

6) 권형기, 「레닌적 당조직론」, 『현실과 과학』 10호, 1991, 223-286쪽.
7) 발리바르, 「국가, 당, 이데올로기」, 서관모 엮음, 『역사유물론의 전화』, 민맥, 1993, 56-99쪽.

맑스주의적 조직론은 맑스의 공장제에 대한 분석을 기반으로 하면서 레닌의 전위조직 및 소비에트조직에 대한 논의를 거쳐 운동과정에서 발전해 왔다. 맑스주의 조직론은 기본적으로 집중화된 권력을 비판하면서 그 권력을 장악하려는 방식으로 전개되었다. 따라서 자본주의적 지배장치가 지닌 집중화 방식을 파괴하려고 하면서도 그 집중화 방식을 흉내내는 쪽으로 나갔다.

이상의 논의에서처럼 기존의 조직론은 대표성 문제를 핵심사안으로 생각하였다. 여기에서는 개별자들이 가진 권리를 어떻게 대표자에게 양도하느냐 하는 것이 중요하다. 모든 개별자들은 추상적 이성적 주체들로서 형식상 평등하며 따라서 이 개별의지는 공통분모를 만들어 낼 수 있다. 이 공통분모를 한 사람이나 조직에게 일반의지로서 모아주는 것이다. 여기서 개별자들이 지닌 권리와 대표자나 대표조직이 지닌 권리는 같은 것으로 상정된다. 이렇게 해서 대중의 역능에 기초한 외관을 띠고 대중을 지배하는 권력이 구성된다. 물론 그 방식은 선거라는 행사를 통해서이다. 맑스주의적 사고방식도 대중조직과 전위조직의 관계 등을 고려하였지만 기본적으로 이러한 인식 위에 있으며 단지 계급의식을 담보한 보편적인 노동자계급을 상정하는 차이가 있을 뿐이었다. 더욱이 계급의식을 담지한 당을 상정함으로써 당이 대중을 지배하는 양상을 가져왔다. 의식(그것도 올바른 의식, 예를 들어 맑스주의이론)이 먼저이고 그에 따라 조직을 만든다는 사고가 지배적이었다. 이러한 사고는 현실에서는 이론중앙을 조직중앙보다 우선시하는 경향을 낳게 하였고, 지식노동과 육체노동의 분할을 반영하며, 나아가 국가장치화되는 조직들을 만들어 냈다.

이러한 집중화는 대중의 다양한 저항에 부딪치게 된다. 특히 68혁명 이후 집중화 방향에 대한 문제제기가 이루어지면서 주류 조직론에서도 조직의 환경이나 네트워크를 강조하는 조직 방향에 관심을 기울이게 되었다.

물론 맑스주의 조직론 안에는 레닌의 전위당론이 정설화되어 있지만, 이미 레닌 자신에게서도 소비에트를 주축으로 사고한 정세도 있었다. 더욱이 레닌의 민주집중제에 대한 비판적 흐름은 맑스주의 내부에서도 강하게 제기되었다. 전위당론에 입각한 러시아혁명을 대중파업이라는 틀에서 강하게 비판하였던 로자 룩셈부르크,[8] 정신분석과 맑스주의운동을 결합하려 했고 성혁명의 관점에서 20년대 말에 소련혁명의 실패를 확인하고 있는 라이히의 성혁명적 실천,[9] 평의회운동이라는 시도로 유명하며 '유기적 지식인들의 집합체'로 당을 정의하고[10] 올바른 이론의 전도사로서 당이 아니라 동의를 끌어내는 지도력으로서의 당을 제기한 그람시가 있다.

또한 현실사회주의가 관료제화를 넘어서 전체주의화한다는 주장이 맑스주의 내부에서 제기되어 왔다. 흔히 트로츠키주의로 표현되는 흐름 속에서 출발하였지만, 이러한 흐름은 특히 '사회주의인가 야만인가' 그룹[11]의 르포르(Claude Lefort)와 카스토리아디스(Cornelius Castoriadis)에 의해 주도되었다. 르포르는 관료제는 베버가 말한 것처럼 '이념형'도 아니고 맑스가 제기한 것처럼 계급의 하위 참여자도 아니며, 오히려 자체의 역동성을 바탕으로 내적 메커니즘을 갖고 있으며 지배계급을 통합하는 역할을 수행하는 속에서 지배구조에 참여한다고 분석한다.[12] 카스토리아디스는

---

8) 파울 프뢸리히, 『로자 룩셈부르크의 사상과 실천』, 최민영 옮김, 석탑, 1993; 로자 룩셈부르크, 『대중파업론』, 최규진 옮김, 풀무질, 1995.
9) 빌헬름 라이히, 『성혁명』, 윤수종 옮김, 새길, 2000; 라이히, 『파시즘의 대중심리』, 오세철·문형구 옮김, 현상과 인식, 1986.
10) 카린 프리스터, 『이탈리아 맑스주의와 국가론』, 윤수종 옮김, 새길, 1993.
11) Lefort는 Cornelius Castroiadis와 함께 1950년대에 저널 *Socialisme ou Barbarie*(『사회주의인가 야만인가』)를 발간하였다. 르포르는 20세기가 새로운 권력과 억압 형태들을 탄생시켰다는, 모든 착취의 제거라는 구호 아래 새로운 착취체계가 작동한다는 인식에서 출발하였다. 이러한 문제의식에서 소련과 동유럽을 분석한 것은, 그가 '사회주의인가 야만인가' 그룹에 적극적으로 개입하고 있을 때인 1940년대 후반에서 1950년대 사이였다. 이 그룹은 프랑스 트로츠키당, PCI내의 논쟁으로부터 출현하였고, 르포르는 1943년에 학생의 신분으로 참여하였다. 소련에 대한 트로츠키주의자의 분석과 관련하여 논쟁하면서 르포르는, 트로츠키주의자들은 기본적으로 러시아 관료제를 사회주의라는 토대에 결합된 기생적이고 단기적인 카스트로 보았기 때문에 소련에서 출현한 새로운 착취체계의 성격을 파악하는데 실패하였다고 보았다. 트로츠키주의에 대한 이러한 비판은 그리스 시민전쟁의 망명자로서 1945년 파리에 도착한 Cornelius Castoriadis에 의해 가장 강력하게 진전되었다. 『사회주의인가 야만인가』는 1949년 3월에 창간되어 1965년 6월까지 발간되었다. 정치적, 이론적인 논쟁을 위한 독자적인 포럼으로서 '사회주의인가 야만인가'는 전후기간 동안에 동유럽과 서유럽의 산업사회(관료제)에 대한 비판적 분석을 발전시키는 데 중요한 공헌을 하였다.

관료제를 축으로 한 전체주의화를 동일자의 논리에 입각한 것으로 분석한다. 13) 이들은 소수자적 권리와 상상적인 것을 강조하며 그러한 특징에 기반한 자율성 위에서 새로운 주체성을 찾아 나선다. 14)

그러나 현실 사회주의권과 기존의 서구공산당들은 80년대 말 현실사회주의 붕괴 직전에야 조직론에 대한 반성을 시작하고 있다. 15)

집중화가 결국은 지배권력을 만들어 내는 방식이라면 그와 반대로 지배권력을 약화시키고 대중의 역능을 확장시킬 수 있는 방향으로서 자율적 조직화를 생각해 볼 수 있다. 자율적 조직화에 대한 인식은 현실 운동의 실천과정 속에서 다양한 조직에 대한 모색으로 나가고 있으며, 현실 사회주의에 대한 비판과 아우토노미아 운동의 출현으로 그 모색은 본 궤도에 오르게 되었다.

3. 자율적 조직화

1) 인식론적 기반

집중화를 가져오는 관료제와 맑스주의 조직론에 대한 반성과 비판은 급진적(radical) 민주주의에 대한 상을 요구하는 쪽으로 나아간다. 특히 68혁명과 그 이후 아우토노미아 운동의 확산과 더불어 조직론의 인식론적 기반을 재검토하게 되었다.

전통적인 대표제 모델을 비판하고 68혁명을 새로운 운동의 계기로 삼는 사람들은 개별자들이 지닌 특이성(singularity)을 강조하는 방향으로 나간다. 이러한 흐름에 있는 네그리는 특히 역능(力能)의 철학에 입각하

---

12) Claude Lefort, 'What is Bureaucracy?', in *The Political Forms of Modern Society*, Polity Press, 1986.
13) 카스토리아디스, 『사회의 상상적 제도 1』, 양운덕 옮김, 문예출판사, 1994.
14) Cornelius Castoriadis, *Philosophy, Politics, Autonomy*, Oxford University Press, 1995.
15) 프리취 외, 『레닌의 당조직사상과 현대』, 전효관 편역, 새길, 1991.

여 아우토노미아의 방향을 제시한다. 네그리는 스피노자에 대한 독해에 기반하여 권력(potestas)과 역능(potentia) 개념(프랑스어로는 pouvoir와 puissance)을 제시한다.[16] 권력과 역능을 대비해 보자면, 일반적으로 권력은 집중화된, 매개적인, 초월적인 지배의 힘을 가리키는 반면, 역능은 국부적인, 직접적인, 실제적인 구성의 힘이다. 역능은 저항들의 총합 또는 개별적인 힘들 및 잠재력들의 수준 이상의 것으로, 항상 집단적인 차원에서 활동하며 민주주의적 사회적 권위의 구성을 향한다. 즉 사회를 자유롭게 창조하는 구성력인 것이다.

권력-역능 관계에 대한 네그리의 개념은 변증법적 대당에 빠지지 않고 훨씬 풍부해진다. 네그리의 스피노자 독해에서 권력과 역능은 결코 단순한 정태적 대립 속에 관련되어 있지 않으며, 오히려 두 개념들 사이의 관계는 그들의 대립의 파괴를 향한 몇 개의 복합적인 변형들을 통해 전진적으로 움직여긴다는 것을 발견할 수 있다.

여기서 이 역능의 대중적 표현인 각 개별자들을 특이성이라고 한다. 모든 개별자들은 자신의 고유한 자기조직화 능력을 가지고 있으며, 이들 개별자들 간에는 어떤 공통분모도 없다. 전통적인 인식은 이 개별자들을 추상적으로 동일시하면서 공통분모를 뽑아내 보편적인 것으로 규정해 가려고 했다. 그러나 역능의 철학에서는 이 특이성(개별자)들은 서로 다르며 (차이) 공통분모는 없다고 본다. 따라서 차이를 서로 알기 위한, 서로 소통할 수 있는 공통통념을 만들어 내고 새로운 관계들을 구성할 뿐이다. 소통의 정치학, 교통의 정치학을 구성하는 것이다. 이것은 아우토노미아, 자율성 개념의 토대가 된다.

이제 역능을 지닌 특이성[개별자]들의 현실적, 직접적, 그리고 소통적인 운동에 대해 분석해 나가게 된다. 외부로부터 주어지는 것이나 위로부터 부과되는 초월적인 것이 아니라, 대중(multitude)의 내재적인 관계 즉 삶 속에서 구성되는 것에 초점을 맞춘다. 특이성을 지닌 개별자들의 집합

---

16) 네그리, 『야만적 별종』, 윤수종 옮김, 푸른숲, 1997.

적 움직임 속에 드러나는 대중은 초월적이거나 선험적인 관념 속에서 움직이는 것이 아니라 신체적 정동(affection)의 밀고 당김 속에서 소통을 넓혀가고 공통통념을 만들어낸다.

이 과정에서 역능은 대중의 정념(passion)과 지성을 통해 끊임없이 새로운 사회적 관계를 창조하는 데 관여한다. 스피노자의 민주주의적 전망의 주역인 대중은 구성과정을 통해 사회적 권위를 스스로 창출한다. 구성과정은 직접적이고 집단적인 그리고 연합적인 관계들의 논리를 통해 사회의 토대로부터 사회적 규범들 및 권리가 구성되는 과정이다.

이러한 역능 분석에 입각하여 우리는 역능의 구성이란 관점에서 초월적이거나 매개적인 조직화의 방향에 대해서 비판할 수 있게 된다. 즉 대중의 내재적인 구성과정의 입장에서 대중을 억압하는 초월적인 권력을 비판할 수 있게 된다는 것이다.

2) 주체성의 변화와 방향 설정

자율적 조직화 전략은 조직 자체의 유형론에 집착하지 않고, 현대자본주의의 변화과정을 노동과정의 변화에 초점을 맞추어 분석한다. 나아가 이러한 노동과정의 변화 위에서 계급구성의 변화를 추적하면서 새로운 조직의 상들을 모색한다. 특히 서구에서 1960년대 말 이후 등장한 새로운 주체들에 주목하면서 다양한 사회운동들을 포괄하려고 한다. 그리하여 전통적인 계급이해나 계급의식 논의에서 벗어나서, 역능(욕망)의 문제설정 위에서 인간의 자유를 적극적으로 확장해 나가는 과정에 집중하게 된다. 의식화를 통해 즉자적 의식을 지닌 주체를 대자적 의식을 지닌 주체로 바꾸는 방식에서 벗어나, 주체 자체의 변용과정, 즉 주체성의 생산 자체에 초점을 맞추게 된다.

(1) 주체성의 변화와 조직의 상

그러면 자본주의발전 과정에서 주체성의 변화상을 파악해 보자.[17] 네그리는 자율적 조직화와 관련하여 1968년 직후에 시작되는 '사회적 노동자'(social worker) 시기에 나타난 주체성의 모습은 대중이 지닌 현실적 자율성을, 자본과 관련하여 집합적 자기가치증식이 지닌 현실적 능력을 입증한다고 한다. 즉 노동자투쟁은 자본으로 하여금 자신을 재구조화해 나가면서 발전하도록 하지만, 이 과정에서 노동자 스스로도 새로운 모습으로 자신의 역능을 확장해 간다. 이러한 역동성 속에서 가치형태의 형상들과 대면하면서 노동자주체성은 독자적인 기획을 발전시켜 나간다는 것이다.

사회적 노동자 시기에는 자본주의 지배〔명령〕(그것이 부르주아적이든 사회주의적이든)와 대립하는 발본적인 생산적 사회화(사회적 협동) 사이의 모순을 포착할 수 있다. 이 시기의 공산주의는, 기존의 대표제 모델을 거부하고 자신들의 산노동에 기초하면서 생활세계 속에서 자신들의 역능을 확장해 나감으로써 구성할 수 있는 '구성(constituent) 권력'의 모델에 따라 제시된다.

대중과 대립하는 자본주의 권력(국가)은 여러 개인들의 자기결정에 근거한 주체들이 생산되는 것을 저지하며 몰적인 주체성을 생산하고자 한다. 자본은 시장의 재구축, 사회화된 노동력의 분할, 강력한 이데올로기적 기호라는 주체생산 기제를 작동시켜, 자율적인 노동자주체성(노동의 사회화와 의사소통과 협동)에 대립하는 주체성을 생산한다. 이것에 반대하여 노동자들은 주체의 적대적 생산과 유사한 과정을 시작해야 한다. 노동자의 자율적 주체성은 저항에서 전유로, 재전유에서 자기조직화로, 새로운 구성으로 나아가는 자기가치증식의 다양한 모습을 통한 여정을 개시한다.

이러한 여정에서 네그리는, 산노동의 역능에 대한 고려와 산노동의 입지조건이 지니는 환원불가능한 자율성〔아우토노미아〕에 입각해서만, 역사는 살아있는 현실이고 혁신이 역사의 영원한 추동력이라는 사실을 이해할 수 있다고 한다. 산노동을 끊임없이 지배의 한계를 파괴하고 현실의 구성을 향해 나아가는 불가피한 운동으로 규정한다. 이런 인식 속에서 현

---

17) 윤수종, 「안또니오 네그리의 정치경제학비판」, 『비판』 창간호, 1997 참조.

대 프롤레타리아트의 비밀스럽고도 은밀한 삶을 고려해야 한다. 집단적 실천에 대한 분석, 프롤레타리아적 독자성에 대한 분석이 요구된다는 것이다.[18]

현재의 노동하는 주체는 창조적 생산적 긍정적 주체이다. 노동의 비물질적 성격이 늘어나면서 노동협동 네트워크가 확장된다. 이에 따라 자본의 조직자적 성격이 없어지고 생산적인 노동은 직접적인 자본주의적 지배에 대해 그리고 간접적인 지배(국가 규범성으로 대표되는) 형태로부터 독립적이게 된다. 여기서 사회적 생산의 자율적 흐름을 약탈하고 통제하는 자본 및 국가의 역할에 '반대'상을 가지고 대립하는 것이 아니라, '분리'를 통해 즉 '노동거부'를 통해 주체는 자율적이고 독자적인 기획을 만들어가게 된다.

(2) 공산주의에 대한 새로운 규정

네그리는 가타리와 함께 공산주의의 새로운 상을 제시한다. 공산주의는 객관적 상태가 아니라 이제 새로운 집단적 주체성들, 의식, 욕망, 행동양식의 세계 안에서 이해되어야 한다. 공산주의는 주체성의 가장 강력한 경험이며 특이화(singularisation) 과정의 극대화이다. 잠재적 능력을 표현하는 개인화이다. 특이성을 복수성으로, 유동성으로, 시공간적 가변성과 창조성으로 드러내는 문제이다. 더 이상 사적 소유형태로 결정화되지 않는, 생산수단을 그 자체 목적으로 간주하지 않으며, 대신 그것을 특이성〔개별자〕의 행복을 달성하고 그 특이성을 기계적 리좀(뿌리줄기) 속에서 확장하기 위한 수단으로 간주하는 노동이다. 위계적 〔지배〕명령을 거부하며, 그렇게 함으로써 권력에 문제제기하고, 사회 속에서 기만과 착취가 수행하는 기능들을 밝혀내며, 그 자신의 존재와 생산성 사이의 어떤 타협도 어떤 매개도 거부하는 노동이다. 노동을 직접적인 해방노력이라는 틀 안에서 생산의 변형 및 배치로 재정의한다.

이와 관련하여 전통적인 의미의 '생산적 노동' 중심성에서, '산업프롤레

---

18) 네그리, 『맑스를 넘어선 맑스』, 윤수종 옮김, 새길, 1994, 332쪽.

타리아트' 중심성에서 벗어나 사회 속에 광범하게 흩어져 있는 부분들이 중요하게 된다. 이제 주변성(marginality)은 신속하게 중심부로 이전되었으며 소수자적 요구들은 자기 자신의 길을 가고 자기 자신의 담론을 명확히 표현함으로써, 잠재적으로는 거대한 다수자의 욕구(needs)를 표상하게 된다. 소수자들만이 보편성을 창조하는 운동을 가능하게 할 수 있다. 자신의 특이성 속에서 친구를, 약분할 수 없는 이질성 속에서 타자를, 자기 나름의 고유한 가치와 목적을 소중히 여기는 데서 독립적인 공동체(community)를 발견함으로써 공산주의는 구성된다. 이제 소수자들이 지닌 생성의 역능을 확장해 가는 기획으로서 공산주의가 제시된다.

따라서 공산주의는 모든 수준—정치적이고 사회적인, 역사적이고 일상적인, 의식적이고 무의식적인—에서 의식과 현실의 변형을 가져오는 사회적 실천들의 모음(assortment)으로 규정된다. 상상적이고 창조적인 과정, 즉 거부와 희망의 거대한 물결로 세계를 휩쓰는 특이한[개인적인] 동시에 집단적인 것으로서 공산주의는, 자본주의적이고 (현실) 사회주의적인 노동조직화의 포위망을 깨어 부수라는, 바로 생명에의 호소이다. 진정한 공산주의는 인간적 소생의 조건들을, 즉 사람들이 생산을 하면서 스스로를 발전시킬 수 있는 활동들, 개인이 그 속에서 기능적이기보다는 가치있게 되는 조직들을 창출하는 데 있다. 이를 위해서는 노동 그 자체의 성격을 변화시키는 운동이 필요하다. 그리고 노동을 창조적 활동성으로 재규정하는 것이 필요하다.

노동은 집단적이며 합리적이며 상호의존적인 인간의 존재양식 가운데 하나이기 때문에 해방될 수 있다. 노동은 연대를 낳는다. 노동해방이 과학기술이라는 가장 선진화된 부문의 노동자들에 의해 수행될 수 있다. 중요한 것은 공동체들, 인종적 사회적 집단들, 참으로 온갖 종류의 소수집단들이 자율적인 표현양식들—생활양식뿐만 아니라 노동과정 그 자체까지—을 획득하고 확립할 수 있는 근본적인 능력이다. 노동 그 자체에 내재한 해방의 잠재력은 그 어느 때보다도 더욱 가시적이다. 더욱이 이제 자유 속에서 획득된 집단적 지성, 즉 오늘날 자본주의의 일차원적인 경험을 부수고 나온 경험과 지식의 전유로 나갈 수 있다.

공산주의는 개인성을 단순히 집단적인 것에 대립시키지 않고 그 자체로 인정하고 진실로 해방하는 공통적 생활방식의 정립이다. 그러므로 건강한 공동체들의 건설은 독특한 개성들로부터 시작되어 바로 그것으로 끝나고, 집단적 잠재력(potential)은 특이성(singularity)이 자유로울 때에만 실현된다. 공산주의는 억압에 의존한 맹목적이고 환원주의적인 집단주의가 아니라, 결코 서로 환원될 수 없는 개인들과 집단들('집단성들')의 결합된 생산성에 대한 특이한 표현이다. 공산주의는 특이화 과정이다. 공산주의를 사상과 욕망의 통제가 아니라 집단적이고 개인적인 가능성(잠재력)을 해방시키는 것으로 규정한다. 특이성을 자유롭게 함으로써 창조되는 집단적 잠재력, 집단적 주체성의 형성이라는 측면을 공산주의의 내용으로 특권화한다.

혁명적 변형은 소수자(주변성)들의 '분자적 증식'을 통해 '몰적인 적대들'로 나아가는 과정이다.[19] 특히 이러한 진전 과정은 집단적 노동 경험에서 생겨난 새로운 주체적 의식의 창조 속에서 일어난다. 개인들에 의한 주체성의 집단적 창조인 것이다. 노동해방과 주체성 해방의 연접인 것이다. 주체성 해방(분자적 증식)이 빠진 노동해방(몰적인 대결의 해결)은 있을 수 없다.[20]

이러한 공산주의에 대한 새로운 규정 위에서 자율적 조직화 전략은 특이성, 자율성, 그리고 자유화(새로운 공간의 창출)라는 세 가지 깃발을 내세운다.

---

19) 가타리가 처음 제기한 분석도식이다. 몰적(mole, molar)인 것은 국가권력의 동일자적 행사방식(초코드화)이나 운동에서의 계급대립전선을 의미하며, 분자적(molecular)인 것은 일상적이고 미시적인 것으로 확산해 나가는(탈코드화해 나가는) 방식으로서 운동에서는 욕망투쟁을 의미한다.

20) 이러한 관점에서 주체성 구성을 위한 욕망의 미시정치학이 필요하다. 가타리의 분열분석이 바로 이러한 방향으로 나아가고 있다. Félix Guattari, *L'inconscient Machinique*, Editions de Recherhes, 1979.

3) 자율적 조직화

(1) 아우토노미아(자율) 정치학

이러한 규정 위에서 자율적 조직화는 근대성에 대한 대안들을 추구한다. 이러한 노력은 기존의 권력의 정치학에 대해서 아우토노미아 정치학을 제기한다.

전통적 정치학은 대표제 모델에 집착하였다. 낡은 생산패러다임의 포로인 역사적 공산당들은 출현과정에 있는 사회적 생산양식의 혁명적 힘을 상상조차 하지 못했다. 대중과 전위라는 패러다임적 분리에서 도출된 중앙집권주의적 조직모델에서 벗어날 수 없었기 때문에, 그들은 사회운동의 이 예기치 못한 자기조직화에 직면하여 방향을 잃고 놀라지 않을 수 없었다. 좌파 정당들은 1968년 운동 이후 더욱 더 전통적인 국가주의적 구조들에 매달렸다. 그러나 대중적인 정치적 대의제도들의 쇠퇴에 대응하기 위해, 권력은 예측과 대체라는 기술에 호소하여 상징적 시뮬레이션, 조작, 그리고 통제를 사용하였다.

대중 수준에서 다양한 변화들이 나타나고 있음에도 불구하고, 스스로를 변형시킬 수 없는 제도들의 무능력으로 인하여 정치적 위기가 발생하였다. '정치의 죽음'(예를 들어 대중의 선거정치에 대한 무관심)은, 물질적 문화적 자기가치증식의─완전히 외재적인 수단들을 통해서거나 지배적 권력구성체에 대해 주변적으로, 하지만 어쨌든 지배적 권력구성체에 대해 적대적인─새롭고 색다른 양식들을 채택하고 있는 새로운 세계에 대한 소극적인 표현일 뿐이다.

새로운 정치, 자율 정치는 자유, 민주주의, 그리고 창조성의 (새로운) 무대를 지속적으로 정복해 나감으로써 새로운 투쟁들에 근본적 성격을 부여한다. 자율성을 통해, 욕망의 흐름을 통해서 제도들을 횡단해 나감으로써 새로운 형식들을 끊임없이 만들어 내는 것이다.

모든 것은 정치적이며, 모든 것에는 권력의 정치학과 아우토노미아의 정치학이 있다. 즉 권력적 작동과 아우토노미아적 작동이 있는 것이다.

아우토노미아 정치학은 최고의 주체화 수준에서 투쟁전선들을 자기가치 증식 및 자기생산의 과정으로서 재조직화해 나가는 것이다. 이 색다른 정치학은 봉기를 통한 권력장악이라는 깜짝쇼가 아니라, 연속적이고 다차원적인 혁명을 통해 새로운 현실을 구축해 나가려고 한다. 예를 들어 1970년대 반핵 생태운동의 지형은 생산적 에너지의 발견을 위한 대안적 프로그램들 속에서 직접적으로 연결되고 결합되었다. 생태학은 하나의 새로운 행동방식이 가능하다는 것을 증명하였다. 반핵투쟁도 과학의 대안적 사용이라는 복잡한 차원들을 계발하였다. 시간착취에 대해 문제제기하고, 생산력과 관련하여 새로운 유형의 대안적 공동체의 조직화가 시작되었으며, 나아가 대체에너지자원들에 대한 탐구와 생산공동체의 실천적 재구축을 결합하는, 과학비판과 착취반대투쟁을 긍정적으로 결합해 나갔다.

아우토노미아 정치학은 거부와 파괴의 정치학이 아니라 파괴와 구성의 정치학, 권력의 파괴 및 장악이 아니라 권력과는 다른 것을, 권력형태로 되지 않는 다른 연결망을 만들어 내는 것이다. 전혀 다른 삶의 방식들, 색다르게 즐기는 방식들을 창출해 내는 것이다. 창조로 나가는 것이다. 이것은 주체와 관련해서는, 백인-남성-어른-이성애자-본토박이…라는 준거를 파괴하고, 흑인, 여성, 어린이, 동성애자, 이민자…되기, 즉 소수자되기를 통해서 풍부한 삶의 형식들을 만들어 나가는 것이다.

이런 관점에서 자본주의와 현실사회주의가 보유하고 있는 세계를 파괴하는 수단들(예를 들어 핵)을 통제해 나가는 것이 중요한데, 이런 평화투쟁은 공동체적 기초 위에서 새로운 방식들을 실험해 나가는, 집단적 해방투쟁을 직조해 내는 하나의 베틀(기반)이 될 수 있기 때문이다. 평화를 위한 동원은 해방을 위해 무한한 길을 열어 준다.

그렇다고 해서 관심이 '평화적인' 대안에만 집착하는 것은 아니다. 기본적으로 아우토노미아 정치는 대중들이 직접행동을 통해 자기표출을 해나가는 과정에서 국가(권력)와 충돌하는 폭력에 대해서는 긍정한다. 그러나 70년대 운동과정에서 나타났던 테러리즘(예-붉은 여단)은 심각하고 가장 광기어린 증상이었다. 새로운 혁명적 주체성들은 분자적으로 활성화되어 가는데, 국가는 몰적(molar) 질서를 부과하고(국가테러리즘) 새로운 유형의 내전을 개시한다. 여기서 테러리즘은 적들이 바라는 몰적 대결지형에 스스로 빠지는 모험을 감행한다. 1970년대 적색테러리즘은 일종의 편집증적 준거점인 국가주의적 해석으로 완전히 환원되는 경직된 레닌주의였다. 경제에 집중한 정치, 정치에 집중한 국가권력을 파괴해 나가겠다는 레닌주의적 전위당론이 그 국가권력을 닮은 '반대상'으로서 더욱 경직된 비밀스런 전위론으로 되어 버렸다.

여기서 반동에 대한 저항을 어떻게 새로운 유형의 조직화와 연결할 수 있는가 하는 실질적인 문제가 제기될 수밖에 없다. 경제를 집중한 정치, 정치를 집중한 권력을 만들어 가는 집중화와는 달리, 국가권력을 해체하는 정치, 정치를 해체하는 경제, 경제를 전유하는 주체들을 만들어 가는 '색다른' '상이한' '새로운' 운동이 필요한 것이다. 그러기 위해서는 국가장치의 포획에서 미끄러져 나가는 방식들을 탐구해야 한다. 자본주의적 죽음충동에 의한 모든 초코드화로부터 근본적으로 욕망들을 해방시키고, 그것을 산출하는 인과관계를 탐구하며, 그 징후들을 드러내서 강화하는 방법이 있을 것이다. 물론 이러한 과정에서 국가는 엄청난 폭력을 행사하여 대중의 자율적 움직임을 파괴하거나 제도 안에 포섭하려고 할 것이다. 여기서 힘〔폭력〕에 호소하는 문제도 권력의 폭력에 똑같은 방식으로 방향만 반대로 행사하는 것이 아니라, 전혀 다른 방식으로 힘〔폭력〕을 (사유 및 상상과의 수많은 연결을 통해) 다양화하고 복수화한다면, 정치적으로 훨씬 더 효과적일 것이다. 붉은 여단의 집중화된 폭력이 아니라 '붉은 조라'의 분산된 폭력처럼 말이다. 21)

나아가 탈근대 국가에서 나타나는 폭력문제에 대해서 실천적인 비판이 요구된다. 22) 정치와 사회가 서로 침투함에 따라 시민사회가 소멸되는 경

---

21) 카치아피카스, 『정치의 전복』, 윤수종 옮김, 이후, 2000, 259-260쪽.

우, 집단적 저항이라는 전통적 채널은 더 이상 전과 같이 기능하지 않게 된다. 서구사회에서는 사회적 공장의 등장으로 노조나 기타 사회제도들이 힘을 상실했다. 그리고 훈육적인 시민사회의 제도들이 단조화되고 저항의 제도적 형태들도 극히 단조롭게 되어 내적 역동성을 잃어버린다. 그래서 현재 남은 행위극(極)은 비폭력과 테러리즘이다.

비폭력저항은 저항자들의 희생을 매스미디어를 통해 보여 주며 공공질서의 상징적(직접적이 아니라 간접적 효과) 과정을 분쇄하는 저항형태이다. 어떤 명분에 대한 공공적 지지나 정부정책에 대한 공공적 비난을 간접적으로 불러일으키는 식으로 작용하는 것이다. 이것은 어떤 '메시지'를 전달하려고 하는 것인데, 미디어에 노출되지 않으면 무용지물이 된다.

여기서 두 가지 관련된 사회적 실천문제가 나타난다. 먼저 권력문제와 폭력문제이다. 비폭력저항은 권력 개념이 모호하여, 흔히 폭력거부를 권력 일체에 대한 거부와 혼동한다. 비폭력저항은 피해자의 무권력(동정)을 보여줌으로써 무권력이 지닌 권력(도덕권력)을 이용한다. 즉 비폭력저항은 테러리즘의 거울상이라는 것이다. 테러리즘도 상징적 제스처에 의해 작용하지만, 비폭력저항과는 반대로 자신의 권력과 상대(국가)의 무권력을 보이려고 한다. 둘째로 폭력비판과 그것이 근거로서 가정하고 있는 정의에 대한 주장 문제이다. 도덕적 관점은 비폭력적 행위자들의 순수성에 집중하며 모든 형태의 폭력을 부당한 것으로 보아, 모든 저항자들을 국가와 같은 도덕적 범주 속에 집어넣는다.

가시적으로 판별할 수는 없지만 전 세계와 우리에게 퍼져있는 폭력형태들이 있다. 폭력과 불의를 도덕적으로 동일한 것으로 생각할 수는 없지만, 유물론적 전통에서는 권력행사(세계의 본질)를 폭력의 형태로 인식해 왔다. 권력행사라는 맥락을 벗어나서는 옳음, 정의, 선 등의 문제를 제기할 수 없다(스피노자, 니체). 최근 비폭력행동이 활동가들 사이에서

---

22) Negri and Hardt, *Labour of Dionysus: A Critique of the State-Form*, Univ. of Minnesota Press, 1994, chapter 7, 'potentialities of a constituent power'(이원영 옮김, 『디오니소스 노동 1-2』, 갈무리, 1996, 1997).

확산되고 있는 이유는 시민사회의 소멸로 정당화된 정치행동형태가 사라졌기 때문이다. 특히 폭력적인 정치적 대결을 정당화했던 구조도 사라졌다. 기존의 정치구도로는 비폭력저항과 테러리즘이라는 받아들일 수 없는 두 극 이외에는 중간선택지가 점점 없어진다.

파괴와 구성이라는 아우토노미아 정치의 전략에 비추어 볼 때, 폭력문제를 이러한 선택지의 문제로 환원해서는 기존의 사회를 변형하기 어렵다. 기존 사회는 이러한 극단적 선택지 가운데 하나를 선택하도록 강요한다. 아우토노미아 정치는 폭력 안에서, 권력행사 안에서 분화를 확인하고 다양한 형태들을 사고하고 활용해야 한다. 폭력은 권력행사와 맞물려 있는 것이다. 역능의 폭력? 역능 구성으로서의 윤리? 아우토노미아 정치에서 폭력문제는 구성권력의 문제이다. 대중의 자기구성 과정에서 나타나는 표현인 것이다. 네그리는 벤야민의 폭력구분을 빌어 이 문제를 정리한다. 벤야민에 따르면, 운동에는 국가를 상악하려는 혁녕운동과 국가권력을 완전히 파괴하고 법률과 전혀 관계 맺지 않는 운동이 있다. 후자와 관련하여서는 '섞이지 않고' '직접적' 효과를 위해 자신 이외에 어떤 외재적인 것에도, 어떤 대표도 요구하지 않는 혁명적 폭력(소극적 규정)이 있다. 그에 반해 신비적 폭력, 법률제조폭력, 지배폭력, 법률보존폭력, 지배를 위한 피지배폭력을 거부하고, 구성권력을 만들어 가는 '신성한 폭력'이 있다고 한다. 대중의 구성적 실천, 대중권력의 확장리듬, 이러한 실천은 그 야만적 행위가 존재를 파괴하고 구성한다는 스피노자적 의미에서 신성한 것이다. 그것은 순수한, 대표할 수 없는, 자신의 권력을 긍정하는 것이다. 국가질서의 규정들로부터 대중의 탈출은 누구도 대표할 수 없는 공동체의 행진이다. 탈주. 전혀 다른 폭력, 베를린장벽을 부수는 폭력. 현실사회주의는 봉기에 의해 무너진 것이 아니라, 대중들의 권력으로부터의 탈주(일부 서방으로의 탈출)에 의해 무너진 것이다. 그리고 이 공동체의 행진은 구성권력을 활성화하는 자기가치증식의 네트워크를 창조한다.

이러한 기반 위에서 아우토노미아[공산주의로의 이행의] 정치는 다음과 같은 구체적 실천지침들을 제시한다.[23] "분석을 현재의 생산양식에 기반하게 하라. 생산양식과 생산과정들 그리고 생산적인 주체들 사이에서 언제나 새로운 형태들로 생겨나는 모순들을 구축하라. 근대성과 그것의 부산물들을 비판하라. 집단적인 주체들과 그들의 소통적 연결망들의 재조성을 향해 작업하라. 지식을 유효한[작동하는] 의지로 변형시켜라."

(2) 자율적 조직화의 현실적 기반: 공공영역

자율적 조직화는 현실을 무시한 채 전개될 수 있는 것이 아니다. 전통적인 맑스주의에서는 국가를 장악함으로써 권력을 장악하고 부르주아지의 '물질적 토대'를 전체 인민을 위해 새롭게 건설해 나갈 것을 주창하였다. 여기서 중요한 논제로 떠오른 것이 사회화 논의이다. 사회화·국유화에 대한 요구는 사유화에 대항하여 소유의 사회화를 지향하는 것이었다. 사회화 논의의 기본 골격은 독점자본 및 기간산업의 사회화(국유화) 및 노동자(민중) 통제, 그리고 이를 현실화시킬 수 있는 노동자계급의 권력장악투쟁(국가장악)으로 나아가야 한다는 것이다.

국가장악 테제에 반대할지라도 사회화 투쟁이 지닌 의미 자체를 긍정할 수 있을 것이다. 모든 것을 시장원리에 맡기려는 신자유주의적 기획에 경종을 울리며, 기존의 공공영역(한국의 경우 흔히 공기업)이 지닌 부분적인 공적 성격을 유지하려는 투쟁이기 때문이다. 동시에 기업의 경영성 논리에만 입각한 구조조정에 대항하여 노동자들의 재생산 기반을 넓히려는 싸움이라고 할 수 있기 때문이다. 그리고 이러한 사회화 투쟁은 해당 기업에만 관련되는 것이 아니라 전체 노동자계급이 자본(국가)과의 대결 구도에서 자신의 재생산 기반을 확보해 나갈 수 있는 싸움의 의미를 지니기도 한다.

기존의 공공영역이 지닌 가장 큰 의미는 노동자계급의 재생산 기반을

---

23) 네그리, 「대항권력의 생리학」, 『비판』 2호, 1997.

확보하며, 더 나아가 대중 전체의 재생산 기반을 안정화하는 것이라고 생각한다. 이러한 의미에서 최근 전세계적으로 신자유주의적 '개혁'에 의해 공공영역이 사유화되고 있는 양상은, 서구에서는 68혁명 이후 확보되었던 노동자계급의 재생산 기반에 대한 자본의 공격이며 우리의 경우는 IMF를 계기로 한 제국의 공격이라고 할 수 있겠다.

공공영역을 공기업에 한정하기도 하지만, 서구의 논의에서는 공공영역을 의사소통의 장으로 규정하기도 하고, 자유주의 정치의 장소(정치적 거래와 참여의 열린 장)를 의미하기도 하였다. 또한 공적 재산의 운용과 시민들의 자유로운 교제의 장이란 의미를 지니기도 하였다.

최근 세계시장 이데올로기 속에서 자본의 전지구화 경향은 특히 국가를 매개로 한 공공영역을 축소시켰다. 일단 공적인 것(the public, 공기업)의 기초인 공통적인 것들(the commons, 예를 들어 주민들의 에너지의 값싼 이용)이 사적인 사용을 위해 몰수되고 아무도 손가락 하나 까딱할 수 없게 되며, 공적인 것은 심지어 개념으로서도 해체되고 사유화된다. 그렇게 되면 공통적인 것들을 만들어가는 대중의 참여는 막히게 되고 공통적인 것에 기반한 공적인 것은 사적으로 운용된다.

그러나 다른 한편으로 오늘날 우리는 노동하는 대중으로서 더욱 급진적이고 심오한 공통성(commonality)에 참여하고 있다. 사실은 우리가 소통과 사회적 네트워크들, 상호작용적 서비스들, 그리고 공통 언어들로 구성된 생산 세계에 참여하고 있다는 것이다. 우리의 경제적이고 사회적인 현실은 생산되고 소비되는 물질적 대상들에 의해 규정되기보다는 공동 생산된 서비스들과 관계들에 의해 규정된다. 따라서 생산한다는 것은 점점 더 협동과 소통적 공통성들을 구성하는 것을 의미한다.

여기서 국가장치(자본)의 포획에서 벗어나 자신들의 공통성을 추구해가는 대중을 떠올리게 된다. 더 나아가 전세계적 권력으로서 제국의 지배에서 벗어날 수 있는 자율적 공간을 구축해 가는 대중의 상을 떠올리게 된다.

대중은 스스로 자신들의 소통을 넓혀갈 수 있는 다양한 공간을 만들어 나간다. 기존의 공공영역을 넘어서 새로운 공공영역은 대중이 내재적인 상호작용 속에서 공통성을 만들어가는 과정 위에서 나타날 것이다. 노동자들이 자본과 싸움을 하면서 따낸 혹은 자신들이 독자적으로 만들어낸 틀(노동조합일 수도 있다) 속에서 자신들의 소통의 장을 넓혀갈 수 있을 것이며, 동성애자들이 국가와의 싸움에서 확보한 가상공간상의 모임을 통해 자신들의 담론을 공공화할 수 있을 것이다.

이러한 상황에서 기존의 공공영역이 국가에 의해 관리된다면,[24] 그것은 점점 더 초월적 장치로서 기능할 것이며 대중의 자율적 역능을 억누르게 될 것이다. 그리고 대중은 자율적 공간의 창출 과정에서 국가와 충동하게 될 것이다. 제국의 훈육장치로 변한 국가는 훈육을 거부하는 대중과 그들의 협동 장치인 새로운 자유의 공간을 압박하고 파괴하려고 할 것이기 때문이다. 이 과정에서 자신들의 공간을 지키려는 대중의 저항에 부딪쳐 국가는 대중의 공간들을 제도화하는 방식으로 나아갈 것이다. 그러나 이러한 제도화의 선은 제국의 지배세력들에 의해 윤곽이 그려질 것이다.

공공영역의 내용으로서 공통성을 얘기하고 그 공통성을 담지하는 대중을 그 주체로서 얘기하지 않을 수 없다. 노동자들을 포함한 대중이 현실에서 지니고 있는 투쟁획득물(예를 들어 복지제도)이 지닌 불가역성, 노동조직의 집단성, 생산적 주체성의 사회적 특징(소통 및 협동) 등은 공공영역의 내용을 이룬다. 다시 말해 대중이 획득해온 자치성이 공공영역의 내용이 되어야 한다. 물론 이러한 공공영역은 해방의 장을 만들기 위한 전제조건들, 기반이 된다. 네그리와 하트가 제기하는 전지구적 시민권, 사회적 임금권, 재전유권의 실현 등은 공공영역의 내실을 대중의 입장에

---

24) 공공영역을 더 이상 공익을 실현하는 장이라거나 특정 집단이 아니라 모두(시민)의 이익을 실현하는 장이라는 통치자식의, 국가장치적 발상에서 벗어나야 할 것이다. 공공영역을 국가가 관리한다는 발상은, 초월적 주체를 칭송하는 것이고 국가를 배제하고는 공공영역을 생각할 수 없어서 결국 국가를 폐절해서는 안되고 건강한 국가로 만들어야 된다는 발상으로 이어지게 된다.

서 채워가려는 방식일 것이다.[25]

국가에 포섭된 기존의 공공영역은 새로운 자유의 공간을 만들어 갈 수 있는 자율적 조직화의 수동적 전제조건일 뿐이다. 국가로부터 자율적인 새로운 공공영역(예를 들어 사회센터)의 창출은 자율적 조직화의 능동적 전제조건일 수 있으며, 나아가 국가를 압도하는 제국 권력에 대항하는 대중의 자율적 협동방식을 촉진시킨다. 대중이 획득해 온 자치성으로서의 공공영역은 자율적 조직화의 토대가 된다. 이처럼 공공영역 위에서 집단적인 생산적 주체들을 구성하고 색다른 자유의 공간들(미시코뮌들)을 창출해가는 것은 구성권력으로 나아가는 길이며, 이 구성권력의 과정은 바로 공산주의로의 이행일 것이다.

(3) 새로운 조직(형태)의 모색

자율적 조직화 전략은 대중의 역능과 권력의 관계를 역능을 지닌 대중의 입장에서 정립해 가려는 시도이다. 대중의 역능을 확장하여 지배 권력(국가)을 약화시켜 가는 것이다. 그 방향은 스피노자 말대로 절대적 민주주의로 나아가는 것이다.

자율주의자들은 '대표는 없다'라는 구호 아래 조직형태를 생각하기 때문에 대표성 문제를 새롭게 제기하고 있다. 결국은 인간의 창조력, 잠재력을 최대한 확장할 수 있는 조직형태 및 작동원리들은 무엇일까 하는 것이 자율적 조직화의 관심사이다. 다양한 집합체들을 확장시켜 나가는 것을 출발점으로 삼으면서, 그것들이 결국은 거대한 사회적 지배장치로부터 벗어날 수 있는 과정을 조직화할 수 있는 방식들을 모색해 나가려는 것이다. 따라서 베버의 관료제 이념형이나 레닌의 민주집중제(전위당론)에 대한 발본적인 비판의 성격을 지니며 대안적인 방향을 모색해 나간다.

서구에서 이러한 아우토노미아적 흐름은 68년 운동 흐름에서 촉발되었다고 할 수 있다. 여기서는 이탈리아의 경우를 살펴보겠다. 1968년 이후

---

25) 네그리·하트, 『제국』, 윤수종 옮김, 이학사, 2001, 4부 3장.

이탈리아의 사회운동조직들은 여전히 집중화된 지도력〔레닌식 민주집중제〕에 활동을 맞추고 정치적 전위인 공장노동자들에 배타적으로 집중하였다. 이러한 흐름에 대해 1970년대 중반 여성운동을 비롯한 소수자운동에서 반대의 목소리가 높아졌다. 이로 인해 기존의 방식으로 활동하던 조직들에게 '운동의 위기'가 있었다. 1968년에 형성된 많은 집단들이 이때 해체되었다. 그러나 이러한 위기는 활동의 중지로 귀결되지 않고 운동의 재조직화로 연결되었다. 붉은 여단은 은밀하고 엄격하게 위계화된 구조를 지니고 군사전략을 추구하였다(민집제의 강화방향). 이에 반해 네그리가 그 형성에 참여한 '아우토노미아 영역'은 노동자운동을 당시 막 힘을 얻은 다른 운동들, 특히 여성운동과 연결시키는, 비위계적 조직형태를 추구하는 독자적 집합체들의 연결망(network)이었다. 이러한 맥락에서 이탈리아 사상의 몇몇 상이한 조류가 생산적 노동과 노동자계급과 같은 전통적인 맑스주의적 개념들에 대해 문제를 제기하고 수정하기 시작하였으며, 자신들의 폭을 재정의하고 넓혀 나갔다. 26)

집중제냐 자생주의(혹은 아나키즘)냐 하는 맑스주의의 논쟁은, 선택의 문제로 좁혀지면서 결국은 집중제로 편향되었다. 그러나 자율적 조직화는 아나키즘이라는 의혹을 받지만 전통적인 집중제-자생주의라는 대당을 넘어서려는 적극적인 시도이다. 자율적 조직화는 자율성, 자주관리, 자기조직화에서 출발한다. 그러나 이 자율성은 의식을 앞세운 자율성이 아니다. 노동거부를 통해 다양한 집합적 주체성을 형성해 내면서 기본 관계를 변형해 갈 수 있는 자율성을 의미한다. 그러면서 비노동의 영역, 자본주의적 생산관계가 지배하지 않는 영역에서, 그것은 자본에 대립하는 모든 사회세력들 및 노동자계급이 창조하는 다양한 가치생산영역들을 만들어가는 자기가치증식으로 나아가고자 한다. 특히 여기서는 다양한 주변자들, 소수자들이 사회의 새로운 흐름을 만들어 낸다. 고정된 부의 축적이 아니라 자본의 재생산권력과는 분리된, 사회의 자율적 재생산역능을

---

26) 뽀르뚜나띠, 『재생산의 비밀』, 윤수종 옮김, 박종철출판사, 1997.

규정하는 욕구들, 즐거움들, 그리고 실천들을 축적해 나가는 것이다. 그리고 이러한 움직임의 현실적인 모습은 기존의 관계에서 분리되어 독자적인 색다른 공간을 창출하는 방향으로 나아가고 있다.

남성들과 분리하여 여성적인 주체성을 정립하고 그 위에서 독자적인 공간으로서 여성센터를 만들어 가는 이탈리아 여성운동의 흐름은 바로 자신들의 절대적 자유의 공간을 만들어 가는 과정으로 볼 수 있다.[27] 더욱이 여성운동 안에서 레즈비언 여성들은 남성과 여성의 차이뿐만 아니라 여성들 간의 차이를 강조하는 분리주의적 실천 속에서 다시 자신들의 고유한 공간을 만들어 간다. 물론 그 공간 안에서 자율성에 기초한 관계가 정립되고, 점차 다른 공간들과의 교류를 확대해 간다. 이러한 미시코뮌들은 처음에는 폐쇄적인 것처럼 나타나지만 활동을 하기 시작하면 오히려 그 미시코뮌을 둘러싸고 있는 공간들이나 조직들이 변화하게 된다. 이러한 움직임은 1990년대 들이 다양한 사회센터의 등장으로 나타나고 있다.

1980년대 독일을 비롯하여 북부 유럽에서 전개된 자율운동의 흐름도 이와 비슷하다. 자율적 여성운동, 반핵운동, 점거운동 등에서 나타난 새로운 공간 만들기는 기존의 권력정치학과는 완전히 다른 모습을 보여준다.[28] 주변화된 층들이 국가체계가 부여한 지배원리에 대항하여 사회의 일부 공간을 점거하여 살면서 자신들의 고유한 내부규칙을 만들어 간다. 예를 들어 국가는 '모든' 마약을 금지한다. 물론 그렇게 함으로써 마피아와 경찰은 경성마약을 둘러싸고 엄청난 마약상승작용을 일으킨다. 이러한 국가와 마피아의 공모에 대항하여 거의 대부분의 자율적 코뮌들이 마리화나와 같은 연성마약(삶 마약)을 값싸게 공급하고 히로뽕같은 경성마약(죽음 마약)을 금지하기 위해 내부적으로 (경찰과 마피아에 대적하여) 투쟁을 벌여나가는 과정은 바로 절대적 민주주의로 나아가는 길이다.

---

27) Paola Bono and Sandra Kemp, *Italian Feminist Thought*, Basil Blackwell, 1991, pp. 82-202.
28) 카치아피카스, 앞의 책.

(4) 조직화 방향

새로운 혁명적 주체성들은 평화에 대한 열망, 집단적 안전보장, 그리고 실업과 빈곤에 대한 최소한의 보호 등을 선언한다. 그리고 집단적 주체화에 내적으로 의존하며, 외부적 전위의 모든 이데올로기들의 파괴를 지향한다. 자율성에 기초하여 새로운 주체화양식들은 삶의 질, 재전유, 자기생산이라는 문제를 제기한다. 다양한 주체들 각각의 분자적 운동, 각각의 자율성, 각각의 소수자운동을 확산시키는 것이다. [29)

그러면 이러한 각각의 운동들은 어떻게 연결되는가? 여기서 레닌주의/무정부주의(국가주의적 모델)를 넘어서는 새로운 유형의 조직화를 제기하게 된다. 유동성, 다가치성, 추상능력, 탈영토화 역능 등을 확장해 주면서 각 운동을 결합해 나가는 방식이 있는가? 혁명적 주체성의 조직화란 도대체 무엇을 의미하는가?

특이성(개별자)들의 복수성 속에서 관계들의 다원성을 반전시켜야 한다. 여기서 다원성은 해당 특이성들의 과정들을 최적화하는 방향으로 발전시킨다는 의미이다. 한편으로 사회적 지성화의 상이한 차원들을 접합할 수 있고, 다른 한편으로는 자본주의적 배치의 파괴적 힘을 적극적으로 중화시킬 수 있는, 기능적 다중심주의(functional multicentrism)가 필요하다는 것이다. 현실적으로 하나의 중심을 설정하고 그것에 의해 지도 받는 방식을 거부할지라도, 각 운동이 스스로 불가역적인 분자혁명들을 폭발시킬 수 있고, 국가적 그리고 국제적 공동체의 일반 권리들을 방어하는 정치적이고 조합적인 영역에서 벌어지는 제한적이거나 무제한적인 몰적 투쟁들과 스스로를 연결시킬 수 있다. 즉 과도적으로 여러 작은 중심을 설정할 수 있다는 것이다. 그것을 의식이니 이론이니 하는 것을 통해 통일시키려고 해서는 안 된다. 사회적 주체성의 고유한 자기생산과정들이 지닌 내적 목표들을 분석하기 위한 항구적 기제들을 창조해 나가면서, 자

---

29) Félix Guattari and Toni Negri, *Les Nouveaux Espaces de Liberté*, Editions Dominique Bedou, 1985, Ch. 5.

신의 자기생산 및 복수화를 향하고 있는 모든 특이성들의 연쇄고리들 속에서 스스로를 계속적으로 다시 만들어 내는 조직체를 구성하는 방법을 요구하는 것이다. 몰적 통일(초코드화)이 아니라 분자적 집계의 방법으로, 대동단결이 아니라 각자의 자율성을 지키면서 어울릴 수 있는 방식으로.

이러한 방향에 설 때, 해결해야 할 첫 번째 문제는 복수적인 이데올로기적 차원들의 공존을 정비하려고 하거나 특정한 차이점들을 극복하려고 하지 않으면서도 그러한 차이점들이 수동적이면서 말없는 분할들로 타락하는 것을 막을 수 있는 분석과 대결책을 발전시키는 것이다. 특이화의 동학 속에서 갈등적 돌연변이들을 당연한 것으로 받아들이며, 인간의 생산성을 담지한 각각의 돌연변이들이 갖는 풍부함과 책임성을 존중하면서 말이다.

그리고 이와 같은 동학과 기능적 다중심주의에 개방적인 투쟁기계들을 구축하는 것이 필요하다. 따라서 욕망의 그리고 관용의 특정한 사회적 결정화가 모든 특이성들을 관통해 흐를 수 있도록 하는 투쟁기계들을 만들어 내야 한다. 이러한 투쟁기계들을 지닌 대안운동의 발전은 필수적이다.

기본적인 혁명적 계기는 노동자계급들, 제3차 생산 부문들, 그리고 '비보장' 영역의 수많은 구성분자들로 하여금, 연결되고 상호작용하도록 만들 가능성들에 관한 것이다. 문제는 통일화의 체계를 창안하는 것이 아니라, 새로운 주체적 세력들을 접합하는 과정에서 그리고 자본가적 권력블럭들을 파괴하는 과정에서 존재하는 모든 사회 세력들의 다가적 참여의 체계를 창안하는 것이다.

운동의 결합적 통일체를 재조성하는 문제는 그 각 구성요소들에 의한 해방—그 경향에 있어 내적으로는 특이하고 외적으로는 공격적인—의 자기생산이란 문제와 병행된다. 자기생산이란 대중이 지배적 권력구성체들과 섞이지 않은 채 새로운 협동 및 주체성 유형에 실제로 참여하는 모든 것을 만들어 내는 과정이다. 여기서 유용한 물건들의 생산, 소통 및 사회적 연대의 생산, 미적 세계들의 생산, 자유의 생산 등등을 포괄하는 '새로운 생산적 협동'이 필요하다. 그리고 점차 생산과정들의 중력 중심은 주변적이고 소수적인 것들의 분자적 그물망 쪽으로 전위되었다. 그래서 전통적 노동자계급과 새로운 해방운동들 및 공산주의적 기획들을 재통합하는 것이 주요 과제로 부상하고 있다.

더욱이 사회공간에서 볼 때, 새로운 혁명적 투쟁기계들의 생산에 있어 핵심지점은 주변화된 주체성의 지대들 안에 존재한다. 그러나 주변적(소수적) 주체성들은, 지배 경향들의 산물이자 최상의 '분석가들'인 한에서만, 지배에 대한 가장 훌륭한 저항자이기도 하다.

4. 맺음말

기존 권력의 집중화를 파괴하려던 레닌의 전략은 결국 집중화된 봉기를 통해 권력을 장악하여 그 권력의 성격을 노동자(인민)적인 것으로 변형시켜 간다는 구상이었다. 그러나 그 진전과정에서 내용은 형식에 의해 규정당하게 된다. 자율적 조직화를 촉진하지 않는 집중화된 권력은 아무리 노동자, 농민의 권력임을 천명해도 지배장치화될 수밖에 없다.

여기서는 집중화를 통해 지배장치화되었던 경험을 벗어나기 위해 자율적 조직화라는 방향을 제시해 보았다. 기존의 권력, 지배장치를 약화시킬 수 있는 방법은, 바로 그것과는 달리 작동하는 기계들을 설립해 나가는 과정이다. 물론 양도와 추상적 권리에 입각해서가 아니라 개별자들의 역능에 기초한 구성의 방향으로 말이다. 또한 초코드화하는 방향이 아니라 개별자들의 역능을 확장해 갈 수 있는 분자적 방식으로 자율적 조직화의 방향을 잡아 보았다.

현재의 정세에서는 자율적 조직화 전략은 노동자들을 포함한 대중이 획득해 온 자치공간으로서의 공공영역을 기반으로 하면서 그 위에서 색다른 자유의 공간들(미시코뮌들)을 창출해 가는 과정이다. 당장은 사회적으로 권력으로부터 억압받고 배제당하는 주변부, 그곳에서 각기 다른 것으로 환원될 수 없는 특이성을 지닌 전형적인 소수자(운동)들에 주목해야 한다. 예컨대 동성애자 운동, 청년운동, 여성운동, 빈민운동, 소수민족의 투쟁 등으로 이들 간의 비위계적, 분산적, 수평적 연대(흐름)를 수립하여 자본주의의 억압적 권력에 효과적으로 맞서는 혁명기계를 만들어 내려고 한다. 물론 각 소수자들로 이루어진 대중의 자율성을 통해서.

분자혁명과 투쟁방향

1. 머리말

아직도 혁명? 권력을 장악하고 대중을 지도하는 것을 혁명이라고 생각한다면, 과연 혁명이 필요한가? 소련이나 동구의 붕괴가 잘 보여 주지 않았는가? 그럼에도 이른바 정치를 한다는 사람들은 여전히 대표제 모델에 집착하여 색깔만 바꾸어 가고 있다. 빨간색에서 녹색으로.

지금까지는 사회 변혁을 권력 장악이라는 관점에서 주로 파악해 왔다. 이러한 관점에서는 역사를 부르주아 혁명(상징은 1789년 프랑스 대혁명)과 러시아혁명(1917년)을 분기점으로 하여 파악한다. 이 경우 봉건 귀족을 물리치고 부르주아지가 권력을 장악하는 과정과, 부르주아지를 물리치고 프롤레타리아트가 권력을 장악하는 과정을 강조한다. 그러나 이러한 생각 속에는 여전히 권력 중심부와 대중이라는 대당(대립)이 있으며, 권력 중심부의 이념적 성향이 사회의 성격을 결정하는 듯이 설정된다. 부르주아 사회와 '프롤레타리아 사회'는 무엇이 다른지. 사실상 현실 사회주의는 자본주의발전에서 '자유민주주의'라는 정체에 대한 또 다른(another) 형태로서 공존해 온 것 아닌가?

아무리 '민주적'이라는 형용사를 강조한다고 하더라도, 권력을 중심에 내장하고 더욱이 이념으로 무장한 당이 대중을 지도한다는 발상(민주 집중제)은 현 시기에 힘을 발휘할 수 없을 것이다. 그렇다고 '사람만이 희망이다'라는 뒤늦은 주체성에 대한 인식이 이에 대한 해결책을 줄 수 있을까? 물론 전위당을 만들어 현실을 바꾸어 간다는 생각을 정리한 것은 현명하지만.

이러한 시점에서 모두 '백기 들고 청기 내린 채' 권력 옆에 서서 합창할까? 아니면 건강학을 듣고 체력 단련장으로 가서 심신을 부드럽게 만들까? 현실에 잘 적응하기 위해서! 몇 가지 제도들의 설립으로 변혁은 주저앉게 되는가? 87년을 전후해 성장한 대중의 힘은 IMF 파시즘으로 일순간에 날아가 버릴 수 있을까?

이와 비슷한 상황에 대해서 서구에서는 68년 혁명을 계기로 많은 사람들이 다양한 실천과 사고를 수행해 왔다. 특히 '마키아벨리-스피노자-맑스-니체-(들뢰즈)'라는 소수적(mineur) 사유 흐름 위에서,[1] 전위당 모델을 비판하면서 분자적(moléculaire) 운동(노동거부에 기초한 자기가치증식운동, 여성운동, 소수자운동 등 '아우토노미아 운동')을 통해 사회를 변화시키려는 방향을 주목해 왔다.

다수적인 사유를 대표하는 주체 철학(데카르트)에 근거한 사회 구성은, 이성적인 인간을, 구체적으로는 백인-남성-어른-이성애자-토박이-건강인…이라는 표상을 준거로 하여 사회를 위계화해 나갔다. 더욱이 인문사회과학은 구조(구조주의)와 객관성(객관적 사회 관계)을 강조하면서 인간 주체의 문제를 없애 버렸다. 맑스주의조차 보편 계급으로서의 노동자계급 상에만 매달려 사실은 새로운 주체에 대한 탐색을 하지 못했다. 소수적인 흐름에 있는 푸코, 들뢰즈, 가타리, 네그리 등은 근대적인 표준적 인간상을 파괴하고, 그 인간상으로부터 주변적이고 소수자적인 위치로 밀려난 개인들 및 집단들(유색인-여성-어린이-동성애자-이민자-환자…)을 복권시키려 한다.

이러한 사고 속에서 이들은 전통적인 공산당 틀 밖에서 대중들의 다양

---

1) 네그리, 「역자서문」, 『야만적 별종』, 윤수종 옮김, 푸른숲, 1997.

한 경험에 접하면서 자율 운동들을 추진해 왔다. 이 자율 운동들은 기존의 조직(당, 노조 등)과 독립적으로 대중들의 자율적인 구성 과정 위에서 성립되는 방향으로 나아간다. 여기서 가장 중심적인 문제 의식은 '운동의 진행과 조직화가 지배장치화되지 않을 수 있는 방향은 어떤 것인가' 하는 것이다.

이러한 문제의식을 가지고 68년 혁명 이후 새로운 주체적 움직임을 주변성에서 찾으려고 한 대표적인 사람이 가타리이다. 그러나 그의 주변성 개념은 중심성과 단순히 대립되는 개념으로서가 아니라 각각의 자율성을 가진 소수자들을 특권화한다. 가타리는 소수자들이 지닌 창조성과 특이성을 강조하는 과정에서 지금까지와는 전혀 다른 정치학(욕망의 미시정치학)을 제시하기에 이른다.

서구와는 다른 운동 경험 위에 있지만, 현재 한국의 운동이 처한 궁지에서 탈출구를 찾는 데 가타리의 새로운 문제설정을 들어 볼 필요가 있다. 제도적 민주화로 표상되는 문민정부, 국민정부의 일련의 제도화 앞에서 무력화되는 대중운동은 제도에 대한 욕망의 공격을 통해 새롭게 부활할 수 있을 것으로 생각한다.

『분자혁명』의 내용을 중심으로 가타리의 논지를 정리해 보겠다.

2. 분자혁명

가타리는 기존의 계급투쟁이 권력 장악에 집착하고 국가주의적 도식에 사로잡혀 있는 점을 비판적으로 성찰하면서 분자혁명의 상을 제시한다. 사회경제적 분석을 보완할 리비도경제 분석을 촉구하면서 욕망 이론을 끌어들인다. 여기서 계급 전선의 투쟁과 욕망 전선의 투쟁이라는 이분법을 제기하지만, 가타리는 그 이분법을 넘어서 주체성의 변화를 찾아낼 수 있는 욕망의 정치학을 강조한다.

이것은 권력 장악과 국가장치 파괴라는 맑스주의적 혁명 도식이 현실 사회주의에서 왜곡되어 온 것에 대한 반성 속에서 라이히가 제시한 문화 혁명으로서의 성혁명을 사회적으로 더욱 확장하려는 시도라고 할 수 있다. 욕망의 거시정치와 미시정치를 구분함으로써 국가와 권력이라는 분석 준거를 넘어서면서, 지배 분석에서도 미시 파시즘과 거시 파시즘을 구분해 나간다. 소련은 국가 권력을 장악하고 국가가 사멸해 가는 사회를 만들겠다고 하였는데 왜 강한 국가가 지배하는 사회가 되었는가? 라이히는 파시즘의 심리를 대중의 정신 구조에서 찾음으로써,[2] 권력과 지배의 문제를 저 멀리 위의 '나쁜 사람들'의 '포악한 지배 권력'을 장악하고 파괴하는 것으로서가 아니라, 파시즘으로 향하고 파시즘에 동조하고 파시즘을 만들어 가는 개인 대중의 심적 과정을 어떻게 막을 것인가 하는 문제로 바꾸어 나아갈 수 있었다. 이러한 상 위에서 가타리는 기존에 주로 집중되었던 거시정치에 반대하여 미시정치를 강조한다. 또한 조직 방향과 관련해서는 중앙집권적 당으로 모아가는 방식이 아니라, 다양한 혁명 기계를 만들어 냄으로써 '권력을 만들어 내는 일상적 과정들 자체'를 바꾸어 나가는 분자혁명을 제시한다.

그 일환으로 가타리는 일상적 파시즘의 문제를 제기한다. 마오주의자들이 주장하는 인민 재판이란 '좋은' 우리 편과 '나쁜' 적이라는 도식 속에서 욕망의 문제를 완전히 무시한 채 또 다른 파시즘적 과정을 산출해 낸다고 비판한다. 더욱이 인간은 어떤 대상에 대한 집단적 증오를 만들어 냄으로써 미시 파시즘적인 합의를 만들어 내고 다양한 희생양들을 만들어 낸다고 본다. 자신과 자신의 이웃이 항상 이러한 희생양이 될 수 있는데도 말이다. '표준적인' 인간상을 만들어 가는 과정과 그것을 수행하는 방식(현행범의 처리)은 일상생활과 욕망의 문제를 고려하지 않을 수 없게 한다. 예를 들어 정신이상자에 대한 자의적인 관리 및 처리, 성도착자에 대한 판정 방식과 처벌 방식은 모든 사람들이 걸려든 문제를 그렇지 않은

---

2) 빌헬름 라이히, 『파시즘의 대중 심리』, 오세철·문형구 역, 현상과 인식, 1986.

척하면서 특정한 사람에게 특정한 절차로 고정시킨다는 것이다. 이러한 것이 결국은 권력을, 파시즘을 만들어 낸다고 가타리는 생각하는 것 같다.

1) 욕망투쟁

맑스와 프로이트를 단순히 결합하려는 것이 아니라 넘어서려는 가타리는 맑스주의와 프로이트주의가 노동자 운동과 정신분석 운동을 통해 기성 질서의 보증자가 되었다고 비판한다. 맑스주의는 욕망 문제를 도외시하고 관료주의와 인간주의로 경도됨으로써 그 본질을 잃어버린 반면, 프로이트주의는 처음부터 계급투쟁에 무관심하였을 뿐만 아니라 더 나아가 무의식적 욕망을 지배 질서의 가족적이고 사회적인 규범에 속박함으로써 지속적으로 무의식적 욕망과 관련된 초기의 발견들을 왜곡했다는 것이다.

가타리는 프로이트주의와 맑스주의로 대변되는, 욕망의 사적 추구와 이해 투쟁의 공적 영역을 분리하는 이론적 관념을 문제삼는다. 이러한 관념은 암묵적으로 자본주의적 통합에 기여했다. 모든 생산이 이윤 법칙에 따라 초코드화되는 사회는 '욕망하는 생산'과 사회적 생산을 확정적으로 분리하려는 경향이 있다. 욕망을 사적인 측면에 한정하고, 반면 사회적인 것을 노동 측면에 국한시킨다. 다시 말해서 가족주의적 거세를 통해서 사적 욕망을 차단하고(프로이트주의) 노동에서 욕망을 절단하는(맑스주의) 것은 자본의 가장 중요한 필요 요건이라는 것이다.

이러한 분리에 대해 가타리는 접합이 아니라 횡단을 통해,[3] 욕망의 연접을 밝히고 '욕망하는 기계'[4]라는 발상을 통해 이해하려고 한다. 그리고 어떠한 욕망의 소외도 외적이고 사회적인 억압과 근본적으로 그리고 확정적으로 분리할 수 없다는 것이다. 이러한 욕망의 문제설정은 기존의 규모

---

3) 윤수종, 「제도 요법과 집단적 주체성」, 『탈주의 공간을 위하여』, 푸른숲, 1997, 156-191쪽.
4) 이러한 발상은 흐름과 이 흐름을 막는 제도라는 틀로 사회를 이해하려는 것이다. 여기서 욕망은 틀지워진 제도 속에서 다양한 출구를 찾아 나서는 선들로 작동되며 이러한 것을 지칭하기 위해서 '욕망하는 기계'라는 개념을 사용한다.

상의 거시/미시 구분을 넘어설 수 있게 해 준다. 가타리는 오히려 작동의 측면에서 거시적/몰적 작동과 미시적/분자적 작동에 주목한다.

(1) 분열분석5)

정신분석과 맑스주의를 넘어서는 방식으로 가타리는 분열분석을 제시한다. 분열분석은 욕망하는 생산의 '모든 전선'에서의 정치 투쟁을 모색하는 방법이다. 단일한 영역에 초점을 맞추지 않고, 한 '전선'에서 다른 '전선'으로 지속적으로 움직여 가는 것(횡단성, 유목주의)을 지향한다.

분열분석에서 가장 중요하게 여기는 것은 욕망의 흐름이다. 욕망은 항상 영토를 벗어나며, 탈영토화되고, 탈영토화하며, 모든 장벽의 아래 위로 빠져 나간다. 그런데 이러한 흐름을 무시하고 사회적 생산과 욕망하는 생산을 구분하는 것(이분법)은 욕망의 흐름을 표준적 표상에 가두는 것이다. 전통적인 정신분석가들은 자아, 아버지, 어머니를 동일한 극으로 다루어야 한다고 생각하고, 항상 동일한 아버지와 동일한 어머니, 동일한 삼각형을 찾는다. 아버지는 은행에서 일하든, 공장에 다니든, 이민 노동자이든, 실업자이든, 알콜 중독자이든 동일하다고 파악한다는 것이다.

분열분석은 이러한 동일시, 동일자의 보편적 상을 거부하고, 분화의 길들, 새로운 강렬도(intensité)6)의 증식, 리좀에서의 새로운 가지의 전개를 추적하려 한다. 즉 항상 다른 것과의 접속, 다른 것으로 되기를 추적한다. 그렇다고 분열분석은 사회경제적 분석과 리비도경제적 분석을 변증법적으로 종합하려고 하기보다는, 무엇보다도 사태들을 논리적인 골격으로 환원하지 않고 풍부화하고, 그 연쇄들, 현실적인 자취들, 사회적 함

---

5) Félix Guattari, 'La fin des fétichismes,' in *La Révolution Moléculaire*, Editions de Recherhes(이하 *RM*으로 약칭), 1977, pp. 17-28(윤수종 옮김, 『분자혁명』, 푸른숲, 1998).

6) 모든 현상은 고정된 것이 아니라 자체가 지닌 힘에 의해 다양한 방향으로 나아갈 수 있으며, 따라서 지금 있는 '어떤 것'은 항상 여러 방향으로 움직일 수 있는 내재적 리듬을 가지고 있다. 이러한 리듬은 다른 것과 접속하면서 새로운 것을 만들어 갈 수 있는 근거가 되는데, 이 리듬을 강렬도라 한다.

의들을 추적하려고 한다. 표상과 구조로 환원시키지 않고 기계적 작동을 통해 다양한 접속 회로를 만들어 가는 방법을 추구하는 것이다.[7] 결국 분열분석은 교조적인 유물 변증법을 비롯한 인식론에 기울어진 변증법 전체를 공격하는 것이며 또한 구조주의에 대한 비판이기도 하다. 이러한 분열분석에서 핵심은 기계라는 발상이다.

(2) 욕망투쟁[8]

가타리는 기존의 혁명 운동이 직면하고 있는 문제는 계급투쟁 수준에서의 드러난(분명한) 세력 관계(예를 들어 자본-노동 관계)와 대중의 현실적인 욕망 투여(investissement) 간의 차이라고 본다. 자본주의는 노동자계급의 노동력을 착취하고 생산 관계를 자신에게 유리하게 조종하는 동시에, 피착취자들의 욕망경제(economie désirant)[9] 속으로 스며 들어간다는 것이다.

여기서 가타리는 혁명 투쟁을 계급대립이라는 세력 관계 수준에 한정하지 말고, 자본주의에 오염된 욕망경제의 모든 수준(개인, 부부, 가족, 학교, 활동가 집단, 광기, 감옥, 동성애 등)으로 확장해야 한다고 강조한다. 그러면서 계급투쟁 전선과 욕망투쟁 전선을 구분한다.

'빵, 평화, 자유' 등과 같은 목표는 계급투쟁 전선에서 세력들을 결집하여 억압 세력들에 대항할 수 있는 정치 조직을 필요로 한다. 이러한 조직은 '대표성'을 지니고 일정 정도의 중앙집중제적 성격을 지니면서 투쟁의 전략과 전술을 제시해야 한다. 이에 반해 욕망 전선에서의 투쟁은 끊임없이 분석을 행하면서 모든 수준에서 모든 권력의 전복을 수행하는 집합적 배치를 필요로 한다. 즉 욕망하는 기계들 한 가운데에 위치하고 있는 파

---

7) 윤수종, 「소수 문학 기계—들뢰즈, 가타리의 카프카 해석」, 『현대 문학 이론의 이해』, 전남대학교 출판부, 1998, 147-187쪽.
8) 'Les luttes de désir et la psychanalyse,' in RM, pp. 29-43.
9) 욕망의 작동은 프로이트가 정신의 역동성을 말하듯이 역동적으로 움직인다. 실물생산과 관련하여 움직이는 현실의 역관계를 정치경제라 한다면, 리비도적 욕망의 움직임을 지칭하기 위해 욕망경제라는 개념을 사용한다.

시즘 즉 '미시'파시즘에 대항한 투쟁은 '위임체'나 '대표체' 혹은 당에 의해 수행될 수 없다. 욕망의 흐름은 누가 대표(대신)할 수 없기 때문이다. 기존의 사고방식은 이해투쟁에, 객관적 외관에 초점을 맞추었다. '적'은 '나쁜 자본가'로 고정되어 있었다. 그러나 가타리에 따르면 '적'은 끊임없이 모습을 바꾼다. 즉 동맹자, 동지, 상관 혹은 심지어 자기 자신조차도 적이 될 수 있다. 관료주의적 정치나 특권, 편집증적 해석, 기성 권력과의 무의식적 결탁, 억압의 내재화 측에 그 누구라도 언제 어느 때 빠지게 될지 알 수 없다. 욕망의 흐름, 욕망의 기계적 작동은 그렇게 가시적인 것으로만 파악할 수 없는 것이다. 따라서 가타리는 계급전선의 투쟁과 욕망전선의 투쟁은 배타적일 수 없다고 본다.

흔히 현대의 산업이 집중화되어 있고 국가 권력도 이른바 경제의 집중으로 형성되어 있기 때문에 이를 무찌르기 위해서는 집중화된 형태(예를 들어 당)가 필요하다고 한다. 가타리는 이에 대해서 현재의 산업사회와 거대한 생산기계들은 중앙집중제가 없더라도 충분히 기능할 수 있다고 주장한다. 중앙집중제의 기반은 경제적인 것이 아니라 정치적인 것이라고 보는 것이다. 그리고 그 거대 기계는 흔히 생각하는 것처럼 거대한 장치들에 의해 움직이는 것이 아니라, 오히려 작은 기계들의 작동과 조립 속에서만 움직이는 것이며 따라서 거대한 장치와 기계들 그리고 기계적 작동이 어우러진 '배치'(agencement)가 문제가 된다는 것이다. 여기서 변혁과 관련하여 핵심적인 것은 기계적 작동을 다른 방식으로 움직이게 하는 것이며 욕망에 대한 탐색(투쟁)은 바로 이 작동방식을 찾아 내는 것이다.

따라서 가장 효과적이고 폭넓은 투쟁은 관료제의 참모 본부 밖에서 다른 작동 방식을 구사하도록 조정되어야 한다. 또한 욕망 전선의 투쟁을 부분적으로 수행해 온 대안적인 주변적(marginal) 운동들 및 공동체들은 거대한 현대 산업의 폐해에 놀라 과학 기술 이전의 시대나 자연으로 회귀하자는 식의 신화에 빠지는데, 이 또한 잘못된 거시/미시 구분에 입각해 있는 것이다. 이러한 관점에서 가타리는 대안적 운동들은 현실 사회에,

성적, 가족적, 현실적 관계들에 대처해야 하며, 다른 한편 노동운동은 자신의 작동 방식이 부르주아 권력에 얼마나 감염되었고, 자신의 내부가 얼마나 경직되어 왔는지를 반성해야 한다고 지적한다. 여기서 가타리는 현재 운동에서 제기되고 있는 '민주' 집중제냐 아니면 무정부주의(자생주의)냐 하는 양자택일의 문제를 넘어설 수 있다고 강조한다.

가타리는 욕망투쟁의 분출을 68년 혁명과 그 이후의 분자적 운동의 전개에서 확인한다. 특히 욕망경제라는 문제를 놓고 보면, 프랑스의 1968년 5월 혁명은 혁명 운동 과정에서, 스탈린주의가 상대적으로 약화되고, 청년 노동자들 및 학생들 가운데 상당 부분이 전통적인 활동가 모델에서 이탈했다는 것 등을 고려하면, 거대한 파열이 발생했다기보다는 욕망의 작은 탈주들이, 대표제적인 조직에서 지배적이던 전제적 체계에 작은 균열들이 발생했다고 볼 수 있다. 물론 그 파열은 수주일 후에 체계 속으로 회수되어 버리고 말았지만, 그 효과는 분자적인 방식으로 모든 운동에서 상이한 수준으로 감지된다. 특히 활동 문제에 대한 새로운 전망과 접근법이 나타났다. 예컨대 68년 이전에는 일반범 수감자를 지원하는 것이 어떤 정치적 의미를 지닌다고 생각할 수 없었다. 또한 동성애자들이 길거리에서 데모를 하면서 자신들이 지닌 욕망의 특수한 위상을 지킬 수 있다고 상상조차 할 수 없었다. 여성해방운동, 정신의학적인 억압에 대항하는 싸움, 그리고 그 외 다른 운동들은 완전히 새로운 의미와 방법을 지니게 되었다. 새로운 욕망이 분출된 것이다.

그러나 활동가들은 변함없이 여러 부르주아 도덕률의 편견에 빠져 여전히 욕망에 대하여 억압적인 자세를 견지하고 있었다. 가타리는 조직의 관료주의라든가 아내와 자식들에 대한 활동가들의 억압적 태도, 또한 피로, 노이로제, 망상에 대한 그들의 무지—'좌절'한 사람의 말을 들으려 하지 않고 오히려 그러한 인간을 조롱하든지 '끝장난' 존재라고 생각하여 적극적인 위험 분자는 아니더라도 조직에 무용하다고 간주하는 일이 언제나 일어나고 있다—등과 같은 문제에 대해 새로운 접근법이 생길 때만 실질적인 파열이 일어날 것이라고 본다. 그러한 문제들을 정치적 관심사의 핵심이라고는 하지 않더라도, 적어도 어떠한 조직 활동의 임무와 마찬가지로 부르주아 권력, 경영자, 경찰 등에 대항하는 것으로 다룰 때, 실질적인 파열이 일어날 것이라고 본다.

이처럼 사적 생활과 공적 생활 간의 구분선을 횡단하여 욕망의 정치학을 제시하면서, 이제 혁명의 정치학은 바로 이 욕망의 정치학에 근거해야 한다고 한다. 욕망의 정치학에 입각해 보면, 투쟁을 단일 전선에, 즉 자본주의(자본가계급)와 노동자계급 간의 유일한 대결에 한정할 수는 없다. 가타리는 노동자의 객관적 이해와 욕망을 구분해 본다. 예를 들어 미국 노동자계급의 이해는 욕망의 정치학의 관점에서는 객관적으로 파시스트적일 수 있다. 노동자들의 이해를 옹호하는 노조 투쟁은 아주 정당하다 하더라도 일련의 다른 사회 집단, 인종적 성적 소수자들의 욕망과 관련하여 전저으로 억압적일 수도 있다.

여기서 가타리는 이해 투쟁에만 집중되어 있던 기존의 투쟁 방식을 비판하고, 욕망투쟁의 집적에 근거한 이해 투쟁을 주장한다. 기존의 투쟁 방식은 이해의 대립에 집착하여 그 대립 구도 안에서 움직이는 욕망 흐름을 파악하지 못하고 대립 구도의 종합에 매달려 버렸다. 이는 기존의 현실 사회주의가 걸어온 모습이기도 하다. 따라서 욕망 문제의 제기는 변증법적인 양극 대립과 지양을 통한 종합이 아니라, 분자적인 흐름을 증식시켜 감으로써 욕망을 해방할 수 있는 방향으로 나아가자는 것이다.

혁명은 대중의 욕망에 대한 분석을 필요로 한다. 혁명은 욕망을 적응시키고, 사회화하고, 훈육하는 문제가 아니다. 중요한 것은 권위주의적 통일로 나가는 것이 아니라, 학교에서, 공장에서, 이웃에서, 탁아소에서, 감옥에서, 모든 곳에서 욕망 기계들을 무한히 꿈틀거리게 하는 것이다. 이 모든 다양한 부분적 운동들을 질서화(정리)하거나 총체화하는 문제가 아니라, 이것들을 함께 하나의 줄기에 접속시키는 문제인 것이다. [10]

---

10) 'Parti centraliste ou machine de guerre révolutionnaire,' in *RM*, pp. 64-67.

국가 단위에서는 활동가 기층은 활동이 미약해지고 있는 반면, 지도부는 강고해져 관료화된다. 이런 상황에서 대중은 더욱 더 첨예하게 분화되는 경향이 있고 정치 및 노동조합의 관료가 통제하기 점점 더 어려워지는 다양한 투쟁들을 생산하고 있다. 세계적 규모에서도 중심으로의 권력 집중과 예속 세력들의 '분자화'라는 경향이 나타나고 있다. 대중들은 물질적 욕구뿐만 아니라 자신의 욕망이 지닌 특유한 조건들을 인식하게 해 줄 새로운 '정체성들'을 찾고 있다. 이렇게 볼 때, 아마도 자본주의의 '가장 약한 고리'를 정치경제의 영역보다는 욕망의 집합적 배치들의 영역에서 찾을 수 있을 것이라고 가타리는 기대한다.[11]

더욱이 점차 대중들 사이에서 발전하는 새로운 감수성, 삶의 질과 관련되는 새로운 종류의 투쟁(생태투쟁)의 출현, 그리고 '욕망에 대한 권리'라고 부를 수 있는 것과 관련되는 새로운 유형의 요구에서 위기가 발생하고 있다. 이러한 욕망투쟁은 노동자계급이라는 단일한 계급 범주가 아니라 다양한 사회적 범주들에서 일상적인 투쟁들을 통해 전개되고 있다.

(3) 욕망의 미시정치학[12]

가타리는 욕망의 미시정치와 거시정치를 구별한다. 이렇게 구별하는 것은, 정신분석은 가족과 개인이라는 작은 세계에서 일어나고 있는 일들에 관련된 반면, 정치는 사회 전체에 관련된 것이라는 인식(이러한 인식은 결국 대표제 모델로, 권력 형성으로 되돌아간다)을 비판하기 위해서이다.

맑스주의도 스스로를 대중의 욕망을 대표하는 집단적 체계로 설정한다. 그러나 대중의 욕망을 표준화된 정식들로 환원하며, 이 정식들을 노동자계급의 단결과 노동자계급당의 통일의 이름으로 정당화한다. 이렇게 되어 맑스주의는 욕망의 미시정치에 접근하지 못하였고 욕망을 표상에, 대표에 양도하여 결국은 욕망을 가두게 되었던 것이다.

---

11) 'Socio-démocrates et euro-communistes à face ′Etat′,' in *RM*, pp. 68-83.
12) 'Micro-politique du fascisme,' in *RM*, pp. 44-63.

그렇다고 해서 욕망은 작은 것에만 관여한다는 것은 아니다. 가타리는 더 넓은 사회적 장(場) 속에 드러나는 욕망을 다루는 '욕망의 거시정치'와 개인의 욕망을 다루는 '욕망의 미시정치'를 제시한다. 부부나 가족 관계에서 자주 지배적인 것으로 나타나는 전제 정치는 사회적 장에 존재하는 전제 정치와 동일한 형태의 리비도 배치에서 생겨난다고 한다. 반대로 대규모 사회문제—예를 들어 관료제나 파시즘 같은—를 라이히가 했던 것처럼 욕망의 미시정치(대중의 심리 구조 분석)를 통해 접근할 수 있다고 본다.

욕망의 미시정치학은 거대한 사회적 전체(ensemble)와 개인, 가족, 학교, 직장 등의 문제들 사이의 단절을 거부해야 한다. 따라서 더 이상 대중을 대표하고 그들의 투쟁을 해석할 것을 제안하지 않는다. 당의 모든 행동 그리고 노선이나 강령 또는 심지어 중앙집중제 자체를 선험적으로 거부해야 한다는 이야기는 아니다. 그러나 억압적 행동들, 관료주의, 현재의 혁명 운동들을 감염시키는 도덕적 마니교주의 즉 이원론 등에 전차 대립하는 자기분석적 실천의 기능을 통해 자신의 행동을 설정하고 상대화하려고 노력해야 한다. 그렇게 할 때, 어떠한 초월적 대상도 필요로 하지 않을 것이고, 국가 권력이나 그 반대상(대중의 편에 서서 국가 권력을 쟁취할 수 있는 대표)으로서의 당의 구성과 같은 단일한 지점으로 집중하지도 않을 것이다. 따라서 욕망의 미시정치학은, 중앙에 의해 결성되고 세열화된 개인들을 움직이는 대중운동에 대한 발본적인 문제제기를 뜻한다.

욕망의 미시정치학은 극도로 다양한 사회 집단들 내부의 상호작용 범위 안에서 복수의 목표들을 수립하려고 한다. 대규모의 집단적 투쟁은 오직 부분적 투쟁들의 축적에 기초해서만 진행될 수 있을 것이다. 더욱이 파시즘의 억압 과정이 소형화되고 분자화됨에 따라서 욕망의 미시정치학은 분석 대상을 분자화하는 것이 필요해진다. 이제 본질적인 것은 무수히 다양한 분자적 욕망들의 접속이며, 이것은 눈덩이 효과를 지니며 대규모 힘 대결로 나아간다. 여기서 대중 투쟁의 통일의 기초가 되는 것은 바로 대중의 욕망의 단성성—명확한 특질—이지, 그 욕망을 표준화된 목표로 바꾸는 것이 아니다. 나아가 주체와 관련하여 욕망의 입장에 선 운동은 '주체 바깥으로' 벗어나려는 움직임과 연결되어야 한다. 가정에서 어린아이들은 '주체 바깥으로' 벗어나게 되면 꾸지람을 듣는다. 학교에서도, 군대에서도, 공장에서도, 노동조합에서도, 당 지부에서도 마찬가지다. 사람들은 항상 '주체 안에', '선(ligne) 안에' 있어야 한다고 듣는다. 그 선을 벗어나기 위해서는, 이미 성립되어 있는 주체나 이미 코드화되어 있는 의미작용(signification)에 일치시키지 않은 채, 욕망에 관해 말할 수 있도록, 기호적 흐름, 물질적 흐름, 사회적 흐름을 훨씬 더 밀접하게 연결시키는 언표 행위의 집합적 배치13)를 만들어 내야 한다.

이러한 가타리의 주장에서 핵심적인 문제는 별개의 영역들을 연결시키는 것이 아니라, 이전의 욕망의 지층화(stratification)를 일소할 수 있고 욕망의 새로운 실행 조건들을 정립할 수 있는 새로운 이론적 실천적 기계들을 설립하는 것이다. 동시에 가타리는 지배 권력(구조)이 작동시키는 모든 기계들—부르주아 국가 권력, 모든 종류의 관료제 권력, 학교 권력, 가족 권력, 부부 안에서 남근 권력, 심지어 개인에 대한 초자아의 억압 권력—에 대항해서 적극적으로 개입해 들어갈 것을 강조한다. 기존의 운동 방식이 구조와 장치를 파괴하는 것이었다면, 가타리는 구조와 장치는 기계들을 통해서만 움직인다고 보고 기계 작동의 방향을 바꾸어 나갈 것을 제시한다. 어떤 권력의 명령이나 본능에 의해서가 아니라 욕망의 흐름에 의해 작동하는 새로운 기계들을 설립할 것을 제시한다.

예를 들어 자본주의 사회의 법률 기계는 국회의 입법에 의해서 이루어지는 것이 아니라, 그 법과 함께 움직이는 다양한 기계들, 판사, 검사, 경찰, 원고, 피의자, 재판정, 법률 서기, 고발장 쓰기 들의 작동에 의해서이다. 이러한 기계들의 작동 방식을 미시적으로 바꾸어 나가지 않고는

---

13) 어떤 진술에 영향을 끼치고 그것을 생산하는 수많은 요인의 결집을 말한다. 특히 단순히 기호적이거나 사고나 정신의 영역에서 특정한 틀을 말하는 것이 아니라 사회집단적인 특정뿐만 아니라 기술적 대상, 물질적이고 에너지적인 흐름, 주체적인 무형적 대상, 수학적 아이디어, 예술 등 다양한 것과의 관련을 함의한다.

추상적인 법률 기계의 작동을 막을 수는 없다. 장치와 구조가 아니라 기계! 정보 기구는 장치로서만 움직이는 것이 아니다. 정보 기구가 감시한다는 신호를 보내면, 감시당하는 사람은 그 감시 기계에 맞추어 움직인다. 감시당하는 사람의 기계적 작동, 정보 기구와 감시당하는 사람 간의 기계적 작동이 문제이다. 카프카의『심판』에서 K가 왜 소환되었는지도 모르면서 재판 과정에 끊임없이 함께 움직여 가는 것처럼. 장치를 깨는 것으로 다르게 되지는 않는다. 기계 작동의 방향을 달리 하거나 색다른 기계를 설치하여 다르게 움직이도록 하지 않고는. 큰 것을 바꾸면 작은 것은 해결된다고 하는 것도 아니고, 그렇다고 작은 것만을 바꾸자는 것도 아니다. 큰 것, 작은 것이 다 연결되어 있는 작동하는 방식을 바꾸자는 것이다.

2) 일상투쟁

파시즘의 소형화와 분자화로 인해 권력은 거대 국가상지만이 아니라 오히려 작은 다양한 기계들을 통해 작동한다. 이러한 기계들을 다른 방식으로 작동하게 하지 않으면 거대한 권력 장치를 바꾸어도 별 소용이 없다. 즉 거대 권력 장치는 그 자체로 움직이는 것이 아니라 이러한 다양한 기계들의 작동 위에서 존립하는 것이다.

따라서 혁명 투쟁은 거대한 장치를 장악하는 투쟁으로서만 이루어질 수는 없다. 그리고 궁극적으로 혁명의 성공은 바로 이러한 기계들의 작동을 바꾸어 나감으로써만 가능하다.[14] 장애물을 넘어서기 위해서는 체계를 분기시키고 접속을 끊는 어떤 것이 중요하다. 중요한 것은 중심화된 거대 군대로 조직화되는 경향이 있는 프롤레타리아트의 조직 형식들의 진전이 아니라, 무한자로 옮겨가는 욕망하는 복수성(대중)이다.[15] 모든 것

---

14) 이러한 문제의식의 발단은 라이히에게서 나타난다. Wilhelm Reich, *Sexual Revolution*, trans., Therese Pol, 특히 'The Struggle for a ´New Life´ in the Soviet Union,'(Part Two), pp. 157-282(윤수종 옮김, 『성혁명』, 새길, 2000).

15) 절대자나 보편자가 아닌 무한자. 이러한 방향은 스피노자 철학의 핵심이라고 할 수 있다. 여기서 가타리가 제기하는 욕망하는 복수성(multiplicité)은 특이성(singularité)[개별자]이 하나의 보편자나 절대자로 환원되지 않고, 강렬도를 지닌 채 다양한 방향으로 나아

을 하나의 코드로 모아가는 것이 아니라, 모든 것을 물들이는 기계적 주체화가 필요하다. 베트콩처럼.

그러나 기존의 기계들의 작동은 빈 공간에서 일어나지 않는다. 즉 기계들은 학교, 공장, 거주지, 탁아소 등 시설들 속에서 작동한다. 그러한 훈육기계들을 파괴하는 혁명적 전쟁 기계[16]는 욕망의 복수성을 통괄하거나 총체화하지 않는다. 다소 자생적인 다중심적인 욕망하는 혁명 기계들이 있고 그리고 그 옆에 (위에가 아니라) 중심주의적 기계, 권력에 대항하는 전쟁 기계가 있는 것이다. 이 다양한 혁명기계들을 움직이려면 그 기계들이 접촉하고 있는 대중의 신체에, 삶(생활)에 접촉해야 한다. 즉 일상적인 투쟁들을 통해 욕망하는 혁명 기계들을 작동시키면서 생활 자체를 바꾸어가는 것이 중요하다. 특히 이 일상 투쟁은 생성을 막는 반(反) 생산으로서의 국가와 대결하면서 대중들의 욕망을 담아낸다는 데 그 중요성이 있다.[17]

더욱이 일상 투쟁이 중요한 것은, 권력의 기계들이 광범위한 억압적 합의를 만들어 내면서 일상생활을 하나의 방향으로 몰고 가려고 하기 때문이다. 가타리는 이것을 일상적 파시즘이라고 규정한다. 인민재판과 같이 집단적 합의에 의해, 만장일치식의 심판에 의해, 집단 히스테리를 만들어 낸다. 어떤 불미스런 사건이 났을 때 우리들 사이에 배반자가 있었다는 것을 시작으로 그 사건 당사자를 희생양으로 만든다. 그런데 실은 이런 작동을 통해, 권력은 현재 반(反) 청년, 반아랍, 반유태인, 반여성, 반동성애자, 반(反) 무엇이라는 차별주의에 현실적으로 따라가는 모든 미시 파시즘 형태를 장악하여 활용하는 것이다. 이러한 조작 전체를 통해 정당화하는 것은 사법권력, 행정권력이며, 요컨대 질서 유지의 권력 총체 바

감으로써 만들어 낼 수 있는 다양성을 의미한다.

16) 가타리가 국가장치의 포획기능과 대립적으로 사용하는 개념이다. 그렇다고 반드시 전쟁을 필연적으로 내재한 작동방식으로서 기계가 아니라 국가장치와 다른 방향으로 작동하면서 국가와 대결할 때는 구체적인 전쟁을 가져올 수도 있는 것으로 이해한다.

17) 'La question des tribunaux populaires,' in RM, pp. 87-91.

로 그것이다. 18)

이러한 권력이 작동하는 일상적인 관계에서는, 아내를 구타하는 남편의 폭력, 길거리에서 정숙하지 못한 여성을 매도하는 남성의 폭력, 어린이에 대한 폭력, 또 반대로 부모나 교사 등에 대한 어린이의 폭력, 정신병원의 폭력, 또 동시에 '정신병자'가 가정에서 휘두르는 폭력, 위계 서열 관계, 관료적 관계에 내재한 폭력, 이들 모든 폭력은 서로 관계를 가지면서 동시 진행한다. 이처럼 폭력은 부부, 어린이, 학교, 감옥, 병원, 노동 장소 등 도처에 존재한다. 이러한 문제를 해결하려는 새로운 사회적 배치 (새로운 기계적 작동 방식)를 설치하지 않는 한, 폭력은 국가 권력이 지닌 중앙 기계의 제도나 대표의 손 안에 들어갈 수밖에 없다. 그리고 그런 제도나 대표는, 일종의 사디즘적인 쾌락에 빠져서 사태를 간단하게 처리해 버린다. (판결시 판사의 음란한 쾌락!) 사람들이 이 문제에 관심을 보이고 행동을 일으키지 않는 한, 또 현실적으로 대신할 수 있는 대체 체계를 세우려고 하지 않는 한, 권력의 위임은 사실상 계속 존재할 것이다. 최후로는 각종 시설, 제도, 즉 경찰, 사법제도, 감옥, 정신병원 등에 맡겨 버린다.

여기서 일상 투쟁에 대한 강조는 다양한 투쟁들의 연합(통일이 아니라)을 강조하는 데로 나아간다. 일상 투쟁이라고 해서 국가 권력을 인정하고 부분적 요구 투쟁만을 한다는 것이 아니다. 요구 투쟁을 통해 민중의 일반 민주주의적 움직임을 모아가면서 국가 권력을 장악하는 것에까지 나가자는 피디(PD, 민중민주주의)적 발상도 여전히 국가 권력의 중심성을 상정한다. 가타리는 푸코의 생각을 이어받아 권력은 관계망 속에서 모세관처럼 퍼져 있으며 신체에까지 변형을 가하면서 삶을 관리해 나간다는 점을 받아들인다. 따라서 중심(국가권력 즉 국가장치)을 장악한다는 발상이 아니라, 관계망의 움직이는 방식을 다르게 만들어 갈 것을 주장한다. 아우토노미스트답게!

---

18) 'La haine de Troyes,' in *RM*, pp. 91-97.

바로 지금 현존하는 사법, 학교, 군대, 공장, 남녀의 소외 관계 등이야말로 즉각 통째로 변혁하지 않으면 안되는 대상이다! 그것은 총체(ensemble)적인 문제이며 그 총체 속에서만 국지적 해결책을 찾을 수 있다. 가정, 학교, 감옥 등의 수준으로 각각 사물을 분리하여 생각해서는 어떤 쟁점도 찾을 수 없다. 영역별 수준에 묶여서는 참된 해결이 있을 수 없다. 그러나 그것이 지금 즉시 모든 개별 장소에서 긴급하게 싸워야 하는 문제가 존재하지 않는다는 것을 의미하지 않는다. 즉 사형이나 강간 등의 문제는 일상생활에서 투쟁해 나가는 과정과 결합하지 않는 한 믿을 만한 답을 끌어낼 수 없다. 어떤 해방의 시도도 그것이 모든 영역 및 모든 차원에서의 다른 시도들과 연계되어 있으며, 혼자서는 할 수 없다는 것은 명백하다.

더욱이 이러한 소외 관계들은 격리 차별에 의해 진행된다. 현행범의 소송 과정은 그 모습을 잘 드러내 준다.[19] '현행범'의 소송 절차는, 죄는 법적 절차에 의존하기 이전에 먼저 자본주의 사회의 무의식적 리비도에 근거해 있다는 것을 보여 준다. 거기에서는 사실 인정이라든가 죄상 규정에서의 법률의 역할 등은 부차적이다. 분명한 것은 이런 법정에 끌려나온 사람들은 '우리들과는 종류가 다른 인간'이라는 것이다. 중요한 것은 주변적인 것을 모두 기록하고, 감시하고, 틀지운다는 것이다. '주변'으로 통하는 다양한 회로를 단죄하면서 하나의 평균적인 사회 규범을 결정하는 기능을 한다. 유죄인가의 여부는 피의 사실보다도 당사자의 존재 방식에 의거하고 있다. 일정한 주소도 없고, 이민자이고, 표준어를 사용하여 명확하게 말할 수 없다는 것만으로 죄를 범할 경향성이 있다는 것이다.

사회적인 문제를 처리하는 이러한 절차는 개인에게 책임을 묻고 전문가 집단이나 특수 시설에 그 해결이나 처리를 위임하는 방식으로 이루어진다. 이것은 바로 권력을 만들어 내는 과정인 것이다. 여기서 가타리는 일상 투쟁을 통해, 개인을 책임 주체로 하는 것, 혹은 의료 집단이나 전문가 단체가 배타적으로 관리하는 것과는 다른 별개의 사회 조직 양식에 근

---

19) 'Les flagrants délits,' in *RM*, pp. 98-103.

거한 집단적 책임으로 나가야 한다고 강조한다. 일상생활과 욕망의 문제를 당사자가 직접 책임지는 것으로 나아가자는 것이다(아우토노미아).

또한 이러한 격리 차별이 가장 혹독하게 실행되는 것은 주변자들에 대해서이다. 정신이상자에 대한 법률에 관해 논의하면서,[20] 가타리는 광인을 격리 수용하는 것은 광인에 대한 공포를 의미하며 더욱이 그러한 분위기를 대중 매체가 사람들의 암묵적인 양해를 얻어 주기적으로 양성하고 있다고 본다. 그런데 '정신이상자'에 대한 차별적인 법률 배후에는 동성애자에 대한 법률, 유태인이나 혼혈인에 대한 법률 등이 감춰져 있다고 한다. 즉 사회적 차별 기제들은 서로 연결되어 있고 겹쳐져 있다는 것이다. 따라서 표적으로 삼아야 할 것은 하나의 차별 관행이 아니라 이러한 사회적 차별 전체여야 한다.

이에 대해서 가타리는 당사자들의 움직임, 책임을 통해 집단적으로 색다른 관계를 만들어 가는 방향을 제시한다. 스스로 새로운 집단성, 집단, 권력을 구성해 가야 한다는 것이다.

일상적 투쟁과 관련하여 가타리는 성애 문제 중에서 동성애자 문제를 제기한다. 자신이 편집장으로 일했던 잡지『르세르슈(Recherches)』에 동성애 특집을 실었다는 이유로 피소되기도 했던 가타리는, 동성애는 모든 개인의 생활에 관계된 영역일 뿐만 아니라, 억압적인 상하관계, 위계제나 관료주의와 같은 일련의 사회 현상에 포함된다는 것이다. 사람들은 성적 욕망의 표현은 무질서, 비합리성과 동의어라고 생각한다. 가타리는 오히려 지배적인 모델에 의해 통용되도록 욕망에 강요되는 신경증적 질서가 진정한 무질서, 진정한 비합리성을 이루며, 바로 억압이 성애를 부끄러워하게 만들고 완전히 공격적인 것으로 만든다고 본다. 세상에 열릴 수 있는 욕망은 파괴적이기를 그치고 그 자체가 창조적으로 될 수 있으며, 일상생활과 욕망의 새로운 지대를 그리고 새로운 표현 형태를 가져온다. 오히려 사회적 욕망의 새로운 표현을 억누르면, 사람들은 절대적인 반란,

---

20) '138 anniversaire de la loi de 1838,' in *RM*, pp. 103-109.

절망적 반응으로 기울고 집단적 자살 형태를 보일 것이다. 21)

이처럼 가타리는 일상적인 욕망을 억압하지 않고 발산함으로써 새로운 욕망 형태와 새로운 관계들을 만들어 갈 수 있다고 본다. 그리고 이러한 새로운 욕망 형태를 집단적으로 자율적으로 실천하는 것은 권력으로부터 탈주하는 것이고 새로운 기계들을 설립하는 것이라고 본다. 이에 대한 권력의 포악한 반응은 언제 어디에서나 찾아 볼 수 있다.

3. 투쟁 방향: 탈주와 되기(생성)

이상과 같은 '분자혁명'이란 제안은 역능의 구성으로서 새로운 구성권력22)을 만들어 가려는 시도이다. 지배장치화하지 않는 결집 방식, 지배장치에 물들지 않는 주체성의 생산, 이를 위한 새로운 기계의 설립. 이러한 것은 곧바로 국가 권력과 충돌한다. 큰 움직임만이 국가 권력과 충돌하는 것이 아니라 국가 권력의 작동 방식을 발본적으로 바꾸는 움직임이면 크거나 작거나 국가 권력과 격렬하게 충돌한다.

가타리는 자신의 경험과 연관하여 정신병원에서의 탈주의 실험들을 소개한다. 그는 탈주의 시도가 가족주의나 특정 모델로 환원되지 않고, 더 넓은 세계나 다른 것에 접속되거나 자율적인 움직임으로 활성화되는 것을 기대한다. 이러한 관점에서 그는 영국의 반정신의학적 실험에 대하여 비판한다. 23) 로날드 랭을 중심으로 한 정신의학 실험이 보여 준 가족주의, 해석, 전이를 중심으로 한 정신분석 및 치료법을 비판하면서, 외디푸스적 주형 안에 환자를 가두는 것은 현실의 질서를 주입하는 것이며, 환자는 바로 이러한 사회라는 현실 질서와 부딪쳐서 나타난 것이라고 파악한다.

---

21) 1930년대의 파시즘에서처럼. 'Trois milliards de pervers a la barre,' in *RM*, pp. 110-112.
22) Antonio Negri, *Pouvoir Constituant*, tr. Étienne Balibar et François Matheron, 1996.
23) 'Mary Barnes ou l'Œdipe anti-psychiatrique,' in *RM*, pp. 125-136.

또한 분석으로 돈을 받는 의사는 바로 현실 질서를 주입한 대가로 받는다고 한다. 분석가는 환자가 스스로 자기 분석하는 것을 듣고만 있다가 몇 가지 정신분석적 용어나 틀로 판정을 내린다는 점에서, 오히려 분석 노동은 주로 환자가 함에도 불구하고 화폐는 환자(또는 환자의 후견인)에게서 의사에게로 가는 일이 벌어진다는 것이다. 이러한 분석 위에서 가타리는 반정신분석을, 나아가 반정신의학을 제시한다.

가타리는 전통적인 억압적 감금에서 구조주의적 정신분석이란 새로운 제도 속에 대중의 역능을 가두어버림으로써 권력을 획득해 간 라깡주의를 비판하는 한편, 감금 제도로서의 정신병원에 대해 문제제기하고 해방 방식을 찾아내려는 이탈리아의 반정신의학을 의미 있는 것으로 파악한다. 그리고 그는 이론적 분석적 비판을 넘어서서 다양한 반정신의학적 실험과 운동을 소개한다.

1) 탈주

광기의 탈정신의학화를 제기하면서 결성된 '정신의학에 대한 민중적 대안 연결망'[24]은 광기를 단순한 사회적 소외 현상으로 환원하지 않고, 또한 정신의학에 의한 억압 문제를 자본주의 착취에 대항하는 사회 투쟁으로 단순화시키지 않고, 노동운동 조직 및 다양한 소수자들이 놓인 조건에 관련한 다양한 투쟁들에 근거해 나가야 한다고 강조한다. 그래서 광기를 정치화한다기보다는 오히려 구래의 정치 조직들이 오랫동안 무시해 온 일련의 문제들을 의식화하도록 정치를 열어 젖혀야 한다고 한다. 또한 대안은 환자와 관련 당사자들의 자율적인 감당 위에서 이루어져야 할 것을 제안한다.

그러한 예로서 '하이델베르크 사회주의 환자집단'[25]의 자율적 실험과 이에 대한 국가의 폭력적 탄압, 스페인의 콩소정신병원에서 전개된 개혁

---

24) 'Le réseau alternative à la psychiatrie,' in *RM*, pp. 147-151. 1975년 브뤼셀에서 조직된 국제 조직.
25) 'SPK(Sozialiste Patient Kollektiv),' in *RM*, pp. 151-155.

흐름26)에 대한 국가의 탄압에 대한 소개와 설명에서, 가타리는 정신의학적 소외에 놓여 있는 문제들을 인민이 직접 책임을 가지고 관리해야 한다고 강조한다. 그리고 이러한 운동과 탄압 과정에서 볼 때 환자들의 소외는 단순히 환자들만의 소외가 아니라 사회 전반의 다른 소외들과 연결되어 있고, 따라서 환자들 또는 소수자들의 소외의 극복은 사회의 전반적인 소외들의 극복 과정과 궤를 같이 해야 한다고 주장한다. 정신병 환자들과 이탈리아 반정신의학 운동팀이 만든 〈광인의 해방〉27)이란 영화는, 공동체적 경험들이나 정신의학적 전복 시도들이 사회에 대한 현실적인 개방 통로로부터 단절되어 있는 측면에 주목한다. 이것은 꼭 외부로부터의 억압 때문만이 아니라 환자들 자신의 행동 방식과 정교화된 언어 스타일 때문인데, 그렇기 때문에 일상생활에 근거한 투쟁이 필요하다고 강조한다.

가타리는 자신이 일했던 보르드 병원이라는 이 작은 세계에서의 실험을 언급하면서, 오히려 계급투쟁, 국가 권력의 장악, 경제적 거시 구조의 변혁이라는 거대한 그러나 단순한 문제를 넘어서서, 사태를 전혀 다르게 바라보고 느끼는 방식을, 노동, 신체, 사회, 코스모스에 대한 전혀 다른 관계를 만들어 갈 것을 요구한다. 그리고 그러한 것을 가로막는 미시적인 억압 권력의 전개 과정을 지목하면서 미시적인 욕망투쟁의 필요성을 역설한다.

여기서 가타리가 중요하게 생각하는 것은, 기술의 단순한 현대화나 인간 관계의 전반적 개선이 아니라, 정신의학적 소외에 놓여 있는 문제들에 대한 인민의 직접 책임이다. 기존 병원에서의 환자들의 삶의 조건 개선, 직원의 임금 인상, 또는 병원 이외의 장비들의 개선 등에만 집착하는 것이 아니라, 민중적 대안을 찾는 것이 중요하다는 것이다. 그 대안은 광기를 전문가들에 그리고 전문화된 시설들에 맡기지 않고 당사자들이 직접 책임지고 새로운 관계로 만들어 가는 것이다. 전문가는 경찰처럼 힘 관계

---

26) 'Les psychiatries contre le franquisme,' in *RM*, pp. 155-157. Galice지방의 Saint-Jacques-de-Compostelle에 있는 Conxo 병원에서의 일.
27) 'Fous à délier,' in *RM*, pp. 158-160.

를 전제로 개입하기 때문에.

가타리가 예로 들은 탈주의 시도들은 작은 집단들 속에서 아우토노미아를 실행하는 것으로 나타난다. 사회에서 가장 주변적인 사람들 속에서 나타나는 다양한 자율적 실험은 그 자체로 국가 권력으로부터의 탈주인 것이다. 거창하게 국가와 싸우는 것이 아니라 내부의 욕망 지대에 일상 속에서 자율적으로 자신들이 원하는 것(다른 것)을 만들어 가는 것일 뿐이다. 그러나 이것은 기존의 권력 구성 방식(선거를 통한 대표제 만들기와 장치에 의해 지배당하기)에 대립되는 것이며 그렇기 때문에 기존 권력으로부터 엄청난 탄압을 받는 것이다.

그런데 이러한 탈주에서 중요한 것은 렝의 실험에서처럼 특정 모델로 환원하거나 특정한 틀에 막혀 버리지 않는 것이며, 더 나아가 새로운 것을 향해서 그리고 새로운 관계를 만들어 나가는 것이다. 즉 되기, 생성을 향해서 나아가는 것이다.

2) 되기

오늘날 많은 세력이 민중 에너지의 해방, 모든 종류의 억압된 소수자들의 소수자적 욕망의 해방을 향해 나아가는 경향이 있고, 그에 저항하기 위해 기존의 권력은 억압 구조들을 강화해 간다. 그러나 권력은 반드시 대규모적이거나 혹은 분명한 억압 형태를 행사할 수는 없다. 그렇다고 억압이 완화된 것은 아니다. 오늘날 너무 분명한 억압 형태는 받아들여지기 어렵기 때문에, 권력은 외적인 강압보다는 내재화할 수 있는 더욱 발본적인 방식을 적용한다. 즉 일종의 파시즘의 소형화를 추구한다. 이와 관련하여 학교, 감옥, 법정 등과 같은 시설, 또 가족이나 조합 등과 같은 제도들은 그런 소형화된 억압 형태를 주입하는 중요한 시설들이 된다.

그렇다고 국가 권력을 장악하여 이런 시설들을 파괴하고 '옳은' 방향으로 다시 건설하면 될까? 가타리는 이런 전통적인 방식을 비판한다. 그런 시설이나 제도 등을 파괴한다고 해서 억압을 없앨 수는 없다고 생각한다.

그런 시설들이나 제도들과 함께 움직이는 욕망 대사 운동을 사회적인 장에서 드러내도록 하는 것이 필요하며, 이것은 행동이나 시설이나 제도의 수준에서 이루어지는 것이 아니라, 해방[자유화]을 향해 나아가는 인간과 기능과 경제적 사회적 관계의 배치(새로운 삶의 방식)에 의해서 가능하다고 주장한다. 가타리에 의하면 구조와 장치를 더 좋은 구조와 장치로 바꾸는 것이 아니라, 전혀 다른 기계들을 만들고 전혀 다르게 움직이도록 하는 것이어야 한다.

또한 그 주체는 이미 사상이나 전투적 행동의 전문가가 아닌, 새로운 삶의 방식을 실험하는 직접적인 당사자들일 뿐이라고 강조한다. 의식과 이념, 이데올로기에 사로잡혀 옳은 것과 나쁜 것을 구분하고 이에 의거해 실천하는 것도 아니고, 무오류의 당이나 엘리트에 의해서 만들어진 어떤 모델을 적용하는 것도 아니다. 예를 들어 가타리는 '교육'의 영역에서도 점점 문제가 되는 것은 특정한 대안교육적 모델을 적용하는 것이 아니라, 하나의 학급, 하나의 학교, 하나의 어린이 집단 등을 중심으로 결정되는 분석적-활동적인 미시 배치라고 강조한다. 학교나 그 외의 장소에서 이웃이나 어린이들과 함께 혹은 친구나 활동가들과 함께 자기 자신의 삶을 건설하고 조금이라도 생기 있는 것을 만들어 내는 것, 예를 들면 자기 자신의 신체와의 관계, 사물과 지각의 관계를 변화시키기 위해 자기 자신에 대해서도 새로운 관계를 만들어 내는 것이 필요하다. 당사자들의 욕망 흐름을 담아 내는 기계적 배치(색다르게 움직이는 환경)를 만들어야 한다는 것이다.

이런 관점에서 봤을 때, 혁명이란 모든 소외—노동자의 소외, 여성이나 어린이나 성적 소수자 등의 소외, 색다른 형태의 감성 혹은 소리나 색채나 사상의 기호(嗜好)의 소외 등—관계를 폐절하는 문제이다. 그 위에서 관련 당사자들의 직접적이고 집단적인 책임을 기반으로 한 새로운 관계들을 만들어 가는 것이다. 새로운 흐름, 새로운 기계들을 통해 혁명은 그 어떤 영역에서도 먼저 욕망의 에너지를 해방시켜야 가능하게 된다. 그래야 기존의 지층화를 관통하는 연쇄 반응을 일으켜, 현재의 사회를 유지하고 있는 권력 구성체를 재검토하는 불가역적인 과정을 촉진할 수 있다.[28] 이제 가타리의 논의는 제도들 속에서 형성되는 주체성을 다르게 만들기, 즉 되기(생성)를 향해서 나아간다.

유치원에서의 글쓰기를 비롯한 교육은 어린이들을 지배적 기호 체계로 포획하고 자본의 공리계를 따르도록 하여 어린이들의 욕망 자체를 억압한다. 그러나 어린이들은 자율적인 집단적 활동을 통해서 자신들의 욕망을 표현하고 새로운 사회 관계들을 만들어 갈 수 있다. 뉴욕의 갱들 안에서 기존의 상하 관계와는 다른 수평적인 관계를 지향하는 여성 갱 조직의 출현과 사우스 브롱크스에서 약물 중독자들을 중심으로 전개된 자주 관리 서비스 운동은 전혀 다른 실천 방향의 사례를 보여 준다. 가타리는 주변적인 소수자들이 보이는 문제제기 속에서, 미라벨 극단이 공연한 연극에 대한 평을 통해서, '갑옷'을 벗고 다른 것으로 '되기'를 강조한다. 성과 관련해서는 여성, 이성애, 동성애라는 엉성한 개념들을 넘어설 것을 제안하면서, 어린이 되기, 부랑자 되기, 여성 되기, 동성애자 되기, 소수자 되기를 통해서 권력을 파괴하고 새로운 관계를 만들어 나갈 것을 제안한다.

(1) 어린이 되기[29]

발달한 공업 사회에서는 어른 사회로의 진입 과정이 특정한 시기에 한정되지 않고 유아기부터 시작되어 '항상' 일어나며, 그때문에 가족이나 교육자가 동원된다. 또 자본주의의 가치 체계나 표상 체계로의 진입은, 이제 단순히 사람을 동원할 뿐만 아니라 시청각 수단에 더욱 호소하여, 어린이를 지각 코드, 언어 코드, 인간 관계 양식, 권위, 위계제 등 지배적인 사회 관계들을 유지하는 자본주의적 기술 체계에 적합하도록 만든다.

이와 관련하여 가타리는 어린이의 어른 사회로의 진입 방법에 변화를

---

28) 'Introduction à devenir enfant, voyou, pédé…,' in *RM*, p. 175.
29) 'Les crèches et l'initiation,' in *RM*, pp. 175-181.

가져온 가장 중요한 요소 가운데 하나로, 어린이의 기본적인 기호 교육에서의 문자의 우위성 확립을 든다. 자본주의는 연령이나 성별에 관계없이 최대한의 인원을 동원하려고 하며, 따라서 '모든' 어린이는 될 수 있는 한 빨리 권력의 다양한 코드를 해독해야 한다. 어린이는 모국어를 말하는 것을 배울 뿐만 아니라, 동시에 길거리에서 이동의 코드, 기계나 전기 등의 어떤 복합적인 관계의 형태 등을 몸에 익혀 가야 한다. 그런데 이들 다양한 코드는 당연히 권력의 사회적 코드에 통합되어 간다. 여기서 어린이에게 억압 체계를 내면화시키는 데에 어른의 태도나 여러 가지 기술이 구사된다. 특히 가타리는 기호 정치가 어린이에게 가하는 작용을 강조하며, 따라서 어린이에 대한 분석적 실천에서 기호정치에 대립하는 미시정치적인 사회 참여를 강조하게 된다.

항상 그러하듯이 가타리는 그리 '거대한' 실천을 하자는 것이 아니다. 오히려 근본적인 '미시정치'적 투쟁을 생각한다. 그것도 유치원이나 학교에서. 가타리에 따르면 어린이의 다양한 기호 표현 양식을 문장어(language écrit)의 기호학에 종속시키지 않는 것만으로도, 지배체제와의 거대한 절단을 체현할 것이다. 어린이들이 그림이나 춤이나 노래 혹은 함께 만들기 등으로 자기를 표현할 수 있다면—그러나 이들 활동 전체가 고전적인 교육적 궁극 목표(사회로의 통합)에 체계적으로 수렴되지 않는 방법으로—그들은 자신들의 욕망이 모델화되는 것을 어느 정도까지는 피할 수 있다. 중요한 것은 어린이를 바깥에서 인위적으로 비호하거나 어린이를 위해 사회 현실이 바라는 쓸데없는 인공 세계를 만들어 주는 것이 아니다. 오히려 어린이가 현실을 마주할 수 있도록 도와주는 것이 필요하다. 이상적인 것은 어린이의 욕망의 경제가 자본주의의 초코드화 정치를 최대한 피할 수 있도록 하는 것이다.[30] 자본주의의 코드화 흐름에서 완전히 벗어나는 것

---

30) 가타리는 기호의 내재화를 코드화(codage)라는 개념으로 파악한다. 초코드화(sur-codage)는 다양한 코드의 의미들을 하나의 대문자 기호나 기표에 결집해 나가는 것을 말하고, 탈코드화는 이미 소통되고 있는 코드화된 것을 해체하여 다른 것을 구성해 나가는 과정을 의미한다. 따라서 탈코드화는 횡단코드화(transcodage)로 될 수 있다.

이 아니라, 그 흐름의 영향을 상대적으로 억제하는 것이다. 유치원 수준에서 미시정치의 본질적 목표는 어린이의 기호적 표현의 다의성(polyvocité, 다성성)을 발휘하도록 하는 것이다. 어린이를 너무 일찍 전형화된 개인으로, 상투화된 인성학적 모델로 '결정화'하는 것을 거부하는 것이다.

또한 문제는 흔히 얘기되는 단순한 정책 '대안'이 아니다. 또 다른 교육, 또 다른 코드화로 대치하는 것이 아니라(대안 교육이 만병통치약이 아니다), 어린이 개인들이 상대적으로 자율적인—국가, 관료제, 문화, 조합, 매스미디어 등의 권력 구성체의 기술 체계에 비교적 조직되기 힘든—표현 수단을 획득할 수 있는 조건을 만들어 내는 것이다.

정신병원에 있는 학교에서 교사와 학생들이 벌인 미시정치적 투쟁의 예[31]에서 가타리는 어린이들의 자율적 구성 능력을 보여 준다. 자물쇠로 잠긴 교실에서 엄한 눈초리로 시작된 수업은 항상 아비규환으로 끝난다. 그러나 한 교사가 자신에게 주어져 있는 약간의 권력을 어린이들에게 되돌려 주어 교실의 자물쇠를 풀고, 학생들 스스로 새로운 규칙을 정하여 실천하도록 한다. 여기서 분석 과정은 어린이 집단이 주도한다. 교사는 해석하지 않는다. 그는 자신의 능력과 책임에 따라 참여할 뿐이다. 내부 활동의 변화와 어린이들이 하고 싶은 것들에 대해 서로 토의하고 할 일을 만들어 간다. 교사는 이윽고 어린이들이 다 함께 결정한 생활 규칙의 체계 앞에서 모습을 감춘다. 어린이들은 다양한 발화나 모든 표현양식을 활성화하는 과정에서 현실적 실천에 접속하게 된다. 어린이들은 시내 구경을 가기로 하고 자신들이 계획을 세우고 준비를 한다. 한 어린이는 의자에도 올라서지 못했는데 에펠탑을 3층까지 씩씩하게 걸어 올라가게 되었다. 이제 어린이들은 어른이 부과한 욕망 형태와는 전혀 다른 자신들의 고유한 욕망 형태와 생활방식들을 만들어 간다. 도덕, 정의, 지식, 경찰 등이 개입하는 '권력(도덕)에 의한 정리(질서화)'가 아니라 '역능(아우토노미아)에 근거한 구성 과정'을 어린이들에게서조차 찾을 수 있다는 것이다.

---

31) 'La fosse aux enfants,' in *RM*, pp. 181-185.

(2) 부랑자 되기

가타리는 주변성(marginalité)은 사회 구조 속에서 단절 지점을 그리고 집단적인 '욕망경제'의 장 속에서 새로운 문제설정의 실마리를 읽어 낼 수 있는 장소라고 본다. 그러나 주변성 개념은 항상 정상이라고 하는 사회에 대한 은밀한 의존(대당) 관념을 수반하기 때문에, 주변성 개념을 소수자(minorité) 개념으로 바꿀 것을 제안한다. 예를 들면 미국에서 전투적 동성애자는 주변화되기를 거부하는 소수자들이다. 같은 의미에서 미국의 흑인 갱들이나 푸에르토리코 출신의 갱들도 때로는 그들이 전면적으로 장악하고 있는 대도시의 일정한 구역 안에서는 주변인이 아니라고 생각할 수 있다. 다수적 장치에 물들지 않은 이러한 사회적 소수자들은 어느 정도 자신들 나름대로 욕망경제의 문제를 탐구한다고 한다. 여기서 가타리가 중요하게 여기는 것은, 이들은 기존의 형식이나 모델을 제시하면서 병리적인 어떤 것을 치료하려고 하지 않으며, 오히려 자신들의 일상생활 속에서 다수적인, 그리고 정형화된 인간상과는 전혀 다른 집단적 주체성의 새로운 조직 방향을 보여 줄 수 있다는 점이다.

가타리는 갱들 속에서[32] 나타나는 변화에 주목한다. 갱들은 보통 상당히 견고하고 상하관계가 엄격한 조직을 구성한다. 여성도 비슷한 갱으로서 조직되지만, 남성 갱에 절대 복종해야 한다. 즉 이들 갱들은 한편으로는 파시스트적인 욕망경제에 계속 관여하며, 다른 한편으로는 자신들의 몇몇 지도자들이 스스로 '풀뿌리 사회주의'(지역 주민과의 밀접한 관계)라고 부르는 것에 관계하고 있다. 그런데 가타리는 이러한 갱들 속에서도 기존의 갱들과 같은 유형의 상하관계를 재생산하지 않는, 더욱 자율적인 여성적 조직 구조가 나타났다는 것에 주목한다. 한 사회의 위계 구조(국가 권력)는 갱들의 위계 구조와 다를 바가 없다. 다만 국가 권력은 합법적인 무장력을 지니고 있는 반면, 갱들은 불법적인 (그러나 국가 권력과 서로를 인정하는?) 폭력을 지니고 있을 뿐이다. 가타리는 '합법/불법'이라

---

32) 'Gang à New York,' in *RM*, pp. 185-189.

는 법률 이데올로기를 벗어나서 어떤 욕망의 흐름 때문에 전혀 다른 수평적인 조직이 나타날 수 있었는가 하는 데 관심을 갖는다.

또 거의 혜택을 받지 못한 대중에게 특유한 일종의 문화, 일종의 생활양식, 인간적 과장의 감각 등이 이들 갱에게는 있다. 더욱이 갱들은 현재까지 어떤 국가 권력도 접근할 수 없었던 문제들을 독특한 방식으로 해결할 수도 있다.

또 다른 예로서, 뉴욕의 사우스 브롱크스에서 이전의 마약 중독자들이 맡았던 '해독(解毒) 서비스 자주관리팀'은 의사(의료) 권력과 경찰 권력이 배제된 채 자체적으로 운영되었고 나아가 마약 밀매라는 문제를 경찰의 방식과는 전혀 다른 방식으로 해결해 나갔다.[33] 이러한 운동은 뉴욕주 당국의 약물 프로그램을 대체했기 때문에 일종의 대안적 정치학이기도 하다. 그 팀이 자신의 경찰력을 가지고 있고, 주정부가 그것을 폐지하거나 금지하지 않고 정말로 보조하기까지 한다는 것은, 그것을 조직한 활동가들이 흑인 및 푸에르토리코인 운동 집단에게 그리고 그 지역의 민중적 갱들에게 지지를 받고 있었기 때문이다.[34]

더 나아가 가타리는 학생들, 여성들, 동성애자들, 이민자들, 죄수들, 광인들, 약물 중독자들 사이에서 새로운 종류의 부랑자의 길로 나아가는

---

33) 의사는 환자뿐만 아니라 의료 서비스에 대해서도 결코 직접적으로 관여하지 않았다. 그러나 문제는 당국과의 힘 싸움이었다. 뉴욕 주 당국은 장기간에 걸쳐 이 조직을 공격하였지만, 결국에는 그 조직에 보조금을 주었다. 그 과정에서 해독 조직은 자경단(自警團)을 조직하였고, 뉴욕 주 경찰과는 '서로의 영역'을 인정하게 되었다. 더 나아가 메타돈(비아편성 진통제)을 며칠 동안의 집중 치료에만 사용한다든지, 침술을 사용한다든지 하는 상당히 특이한 처방을 스스로 행하였다. 그전까지의 치료 방법은 메타돈을 수년간 지속적으로 투여하는 것이어서, 메타돈은 중독 경험자를 '의료 권력'에 결정적으로 종속시키는 일종의 인공마약이 되어 있었다. 여기에 그치는 것이 아니라 연결된 다른 문제들이 다르게 처리되어 갔다. 특히 이 '자주 관리 서비스팀'과 갱 활동이 접속되어 나갔다. 한 가지 예로, 서비스팀은 효과적인 치료 체계를 만들어 내는 데 머물지 않고, 더 포괄적인 문제—마약 밀매—를 해결했다. 갱들은 '중매인'을 배제하여 사태를 완전히 장악하였다. 어떤 흑인 갱들이나 운동 집단들은 자신들이 마약을 통해 국가 권력에 조종당하는 대상이라는 것을 깨닫게 되었다(뉴욕경찰이 차압한 마약 뭉치가 밀가루와 살짝 바꿔치기되어 경찰의 손으로 대규모로 전매되고 있던 것이 밝혀졌을 때, 사태는 명확해졌다).

34) 'Les luttes de désir,' in *RM*, pp. 37-38.

경향이 있다고 지적한다. 가타리는 이민자들의 얘기를 통해 부랑자들의
삶과 세계관을 접목해 본다. 그러면서 우리는 모두 주변인들이며 우리는
모두 잠재적 부랑자라고 한다. 현실 사회 조직은 욕망의 체계적 억압에
근거한 것으로서, 우리 각자를 감추고 거짓말하고 죄의식에 싸이게 하고
일종의 비밀스러운 비행에 빠지도록 이끌기 때문[35] 이라고 한다. 비행 속
에서 부랑자들은 억압을 두려워하기에 앞서 금지를 즐기며, 위험한 짓을
할 때마다 광적인 어떤 쾌락을 느낀다고 한다. 그러나 이러한 비행 속에
서 욕망과 억압의 관계에 변화가 나타나고 있으며, 부랑자들은 욕망에 근
거한 색다른 흐름들을 보여 주고 있는 것이다.

'비행'에 대해서 '옳은 길'을 제시하면서 다양한 욕망의 흐름을 막아 버
리는 사회 질서가 결국은 부랑자의 길을 유도한다고 가타리는 본다. 오히
려 다양한 부랑자의 길 속에서 드러나는 새로운 욕망 형태에 주목하고 그
러한 형태들이 작동하는 선이 경직되지 않고 유연하게 되도록 만드는 것
이 중요할 것이다.

(3) 여성 되기[36]

남성이 아닌 사람이 여성이라는 여성 규정은 여성을 무(無)로 규정하
는 것이다. 혹은 남성의 변증법적 타자로서만 규정하는 것이다. 이러한
규정에 서 있는 근대적 성담론은 이성애를 모델로 설정하면서 소수(주변)
적 성들(변태, 도착증, 어린이의 성, 청소년의 성, 여성의 성 등)을 지속
적으로 타자화시키면서 억압과 배제의 체계를 만들어 가는 데 이용하였
다. 즉 성담론들은 정상과 비정상을 구분하고 비생식적 성이나 예외적이
고 잉여적인 성을 착취하고 억압하였으며, 잉여적인 성적 형태를 추구하
는 개인이나 집단들(성적 소수자들)을 부도덕성, 범죄, 정신병 등의 부정
적인 의미 작용망 속에 설정함으로써 기존 질서의 강화에 동원하였다. 더

---

35) 'La bombe à Energumène,' in *RM*, pp. 191-195.
36) 'Devenir femme,' in *RM*, pp. 196-200.

욱이 성담론은 생산 및 재생산 문제에도 깊숙이 개입하여 사회를 위계화해 왔다.[37]

그러나 68년 혁명 이후 다양한 성적 소수자의 목소리가 확산되면서 이성애적인(남성중심적인) 성담론에 균열이 생겨났다. 여성운동의 등장과 더불어 여성의 독자적인 성적 정체성을 강조하게 되었다. 남성이 정해지고 남성이 아닌 것이 여성으로 정의되었던 것에서, 남성과는 상관없는 성적 주체로서의 여성 규정이 강조되었다. 그런데 가타리는 독자적 주체로서의 여성을 전제로 하면서 여성 되기를 주장한다. 엄숙한 남성 되기를 강요하는 사회에서 신체, 관능, 욕망에 접촉하는 여성이 된다는 것은, 단순히 남성과 대비하여 여성의 독자적 성애를 규정하는 것을 넘어서 이성애적 모델에 입각한 사회 질서를 공격해 가는 출발점이 된다고 본다.

사회체의 수준에서 리비도(욕망)는, 계급과 성이라는 두 가지 대립 체계 속에 사실상 사로잡혀 있다. 리비도는 남성적이고 남근 지배적인 것으로 보이며, 모든 가치들을 강한/약한, 부유한/가난한, 유용한/무용한, 깨끗한/더러운 등의 대당으로 이원화시키는 데 집착한다. 그러나 관능적인 신체의 수준에서 리비도는, 반대로 여성 되기에 사로잡혀 있다. 자본주의의 기반의 하나를 이루는 성적 소외는 사회적 신체가 남성성 쪽에 기울어지고 있는 반면 여성적 신체는 탐욕의 대상, 상품으로 변형된다는 것을 함의한다. 그리고 사람들은 그 탐욕의 대상, 상품에 대해 죄책감을 지닌 채 접근할 수 있을 뿐이며, 체계의 모든 톱니(결혼, 가족, 노동 등)에 복종하게 된다. 즉 사람들은 사회적으로는 남성성으로 초코드화되어 있지만 신체의 수준에서는 항상 욕망에, 여성 되기에 접해 있다.

여기서 욕망은 탈출구를 찾아야 한다. 실제로 욕망은 남성에서 떨어져 나와 여성 쪽으로 간다. 이 여성 되기에서 중요한 것은 겨냥한 대상이 아니라 변형의 움직임이다. 자기 자신의 신체를 사랑하는 남자, 한 여자나 다른 남자의 신체를 사랑하는 남자는 항상 스스로 '여성 되기'에 살며시

---

37) 뽀르뚜나띠, 『재생산의 비밀』, 윤수종 옮김, 박종철출판사, 1997.

연루된다. 그것은 [대문자]여성에의 동일시, 적어도 [대문자]어머니에의 동일시와는 완전히 다른 것이다. 오히려 억압적인 사회적 신체가 우리에게 권위적으로 밀어붙이는 것과는 '다른' 사람, 즉 여성 신체 '되기'로 나아가는 것이다.

이렇게 욕망의 탈출을 시도하는 '여성 되기'는 특정한 정체성에 대한 요구에서 벗어난다. 남성의 정체성에 대항하는 여성의 정체성(남성의 대립상)을 확립하고자 하는 것이 아니라, 남성 정체성이 부과하는 비남성 정체성을 거부하고 독자적인 정체성을 추구해 나가는 것이다. 노동자가 노동력을 착취당하고 있음에도 불구하고 세계와 일정한 형태의 진실한 관계를 만들 수 있는 것과 마찬가지로, 여성은 성적 착취를 당함에도 불구하고 욕망과의 사이에 어떤 일정한 진실한 관계를 유지할 수 있다. 그리고 여성은 이 관계를 본질적으로 자신의 신체의 수준에서 맺어 간다. 따라서 남성은 신체의 구도 위에서 관능화되려면 이러한 '여성 되기'에 이르지 않으면 안 된다.

여성 되기는 남근적 권력의 이원론으로부터 벗어나는 일차적 문턱이기 때문에, 다른 성적 되기(소수자적 성 되기)들과 관련하여 어떤 매개적 역할, 중개자 역할을 수행할 수 있다. 즉 여성은 유성적인 신체되기가 이루어지는 유일하게 공인받은 저장고이기 때문에, 모든 권력 구성체에 고유한 남근적 경매에서 이탈하는 남성(여성 같은 동성애 남성은 하나의 예)은 가능한 다양한 양식들에 따라 여성 되기에 개입할 것이다.

여성 되기를 성욕과 관련하여 보자면, 예를 들어 남성 덕분에 여성은 오르가즘을 느낀다는 관념은, 자궁의 자본주의적 기능(출산과 양육을 통한 노동력 재생산)에는 적합할지 몰라도 레즈비언 커플의 뜨거움(오토에로티즘) 앞에서 깨지고 만다. 매춘부 운동을 두고는 그들도 권리를 가질 수 있다고 하면서 매춘부-포주-돈이라는 3중 관계를 비난할 뿐, 이 삼각형의 극들과 고객이나 경찰과 같은 다른 다양한 등장 인물들 사이에서 엄청난 복잡성을 띠면서 작동하는 욕망의 미시정치에 대해서는 눈을 감는다. 이들이 규범을 침해했다고 고발하기보다는, 차라리 레즈비언 되기,

매춘부 되기가 지닌 색다른 욕망을 파악해야 할 것이다. 가타리는 연구 실험실에 재정을 보조하듯이 매춘부들을 지원해 주고 매춘의 미시정치를 연구하는 것이 인간해방에 도움이 될 것이라고 본다.

물론 되기를 주장한다고 해서, 실체적인 수준에서 모두 그렇게 되자고 하는 것이 아니다. 단지 그 되기 속에서 고정화된 것을 깨고 다른 것을 만들어 내는 것에 주목하자는 것이다. 그리고 그 방향은 다수적인 것에 반대해서 소수자적인 것으로, 소수자 되기로 나아가자는 것이다.

(4) 동성애자 되기

동성애는 여전히 지배적 성애(sexualité)의 상호 작용 체계 및 가치에 매여 있기도 하다. 이와 다른, 더 소수적이고 더 전위적인 수준에서는, 전투적 동성애를 발견할 수도 있다. 근대적 성담론에 대한 소수자적 비판으로서 제기되었던 동성애 담론은 성애의 다양성을 제기함으로써 이성애적인 동일자적 논리를 부수는 효과를 가져왔다. 그리고 어린이의 성, 청소년의 성, 여성의 성에 대한 인정과 자의식 위에서 독자적인 욕망 형태를 발견해 내려는 움직임을 일게 하였다.

68년 이후 서구에서는 동성애자의 사회적 위상이 크게 진전되었다. 동성애를 부끄럽게 여겨야 할 병이라거나, 무서운 일탈, 부정 행위 등이라고는 거의 느끼지 않고 있다. 이 변화는 특히 사회투쟁이 감옥이나 정신병원에서의 생활 혹은 여성이 처해 있는 상황, 낙태 문제, 생활의 질에 대해 질문을 하는 것 등, 이전에는 볼 수 없었던 문제들을 고려하기 시작하고부터 한층 더 강해졌다.

이렇게 해서 스스로를 주변적인 소수자라고 보는 동성애 정치 운동이 스스로의 인간적 존엄을 옹호하고, 시민권을 요구하게 된다. 이런 몇몇 운동은, 예를 들어 미국에서 자신들의 활동을 베트남 반전운동, 흑인해방운동, 푸에르토리코인해방운동 혹은 여성해방운동 등과 연결하기도 했다. 그러면서 동성애자들은 자신들의 삶을 지배하는 이성애적 권력과 투쟁한다. 그러면 이제 이성애가 스스로를 설명해야 하는 것이 문제가 된다. 문제는 치환되고, 남근정치적(phallocratique) 권력 일반이 의문시된다. 또한 여성해방운동은 오늘날 여성의 동성애는 맹목적인 남성 중심주의에 대한 하나의 투쟁 형태라는 데 머물지 않고, 지배적인 성애 형태 전체를 근본적으로 문제삼는 계기라고 보여진다. 그러면 여성해방적 행동과 동성애적인 행동 간의 결합은 원칙적으로 가능하게 된다.

이 문제를 되기와 관련하여 좀더 살펴보자. 가타리는 좀더 분자적인 수준에서 다양한 성적 소수자들 사이의 이행 지점으로서 여성 되기와 동성애를 든 바 있다. 즉 동성애의 긍정적인 측면은 바로 '되기'와 관련된다는 점이다.

가타리는 동성애자는 분열자(schizo)와 같이 즉자적으로 하나의 혁명가가 아니라, 새로운 시대의 혁명가일 수 있다고 한다. 즉 동성애자는 사회 안의 주요한 리비도적 단절의 장소일 수 있고 또 그렇게 될 수 있으며, 고전적인 전투주의가 접속 회로를 잃어버린 욕망하는 혁명 에너지의 출현 지점으로 존재할 수 있고 또 그렇게 될 수 있다고 한다.

문제는 동성애가 단순히 '성애' 문제로 좁혀질 수 있는 것이 아니라는 점이다. 동성애가 노동분업과 관련되어 있을 뿐만 아니라,[38] 억압적인 상하 관계, 위계제나 관료주의와 같은 일련의 사회 현상 속에 포함된다고 보면, 문제의 소재에 변화가 생긴다. 즉 남녀 동성애자는 억압된 소수자라는 위치를 거부하고, 모든 성애 형태가 자본주의 사회나 관료적 사회주의 사회의 가치 체계나 재생산 체계에 예속되어 있다는 것에 대하여 정치적 공세를 펼 수 있다고 한다. 중요한 것은 동성애라기보다는 횡단성애(trans-sexualité)의 문제이며, 이것은 예속적 관계로부터 해방된 사회에서 성애란 어떠한 것인가를 정의하는 문제이다. 이러한 입장에서, 동성애의 자유를 위한 싸움은 사회 해방 투쟁의 구성 요소가 된다.

---

38) Mariarosa Dalla Costa and Selma James, *The Power of Women and The Subversion of Community*, 1972, pp. 31-33. 이들은 'the homosexuality of the division of labour'라는 소주제로 논의한다.

여기서 가타리가 말하는 횡단성애 문제는 퀴어(queer) 이론의 변화에서도 나타난다. 레즈비아니즘에서 부치-팜므(butch-femme, 여성 동성애자 사이의 남성 역할자-여성 역할자) 커플을 전에는 이성애적 부부 관계와 같은 패턴이라고 하여 불식시키려고 하였으나, 지금은 각자 스스로 선택한 젠더 연기를 통해 자신의 주체적 입장을 구성한다고 평가하기도 한다.[39] 이성애적 부부와 부치-팜므 사이에서 동일성을 찾는 권력적인 방식이 아니라 차이를 확장해 가는 인식과 전략을 요구하는 것이다. 남성-여성의 외양에도 불구하고 부치-팜므 커플은 대안적인 정체성과 새로운 성윤리의 가능성을 모색할 수 있게 한다는 것이다.

가타리는 이성애, 동성애로 고정된 성애 형태를 넘어서는 횡단성애의 문제를 제기한다. 횡단성애와 관련해서는 흔히 '트랜스섹슈얼'로 얘기하여 외과 수술로 해결할 것처럼 말한다. 실은 여기서 문제로 삼는 것은 '자신의 성을 선택하여 변형시켜 가는 과정'이 핵심이다. 이것은 성의 복수성과 복잡한 결합 관계들의 가능성을 암시한다.

들뢰즈는 모든 개인은 두 개의 성을 가지고 있지만 이 둘은 '칸막이로 분리되어 있다'고 한다. 한 남자나 한 여자의 남성적 부분이나 여성적 부분과 다른 여자나 다른 남자의 여성적 부분이나 남성적 부분 간의 상호 접속이 이루어질 수 있다는 것을 횡단성애 개념으로 파악하고 있다.[40]

들뢰즈는 꿀벌과 난초의 비유에서 성의 횡단을 살핀다. 자웅동체는 동일한 식물 안에서 두 성이 현실적으로 따로 떨어져서 존재하는 것인데, 암컷 부분이 수정하거나 수컷 부분을 수정시키기 위해서 제3자(곤충이나 바람)를 필요로 한다. 주어진 하나의 성을 가진 개인은 자기 안에 다른 성을 가지고 있다. 그런데 이 개인은 자기 안의 그 다른 성과 직접 소통할 수가 없다. 성의 횡단은 개인 속에서 두 가지 성이라는 두 파편의 공존, 서로 소통하지 못하는 '부분적 대상들'의 공존이다. 한 몸 전체가 다 남자

---

39) 노승희, 「성의 정치경제, 그 너머: 이성애/동성애 논쟁과 퀴어의 윤리」, 『세계사상』 4호, 1998, 28-38쪽.
40) 들뢰즈, 『프루스트와 기호들』, 서동욱·이충민 옮김, 민음사, 1997, 205-216쪽.

라고 규정된 한 개인이, 그 자신과는 소통할 수 없는 자기의 여성 부분을 수정시키기 위해, 한 몸 전체가 다 남자인 다른 개인을 찾으려 할 수도 있다. 또한 한 몸 전체가 다 남자라고 규정된 한 개인은, 남자에게서만큼이나 여자에게서도 발견될 수 있는 부분적 대상으로 자기의 여성 부분을 수정하는 일이 벌어진다.

결국은 두 범주가 상호 교접함으로써 초래되는 의미의 교란, 인지 불가능성의 지대(횡단성애)는 새로운 생성의 가능성을 보인다고 한다.

가타리는 동성애자 되기의 지향41)을 신체 전체가 '사회적 신체'의 표상이나 구속에서 또는 상투화된 자세나 태도나 춤, 말하자면 빌헬름 라이히 (Wilhelm Reich)가 말한 '갑옷'에서 벗어날 수 있는가 하는 데 두고 있다. 여성이나 동성애 범주는 특수한 사회적 장 안에서만 존재한다. 가타리는 이러한 엉성한 개념들을 파괴하려고 한다. 어떤 동일한 동성애도 어떤 동일한 여성도 없다. 여성 되기, 동성애자 되기 등을 통해, 인간의 변형 가능성, 정신과 신체의 변형, 생물학적 여성이 사회적 정신적 남성으로 변화하는 것 등을 이해하고 동참하는 것이 관건이다. 성은 고정된 것이 아니며, 이원론적인 여성-남성 대당을 넘어서 구체적인 다양한 성들이, n개의 성이 존재한다. 이 n개의 성들 사이의 다양한 접속을 통해 새로운 되기들을 만들어갈 수 있는 것이다. 고정된 성애 형태를 넘어서서, 다양한 (성적) 구성의 가능성을 보자는 것이 동성애자 되기, 횡단성애란 문제제기의 핵심일 것이다.

4. 함의

기존의 조직 운동을 경험한 많은 사람들은 가타리의 이상과 같은 주장에 대해 심히 불쾌감을 느낄지도 모르겠다. 정리해고가 판을 치는 상황에

---

41) 'J'ai même rencontré des travelos heureux,' in *RM*, pp. 189-191.

서 노동운동을 비판하고 이상한 짓거리나 하자고 하니 말이다! 물론 가타리도 정리해고에 대해서 엄청나게 반대했을 것이다. 또한 가타리가 계급투쟁 전선의 싸움을 부차적이거나 이차적인 것으로 미루자고 하는 것도 아니다. 가타리의 주장은 서구에서 68년 혁명의 흐름 위에서 대중의 욕망 분출을 적극적으로 평가하는 입장에 서 있는 것이다.[42] 우리의 경우 아주 다른 역사적 경험을 가지고 있지만, 기존의 운동 방식에 어떠한 변화가 필요한 지금 시점에 가타리의 제안은 하나의 시사점을 던져 줄 수 있다.

일전에 민주노총이 벌인 노동법 개악 반대 투쟁을 보자. 사실 민주노총 지도부도 예상치 못한, 밑으로부터 엄청난 투쟁 열기가 솟아올라 이를 어떻게 '정리'해야 할지 난감한 적이 있었다고 한다. 기껏해야 '국민 승리의 대표제'로 정리해 가는 모습이란 정말 어처구니 없는 일이었다. 어떻게 해서 밑으로부터 투쟁 열기가 그렇게 높았는가? 그러나 밑에서의 뜨거운 은밀힌 다양한 활동들에 대해서 생각하기보다는, 노동법 개악 투쟁에서 드러난 힘(역능)을 어떻게 질서화할 것인가(권력 형성)에 관심을 두는 것이 현실 운동의 모습이다.

가타리가 제기하는 것은 인식상 변증법에 기운 우리의 통합적, 종합적, 통치적 발상에 대한 비판이다. 또한 욕망하는 기계와 분열분석이란 제안은 집중제와 아나키즘이라는 인식 및 조직 대낭을 넘어서려는 것이나. 변증법이 권력을 만들어 가는 논리 및 인식이었다는 반성 위에서, 권력을 만들어 가지 않는 방식을 제기하는 것이다. 특히 저 위에 있는 권력과 국가, 장치와 구조라는 상에 대한 밑으로부터의 권력 비판과 권력 장악, 새로운 건설이라는 상과 방식이 가져온 현실적 결과들을 우리는 보았다. 그런데도 여전히 같은 방식으로, 대표를 만들어 무언가 해결해 달라고 할 것인가?

권력을 만들어 가지 않는, 권력의 방식과는 전혀 다른, 대중의 욕망에

---

42) Félix Guattari, 'Extraits de discussions: fin juin 1968,' in *Psychanalyse et Transversalité—Essais d'analyse institutionnelle*, Editions de Maspero, 1972, pp. 215-229.

기초한 유연한 기계들을 설립하자는 것이 가타리의 제안이다. 지배와 지배장치는 우리 위에, 사회의 상층부에, 그렇게 저 멀리 있어서 우리가 그것을 파괴하고 장악하여 아래를 내려다보면 달라지는 것이 아니다. 또한 지배와 지배장치는 멀리 있는 것이 아니라 우리 속에 우리와 가까이 있는 각종 기계들과 함께 움직이는 욕망에 붙어 있는 것이다. 이러한 욕망의 흐름을 해방한다는 것은 다수자적인 동일자의 초코드화로, 권력 만들기로 나아가는 것이 아니라, 소수자적인 방향으로, 특이한 개별자들을 전면적으로 발전시키는, 따라서 횡단적이고 분자적인 움직임을 만들어 가는 것이다.

이제 혁명은 위에서 지배하는 '나쁜 계급'과 권력 장치를 깨는 것으로 이루어지는 것이 아니라, 우리 옆에 붙어서 권력을 만들어 내는 기계적 움직임을 다르게 움직여 나가도록 함으로써 더욱 넓은 지형을 확보해 가는 것이 되어야 한다. 즉 위를 쳐부수는 것으로만이 아니라 옆을 넓히는 횡단적 분자적 혁명이 실제로 우리를 더욱 새로운 인간으로, 우리의 사회를 더욱 자유로운 사회로 만들어 갈 것이다.

5. 맺음말

인민의 진실한 욕망에 귀를 기울인다는 것은, 자신의 고유한 욕망과 자신에 가장 가까운 사람들의 욕망에 귀를 기울일 수 있다는 것을 함의한다. 이것은 대규모 계급투쟁을 뒤로 미루고 우선 욕망투쟁에 몰입해야 한다는 것을 의미하지는 않는다. 반대로 이 양자 사이의 결합점들은 계급투쟁에 생각지도 못할 에너지를 부여할 것이다. 가타리는 욕망 에너지의 흐름을 해방시키면서 그것의 힘에 근거한 계급투쟁으로 나아갈 것을 제시한다.

욕망의 미시정치학에 근거한 욕망투쟁과 일상투쟁을 통해서 욕망 에너지를 해방함으로써 권력에서 탈주하는 흐름을 만들어내 되기(생성)들을 만들어 가자는 것이다. 그 탈주의 방법은 분열분석적이고 탈주의 원칙은 인민의 직접적 책임, 즉 아우토노미아(자율성)이다.

소수자가 지닌 생성의 가능성, 창조의 가능성을 열어 가는 것은 다양한 욕망 흐름을 개방하는 것이고, 이것은 대안적 삶의 형태들을 만들어 낼 수 있게 한다. 이러한 대안적 방향은 기존의 강제적 결혼과 권위주의적 가족에 대하여 다양한 가족 형태를 제시하였고, 기존의 제도 교육에 대해서도 대안적인 교육 형태, 공동 육아 등을 제시하였다. 여성운동에서의 새로운 공동체들을 모색하려는 움직임 또한 마찬가지이다. 자율 낙태 운동 등에서 드러나는 대안적인 의료 체계의 구성 등은 기존의 의료 체계에 대한 강력한 문제제기이자 새로운 협동 형태의 실험인 것이다.

이러한 대안적 형태들의 구성은 또한 구성에 있어서도 새로운 방식으로 나아간다. 지금까지 정치학은 권력 중심을 생각하고 대중들의 권리를 양도하여 대표를 만들어 중심으로 모아가는 방식이었다. 소수자적인 구성권력 형성 방식은 대표제 모델을 거부하고 각 개인들 및 집단들이 지닌 특이성을 강화하고 다양한 방식으로 집합체들을 만들어 나가며 연결망을 확장해 가는 방식이다. 개인과 집단, 개인과 사회, 나아가 개인과 국가가 대립하는 구도가 아니라, 개인을 포괄해 내는 집단을, 사회를 만들어 나감으로써 국가란 단지 행정 집행 장치로 되어 가는 사회를 지향하는 새로운 정치학의 길로 나가자는 것이다.

'무엇에 반대하기'보다는 오히려 '무엇을 향해 나아가기'를 원한다. '지금까지와는 다른 방식으로 생각하고, 살고, 실험하고, 투쟁하면서', 살아 있는 생산적 대안을 만들어 가고자 한다. '사랑, 일, 지식' 속에서, 일상 속에서 '개인을 포괄하는 집단성'을, 집단적 주체성을 만들어 감으로써, '능력에 따라 일하고 필요에 따라 가지는 사회'가 아니라 '매일매일 새로운 생성이 넘치는 사회'로 나갈 수 있을 것이다.

맑스주의의 확장과 소수자운동의 의의

1. 머리말

'현실 사회주의'의 붕괴 이후 한국 사회과학 및 인문과학계에서 '포스트모더니즘(탈근대론)', 포스트맑스주의 등이 휩쓸고 지나갔다. 서구에서 이 '탈근대주의(포스트주의)'들은 자본주의 상품소비문화를 찬미하는 것에서부터 자본주의적 생산의 혁신적 변화를 찬미하는 것(포스트포드주의)에 이르기까지 광범위하다. 나아가 이 포스트주의들은 기존의 이성중심적인 철학에 대한 문제제기 속에서 탈중심적인 사고를 주장하고, 사회를 인식 주체에 의한 구성물로서 파악하려는 주장으로까지 이어지고 있다.

한국에서 탈근대적 사고의 흐름은 주로 자본주의 상품소비문화를 미화하거나 자본주의적 생산방식상의 새로운 동향을 일방적으로 찬양하는 논조 속에서 시작되었다. 이것은 교조적인 '변증법적 유물론'(Diamat)의 역편향이기도 했지만, 무엇보다도 맑스주의에 대한 반격의 성격을 띠고 행해졌다. 점차 미셸 푸코와 같은 사람의 비판적 분석도 소개되었으나, 전복적 사고의 흐름 속에서 전개되지는 않았다.

한국에서 독자적인 사회과학의 출발점이 되었던 사회구성체논쟁의 논자들도 탈근대론과 접맥되면서 다양하게 분화되었다. 이 과정에서 대부분의 논자들은 과거(자신들의 주장)와 단절하고 자본주의발전을 옹호하는 변신의 모습을 보였다. 일부에서 신식민지국가독점자본주의론으로 정식화되었던 논의도 탈근대적 사고와 접맥되지 않을 수 없었고, 점차 알튀세르학파의 주장을 원용하면서 전개되어 나갔다. 한국에서 알튀세르에 대한 소개는 맑스주의의 전화라는 전망 위에서 논의가 확장되어 왔지만, 맑스주의의 위기를 내적으로 작동시키면서 돌파해 나가는 데에는 한계를 보였다. 이데올로기론을 중심으로 하여 노동자운동과 맑스주의의 융합이라는 문제설정에 집착하면서, 여전히 전통적 맑스주의의 개념틀 속에 갇힌 채 사회의 새로운 변화를 설명해 내는 데에는 한계를 보이고 있다.

2. 탈근대 사상과 새로운 주체성

이러한 한계를 돌파하려는 노력은 이미 서구에서 다양한 흐름 속에서 전개되어 왔다. 또한 기존의 주류 철학에 대한 문제제기로까지 거슬러 올라가게 되었다. 사회현실과 인식에 대한 더욱 근본적인 질문을 제기하면서 그간 당연시해 오던 것들을 되짚어 보려고 시도하였던 것이다. 그러한 시도들 또한 많은 경우 '탈근대론', '탈근대'라는 문제설정을 통해 제기되었다.

흔히 '탈근대'라는 문제설정은 전근대-근대-탈근대라는 시기구분식 문제설정에 매여 있다. 물론 '탈'(post)의 의미를 '벗어난다'는 측면에서 강조하면서 기존의 이성중심주의를 해체하려는 시도로 이해하려는 사람들도 있다. 문제는 여기서 더 나아가 '반'근대라는 문제설정을 요구한다고 생각한다. 단순히 해체에 머물지 않고 새로운 것을 구성해 나가려는 생각에서, 기존의 근대적인 사유양식과 사회구성방식에 대해 대안적인 것을 찾아가려는 것이 필요하다고 본다. 이러한 문제설정에서 근대니 탈근대니 하는 구분방식보다는 오히려 그 동안의 역사 속에서 나타난 주류흐름의 지배자적 다수자적 사고방식에 대항한 소수자적 흐름을 강조하는 것이 필요하다.

탈근대 사상의 비판적 흐름 속에서 '홉스-루소-헤겔-(하버마스)'라는 다수자적(majeur) 사유 노선에 대(항)해서 '마키아벨리-스피노자-맑스-니체-(들뢰즈)'라는 소수자적(mineur) 사유 노선을 대별시킬 수 있을 것이다. 두 흐름을 철학적 개념들을 축으로 구분해 본다면, 다수노선의 보편자-동일자-인식론-심연-외재성(목적론)-본질(절대자, 신)-저 세계-권력(pouvoir)-재현-정신-이성-계약-양도(매개, 대표)-도덕(moralité)을 강조하는 입장에 대(항)하여, 무한자-차이-존재론-표면-내재성-특이성(singularité=multiplicité)-이 세계-역능(puissance)-표현-신체-욕망-공포(희망)-직접성(대표거부)-윤리(éthique)를 강조하는 소수노선[1]을 대립시킬 수 있을 것이다. 여기서 탈근대의 문제제기를 다수자적 노선에 대립하면서 단순히 이성비판과 해체로 나아가는 것으로 받아들이는 것을 넘어서서, 소수자적 관점에서 사회를 재구성해 나가려는 것으로 확장해 가는 것이 중요할 것이다.

이러한 철학적, 사상사적인 두 가지 흐름은 당연히 인간사회의 구성원리와 사회운동에 대한 서로 다른 관점을 지녀 왔다. '자유, 평등, 박애'라는 추상적 구호 속에서 추상적 인간들의 개별의지를 일반의지로 위임(양도)했던 근대사회는 다수노선에 근거한 대표제 모델에 기초하여 좋은 대표자를 만들어 내는 데 집착하였다. 맑스주의도 이 점에서는 크게 벗어나지 않았다. 그러나 대중의 역능을 강조했던 맑스주의는 대표제모델(민주집중제)과 아나키즘 사이에서 동요할 수밖에 없었다. 이 상황에서 소수적 관점에서 맑스주의의 확장이 필요할 것이다.

이 두 가지 사유흐름에 따르면 사회운동에 대해서도 해석을 달리 한다. 기존의 사회운동, 세계사의 전개과정에 대해서 소수노선에 입각한다면 색다른 해석을 할 수 있을 것이다. 다수노선에서는 역사(사회운동)를 부

---

1) 이러한 관점은 네그리, 『야만적 별종』, 윤수종 옮김, 푸른숲, 1977에 기초하여 정리한 것이다. 각각 대립시킨 개념들에 대한 설명은 이 책을 참고하시오.

르주아혁명(상징은 1789년 프랑스대혁명)과 러시아혁명(1917)을 구분점으로 하여 파악하는데, 이러한 파악방식은 어느 계급이 국가권력을 장악했는가를 중심으로 설명하는 방식이다. 누가 얼마나 좋은 사람(집단, 계급)이 권력을 장악했는가, 대표자가 되었는가가 준거가 되었다.

이에 대해 소수노선의 관점에서는 공산당선언(1848년)과 1968년 혁명(1968년) (그리고 작은 구분으로는 현실사회주의 붕괴, 1989년)을 구분기점으로 하여 역사(사회운동)를 설명한다. 공산당선언과 1968년 사이에는 중앙집권당, 즉 전위당 모델에 입각한, 지도와 대중이라는 대당에 입각한 실천운동(노동운동 중심)을 통해 사회를 변화시키려는 흐름이 지배적이었다면, 68년 혁명 이후에는 전위당 모델을 비판하면서 분자적(moléculaire) 운동(노동거부에 기초한 자기가치증식운동, 여성운동, 소수자운동 등 '아우토노미아 운동'2))을 통해 사회를 변화시키려는 흐름이 시배적이라고 실명한다. 그리고 현실사회주의 붕괴의 의미는 '전위당 모델에 입각한 대중운동'의 종결을 의미하며, 따라서 분자적 운동의 족쇄가 한층 풀린 것으로 이해한다.

이렇게 볼 때, 탈근대 사상은 색다른 사유와 사회인식을 가능하게 해주었을 뿐만 아니라, 새로운 주체 문제를 제기하였다. 탈근대 사상은 한편으로는 구조주의를 매개로 하면서 구조주의를 넘어서는 것으로 나아간다. 그간 구조주의와 사회과학의 객관성(객관주의)은 주체 문제를 없애버렸다. 학문사적인 흐름에서 보면, 프랑스의 철학 및 사회과학계는 소쉬르를 축으로 한 구조주의의 영향 아래 기존의 데카르트적 주체철학을 극복하려고 하였다. 그러나 구조주의적 노력은 근대철학의 가장 중요한 문제인 주체 문제를 상대적으로 제기하지 못하였다. 이러한 국면 속에서 푸코, 들뢰즈, 가타리, 네그리 등은 데카르트적 주체로 돌아가지는 않으면서도 구조주의적 '주체없는 과정'을 넘어서기 위해 새로운 탈근대적 주체

---

2) 아우토노미아운동의 사례에 대해서는 윤수종, 「이탈리아의 아우토노미아 운동」, 『이론』 14호, 1996년 봄 참조.

성의 탐구에 집중하게 되었다. 이런 관점에서 탈근대 사상의 실천적 함의는 탈근대적 주체에 대한 탐색의 길을 열어 주었다는 것으로 요약할 수 있을 것이다. 물론 주체 문제를 놓치고 소비사회의 모사(simulation) 속에서 허무를 달래는 보드리야르 같은 사람도 있지만.

여기서 소수자적 사유방식은 이미 다수자적 사유방식에서 가볍게 여기던 항목들을 중시하고 전혀 다른 주체상과 사회상을 그려 나가려고 하였다. 데카르트에서 시작된 주체철학과 이성의 승리는 곧바로 이성적인 인간상, 구체적으로는 백인-남성-어른-이성애자-본토박이-건강인-지성인-표준어를 쓰는 사람…이라는 표상을 준거로 하여 사회를 위계화해 나갔다. 맑스주의조차 보편계급으로서 노동자계급 상에만 매달려 사실은 새로운 주체에 대한 탐색을 하지 못하였다. 푸코, 들뢰즈, 가타리, 네그리 등은 68년 운동 이후 근대적인 표준적 인간상을 파괴하려고 하며, 그 인간상으로부터 주변적이고 소수자적인 위치로 밀려난 개인들 및 집단들을 복권시키려고 한다.

소수자적인 사고에서 보면, 이성을 축으로 한 근대적 구성은 광기에 대한 공포에서 생긴다. 이성적인 주체는 광기적인 타자들을 통해 자신을 구축해 나간다. 그렇기 때문에 이성비판에 머무르지 않고 탈근대적 주체를 찾아나선 사람들은 광기연구에 집중하게 된다.[3] 이 연구는 사회구성적으로는 주변화된 집단들에 대한 연구로 나아간다.

또한 자본가모델을 비판한 전통 맑스주의는 노동자모델을 자본가의 반대상으로 제시하는 변증법에 머물면서 결국은 근대적 절대모델(The Model)—보편적인 프롤레타리아트—을 만들어 갔다. 그리하여 탈근대 사회에서 나타나는 노동자계급의 다양한 층화와 다양한 욕망의 발현을 파악할 수가 없었다. 이러한 상황에 대한 반성 위에서 맑스주의도 탈근대적 주체찾기에 나서게 되었다.

---

3) 서구, 특히 프랑스에서 68년 이후 광기연구가 성행한 것을 상기해 보자. 죄수, 정신병자, 동성애자, 어린이, 이민자, 여성, 주변자들….

3. 맑스주의의 확장

탈근대적 주체 찾기는 현실에 접근하려는 노력의 일환이면서 맑스주의를 넘어서 맑스주의를 확장해 나가려는, 즉 맑스주의의 위기를 극복하면서 새로운 실천방향을 탐색하려는 것과 동시에 이루어진다. 그리고 탈근대 사상이라는 커다란 격랑을 헤쳐 나오면서 기존의 맑스주의는 환골탈태한 모습을 보일 수 있었다. 점차 기존의 맑스주의가 객관적 분석과 필연성 논리에 사로잡혀 결국은 산노동(노동자계급)을 억누르는 위치로 전락한 것에 대한 반성으로 이어지면서, 대표제 모델(레닌식 민주집중제)에 대한 비판과 역능에 기초한 사회구성 및 자율적 조직화의 방향을 모색할 수 있게 된다. 기존의 맑스주의를 비판적으로 계승하고 확장하는 방식은 두 가지로 전개된다고 볼 수 있다.

하나는 네그리(Negri)가 전개한 방식(내공법)으로서 맑스주의의 전통적 개념들의 내용을 현실에 맞춰 재해석해내면서 노동자계급(산노동) 속에서 전복의 새로운 가능성들을 찾고, 나아가 그러한 가능성들을 지닌 다양한 노동범주들을 탐색해 나가는 것이다. 자본의 정치경제학을 노동의 정치경제학으로 전환시키면서 전복의 정치학을 구성해 내는 방식이다.[4] 기존의 정치경제학(비판이란 말을 떼어낸 채)은 맑스의 『자본』에 매여서 자본의 동학을 설명하고 자본의 자기잘못을 지적해 주는 데 바빴다. 네그리는 『요강』을 대치시키면서 노동과 자본의 대립구도 속에서 사회구성을 설명해 나갈 것을 요구한다. 또한 그 사회구성의 힘은 바로 산노동에서 나오지 산노동을 착취하는 지휘자였던 자본에게서 나오지는 않는다는 것을 밝히고 있다.

네그리는 노동자계급 속에서 주변성의 특징들을 파악해 내고 그러한 특징들의 변화 속에서 노동의 질적 변화(비물질적 노동으로의 변화)를 추적한다.[5] 보편적 노동자계급이 아니라 노동자계급 내부의 구체적인 다양한

---

4) 윤수종, 「안또니오 네그리의 정치경제학 비판」, 『비판』 창간호, 1997.

층들이 존재한다고 보며, 공장을 넘어선 사회적 공장이라는 인식으로 넘어 간다. 이제 노동은 공장에 갇힌 것이 아니라 사회 구석구석에서 이루어지 는 것들로 인식되고, 공장의 '생산적 노동자'만이 아니라 집안의 가사노동 자에서 단란주점의 매춘부…까지 다양한 노동자층들을 포괄하는 노동자개 념(사회적 노동자)으로 넘어간다. 디오니소스 노동으로 나아가는 방향을 제시하는 이러한 노동 내부의 자율성(주변성)에 대한 탐색은 사회구성에서 다양한 사회층들을 포괄하는 논리로 나아가게 된다(우리는 모두 대표다).

사회적 노동자의 자율성 제고에 비해, 국가는 노동의 구성장치로서 성 립된다. 국가는 다양한 사회층의 노동을 구성해 내는 법적 장치를 주요한 도구로 갖는다. 네그리는 국가와 자본이라는 관계에서 노동과 자본의 대 립이라는 존재조건을 갖는 국가라는 문제설정으로 넘어가고자 한다. 노 동의 공격에 대한 자본의 대응 속에 있는 위기국가라는 개념은 관리자로 서, 경영자로서, 거시경제의 조절자로서의 국가에 대한 상을 공격한다. 또한 공공지출 등에 대한 노동자계급의 재생산적 전유라는 관점과 복지국 가적 시설을 노동자계급의 공적 영역의 확보과정이라고 파악하는 지점에 까지 이르게 된다. 이러한 발상들은 기존의 경직화된 공산주의에 대한 상 을 새롭게 하고 대중의 역능에 근거하여 아래로부터 이루어지는 구성권력 에 대한 전망으로 나아간다.[6]

다른 하나는 맑스주의의 전통적 개념을 사용하기보다는 프로이트주의 (라이히)에 상당히 근거하면서 주체 문제를 탐색해 나가려는 가타리의 방 식이다(외공법). 68년 혁명 이후 현실에 적극적으로 개입하면서 정신분 석학과 철학을 새롭게 전개해온 사람이 가타리이다. 그는 기존의 정신분 석학의 한계를 비판하면서 새로운 정신요법(제도분석, 그리고 점차 나중 에는 분열분석)을 전개하였고, 들뢰즈와 철학적 공동작업을 통해 전통적 사유를 해체하고 욕망에 기초한 유동적(유목민적) 사유양식을 추구하였

5) A. Negri, M. Lazzarato, A. Corsani, *Le Bassin de Travail Immateriel (BTI) dans La Metropole Parisienne*, L'Harmattan, 1996.

6) Negri, *Le Pouvoir Constituant*, Presses Universitaires de France, 1997.

다. 이는 지금까지 인간의 인식을 억압해 (틀지워) 왔던 변증법에 대한 거부이자 대안을 제시하려는 노력으로 볼 수 있다. 그리스적 변증법에 대항하여 유태적 기호독해를 통해서(들뢰즈) 또는 구조분석에 대항하여 기계를 들고 분열분석으로(가타리).

더욱이 가타리는 라이히(W. Reich)가 제시했던 정신분석과 맑스주의(정치)의 결합을 전진적으로 시도한다. 알튀세르처럼 비운의 짝짓기에 실패하여 우울해 있는 사람과 전혀 달리 가타리는 접합이 아니라 횡단을 통해 나아간다. 가타리는 기존의 (교조적인) 맑스주의자들이 해왔던 구조분석에 매달리지 않고 오히려 기계적 작동을 외치면서 새로운 집단적 주체성의 구성에 관심을 갖는다.

가타리는 기존의 정신분석에 대해 공격해 나갔을 뿐만 아니라 프로이트를 계승한 라캉식의 환원론적인 정신분석에 반대하여 정신분석적 실천을 사회전체와, 정신치료를 둘러싼 사회적 장과 연결시켜 나가면서 사회비판으로까지 확장시켜 나갔다. 또한 정신의학 안에서의 실천 자체를 곧바로 현실사회의 다양한 영역에서의 실천과 연결시켜 나갔으며, 이렇게 다양한 부문(secteur)들과의 접속을 통해 새로운 집합체를 만들어 나가려고 하였다. 그 과정에서 가타리는 맑스주의가 경시해온 미시적 작동에 주목하고 욕망의 흐름 위에서 전개되는 미시적 작동의 해방적 전개 및 축적 위에서만 거대한 작동의 해방이 이루어질 수 있다는 분자혁명이란 상에 이른다.[7] 끊임없이 제도를 자신의 틀(장치) 속에 가두고 포획함으로써 다수 대중의 무한한 욕망을 통제하려는 권력의 시선에 대항하여 욕망의 탈주선을 실험하려는 것이다. 이처럼 가타리는 푸코의 '권력의 미시물리학'에 대해서 '욕망의 미시정치학'을 작동시킨다(우리는 모두 소수자다).

가타리의 이러한 시도는 기존의 맑스주의 운동 내부에서도 새로운 실천방향들을 모색하고 실천할 수 있게 하였다. 인간의 사고와 실천을 틀에 가두는 방식들에 대해서 '횡단'을 외치면서 그 폭을 넓히려는 시도는, 국

---

7) 가타리, 『분자혁명』, 푸른숲, 1998.

가에 대항하면서도 스스로 내부에 국가조직과 같은 사회상을 만들어 가는 반대운동으로서 전복운동이 아니라, 대중의 무한한 역능(puissance)에 기초한 끊임없는 생성적 움직임을 통해서만 기존의 국가틀을 바꾸고 새로운 사회를 구성해 갈 수 있다는 네그리의 아우토노미아 사상과 통하게 된다.

네그리와 가타리는 체제내화되지 않는 다양한 사회운동들을 적극적으로 평가하고 이러한 다양한 흐름들이 결집되어 전체 지배구조(국가)를 변형시켜 나갈 수 있는 가능성을 탐색한다. 이들은 탈근대주의자들이 말하는 현실 및 인식의 변화들을 적극적으로 수용하면서도, 그러한 변화들이 어떻게 개인의 전면적인 자유로운 발전을 가져올 수 있는지, 무엇이 그러한 과정을 가로막고 있는지 하는 데 관심을 가진다. 네그리는 아우토노미아를, 가타리는 분자혁명을 외치면서 말이다. 이는 바로 맑스주의의 확장으로 나아가는 길이 아닐까? 이들의 주장은 단순화하자면 현대 사회를 떠받치고 있는 두 가지 커다란 제도인 국가와 가족을 벗어나는 새로운 주체성을 구성해 나가자는 것이라고도 할 수 있겠다.

맑스주의를 확장하려는 이러한 두 방향은 한국 현실에서는 어떠한 의미를 지닐까? 노동중심성에서 벗어나지 못하는 진보이론으로서는, 노동자를 대표하는 것이 아니라 노동자 내부의 다양한 지층화와 욕망의 흐름을 확인해 나가야 할 것이다. 이론진영과 실천진영의 분리로 특징지워지는 현 상황은 오히려 이론이 산노동(노동자계급) 속의 다양한 흐름들을 간과한 결과는 아닐까? 또한 새롭게 변화하고 있는 노동자(상)를 따라잡지 못하고 있는 것은 아닐까? 검은 근육질에 눈을 부라린 노동자상이 아니라, 자동기계 옆에서 이런 저런 아이디어를 생각하려고 애쓰면서도 끊임없이 기계에서 분리되어 공장 밖으로 밀려나고 그래서 공장 바깥에 포진하여 새로운 비물질적 노동에 종사하는 노동자상! 여기서 네그리의 논의가 주는 함의가 있을 것이다.

또 다른 방향은 노동운동이나 맑스주의 이론이 여타 부문들과 접속해야 할 것을 제기한다. '생산적 노동'으로 좁혀진 노동자상은 결국은 노조운동이나 정당('노동자계급의 정치세력화'라는 사기)에 걸려 넘어지고 만다. 가타리가 강조하듯이 횡단을 통해 여성운동, 성적 소수자운동, 환경운동, 다양한 소수자운동, 주변자 운동, 대안운동들…과 접속함으로써만 초코드화하는 권력에 대항해서 대중의 역능(욕망)을 구성해 갈 수 있을 것이다. 더 이상 중심을 설정한 접합이 아니라 서로 자율적인 운동 속에서 접속할 것을 제기한다고 볼 수 있겠다.

4. 소수자운동—새로운 정체성 찾기와 자유의 공간 만들기

맑스주의의 확장은 깊이(자율성)를 더하고 범위(주변성 혹은 횡단성)를 넓히는 방식으로 이루어 질 것이다. 서구에서의 자율운동은 노동운동의 대중성 확보를 넘어서서 주민들의 점거운동, 핵반대운동, 대안운동 등으로 전개되어 왔다. 특히 자율운동의 횡적 확장은 주변자들, 소수자들의 움직임을 통해 이루어지고 있다.

소수자운동은 반드시 수적으로 작은 운동이 아니다. 소수자 개념은 다수자의 지배에 대립하는 개념일 뿐이다. 따라서 수적으로는 더 많은 여성이 남성에 비해 소수자일 수 있다. 현실 속에서는 흔히 수적으로 소수인 사람들이 전개해 나가는 운동이지만 말이다. 그리고 오히려 중요한 것은 다수자화하지 않는, 지배장치화하지 않는 움직임이 중요한 것이다. 즉 초코드화하는 운동이 아니라 분자화하는 운동이다.

이와 관련하여 전세계적으로 나타나는 다양한 민족분규는 각 인종집단(소수자)의 주체성 찾기의 일환으로 볼 수 있다. 민족분쟁-분리운동-자신의 고유한 주체성 찾기라는 식으로 볼 수 있을 것이다. 그러나 각종 민족분쟁에서 분리주의적 분파들은 내부적으로 억압적인 체제를 만들어가는 양상을 보인다. 그렇게 되면 소수자운동과는 정반대의 방향으로 나가는 것이라고 할 수 있다. 또한 세계지배질서와 관련하여 특히 자신의 고유한 주체성 찾기라는 관점에서 볼 때, 미국의 이라크 공격, 유고공습은 미국식 주체성을 강요하는 행위이다. 미국식 생활양식을 모델화하여 강요하는 행위인 것이다.

소수자운동은 주체의 자기인식, 주체화에서 시작한다. 표준적인 주체상을 거부하고 해당 집단의 집합적 주체성을 만들어 간다. 미국의 자기식 주체성 강요에 대한 베트남 인민의 대응을 보면, 베트콩식 전인민의 주체화를 통해서, 모델화되지 않는 변화무쌍한 주체들의 등장을 통해서, 모델화된 주체성(미국식 주체성)의 강요에서 벗어날 수 있었다. 베트콩이 미국을 이길 수 있었던 것은 전혀 다른 주체성을 들고 나왔기 때문이다. 전형적인 베트콩 이미지는 없다. 누구나 어디서나 베트콩이 될 수 있다. 그런데 어떻게 베트콩을 색출해 내서 제압할 것인가? 몰살의 방식만이 가능하다. 아메리카 대륙의 인디언에게 가한 것처럼 말이다. 물론 그 잔여물(살아남아서 점차 사라져 가는 인디언들, 그래서 동물원의 동물들처럼 보호받는 사람들)은 있다. 전세계적 초강력 주체성을 강요하지만 다양한 주체성과 소통하지 못한 채 극단적인 방법을 동원할 뿐이다. 미국은 인간(주체성)이 움직이는 지상전에서 승자가 될 수 없다. 그래서 스타워즈인가?

한국에서 IMF는 87년을 기점으로 80년대 후반 이후 한국의 노동자계급(넓게는 대중)이 확장해온 힘을 제압하려는 초국적 자본의 본능적 움직임이다. 음모? 전혀 '음모모임'하지 않고 눈빛으로도 가능하다! 깡패들이 조직원을 공채(공모, 모집)하는가? 눈빛으로 교감으로 정동작용(affection)으로 한다. 더욱이 주체성과 관련하여 IMF는 대중들을 기죽이는 것이다(IMF파시즘). 그 현상은 보장된 노동자와 비보장된 노동자의 균열을 가속화하는 것으로 나타난다. 이러한 상황에서 새로운 주체성을 찾아 나서는 소수자 운동이 나타나는 것이다.

세계적인 규모에서 보자면, 초국적 자본을 축으로 한 '세계적인 통합된 자본주의'(제국)의 전개라는 상황과 그 반대쪽에서는 각 인종들 및 주민(주변자)들의 다양한 자기분출 및 자율운동, 소수자운동, 분리주의 운동이라는 분자적 움직임이 상충하고 있다. 초국적 자본을 축으로 한 권력은 분자적 움직임들이 자신들을 쳐다보고 자신들이 원하는 대로 움직여주기를 바라고 있다. 마이클 조던에 대한 감동이 나이키 상표에 대한 동조로 바뀌기를 기대하듯이. 물론 아무리 그렇게 초코드화해 나가려고 해도 다양한 분자적 움직임을 막을 수는 없을 것이다. 다만 자신의 일정한 틀 속에 재영토화함으로써 포획장치 속에 집어넣으려고 할뿐이지만 말이다.

이에 대해 분자적 움직임은 다양한 주체되기를 통해서, 더욱 다형도착적인 베트콩 되기를 통해서, 소수자되기를 통해서 포획장치에서 벗어나 다른 기계들을 작동시킨다. 이러한 분자적 움직임은 색다른 주체들을 내세우며 색다른 공간을 창출하려고 한다. 이 색다른 주체들은 소수자운동으로 자기정체성을 찾고 자기권력(현존 지배권력에 대항한 노동자권력, 여성권력, 게이권력, 레즈비언권력, 어린이권력, 실업자권력, 이민자권력, 매춘부권력, 죄수권력…소수자권력)을 내세운다. 이러한 자기정체성(주체성) 찾기와 그 고유한 권력(역능)은 기존의 제도와는 다른 공간들을 창출함으로써 현실화될 수 있다. 그러한 양상은 대안운동(흔히 다양한 공동체운동)을 통해 나타난다. 하지만 현실적으로는 소수자운동과 대안운동은 상호 중복되어서 나타날 수밖에 없을 것이다.

이러한 움직임(소수자운동)이 맑스주의자들이 강박당하고 있는 자본주의 극복이라는 엄숙한 담론에 대해서 할 말이 없을까? 파괴와 극복 논리를 넘어서 생성과 구성을 지향해야 하지 않을까? 자본주의적인 '작동방식'을 문제삼아야지 자본주의를 문제삼아서 무엇을 만들어 갈 것인가? 자본주의의 반대상을? 자본주의의 반대상은 자본주의에 준거하고 있는 것이다. 미워하면서 닮아 간다고나 할까? 오히려 자본주의적 작동방식 옆에 붙어서 '색다른' 작동방식들을 증식시켜 나가는 것이 필요하다.

여기서는 다양한 운동들 안에서 새로운 정체성 찾기에 나선 소수자 운동의 가능성을 엿보고 조금씩 나타나고 있는 대안운동에 대해 언급하고 평가해 보겠다.

〈소수자운동〉

▲ 노동운동(외국인노동자운동) ─ 노동자 내부의 주변성에 초점을 맞추어야 할 것이다(주변성 분석의 중요성). 제도화된 보장된 노동자(노조로 조직된 노동자)의 운동에 집중되어 있는 노동운동에 대한 관심에서 비보장된 노동자에 대한 관심으로 확대해야 할 것이다. 최근 비정규직을 비롯한 불안정노동자에 대한 관심은 좋은 예일 것이다. 성노동자, 여성노동자, 이민노동자, 비물질적 노동자(영상물 제작팀이나 패션계 등을 전통적인 방식으로 조직할 수 있겠는가?) 등을 고려하면서 노동자운동의 변신이 필요할 것이다. 즉 새로운 변화된 노동자상에 걸맞는 조직방식 및 형태를 고안해 내야 한다. 그리고 소수자의 창조성(노동자 내부의 자율성)이 발휘되면서 전체가 변형되는 과정을 만들어 가야 할 것이다.

▲ 여성운동(주부운동) ─ 여성운동은 정치권력에서 할당된 배분운동으로 나아가는 경향이 있고 그와 맞물려서 내부의 위계화를 만들어 내기도 한다. 내부의 위계화를 만들어 내지 않고 기존의 제도를 변형시킬 수 있는 방향모색이 필요하다. 여성주의 잡지 『이프』에서처럼 여성의 오르가즘 문제 등에 대한 쟁점화는 엄숙한 페미니즘에서 벗어나는 징후이다. 엄숙하고 무성적인 페미니즘이 아니라 성적 자유 및 성적 만족을 동반하는 여성주의 운동이 필요하다. 더 나아가 맑스주의 페미니즘에 대해서 계급해방이 이루어지면 여성해방도 이루어진다고 보았다는 식으로 단죄해 버리고 급진적 페미니즘의 흐름으로 성급히 뛰어간 여성주의 논의 변화는 반성의 여지가 있다고 생각된다. 그러나 소수자적인 관점에서 맑스주의의 확장을 생각한다면 여성은 즉각 중요한 주체로 떠오른다. 가사노동논쟁은 여성의 노동이 '가치생산적'이라는 논점을 제시했을 뿐만 아니라 나아가 공장에 매인 노동의 성격을 사회화시키는 주요한 역할을 하였다. 또한 여성들의 분리주의적 실천은 레닌적 민주집중제를 파괴하는 선두주자가 된 경험(이탈리아)이 있다. 남성에 지배받는 여성이라는 변증법적 대

당식 문제설정에서 벗어날 수 있는 색다른 형태(자기가치증식)들을 모색할 필요가 있다. 여기서 오토에로티시즘에 입각한 레즈비아니즘의 등장이 주목된다. 또한 질오르가즘, 크리토리스오르가즘을 넘어서 자궁의 자본주의적 기능에 대한 문제제기, 나아가 기존의 가족모델에서 벗어난 다양한 가족형태 및 성애형태에 대한 탐색 및 실험이 가능할 것이다.

▲ 어린이운동 — 그렇게 자유롭던(말 안 듣던?) 어린이가 초등학교에 가서 한 달이면 복종하는 어린이가 되는 것은 어떤 메커니즘을 통해서인가? 선생님들은 어린이들을 제압할 때 왜 받아쓰기를 주요 무기로 사용하는가? 왜 어른들은 흔히 '애들은 가라', '애들은 몰라도 돼'라는 이상한 굉음을 계속 내고 있는가?(모두가 뱀장사란 말인가?) 어린이들의 욕망은 어떻게 표현되겠는가? 프랑스에서 어떤 라디오방송이 수업을 마치고 나오는 (초등학교) 어린이들을 직접 인터뷰하여 생방송으로 내 보낸 일이 있나. 무엇을 하고 싶은지, 무엇을 좋아하는지, 누구를 좋아하는지. 그 대답을 들은 어른들은 쇼킹, 경악! 그 프로그램은 즉각 폐쇄(명령)되었다. (최근에는 유아신경증까지 발생한다니! 그것도 대량으로). 기존의 교육틀 안에서라도 내부자율성을 확대하는 운동이 요구된다. 의자에도 못 올라서던 어린이가 또래(같은 반) 어린이들과 함께 한 자율적 계획과 실험하에 이루어진 야외놀이에서 위풍당당하게 행진하고 365계단을 오르내린다. (→공동육아, 대안학교운동)

▲ 청년운동(학생운동) — 대한(따이한) 민국에서는 전혀 소수자라는 느낌이 들지 않을 정도로 청년들이 운동을 주도해 왔다. 그러나 전체 이념운동(및 실천활동)에서 주도해 온 것이지 청년들 자신의 정체성을 추구해 왔는가? 거대 이념에 사로잡혀 몸을 버리고 운동해온 사람들의 결말은? 기철학? 건강학? 그것도 좋다! 정치권으로 진입(탈락자들의 피신처, 이른바 현장 운동에서는 더 이상 필요치 않은 사람들)? 대학 학생운동은 항상 사회문제 해결과 대학내부 문제 해결이라는 선택지에서 동요하고 있다. 대한민국 학생들은 고등학교까지는 그렇게 세계적으로 우수한데(물

론 가장 심하게 시키니까) 대학 졸업할 때 되면 왜 중간에도 못 끼는가? 장애물은 무엇인가? 군대? 취직? 학생보다 못한 교수? 10년 전과 똑같은 강의노트? 힘들고 배울게 많은 강의를 피해서 적게 배우고 편한 강의 찾아가기? 고시폐지운동! 학교폐지운동! 대학폐지운동! 제2대학운동! 탈학교운동!

▲ 동성애자운동 — 소수자적인 입장을 가장 분명하게 제시해 나간다. 잡지발간, 다양한 동호인 모임, 휴식공간…컴퓨터를 통한 소통. 『버디』란 잡지. 인식의 변화는 머리 속에서만 이루어져서는 실천적인 제도적 변화를 별로 가져오지 않는다. 정체성 확보에서 공간확보(게이 커뮤니티, 레즈비언 커뮤니티, 사이버 공간)로 나아가는 것이 필요하다. 그런데 주변적인 폐쇄된 코뮤니티를 구성하는 데 머무른다는 비판을 받는다. 그러나 소수자는 항상 처음에는 주변자로, 이상한 것들로, 파렴치한 사람…으로 현상한다. 68년 혁명당시 히피들처럼!

▲ 실업자운동 — 현재는 구호 차원에서 주로 논의되고 있다. 지원이나 사회적 안전망 건설은 노동자계급의 공적 영역의 확보(공산주의의 전제조건)라는 의미에서 중요하다. 현재는 쉼터개설 차원. 문제는 다시 업자(직업자)가 되는 방향에 있다기보다는 새로운 삶의 형태를 만들어 가는 방향에 있다고 생각된다. 새로운 협동적 조직화나 노동자들의 기업인수 등의 전진적 방식을 생각해 볼 수 있다. (노동자기업인수지원센터)

▲ 매춘부운동(성노동자) — 매춘부의 인권, 직업권, 양육권 등의 관점에서 문제를 바라 볼 수 있을 것이다. 그리고 부부 (내부의) 매춘, 부부 (내부의) 강간이 더욱 문제가 되고 있다. 언론매체는 항상 호기심을 자극하는 식으로만 방송한다. 매춘부의 욕망? 매춘부들에게 돈을 대 주고 매춘부와 고객들 사이에 흐르는 욕망을 연구하여, 거기서 얻은 분석을 기초로 좋은 사랑관계를 만들어 갈 수 있다! (왜 안돼?) 국가의 다양한 통제에 대한 매춘부들의 저항. 매해연(매매춘해결을 위한 연구회).

▲ 부랑자(갱) 운동 — 공유지나 시유지를 점거하여 재활용품을 수집 처

리하는 넝마공동체(지금은 옷가지들을 모아 다리 밑에 모아두면 이민노동자들이 가져간다). 폭주족(?), 공인된 폭주족들(자동차경주자들)은 수입을 올린다. 갱조직의 훈련방식은 운동선수들의 훈련방식과 너무나 흡사하다니! 그 내부의 위계화를 깨는 수평화 움직임의 등장 가능성에 주목할 수 있을 것이다.

▲ 죄수운동－아직 양심수 문제만이 제기되고 있는 실정이다. 일반 죄수들의 생활, 징역제도, 죄수의 사상의 자유 문제 등, 죄수의 집필권(그람시와 네그리는 감옥에 있을 때 가장 고귀한 글들을 만들었다!), 죄수의 사랑권, 외부와의 통신권, 노동에 대한 보상권, 흡연권, 일과시간 내용선택권, 죄수의 조직권. 어디까지 죄수의 자유를 억압할 것인가? 거주이전의 자유만 박탈당한 것이지 결사권까지 박탈당한 것은 아니다! 그 개인의 자유를 박탈한 것과 그 개인들의 협동권을 박탈하는 것이 같은가? 자본가는 노동자들에게 개별적으로 계약을 맺지만 노동자들의 '협동'(결과물)을 주로 착취한다.

▲ 중독자운동(마약, 알콜, 포르노…)－당사자들의 자결권을 인정한 위에서 다양한 훈련프로그램에 참여할 수 있도록 해야 한다. 그러기 위해서는 경찰적 관점을 척결해야 한다. 전문가적 관점을 척결해야 한다. 이른바 대중매체 특히 TV에서 사회문제를 폭로하거나 보여주는 프로그램들 맨 끝에는 전문가들이 나와서(물론 꼭 책꽂이를 배경으로 하면서) 경찰 대역을 한다. 물론 이것보다 더 무서운 것은 내부경찰이다. '빨간 마후라' 사건 이후 학생들의 토론 프로그램을 만들어서 (자율적인) 자체토론을 시켰을 때에, 어떤 모범생이 결론 짓기를 '전국에 계신 아버지, 어머님들(이 말은 DJ의 '국민여러분'과 너무나 닮았다), 걱정 마십시오, 그런 학생들만 있는 게 아닙니다. 여기 이렇게 건강하고 명랑한 학생들이 있다는 것을 잊지 말아 주십시오!'

▲ 환자운동－의사권력의 무시무시함. 흰옷의 환상. 정신병원과 다양한 감금장치들(정신박약아…등을 보호한다는 명목으로). 의사의 직업성

(열나는 환자의 진료기록부에는 fever라고 휘갈겨 쓴다. 낙태하러 가는 미혼모와 의사 사이의 엄청난 문턱→자율낙태운동). 정신요양원에서 사드(Sade)는 이른바 환자들과 재미있는 연극을 만들면서 집단적 욕망을 불태웠다. 어떤 관리자도 통솔(?), 주도하지 못한 일이었다.

　▲ 인권운동－지배권력에 저항하는 사람들의 인권이 주로 관심의 대상이 되고 있다. 소수자적 인권이 제기되어야 한다. 모든 사람의 (보편적, 추상적) 인권이란 문제제기는 부르주아사회에 균열을 가져오기 힘들다. 인권은 일반적이고 보편적인 입장에서가 아니라 항상 구체적이고 소수자적인 입장에서 제기될 때에 현실의 지배적인 사회에 균열을 가할 수 있다. 인권운동사랑방에 다양한 인권(권력)을 주장하는 사람들이 접속하고 있다(이민자들, 동성애자들, 여성들, 보도 듣도 못한 방식으로 사는 사람들…). 사회권으로서 인권?

　이상에서 지목한 것 말고도 주체성을 찾아 나서는 다양한 운동이 있을 수 있다. 자기정체성 찾기는 바로 개인들의 차이를 통합하거나 개인들의 공통성을 보편화함으로써 권력을 만들어 가는 방식이 아니라, 개인의 특이성에 고유성에 기초하여 새로운 것을 생성해 내려는 방식으로 나아가며, 그렇게 함으로써 권력을 깨고 개인들의 특이성의 잠재력을 확장시킨다. 이러한 특이화과정(singularisation)에 기초하여 개인의 전면적 발전은 가능하며 그 원칙은 자기준거화, 자기조직화를 통해서일 것이다. 소수자운동이 제기하는 바는 쉽게 말해서 기죽는 사람이 없어야, 지배장치에 맞춰주는 피지배기계가 없어야 '좋은 사회'가 만들어질 수 있다는 것이다.

　〈대안운동〉

　90년대 들어 한국사회에도 다양한 대안적인 삶의 형태들을 찾으려는 움직임이 일고 있다. 경직된 이데올로기에서 벗어나자 이제는 정말 어떻게 다르게 살아갈 것인가가 초미의 관심사가 되고 있다. 기존의 권력은 여전히 통치하고자 하나, 많은 사람들은 아랑곳하지 않고 자신들의 독특한 삶을 찾으려고 한다.

기존의 운동이 국가를 부정하고 권력을 장악하여 또 다른 권력구성체를 만들어 가는 것이었다면, 이러한 흐름에서는 권력을 없애는, 즉 통치하지 않는 삶의 형태들을 모색하고자 한다. 사실은 이러한 움직임이야말로 적대권력만을 부정함으로써 스스로 권력의 반대상(거울상)이 되어 버린 운동흐름에 대한 비판을 함의한다.

또한 기존의 운동이 국가와 권력의 상에만 매달려 생활에서 멀어진 사태에 대한 비판을 함의하기도 한다. 국가권력과의 대결 속에서 사생활을 갖지 않는 운동가의 삶은 이데올로기가 벗겨진 오늘날 존립할 수가 없다. 이것은 대중을 지도하는 전위운동가(지도)라는 상에서 벗어날 것을, 명령과 복종의 틀에서 벗어날 것을 촉구한다.

이러한 변화 속에서 통치와 복종이 아닌 서로의 작은 공동체들을 서로 연결시키면서 수평적인 관계망을 확장시키려는 움직임은 대안 운동의 주요 요소가 되고 있다. 생활하는 대중들과 함께 하면서 또한 전통적인 생산 중심적인 사고 및 활동을 넘어서서, 다양한 요소들을 결합함으로써 새로운 삶의 형태, 기존의 권력이나 자본이 원하는 방식과는 다른 방식의 삶의 형태를 모색해 나가는 방향 말이다. 그렇다고 '작은 것이 아름답다'는 『녹색평론』식의 방향은 절대 아니다! '큰 것도 아름답다.' 크고 작음이 문제가 아니라, 그 대상이 욕망을 해방하는가 아니면 억압하는가가 문제이다. 멋진 자동차 기계는 거대한 생산 복합체에서 생산된 것이다. 큰 것의 결과물이다. 그럼에도 그 기계는 사람들의 질주 욕망을 자극한다. 작은 것을 내세우면서 그 자동차기계가 지닌 욕망을 없앨 수 있겠는가?

도시지역을 중심으로 나타나고 있는 생활협동조합 움직임, 농촌에서 나타나고 있는 영농조합법인(위탁영농회사)들, 농촌뿐만 아니라 도시에서 나타나는 생산자공동체들, 그리고 제도교육을 비판하는 대안학교 움직임, 공동육아운동 등 대안적인 형태들이 속속 등장하고 있다. 물론 나타난 모든 형태들이 얼마나 공동체적이고 대안적인 성격을 띠고 있는가 하는 것은 따져볼 일이다. 그리고 실제로 영농조합법인들의 경우는 부실한 것들이 많고 국가의 지원을 받기 위해 만들어져 공동체적인 성격을 지닌다고 볼 수 없는 것이 많다. 그리고 자본주의 사회 안에서 경영적 수익성을 확보해 나가기가 어려운 것들이 많다. 그러나 각 형태가 현재의 자본주의 사회에서 얼마나 운동(조직)으로 성공하느냐 하는 것보다는, 얼마나 다른 방식을 제기해 주었느냐 하는 것이 중요할 것이다. 몇 가지를 형태별로 나누어 살펴보자.

▲ 공동육아─기존의 가족제도(육아)에 대한 대안형태로 생각해 볼 수 있다. 꼭 하나의 아버지와 하나의 어머니에게서 자라나야 한다는 엄청난 독재에서 벗어날 수 있을 것이다. 그리고 고아원에서 자라면 뭔가 잘못된 인간일 수 있다는 전제 또한 무시무시하다.

공동육아 어린이집은 94년에 시작되어 현재 전국적으로 25개 정도가 운영되고 있다. 공동육아어린이집은 자연친화교육, 지역사회 등의 다양한 세계를 경험하는 교육, 폐쇄된 공간에서 한글이나 숫자를 익히게 하고 인지교육과 집단적이고 획일적인 교육에서 탈피하여 어린이들의 자발적 흥미를 유도하고 어린이들이 주체가 되어 진행하는 종합적인 학습으로 프로젝트 중심교육을 실시하여 전인적 발달과 성장을 촉진하려고 한다. 또한, 공동육아어린이집에서는 모든 사람들의 인간관계가 열려져 있어 어린이와 교사, 부모 사이에 권위적인 상하관계가 없는 평등한 인간관계를 형성하려고 노력한다. 실제 공동육아는 협동조합으로 운영되고 교육에 관련된 모든 요인 즉 어린이, 부모, 교사, 지역사회, 문화의 영향을 받는 주체인 교사와 학부모에 의해 운영되는 조직형태를 지향한다.

▲ 대안학교운동─대안학교운동은 기존의 제도 학교교육이 무책임하고 비합리적이며 때로는 부적합하다는 비판에서 출발했다. 대안학교들은 90년대 들어 본격적으로 등장하기 시작하여 현재 조심스럽게 확산되고 있

다. 정규학교형 대안학교(특성화고등학교), 비정규형 전일제 학교들, 방과후와 주말, 방학기간 중 자유로운 활동을 포함하는 계절학교, 새롭게 문을 여는 대안 초등학교들 등 다양한 유형이 나타나기 시작했다.[8]

아침에 들어가면 저녁(혹은 밤에) 나올 때까지 전혀 드나들 수 없는 교문, 교사와 학생 사이에 중단된 의사소통, 입시경쟁…병영이 따로 없다. 적응하는 학생들이 기특하다. 그러면 대안교육이 해결책이 될 수 있는가? 대안교육의 스펙트럼은 교육혁명부터 부분적 개혁까지 다양하다. 그러나 빠른 시간 안에 지식을 주입시키고 학생을 선발하고 통제하는 데만 익숙한 기존의 교육제도를 철폐하자는 데에는 공통적이다.

그리고 대안학교가 현실의 공교육의 외곽에서 겉돌고 있는 것은 아닌가 하는 문제제기를 받는다. 대안학교가 현실의 제도교육에 대한 근본적인 문제제기 없이 극소수의 학생을 위한 별도의 학교가 된다면 엘리트 교육의 틀을 벗어날 수 없다. 대안학교의 이념이 공교육 기관에 녹아 들어가야 한다. 이를 위해 현장교사, 교육이론가, 학부모 등이 대안교과서나 새로운 교육방식 모형을 적극 개발해야 한다. 제도개혁은 대안들을 만들어 나감으로써 오히려 활발해질 수 있지 않을까? 전교조의 참교육운동은 예를 들면 교사가 '참된 내용'을 터득하고 학생에게 그 참된 내용을 가르친다는 문제설정에 입각해 있다. 이런 점에서 대안교육이 오히려 나아갈 방향을 제시해 준다고 할 수 있을 것이다. 누가 누구를, 교사가 학생을, 의사가 환자를, 지식인이 무식자를 가르치는 것이 아니라 배우도록 도와주는 철저한 조력자 역할이 필요하다. 그러므로 예를 들어 '발토르프'식 대안학교, '프레네'식 대안학교라고 고정되어서는 안될 것이다. 그 안에 있는 당사자들의 자율성에 입각한 다양한 관계의 형성이 중요할 것이다. 최근에는 '교육＝학교'라는 고정관념을 깨는 홈스쿨링이 등장하고 있기도 하다.

▲ 노동자공동체 – 봉제공장 형태로 운영되는 소수인(5-20여명) 결합의

---

8) 현병호, 「대안교육의 의의와 현황 그리고 전망」, 『진보평론』 10호, 2001년 겨울.

노동자공동체들이 있으며, 노동자가 기업을 인수하는 형태도 나타난다. 그 형태는 노동자생산협동조합, 노동자소유주식회사, 노동조합생산자주 관리기업, 국민운동방식의 기업(예, 우리밀살리기운동본부) 등 다양하게 전개될 수 있을 것이다. 최근 노동자기업인수단의 활동 또한 주목된다.

▲ 농촌공동체 – 생명농업(유기농업, 자연농업, 기타 등등)에서 나타나는 대안적 사회관계들, 영농조합법인들 가운데 전진적인 공동체들을 들 수 있다. 종교를 매개로 약간 폐쇄된 공동체로 흐르는 경향이 있기도 하지만, 전반적으로 자본주의 사회에 적응하면서도 색다른 내부 관계(새로운 협동방식)를 만들어 가려고 한다.

▲ 생활협동조합운동 – 일본과 이탈리아에서 생협은 진보세력의 요람 구실을 하고 있다. 일본과 이탈리아 생협의 공통점은 값싼 비용으로 물품을 공동구입하는 것 외에도 교육, 환경, 여행·스포츠, 문화 등 조합원의 다양한 욕구를 충족시키는 연계사업을 하고 있다는 점이다.

우리 나라 생협운동은 아직까지 먹거리에 대한 욕구를 조직화·사업화하는 수준을 크게 넘어서지 못하고 있다. 물론 한국에도 점차 '생활'의 공동성, 연줄망을 만들어 가는 모습을 띠는 것이 많이 나타나고 있다. 경기도 성남 주민생협의 경우 자녀교육 문제를 풀기 위해 주부들이 '어린이 창조학교'를 직접 운영하고 있다. 영리 목적과 치료 위주로 운영되고 있는 기존 병원에 대한 대항의료기관으로 안성의료생협·안산의료생협·인천평화의료원 등이 생겼고, 교수·학생·직원의 복지 향상을 위한 대학생협이 속속 결성되면서 지역에 있는 생협들과 활발한 교류를 갖고 있다.

생활협동조합은 전통적인 생산 중심지적 사고에서 벗어나 생활(특히 소비)을 중심으로 협동화해 나가자는 방향으로, 여기서도 대안적인 삶의 형식들을 만들어 가는 것이 중요하다. 물론 그러한 활동은 의료생협, 공제생협, 소비자조합 등 다양한 부문에서도 전개가능하다. '한살림'의 사업담당자들처럼 사업적 관심으로 기울어지면('(주)풀무원'으로 가라!) 이런 대안적인 성격은 줄어들 것이다. 아예 전문경영인은 내세워서 사업을 하는 게 나을 것 같다. 여기서 협동적인 성격을 통해 성원들 간에 색다른 관계를 만들어 가는 과정은 경영적인 차원에서의 '이익' 관점에서만 고려되어서는 안 될 것이다. 예를 들어 일본에서 미국의 농산물 개방압력하에 개방이 되었는데도 일본인들이 미국의 농산물을 소비하지 않는 현상이 나타났다. 그것은 생활협동조합 등을 통해 고유한 네트워크를 마련해 놓고 있었기 때문이다. 그래서 미국에서는 이러한 생활협동조합을 약화시키도록(깨도록) 일본(정부)에 압력을 가했다는 얘기가 있다. 자신들의 곡물 메이저에 대해서는 손도 못 대게 하면서!

▲ 환경운동 – 환경운동은 환경보존, 오염퇴치, 나아가 지속가능한 발전(지겨워!)에 집중하고 있다. 여기서도 대안적 공동체를 만들어 나가는 것이 중요하다. 기존의 생활방식과는 다른 생활방식(네트워크)을 만들어 내는 것이 중요하다. 서구의 녹색운동도 대중적인 관심사가 되면서 녹색 딩이라는 형태로 모이기려는 구태의연한 방향이 있다. 당형태로 집중화해 나가는 방식이 아니라 문제를 집단적으로 해결해 가는 다양한 집합체들을 건설하는 것이 필요하다. 서구의 녹색운동과 평화(반핵시위 등)운동에서 수십만 명이 집결하는 것은 전통적인 조직선(명령-동원)에 입각해서 동원된 대중이 아니다. 환경과 관련해 문제의식을 가진 작은 서클들과 네트워크들이 아름아름 수평적 연결들을 통해서 결집하는 것이다. 또한 그 작은 서클들과 네트워크들은 나름의 고유한 성원관계(자신들의 고유한 일상생활)를 유지하고 국제적인 연대까지 만들어 가면서 색다른 움직임을 벌여 나간다.

그리고 환경운동에서 나타나는 자연주의('자연으로 돌아가자'적 경향에 대해서는 경계해야 할 것이다. 그것은 개별적인 선택적인 사항이어야지 모델로서 제기되어서는 안 될 것이다. 무한한 성 자유를 주어도 금욕하며 산에 가서 도 닦는 사람이나 집단들이 나타나듯이, 무한한 자유는 자율조절이라는 주체들의 자기조직화를 만들어 낼 수 있는 출발점일 뿐이다. 어떠한 형태(모델)를 정하고 그것을 운동방향으로 강요하는 것은 또

다른 권력장치를 만들어낼 뿐이다. 또한 과학기술의 진보에 따른 생산력 발전을 무시한 채 자연주의니 인간주의니 하면서 테크놀로지를 거부한다는 전략은, 생산력에 대한 소유권을 주장하면서 생산력의 전유방식까지 장악하려는 자본가에게 질 것이 뻔하다. 자연주의나 인간주의에 매몰되지 않고, 인간과 기계가 지닌 욕망을 어떻게 결합하여 즐거운 삶의 방식을 만들어 갈 것인가를 생각해야 할 것이다(전유, 재전유 운동으로). 또한 수돗물의 오염과 냇물의 오염에는 흥분하는 환경운동가가 자신의 집 주위에서 어슬렁거리는 부랑자에 대한 대책(생각, 상)은 가지고 있지 않다면 어떻게 되겠는가? 환경운동이야말로 다양한 부문들과의 접속을 제기하고 그 속에서 구성되는 주체성에 대해 생각해 보아야 할 것이다.

▲ 평화운동－엄청난 파괴력을 지닌 무기가 상존하는 상황에서 반핵 평화운동은 군산복합체들과 대결하는 지점이 된다. 첨단무기 생산에 집중하고 있는 과학의 대안적 사용방안 등을 제안할 수 있을 것이다.

▲ 대안적 네트워크운동－최근 진보네트워크가 출범하였다. 자본과 권력에 독립적인 정보화를 기치로 내걸고. 그런데 참세상이란 ID는 '참교육' 만큼이나 구태의연하기 짝이 없다. (요즈음은 ID가 성격을 규정짓는다!) 테크놀로지의 적극적인 전유를 생각해 볼 수 있을 것이다. 그리고 해커운동(해커선언문)까지?

▲ 새로운 과학운동(『다른 과학』)－과학적 결과와 과학연구를 대안적인 삶의 형태들과 결합시켜 나가는 방향을 모색할 필요가 있다.

▲ 독립영화운동－스타들을 동원하여 대량 관객을 모으는 돈 많이 든 영화에 대항하여 적은 예산으로 색다른 광경들을 창조한다. 이것도 장사가 되니까 다시 틈새시장으로 진출한다. 열풍을 일으키는 영화들과는 다른 무엇이 있는 것인가?

▲ 언더그라운드 밴드들－음악활동: '개클런'(개방적 클럽연대, 홍익대와 연세대 주변의 록클럽 11곳, 록밴드 50여개 팀이 모임), 음악웹진 '웹진공'과 잡지 '팬진공'을 냈다. '땅밑달리기'행사, 락클럽들(클럽문화)의

활동, 인디레이블(메이저 레코드사의 영향력 안에 묶여 있지 않은 저예산 독립음반사). 이들은 성공하면 돈벌이로 나가는가? 상품화된 대중문화에 배후 공급지의 역할을 하는 것인가? 정말 풀뿌리들과 접속할 수 있을까?

▲ 대안적 문화예술 및 상연공간 – Off-Theater('빵' '살') : 복합문화공간, 음악을 비롯하여 퍼포먼스, 전시, 영화, 무용 등 다양한 장르들을 통해 자유분방하게 관객들과 만나는 공간을 만들려고 하며, 공연자와 관객의 거리 좁히기를 시도한다.

▲ 전유, 재전유운동 – 빈아파트점거운동, 공공공간 공동사용운동(주말 공공기관 주차장 사용), 반-도로운동(anti-road struggle), 이탈리아의 사회센터운동, 세종문화회관점거운동(전유→재전유 운동: 자율인하, 관객으로서 입장료깎기→관객으로서 연주자나 배우 선택하기/이미자, 패티 김에서 서태지로→관객과 배우가 하나되는 색다른 공연하기) 등등.

이상 지목한 대안운동들은 다양한 공동체를 만들어 가려는, 즉 자유의 공간을 확보해 가는 움직임으로 볼 수 있겠다. 물론 그 각 공간들이 폐쇄적인 것에 머문다면 절대 자유의 공간으로 전화될 수 없을 것이다. 공상적 사회주의자들이나 코뮌주의자들과는 달리 열린 공동체를 지향해 나가는 방향이 필요하다고 본다.

저항과 전복은 꼭 지배질서에 대해 정면으로 공격한다고 해서 의미가 있는 것이 아니다. 오히려 그 지배질서가 힘 못쓰게 하는 다른 방식이 중요하다. 구소련은 전복(봉기)에 의해서 무너졌는가? 아니다. 공산당(CP) 독재에 진저리난 대중들이 권력으로서 인정하지 않는 순간 무너져버린 것이다. 물론 대중들이 '집강소'를 만들지 않으니 옐친같은 깡패가 설치게 된다. 대중의 창의성(역능)은 그 자체가 자신의 준거를, 더욱이 자신의 공간을 만들기 시작하면 권력에 대해 전복적이다. 대중의 역능은 바로 대안운동들이 만들어낸 자유의 공간에서 자기조직화의 근거를 찾아갈 것이다.

5. 결론

지금까지 언급한 이러한 운동은 거부와 부정이 아니라 긍정과 구성으로 나아가는 흐름이다. 거부와 부정 속에서 개인들 및 대중들이 지닌 창의성을 막는 방식이 아니라, 개인들 및 대중들의 창조적 역능에 기반하면서 경건하고 무거운 삶이 아니라 즐겁고 가벼운 삶을 만들어 가고자 하는 것이다.

이러한 의미에서 볼 때 최근에 나타나고 있는 다양한 흐름들은 그 누가 대단한 이론을 주장하고 그에 복종하는 사람들에 의해 이루어지는 것이 아니다. 물론 그 흐름 속에는 선도적으로 일을 꾸려 나가는 사람이 있지만, 더 이상 명령하고 복종하는 방식이 될 수 없다. 자발성과 창의성에 입각하여 수평적 칸막이와 수직적 위계를 깨 나가는 방식인 것이다.

자본과 국가가 지배적인 위치에 있는 한, 그리고 자본주의적인 시장논리가 지배하고 있는 현실에서 이러한 흐름이 당장 대중들의 생활영역에 커다란 영향을 끼치지는 않을 것이다. 그러나 무조건적인 무의식적 복종에서 벗어나 스스로의 기반을 새롭게 만들어 나가려는 흐름은 우리의 삶의 방향을 제시해 줄 것이다. 권력장악이라는 승리관점에서 운동과 역사를 생각하는 사람들은 강박증에 시달리며 초조해 하면서 또 다른 권력을 만들어 나갈 위험이 있다. 색다른 이질적인 흐름을 만듦으로써 기존의 지형을 넓혀 간다는 지리철학적 사고를 갖는다면, 그러한 강박관념에서 벗어날 수 있을 것이다.

그리고 최근 많이 논의되고 있는 신사회운동, 시민운동과의 차별성을 잠시 언급해 두자. 신사회운동(론)에서도 정체성 찾기를 강조한다. 하버마스처럼 구조(체계)의 식민화에 대한 반응으로서, 밟힌 지렁이의 꿈틀거림으로서 신사회운동을 바라보기도 한다. 소수자운동과 대안운동은 오히려 대중의 자생성과 창의성(역능)에 입각하여 새로운 기계들을 만들어 가는 과정이지 지배적 구조에 대응한 산물이 아니다. 더욱이 소수자운동이 정체성 찾기에서 끝나지 않고 대안적 삶의 형태, 색다른 자유의 공간을 찾아 나서는 대안운동으로 전화된다는 것이 주목된다.

시민운동은 정치적 지배에 대해 시민적 자율성의 영역을 확장하여 민주사회를 만들어 간다는 상에 집착한다. 특이성이 무시된 개인들로서 시민에 의거하면서 다수의 공통성을 찾아서 운동화하려고 한다. 그에 비해 소수자운동과 대안운동은 개별자들의 특이성을 공통화하려고 하지 않고 서로 차이를 극대화하면서도 오히려 소통의 폭을 넓힐 수 있는 방식을 추구한다(스피노자적 코뮤니즘).

작게는 어느 마을에 농민회 회원이 한두 명만 생겨도 이장의 활동방식이 변한다. 꼭 농민회원이 이장으로 당선되어야 이기는 것은 아니다. 오히려 농민회원이 이장이 되면 기존의 제도화된 이장의 흉내를 내기 바쁘다. 농민회원은 이장에게 다른 시선의 존재를 알리고 다른 공간활동을 만들어 가면 오히려 사회를 풍족하게 할 수 있을 것이다. 색다른 주체성(정체성)의 등장과 색다른 공간의 창출!

세계적으로는 최근 '유럽의 좌파지배'라는 현상은 이미 그 좌파(사민당)는 진보의 꼬리를 쫓아가는 데도 바쁠 뿐인 집단임을 보여준다. 승리 관점에 있는 사람들은 이것에 현혹되고 선거주의에 물들지만 말이다. 지금 유럽을 선도하는 흐름은 오히려 '녹색'과 '평화'[대안적 네트워크를 지닌 집단들 및 사고]라고 생각한다. 이러한 대안적인 흐름이 선거에서 다수당이 되지는 않지만 전체 구도를 이끌고 간다. 다수자가 되려고 하지 말고 선도적인 소수자가 되라. 카프카의 말대로 '앞서가는 시계가 되라!'

공간적으로는 지형도를 다시 그려 나가는 것이 필요하다. 새로운 정체성의 등장은 이전에 논쟁적이었던 쟁점들을 더 큰 틀 속에서 이해하도록 해주며, 따라서 그만큼 더 넓은 자유의 공간을 확보할 가능성을 열어준다. 그러나 자유의 공간을 확보해 나가지 않으면 지속될 수 없을 것이다. 지형도를 다르게 그려나가고 이를 통해 다양한 활동이 증식되도록 만드는 것이 필요하다. 여기서 바로 소수적 주체들의 색다른 활동이 지형도의 폭을 넓히는 주도자가 된다.

권력장악이라는 강박에서 벗어나서 대중의 역능을 아래로부터 구성해 내는 방향, 보편적 주체가 아니라 다양한 소수적 주체들이 다양한 자유의 공간을 확보해 나가는 과정을 코뮤니즘의 길로 상정할 수 있을 것이다. 소유의 사회화를 넘어서 활동의 전유·재전유로, 즉 주체성의 색다른 생산을 통해 색다른 자유의 공간을 만들어 가는 과정으로 나아가야 할 것이다.

변화하는 생산적 주체성들, 반체제적 특이성들, 그리고 새로운 프롤레타리아트적 기질들을 발전시키고 옹호하고 표현하는 것이 운동의 제일차적인 내용이자 과제로 되었다(주체성). 그 위에서 생활양식의 생산과 재생산에 상처를 입히는 모든 것으로부터 독립적으로 집단적 노동력을 의식적으로 조직하는 것이 필요하다(집단성). 이것은 자본주의적 구조들에 '대항해서' 그것들 '외부에서' 새로운 사회적 생산능력들을 조직하는 것이다(집단적 주체성). '지금까지와는 다른 방식으로 생각하고, 살고, 실험하고, 투쟁하라'.9)

---

9) Félix Guattari and Toni Negri, *Les Nouveaux Espaces de Liberté*, Editions Dominique Bedou, 1985, Ch. 6.

보 론

- 라이히의 삶과 사상
- 가타리의 삶과 사상

빌헬름 라이히의 삶과 사상

1. 왜 빌헬름 라이히인가?

서구의 사상 흐름에서 여전히 주요한 축을 이루는 것이 맑스주의와 프로이트주의이고 이 양자를 어떻게 결합할 것인가가 20세기 서구 사상사에서 가장 중요한 주제가 되어 왔다고 할 수 있다. 이 양자는 현실 제도 속에서는 국가와 가족이라는 두 받침대를 가지고 이 사회를 지탱해 왔다. 계급해방을 위해 계급지배장치인 국가를 사멸시키려던 맑스주의가 국가를 강화해 왔고, 욕망해방을 통해 인간해방을 지향했던 프로이트주의는 가족 삼각형으로 모든 사람들을 옥죄어 왔다.

빌헬름 라이히(Wilhelm Reich, 1987-1957)는 일찍이 맑스(주의)와 프로이트(주의)를 결합하려고 시도한 사람이다. 물론 현존 사회를 강화하려는 목적에서가 아니라 해체하고 재구성하려는 목적에서였다. 그렇기 때문에 라이히는 단순한 결합을 넘어선다. 라이히는 기계론적인 맑스주의와 문화론적인 프로이트주의를 공격하고 계급해방과 욕망해방을 향해 전진한다.

특히 라이히는 계급해방 담론에 의해 억압된 욕망해방 담론을 개방한다. 그래서 탈근대주의의 물결 속에서 라이히가 다시 등장하게 된다. 더욱이 그간 구조에, 객관적 사회 관계에 묻혀 죽어지냈던 주체가 라이히를 매개로 새롭게 등장한다. 성 욕망에 기반한 뜨거운 주체들이 세상을 향해 다른 움직임을 보이기 시작한다.

마키아벨리-스피노자-니체-맑스-들뢰즈로 이어지는 반체제적(소수적) 사상 흐름 속에서 라이히가 빠질 수는 없을 것이다. 그가 가장 활동적이었던 30년대에 맑스주의자들과 프로이트주의자들에게 동시에 배척당했던 라이히는 시대를 뛰어넘어 68년 혁명 이후 새로운 주체들과 접속한다. 더 이상 복종하지 않고 더 이상 자신을 기죽이지 않는 주체들과…건강한 주체들과…자유로운 사회를 만들기 위해서.

2. 라이히의 삶과 사상

라이히의 경력은 세 단계로 요약할 수 있다. 첫 단계는 1918년 빈 대학에 입학하여 프로이트에게 직접 사사를 받으면서 이른바 '정신분석 2세대'를 형성하여 독창적 정신분석 요법을 실험하던 시기다. 두 번째 단계는 1928년부터 1933년까지 맑스주의 정치의 일환으로 성-정치(Sex-Pol) 운동을 정력적으로 전개하던 시기로 그의 생애에서 가장 역동적인 시기이다. 마지막은 외국으로 전전하면서 망명 생활을 하다가 1939년 미국에 최종적으로 정착하여 '오르곤 에너지'를 발견하고 그에 관한 과학적 실험에 집중하던 시기다.

성정치 운동 시기의 라이히는 정신분석과 맑스주의를 접속하여 '욕망'의 문제를 사회적 관계(특히 계급관계)와 결부시킨 최초의 인물로, 프로이트 맑스주의라는 흐름을 만들어낸 사람으로 평가된다. 물론 그의 주장이 혁명적인 만큼 그에 대한 평가는 극에서 극을 달릴 정도로 엇갈리고 있다. 특히 오르곤 연구에 집중하던 만년의 라이히는 황당무계한 사상에 사로잡힌 미치광이 정도로 취급되곤 한다. 사실 이러한 평가는 라이히의 문제제기가 지닌 철저함(발본성)에서 생긴 것이라고 생각한다. 그 철저함을 논리적으로 따지기보다는 색다른 출발을 위한 기반으로 삼는 것이 나을 것이다.

빌헬름 라이히는 오스트리아 제국에 속한 갈리시아의 도브르치니카 (Dobrzcynica)에서 1897년에 태어났다. 1) 아버지는 유태인이며 농부로서 땅을 많이 빌려 크게 농사를 지었다. 독일문화의 변경지대로 이디시어[유대인이 사용하는 독일어를 바탕으로 하고 히브리어를 덧붙인 언어]를 사용하던 시골에서 아버지는 라이히에게 독일어를 사용하도록 했고 고용 농민들에 대해서 엄하게 대하였다. 라이히에게 그들의 자녀들과 놀지 못하도록 했을 정도였다. 라이히는 아버지의 엄격함을 싫어했지만 고용농민들의 복종적인 태도에 대해서 깊은 인상을 지니고 있었다. 어머니를 좋아했지만 어머니와 가정교사 사이의 사랑을 아버지에게 얘기하여 어머니를 자살하게 만든 소년 라이히. 그러나 그는 죄의식에 사로잡히기보다는 인간의 애정관계를 더욱 깊이 파고들고 인간 관계를 파헤쳐 보려고 하였다.

여기서는 라이히가 학문적 이력을 쌓으면서 활동해 나간 시기를 중심으로 그의 삶과 사상의 변화를 연결시켜 서술해 보겠다. 2) 특히 성문제가 프로이트에게 갇혀 있는 우리의 상황에 비판지점을 제공한다는 의미에서, 프로이트와 라이히의 관계 및 학문적 차이를 부각시키면서 서술해 보겠다.

라이히는 1918년에 빈(Wien) 대학 의학부에 입학하여 1922년에 졸업했다. 입학하면서 라이히는 정신분석학을 공부하였고, 1919년에 빈 정신분석학회의 회원이 되었다. 삶에서 성(Sexualität, 성애)이 지니는 중심적인 역할을 확신하여, 성을 출생하면서부터 시작하는 발달 과정으로 보며 심리-성적 에너지, 즉 리비도(Libido)의 존재를 긍정하는 프로이트의 작업에 끌리게 되었다. 정신분석 기법은 젊은 의사인 라이히에게 실제적인 도구를 제공했지만, 정신분석학적 이론 및 치료에는, 그리고 이 새로운 학문 분과와 그것이 성장한 세계의 관계에는 해결되지 않은 문제들과 풀리지 않은 의문들이 있었다. 이때부터 라이히는 프로이트의 기본적인 임상

---

1) Wilhelm Reich, *Passion of Youth*, Paragon House, 1988. 이 책은 라이히 자신의 전기로 1922년까지의 개인사를 기록하고 있다.
2) Wilhelm Reich, *Beyond Psychology*, Farrar, Straus and Giroux, 1994, introduction by Mary Boyd Higgins.

적 정식들을 확장시키고 보호하기 위해 투쟁하였고, 그렇게 하면서 또한 프로이트와 갈등하게 되었다.

프로이트는 처음에는 신경증을 본능적인 성 충동과 그것을 억압하고 금지하는 부정적 사회 사이의 갈등의 결과로 이해하였다. 환자에게서 관찰되는 증상을 무의식적 심리 수준에서 왜곡된 형태로 관철되는 이러한 충동의 표현으로 여겼다. 본능적 충동에는 프로이트가 '리비도'라 일컫는 에너지 기능이 내재해 있었다. 프로이트는 그것이 화학적 성질의 것이라고 추측하였지만 그것의 실체는 당시 증명되지 않고 있었다. 신경증에 대한 이러한 정식화에 근거해, 프로이트는 신경증을 '치료'하는 치료법을 개발했다. 정신분석학은—환자는 어떤 것이나 말할 수 있지만 행동은 하지 않는—'자유연상' 기법을 사용해, 환자에게 억압된 감정과 사건을 기억하게 하고, 그것들을 개인의 통제에 유용하고 사회적으로 수용되는 행동으로 승화시키거나 거부할 수 있도록 무의식적 충동을 의식화시키려고 하였다. 바로 이러한 정신분석 치료의 목적에 라이히와 프로이트 사이의 갈등의 씨가 있었다. 왜냐하면 거부나 승화의 요구는 생물학적 본능(충동)은 '나쁘다'는 그리고 사회는 '불변한다'는 도덕적 판단을 지니고 있었기 때문이다.

라이히는 기초 과학의 토대를 갖고 정신분석학을 시작했다. 그는 천문학, 전자공학, 양자론, 그리고 아인슈타인(Einstein), 하이젠베르크(Heisenberg), 보어(Bohr)의 물리 이론을 공부했다. 그의 정신분석학 동료들은 환자의 기억 내용과 그 해석에 초점을 두었던 반면, 라이히는 신경증의 경제적, 양적 요인, 즉 에너지 문제에 열중했다. 그는 신경증의 에너지 근원 즉, 신경증의 신체적 핵심을 찾고자 했다.

당시는 정신병의 본질에 대해서는 거의 알려진 것이 없었다. 개인의 신경 증상은 건강한 유기체 안에 있는 낯선 신체로 여겨졌다. 프로이트는, "증상은 무의식이 의식화되면 반드시 사라진다"고 말했다. 그러나 성공하는 경우는 드물었고, 프로이트는 나중에 "증상은 사라질지도 모른다"고 말을 바꾸었다. 그러나, 라이히는 무엇 때문에 "반드시 사라진다"에서 "사라질지도 모른다"로 말을 바꾸었는가를 물었다. 그밖에 무의식을 의식화하는 것 외에 증상의 소멸을 보증하는 데는 무엇이 필요했는가? 이런 질문들은 일반적으로 제기되지 않았다.

그러나 라이히는 진료를 하면서 이러한 질문들과 씨름하였다. 그는 자위행위가 동반하는 환상(상상)을 연구하기 시작했고 환자들이 하는 자위행위 유형에 세밀한 관심을 기울이기 시작했다. 그는 환상화된 행동 형태를 이해하기 위해서는 무의식적 갈등 및 유아기 경험들에 접근할 필요가 있다는 것을 알게 되었다. 게다가 어떤 환자들의 증상은 만족스러운 성 경험―자위 행위를 통해서건 성교를 통해서건―을 가질 수 있으면 사라진다는 것을 발견했다. 이런 경우 증상은 며칠 후에 다시 나타나지만 성만족으로 다시 사라진다. 점차적으로, 라이히는 성기(생식기) 기능과 그 중심적 기제인 오르가즘에 관심을 갖게 되었다.

1923년 11월에 그는 성기 장애가 신경증의 가장 중요한 증상일 것이라고 주장하는 논문을 발표하였다. 정신분석학 동료들은 많은 환자들이 성기적으로 건강하다고 주장하면서 라이히의 제안에 반대했다. 그러면 무엇이 '성기적 건강'을 구성하는가? 라이히는 이것을 더 자세히 연구했다. 그는 환자들에게 성 행위를 하는 동안의 기분과 행동을 정확히 기술하도록 시켰다. 그리고 남성의 경우는 발기 능력을 지니고도 거의 또는 전혀 쾌락(즐거움)을 경험하지 못한다는 것을 발견하였다. 이제 성능력의 의미가 쟁점이었다. 라이히에 따르면, "성능력 개념은 경제적, 경험적, 에너지적 측면을 포함하지 않으면 전혀 의미가 없다. 발기능력과 사정능력은 단지 오르가즘 능력의 선행 조건이다. 오르가즘 능력은 어떤 유보도 없이 성적으로 몰입할 수 있는 능력, 신체의 비자발적이고 쾌락적 진동을 통해 억압된 성자극을 완전히 방출할 수 있는 능력이다. 신경증적인 모든 것은 오르가즘 능력이 없다." 신경증의 신체적 핵심은 오르가즘에서만 적절하게 방출될 수 있을 뿐인 억압된 성 에너지였다. 따라서 오르가즘 불능에 대한 연구는 라이히 연구의 중요한 임상적 문제가 되었고, 치료 노력의 목표는 오르가즘 능력의 회복이었다. 억압된 성을 인식하게 되는 것은, 오르가즘 방출 능력과 함께 진행되어야 했다. 라이히는 프로이트의 치료 개념에 경제적 에너지 요인을 더하였고, 이것을 묘사하기 위하여 '성경제학'(sex economy)이라는 용어를 사용하기 시작했다.

라이히는 개별 환자와의 임상 경험에서뿐 아니라, '빈 정신분석 진료소'—이곳에서 그는 사적인 진료에서는 볼 수 없는 심각한 병리학의 다양한 증상에 접근할 수 있었다—에서 노동자계급 주민들의 성기 장애를 주의 깊게 관찰하여 결론을 내렸다. 성기 장애는 오르가즘 불능의 표현이며, 신경증의 하나의 증상이 아니라 대표적〔전반적〕증상이라고.

오르가즘 이론을 정식화하고 실험한 1922년부터 1926년까지, 라이히는 정신분석 기법을 이해하고 개선하려는 노력에 깊이 몰두했다. 정신분석학은 자유연상에 의존했으나 환자들은 거의 자유연상을 할 수 없었다. 1924년에, 라이히는 자신의 제안으로 2년 전에 시작된 '정신분석 기법 세미나'를 주도하였다. 문제는 오르가즘 능력의 정립을 막는 모든 병리학적 태도들을 찾아내 제거할 수 있는 기법을 완성하는 것이었다. 그는 사례의 생활사보다는 기법 문제를 강조하고 저항3) 상황에 초점을 두는 체계적인 사례보고 계획을 세웠다. 점차, 대부분의 분석가들은 환자들의 부정적 반응을 피하며, 저항에 직면했을 때 무력하다는 것이 알려졌다.

게다가, 정신분석 치료는 프로이트의 관점 변화로 부담을 느끼게 되었다. 1920년에 프로이트는 죽음 본능의 존재를 가정했고 그것에 성본능과 똑같은 중요성을 부여했다. 1922년 정신분석학 회의에서, 프로이트는 '죄의 무의식적 감정'에 대해 이야기했다. 그리고 환자가 막 회복되는 바로 그때 악화되는 이른바 '부정적 치료 반응'에 대해 토의하면서, 무의식적 자아 속에는 회복에 반대하는 힘이 있음에 틀림없다고 말했다. 삶의 본능에 대립하는 죽음 본능이란 생각은 점차 신경증 개념 전체를 바꾸었는데,

---

3) 환자가 정신치료를 받는 과정에서 떠올리기 괴로운 생각에 부딪쳤을 때 얘기를 하지 않거나 다른 얘기를 둘러대려는 행동을 말한다.

이제 신경증은 성욕과 처벌 '공포' 사이의 갈등에 의한 것이라는 생각에서 성욕과 처벌 '욕구' 사이의 갈등의 결과라고 정식화되었다. 라이히에게는 이것은 모든 임상 경험들과 모순되고 모든 치료 노력을 무의미하게 만드는 것이었다. 그는 정신분석가들이 비현실적인 죽음 본능에 집착하는 것을 불안한 마음으로 바라보았다. 프로이트는 죽음 본능은 단지 가설일 뿐 임상적으로 근거가 없다고 라이히에게 확인해 주었다. 라이히는 일시적으로 안도감을 느꼈으나, 프로이트는 죽음 본능이 오용되는 것을 막으려는 어떤 후속 조치도 취하지 않았다. 오직 라이히만이 그러한 오용에 저항하였다.

1924년 잘츠부르크에서 열린 정신분석학 회의에서, 라이히는 오르가즘 능력이란 개념을 소개했고, 오르가즘 능력을 달성하는 데서의 임상적 어려움에 특히 주의하였다. 그는 환자의 증상에서 성기 흥분을 없애면 아주 드물게만 오르가즘 능력에 이른다는 것을 발견했다. 여기서 라이히는 생식 기관만이 오르가즘을 제공할 수 있고 성 에너지를 완전히 해방할 수 있으며, 생식기 이외의 것은 긴장을 증가시킬 뿐이라고 파악하였다.

정신분석이론 안에서 첨예한 의견대립은 불안 문제에서도 뚜렷해졌다. 프로이트의 애초의 가정은 성흥분이 지각되고 방출되지 못하면 불안으로 전환된다는 것이었다. 그러나 이러한 전환이 어떻게 발생하는지는 아무도 몰랐다. 치료에서 이 문제와 씨름하면서, 라이히는 불안과 생장적 (vegetativ)[4] (자율) 신경 체계의 관계를 관찰하였다. 그는 성흥분이 불안으로 전환되는 일은 없으며, 생식기 안에서 쾌락으로 나타나는 동일한 흥분이 심장혈관 조직을 자극하면 불안으로 나타난다고 보았다. 즉 성욕과 불안은 하나의 생장적 흥분(성 에너지의 표현)이 지닌 두 가지 대립적인 방향을 나타낸다고 보았다. 라이히는 불안이 성 에너지의 억제, 즉 성 울혈로부터 유래하며, 불안의 기본 메커니즘은 방출되지 않은 성 에너지로 혈관 생장(vasovegetativ) 조직에 과부하가 걸린 것이라는 입장을 견지하

---

4) 혈장으로 이루어진, 자율적으로 반응하는 (혈관 안의) 흐름.

였다. 라이히는 1926년 말에 이 발견을 프로이트에게 설명했지만, 놀랍게도 프로이트는 그것을 거부하고 불안에 대한 대부분의 애초의 정식을 철회했다. 프로이트는 불안을 더 이상 성억압의 결과가 아니라 원인으로 생각할 수 있다고 하였다. 라이히는 신체적 메커니즘들을 관찰하고, 현실적인 '성 에너지'에 관심을 집중하였다. 그러나 그가 생리학에 가까이 접근할수록, 언젠가는 정신분석학에 생물학적 토대를 부여해야 한다는 프로이트의 언명에도 불구하고, 프로이트 및 정신분석 공동체와 더욱 멀어져 갔다.

라이히는 치료(기술) 문제에 대해서 연구를 계속하였다. 왜 어떤 환자들은 접근하기 어려울까? 왜 치료 노력은 통과할 수 없는 벽에 부딪치듯이 튕겨져 나올까? 환자들은 어떤 공격에 대항하여 '무장된' 듯이 보였다. 모든 사람이 저항하였다. 점차 그는 회복의 장애물이 환자의 전체적 존재에, 통일되고 자동적인 저항을 형성하는 그 또는 그녀의 '성격'에 있다는 것을 깨달았다. '성격 무장'은 불쾌감을 막았지만, 또한 쾌락을 경험하고 합리적으로 기능하는 능력을 억제했다. 성격 무장의 발전에 상응하여 각각의 경우에 특정한 구조를 나타내는 성격(무장)의 층들이 있었다. 라이히는 최근에 억제되었던 것이 표면층에 가장 가까이 있고, 그 다음에는 프로이트가 말한 반사회적인 충동들이 있고, 심층에는 자연스런 충동들이 있다는 생각을 정리하였다. 프로이트는 표면층과 억제된 반사회적 충동이라는 두 가지 층을 설정하였다. 그리고 반사회적인 충동을 본능적인 것처럼 상정하였다. 라이히는 이에 대해 심층에 있는 자연스러운 충동이 억압되어서 반사회적인 충동으로 나타난다고 생각하였다. 그리고 과거의 트라우마(상흔)가 무의식적 기억 속에서 옥죄고 있다는 프로이트의 분석과는 달리, 라이히는 이러한 성격의 다층구조에 입각하여 환자들을 분석하면서 과거의 경험이 현재의 성격 태도들 안에 살아 있다고 주장하였다. 라이히는 성격에 거의 관심을 보이지 않는 다른 분석가들에게, 증후들이 지닌 성격학적 토대를 제거하는 것만이 진정으로 치료를 가져올 수 있다고 확신시키려고 하였다.

성격구조와 더불어, 정신분석 이론의 주요 문제 가운데 하나가 모든 환자에게서 발견되는 파괴적 충동의 기원에 관한 질문이었다. 파괴적 충동은 생물학적인가? 프로이트는 초기에는 매저키즘을 (자신에게 되돌아온) 세상을 향한 파괴적 충동의 결과라고 보았다. 그러나 이제 프로이트는 파괴적 충동을 치료에 대한 환자의 저항, 범죄에 대한 무의식처럼 일차적 매저키즘(죽음 충동)의 표현이라고 보았다. 프로이트는 죽음 본능 이론을 정신분석 치료의 가장 본질적인 영역들 안으로 끌어들이고 있었다. 그렇지만 아직 그러한 본능의 실존에 관한 임상적 증거가 전혀 없었다. 이와 반대로 라이히는 신중하게 검토한 뒤에 '죽음 본능'으로 해석될 수 있는 모든 심적 표명이 성 충동으로 변하는 파괴적 충동임을 밝혀 냈다. 성격 내부에 갇힌 파괴적 공격성은 삶의 실망에 대한, 특히 성 만족의 결핍에 대한 분노에 불과했다.

1926년 5월, 라이히는 프로이트에게 자신의 첫 번째 저서『오르가즘의 기능』원고 사본을 주었다. 저서를 받은 프로이트는 냉담하게 반응했다. 두 달이 훨씬 지나서야 프로이트는 오르가즘 이론을 거부하는 듯한 형식적인 반응을 보였다. 1926년 12월, 라이히는 프로이트의 내부 모임에서 성격 분석적 치료법에 관해서 이야기했지만 반응은 냉소적이었다. 5)

프로이트와의 관계에서의 어려움에 덧붙여, 라이히는 전에 자신의 아버지와 동생의 생명을 앗아간 질병인 결핵에 걸렸다. 1927년 1월 그는 다보스(Davos)의 결핵요양원으로 갔고, 석달 반 뒤에 치료되어 돌아왔다. 치료 세미나 안에서 연구를 계속했고 치료 실습에 몇몇 체계를 도입하였다. 이 즈음 라이히는 성격 연구를 정신분석학과 일치하는 것이라고 여겼다.

이러한 자신의 사상 형성기에, 라이히는 그가 의학도였을 당시 자신의 분석환자였던 애니 핑크(Annie Pink)라는 여인과 결혼했다. 결혼하면서 그들은 서로를 사랑하는 한 함께 지내지만, 한쪽이 상대방을 더 이상 사

---

5) 빌헬름 라이히, 『프로이트와의 대화』, 황광우 옮김, 종로서적, 1982.

랑하지 않을 때에는 헤어지자고 동의했다. 그런 까닭에 라이히는 애니가 경제적 독립성을 갖는 것이 필수적이라고 생각했다. 라이히는 그녀와 모든 것을 함께 하기를 바라면서, 그녀가 의사가 되도록 권고했다. 그러나 라이히에 따르면, 애니는 그녀 자신의 직업을 가져야 한다는 라이히의 주장에 분개했다. 그녀는 라이히가 자신을 돌보기를 원했는데, 그가 자신을 부양하지 않으려고 한다고 느꼈다. "그녀가 나의 경제적, 정서적 지지로 독립적인 의사가 되었고, 우리가 이혼하고 나서 12년 후에 실제로 자립했다는 사실에 대해서 그녀는 나를 결코 용서하지 않았다고 나는 생각한다." 그럼에도 불구하고 그는 자신들의 결혼 초기 6년은 행복했다고 말했다. 딸 에바(Eva)는 1924년에, 둘째 아이 로어(Lore)는 1928년에 태어났다.

라이히는 정신분석 진료소에서 빈의 빈민들을 연구했으며 사회문제와 사건들을 접하였지만, 그도 애니도 특별히 정치에 관심이 없었다. 그러나 라이히는 자신의 임상 경험과 성 충동의 부정 및 승화를 요구하는 정신분석적 문화 개념 사이에 거리가 점점 더 생겨난다는 것을 느꼈다. 그는 이미 치료가 성공적일수록 환자가 성 행복(쾌락)을 포기하기가 더 어렵다는 것을 깨달았다. 라이히는 하나의 흥미를 다른 흥미로 돌릴 수는 있지만, 충족을 향해 나아가려는 신체적 긴장을 다른 데로 돌릴 수는 없으며, 더 나아가 생식기적으로 만족하는 사람들이 일에 있어서 더욱 생산적이라는 것을 관찰했다. 정신분석가들은 자유로운 성욕을 혼란 및 무질서와 동일시했다. 환자는 치료하는 동안 금욕하게 되어 있었다. 즉 부부관계를 갖거나 가족과 접촉하지 않도록 하였다. 그러나 치료의 목적이 오르가즘 능력일 경우에는 이것이 불가능했다. 라이히는 성 억압 및 억제의 유래와 그 기능에 대해 관심을 갖게 되었고, 그러면서 민족학과 사회학에 관심을 갖게 되었다.

그리고 나서 1927년 7월 라이히는 빈에서 수 천명의 노동자들이 파업하는 것을 목격했다. 경찰은 군중에 무차별 발포하여 백 여명을 죽인 반면, 노동자 보호의 기능을 맡은 사회 민주주의 방위대들은 그 충돌에서 무사히 빠져나와 막사로 돌아갔다. 라이히는 자신이 본 것을 거의 믿을 수 없었다. 이것은 '계급 전쟁'이 아니었다. 즉 노동자계급 성원들끼리 서로 싸우고 있었던 것이다. 그리고 경찰은 '무감각한 기계들', '기계적 인간들'처럼 행동했다. 군중은 무력하고 복종적이었다. 일단 외적인 억압이 제거되면 사람들은 자유로울 수 있다고 생각했었다. 그러나 이러한 대중들이 자유사회를 건설할 수 있을까? 그리고 도대체 정치와 사람들의 실생활은 무슨 관계가 있는가? 해답은 오직 실천에서만 끌어낼 수 있었다. 파업 후, 라이히는 오스트리아 공산당에 가입하고 정치적으로 활동적인 의사가 되었다.[6)]

그는 맑스에 대해 연구했다. 상품 가치는 인간 노동력, 즉 상품에 투자된 에너지에 의해 창조된다는 것을 발견함으로써, "프로이트가 정신의학에 한 것을 맑스는 경제학이라는 과학에 했다"라고 라이히는 썼다. "양자는 사회생활이 의식적인 인간 의지와는 독립적인 요소들에 의해 지배받는다고 주장했다. 맑스의 경우에 그 요소는 경제적 조건들 및 과정들이었다. 프로이트의 경우에 그것은 심적이고 본능적인 힘이었다. 양 과학이 아직까지 발견되지 않은 생물 사회학적 그리고 생물학적 법칙들에 근거하고 있었다." 그러나 이러한 공통 요소들은 라이히가 정치 생활에 몰두하게 되었던 그 시기에는 간과되었다. 정신분석학과 맑스주의는 분리되고 화해할 수 없는 것으로 간주되었다. "생활에서 두 가지 기본적인 객관적 생물학적인 기능인 노동과 성욕은 두 개의 분리된 과학적 체계로 취급되었다." 노동과 성을 유기적으로 결합된 것으로 파악하려는 라이히는 맑스 (주의)에 대한 해석에서 특히 객관적인 경제적 과정보다는 '산노동력'을 강조하였다.

1927년과 1930년 사이에 라이히는 변증법적 유물론이라는 맑스의 방법론을 이용하여 정신분석학에 대한 사회학적 비판을 정식화했다. 이것은 일련의 출판물로 간행되었다. 그는 정신분석적 성경제학적 지식을 광범한 사회적 규모로 적용할 수 있었던 '노동자 성위생 상담소'를 여섯 곳에 설립하였다. 라이히는 성격 분석을 개발하였고 자신의 발견을 개인적인

---

6) Wilhelm Reich, *People in Trouble*, Farrar, Strauss and Giroux, 1976.

임상 논문들로 발표하였다. 이 저술들은 매저키즘 문제의 해명과 죽음 본능 이론에 대한 반박을 포함하였다. 그러나 불가피하게 모든 정신의학적 작업은 사회적 영역으로 나아갔고, 라이히는 그 당시의 격렬한 정치에 점점 더 개입하게 되었다. 그는 오스트리아 사회민주당이 몰락하고 기독교 사회당과 독일 민족주의당〔나치〕 세력이 성장하는 것을 목격했다. 오스트리아에는 약 3,000명의 공산주의자들이 있을 뿐이었는데, 그들 대부분은 실업자들이었다. 라이히는 실업자들을 위한 모임들에서 대중 위생 문제에 대해 얘기하였으며, 모든 공산주의자들 시위에 참여하였다. 그러나 그는 사람들의 실생활이 지닌 비참함과 사회 혁명의 목표 사이에 슬로건이나 선전으로 메울 수 없는 간격이 있음을 알아챘다.

라이히가 처음 자신의 사회 정치적 활동을 시작하였을 때, 그는 다양한 조직들에서 정신분석, 오이디푸스 콤플렉스, 거세 공포 등에 관해서 말하였다. 그는 곧 이러한 이론들이 사람들에게 실제로 전혀 유용하지 않다는 것을 깨달았다. 그 이론들은 어리석어 보였다. 그는 모든 사람에게 영향을 주는 인간적 문제들, 즉 결혼, 가족 생활, 성적 어려움, 청년기의 고민에 관해서 얘기하기 시작했다. 그는 청중들에게서 서면 질문을 받았고, 아무리 개인적일지라도 모든 질문들에 대답하였다. 계속해서, 사람들의 내밀한 생활에 관한 실제적 문제들에 대한 토론은 일반적인 사회적 쟁점들로 나아갔고, 사람들은 그들 자신의 사회적 목표들을 개발하기 시작하였다. 이를테면, 집에서의 사생활 공간의 부족에 대한 토론은 새로운 건축 디자인에 대한 생각들을 자극하였다. 부부간의 고민에 대한 토론은 부부 입법, 소련의 경험, 그리고 자연스럽게 교회, 신에 대한 믿음에 관한 것으로 나아갔다. 라이히의 강연은 보통 약 45분 동안 이루어졌지만, 질문과 답변은 몇 시간동안 계속되었다. 라이히와 청중들은 당 및 계급의 입장을 가로지르는 공통적인 생활의 관심사를 다루었다. 그리고 정당들이 위협적이라고 생각한 것은 바로 이것이었다. 정당들의 힘은 사람〔인민〕들의 무력함〔복종〕에 있었다. 그런데 라이히는 사람들이 그들 스스로 생각하고 활동하도록 자극하고 있었다. 법이나 국가에 의한 외적 억압을 공격하는 대신에, 그는 사람들 스스로가 어린이 상담소 조직과 같은, 자신들의 불행을 완화시키기 위해 착수할 수 있는 과제들을 제시하였다.

사회당 및 공산당은 대부분 청년 문제를 무시했다. 라이히는 노동자계급 출신의 젊은 노동자들 및 청년들과 접촉하였다. 점차 그들의 신임을 얻으면서, 라이히는 그들의 침착성 결여나 적의와 그들의 생식적 좌절 사이의 연관을 밝혀냈다. 이것은 기본적인 정신분석 개념에 결정적인 수정을 강제하였다. 라이히는 "오이디푸스 콤플렉스가 사춘기 갈등을 야기하기도 하지만, 사춘기 갈등은 강화된 형태의 유아기적 노이로제로 후퇴하도록 했던, 청년기의 애정생활의 실제적 부정의 결과이다"라고 생각하였다. 그에게는 유일하게 가능한 해결책은 청년기의 충분하고 만족스러운 성생활이었다.

성억압이 사람을 착취와 억압에 쉽게 먹혀 들어가게 만든다는 것은 분명해졌다. 행복에 대한 갈망은 어디에나 있었지만, 성 고민도 그랬다. 사람들에게는 아동기에는 성-부정적 교육이, 청년기에는 성 성취에 대한 부정이, 그리고 결혼기에는 일부일처제에 대한 요구가 있었다. 이 모든 사람에게 도움이 되도록 사태를 변화시킬 수 있을까? 의학적으로 할 수 있는 것은 거의 없었다. 개인적인 치료는 사회적 관점에서는 무의미했다. 라이히는 정치적 활동을 통한 변화 가능성을 여전히 믿었다. 사회당과 공산당 안에서 일하면서, 그는 성경제학의 원칙들에 기반한 급진적인 성정치 운동을 창안하였다. 이것은 '섹스폴'(Sexpol)이라고 불렸다. 그는 이 운동에 가족을 부양하는 데 필요한 외에 모든 돈을 투입하였다. 그는 모임을 조직하고, 공장에서 혁명 세포를 만들고, 거의 매일 집회에서 연설하며, 수백 통의 편지에 답장하였다. 그러나 맑스주의자들은 라이히가 성문제를 강조함으로써 노동자계급 사람들의 주의를 계급투쟁에서 딴 데로 돌리려고 한다고 불평하기 시작하였다. 또한 정신분석학자들은, 프로이트의 기본적인 정식으로부터 논리적인 결과들을 끌어내고 사회 조건들을 변화시킴으로써 노이로제를 막아야 한다고 하는 라이히에 대해 점점 불편해 하게 되었다.

1929년 경, 라이히는 쾌락과 도덕적 부정 사이의 기본적 갈등이 근육 장애에 생리학적으로 닻을 내리고 있다는 것을 인식하기 시작하였다. 흥분은 만성적인 근육 경련을 유발하였다. 이러한 관계는 매저키즘에서 특히 분명하게 나타났다. 정신분석학자들이 매저키즘이 고통을 향한 생물학적 욕구로부터 귀결한다고 주장한 반면, 라이히의 임상 연구는 매저키즘은 방출될 수 없는 고통스런 내적 긴장의 표현, 즉 내적 억제와 표면적 긴장 사이의 불균형의 결과라는 것을 보여주었다. 만일 억눌린 에너지를 오르가즘적으로 방출할 수 없다면, 인간유기체는 매저키즘적으로 될 수 있을 뿐이며 긴장의 해소를 위해 외적 자원에 호소할 것이다. 이 유기체적 에너지는 두 가지 방향, 즉 자신을 벗어나 세계로 향하는 방향과 자아 속으로 후퇴하여 세계로부터 멀어지는 방향으로 움직이는 것으로 나타났다. 중심으로부터 주변으로의 확장 움직임은 성욕(성애) 속에서 표출되었다. 주변으로부터 중심으로의 반대 방향은 기능적으로 불안과 일치하였다. 라이히는 하나의 흥분과정이 성욕과 불안이라는 생물학적인 방향들로 드러난다고 가정하였다.

에너지의 기능에 대한 라이히의 강조는 자신이 발전시킨 성격 분석의 기법에 반영되었다. 대부분의 환자들은 자유롭게 연상할 수 없었기 때문에, 그는 환자가 행동하는 모든 것을 출발점으로 이용하였다. 환자가 어떻게 행동하고 반응하는가가 그 또는 그녀가 말하는 것보다 더 중요하게 되었다. 커뮤니케이션의 형식이 내용보다 더 중요하게 되었다. 왜냐하면 그 형식이 이제 무의식적인 것의 직접적인 표현으로 이해되었기 때문이다. 자신의 임상 작업의 경로를 따라, 라이히는 심적 갑옷의 올바른 해소는 항상 불안의 해소를 가져오며, 일단 이러한 불안이 해소되면 자유로이 흐르는 에너지와 생식적 힘을 되찾을 가능성이 있다는 것을 발견하였다. 만일 생식기적 몰입능력을 획득하면, 환자는 신체에서의 흐름('생장적 흐름')의 느낌을 경험하며 행동에 있어 근본적인 변화를, 즉 어떤 외적으로 명령된 강제라기보다는 자신의 고유한 생물학적 에너지를 조절할 수 있는 유기체의 능력에 근거한 상이한 종류의 '도덕'을 보인다는 것이다. 개인은 자기조절의 원리에 따라 기능하며, 그렇게 기능하면서 합리적 활동성, 온화함, 그리고 힘이라는 특성들을 정확히 보여준다고 보았다. 프로이트는 문화는 충동의 억압에 의존한다고 주장하였지만, 라이히는 현존 문화에 대해서는 그럴지도 모르지만, 문화 그 자체가 이러한 억압에 의존하는가에 대해서는 의심하였다.

1929년 12월에 라이히는 프로이트의 내부 서클에서 노이로제의 예방에 관해 이야기했다. 노이로제적 불행의 원천을 파괴하는 것이 본질적이라고 라이히는 주장하였다. 그는 권위적 가족, 결혼, 주거, 경제적인 안정에 대한 요구, 그리고 무엇보다도 사춘기의 문제를 지목하였다. 청년의 성 행복은 노이로제 예방에 핵심적이라고 하였다. 프로이트는 자연스런 성 쾌락이 삶의 목표일지라도 이것을 부인해야 한다고 주장하면서 라이히의 관점에 반대했다. 인간은 문화적 '현실'에 적응해야만 한다. 인간의 〔심적〕 구조는 사회적 조건들과 마찬가지로 기본적으로 변할 수 없다는 것이다. 이러한 프로이트의 논지는 라이히에게는 비참한 절망이었다. "그는 자신의 작업을 가차없이 부인하고 있는 것 같았다. 쾌락에 대한 인간의 열망을 제거할 수 없었지만, 성 생활에 대한 사회적 규제를 변화시킬 수는 있었다. 나는 현존하는 인간 구조와 갈등하는 인간적 노력의 생물학적 목표를 파악했다. 프로이트는 그 목표를 현존하는 구조에 희생시켰다." 라이히는 그 목표를 간직하고 인간 구조가 발전하는 법칙들을 연구하기로 결심하였다. 얼마 안 있어, 모든 정치적, 사회적, 그리고 과학적 세력들이 그의 노력을 거부하거나 공격할 것이었다. 그러나 라이히는 항상 사회적인 것과 성적인 것 사이의 결정적 연결을 강조하면서, "인간 구조는 사회 조직이 생물학적 성 에너지에 영향을 끼치는 방식에 의해 결정된다. 따라서 성문제는 사회 정치학의 주요한 측면이다"라고 주장하였다.

사회적 쟁점들에 대한 라이히의 지속적인 개입과 부르주아 성 개혁에 대한 그의 비판은 프로이트 및 빈의 정신분석학자들과 그의 관계를 긴장시켰을 뿐만 아니라 그의 결혼에도 영향을 주었다. 애니는 라이히의 급진적 정치학에 그리고 그가 의학적 및 사회적 경험들에서 결혼과 가족에 관해서 도출해 왔던 결론들에 거리를 두었다. 그녀는 스스로 성 위생상담소에 참여하였지만, 라이히는 그녀가 주저한다는 것을 감지하였고 특히 그녀가 자신이 가진 어떤 새로운 사고들에 대해서 의문을 표현할 때 그녀가 자신의 목표를 공유하지 않고 있다고 생각하였다. 그녀는 또한 아이들의 성교육과 관련한 문제에서 라이히에 반대했다. 비록 그녀가 지적으로 그에게 동의할지라도, 라이히는 그녀가 딸의 성욕의 표명에 대처할 수 없다는 것을 느꼈다. 애니는 모든 어린이를 길들여 할 작은 야생동물로 생각하는 안나 프로이트와 같은 정신분석학자들의 분위기에 더 잘 어울렸다. 라이히에 따르면, 점차 그와 애니는 다른 사람을 갈망하기 시작하였다. 라이히는 그가 의대생이었을 때 알던 한 여성과 혼외 관계를 맺었다. 애니 또한 그녀가 전에 알고 있었던 어떤 사람과 사랑하게 되었고, 결혼 생활은 악화되었다. 비록 그들이 1934년까지는 이혼하지 않았지만, 라이히가 1930년 11월 베를린으로 갔을 때 두 사람의 관계는 기본적으로 끝나 있었다.

베를린에서 라이히의 작업은 번성하였다. 오스트리아 사람들보다 독일의 정신분석학자들은 사회적 쟁점들에서 더 선진적이었고, 오르가즘 이론을 더 잘 이해하였다. 라이히는 의학부를 함께 다녔던 오토 페니헬(Otto Fenichel)과 다시 접촉하게 되었고, 페니헬은 라이히가 실천적인 사회적 작업을 목적으로 젊은 정신분석학자들을 조직하는 것을 도왔다. 라이히는 학생 조직들에서 강연하였고, 독일 전역에 자신의 저술들을 배포하였던 '맑스주의 노동자 학교'에서 '맑스주의와 심리학' 그리고 '성학'(Sexuologie)이라는 강좌를 개설하였다. 독일에서 시위들은 빈에서의 시위들보다 더 투쟁적이었으나, 당의 노선은 동일했다. 1931년 독일 은행들이 파산한 이래 국가 사회주의당(나치)의 놀라운 성장에도 불구하고, 극소수 지도자들만이 적들을 분석하려고 하였고 아무도 히틀러의 『나의 투쟁』을 읽지 않았다. 라이히는 이러한 현상을 깨려고 시도하였다.

독일에는 대략 35만 명의 전체 회원을 가진 약 80개의 성-정치 조직들이 있었다. 그들은 출산통제와 합법 낙태를 지지했고 동성애자들에 대한 처벌에 반대했다. 그러나 그 조직들은 종종 자기네들끼리 싸웠고, 성학이나 정치 조직에 관한 기본적인 생각을 전혀 갖고 있지 않았으며 청년 문제에 대해 전혀 언급하지 않았다. 라이히는 공산당 아래에 이런 조직들을 결합시키길 원했고 지도자들을 성정치적 원리로 훈련시키길 원했다. 다시 한 번, 당 관리들은 감정적 쟁점들의 도입으로 위협을 느꼈고 라이히가 경제적 쟁점에 기반한 정치학을 성정치학으로 대체하려 한다고 주장하였다. 라이히는 지도적 역할에서 물러나서 실험 집단을 만들려고 노력했지만, 그 요구들은 너무 컸고 당 관리들은 너무 놀랐다. 전체 운동은 조직 정치에 빠져 있었다. 그리고 나서 1932년에 경찰이 개입했고 성정치 조직 연맹은 해체됐다. 라이히는 계속 청년 집단들에 자신의 노력을 쏟아부었으며, 청년 집단들의 요구로 『청년의 성 투쟁』을 썼다. 공산당은 이것의 출판을 거부했다. 그래서 라이히는 직접 '성정치출판사'(Verlag Für Sexual-politik)를 설립했고, 자신의 민족학적 저서인 『강제적 성 도덕의 출현』 및 어린이를 위한 두 권의 책뿐만 아니라 『청년의 성 투쟁』을 출판했다. 그 책들은 젊은이들에게 열광적으로 받아들여졌으나, 1932년 11월 5일 당은 그 책들이 '프롤레타리아 계급 도덕'과 아무 관계도 없으며 '청년들의 투쟁 정신을 타락시킨다'고 주장하면서 책의 배포를 금지했다. 그렇지만 청년들은 계속 책을 배포하였다.

어떻게 사람들이 사회적 과정을 경험하는지를 이해하고 그들의 성생활을 사회적 과정으로 만들려는 라이히의 노력은 맑스주의자들과 정신분석학자들 양쪽으로부터 점점 더 커다란 적대감에 부딪쳤다. 이러한 라이히의 노력은 맑스주의자들에게는 '비프롤레타리아적'이었고, 정신분석학자들에게는 '비과학적인 모험'이었다. 라이히는 나중에 대중 심리학적 연구를 가끔 포기하고 싶었다고 말했으나, 인간 구조(주체성)에 대한 그의 불타는 관심이 그를 붙잡았다.

1930년에서 1933년 사이에, 국가 사회주의〔나치〕 운동이 권력을 획득

했을 때 그는 면밀히 주시했다. 라이히는 히틀러의 프로그램은 보통 인간의 성격 구조를 반영하고 있다는 것을 인식하였다. 성 행복과 자유를 향한 대중들의 갈망은 성 행복과 자유에 대한 그들의 두려움과 대립되었다. 히틀러는 대중들을, 이러한 모순을 해결하고 스스로 삶을 책임지려는 투쟁(라이히 자신이 전념한 일)으로부터 벗어나게 해 주었다. 이러한 상황에서 1932년 라이히는 파시즘의 대중 심리에 관한 자신의 고전적 저서[7]를 썼으며 다음 해에 출판하였다.

다양한 사회주의 정당 지도자들이 자기네들끼리 싸웠던 반면에 라이히는 계획적인 파시스트의 권력 장악에 대항하는 통일 행동을 요구했다. 1933년 2월 28일, 그는 코펜하겐 여행에서 베를린으로 돌아왔다. 그는 코펜하겐에서는 학생 조직에게 인종과 파시즘에 관한 강연을 했다. 돌아온 날 밤 의회가 불탔다. 그는 공식적인 지위를 갖고 있지 않았기 때문에 즉각적인 체포를 피했을 뿐이었다. 그는 빈으로 돌아왔는데, 여기서는 독일의 재난에 대해 사람들이 거의 이해하지 못하였고, 그의 정신분석 동료로부터 개인적 적대감은 커져 있었다.

한 해 전, 프로이트는 죽음본능 이론을 반박했던 매저키즘에 관한 라이히의 연구가 그의 공산주의 이데올로기에 영향을 받았다고 넌지시 말했었다. 정신분석협회는 라이히의 교육 활동을 제약하려고 하였고, 그가 사회주의 및 공산주의 조직들에서 강연하는 것을 막으려고 하였다. 라이히는 따르기를 거부했지만 어떤 정신분석 모임에도 참석할 수 없다고 들었다. 『성격 분석』에 대한 정신분석 출판사와의 계약은 '정치적 상황 때문에' 취소되었고, 나중에 라이히는 자비로 그것을 발간하기 위해서 돈을 빌려야 했다. 정신분석협회 회원들은 의사들에게 라이히와 공부하지 말라고 충고했다. 그는 집행위원회에 자신의 연구를 공식적으로 인정해 달라고 요청했지만 비서는 방해했고 라이히의 노력은 무익했다. 마침내, 젊은 덴마크 의사가 라이히에게 의사들을 훈련시키기 위해 코펜하겐으로 올 것을 제안했다.

---

7) 라이히, 『파시즘의 대중심리』, 오세철·문형구 역, 현상과 인식, 1986.

그는 전에 했던 강연 때문에 거북해 하는 덴마크 당국으로부터 6개월의 허가를 받았다. 코펜하겐으로의 여행을 위해 돈을 빌려서, 라이히는 1933년 4월 말에 빈을 떠났다. 애니(부인)와 아이는 나중에 그와 합류하기로 했다.

덴마크에서 라이히는 자신의 치료 및 교육 활동을 계속했으나 곧 덴마크 공산당과의 갈등을 감지했다. 덴마크 공산당은 굶주린 독일 난민들을 당원이 아니라며 무시했고 '히틀러의 승리는 독일 노동자계급에게는 패배이다'라는 라이히의 주장을 거부했다. 게다가 라이히가 덴마크에 오기 전에『계획』(Plan)이라는 지식인 공산주의 잡지에 의해서 번역되고 발행된 그의 논문에 관해 논쟁이 있었다. 어린이의 성기에 관련한 어떤 단어들은 서투르게 번역되었고 잡지 편집자는 음란죄로 고소되어서 60일간의 실형을 선고받았다. 당은 라이히를 비난했다. 당은 또한 성문제의 토의로 인해 그의 모임과 강연에서 생겨난 관심에 대해 못 마땅해 하였다. 1933년 11월 21일, 그는 (그가 결코 속하지 않았던) 덴마크 공산당으로부터 추방당했다. 동시에 보수적인 정신치료가들은 라이히에 대해 불평했다. 이러한 분위기에서 당국은 라이히의 거주 허가증을 취소하였다. 라이히의 학생 가운데 한 명이 프로이트에게 도움을 부탁하려고 편지를 썼지만, 프로이트는 분석가로서 라이히의 능력을 인정하지만 그의 정치적 이데올로기를 비난하면서 거절했다. 공산주의자들과 정신분석가들 쪽에서 똑같이 행해진 이런 공공연한 적대 행위에도 불구하고, 라이히는 스스로를 계속 양 조직의 일부분으로, '나쁘게 대우받고 오해받은 반대자'로 느꼈다.

라이히는 1934년 1월에 스웨덴의 말뫼(Malmö)로 옮길 준비를 했고 그의 학생들은 거기에서 그와 함께 자신들의 연구를 계속할 수 있기를 희망했다. 그러나 처음에 그는 7개월 떨어져 있던 이후 티롤에서 애니와 아이들을 만났고 분석가들과 영국, 프랑스, 스위스에서 추방된 독일 공산주의자들을 방문했다. 그때 라이히는 그들이 독일의 사건에 대해 실제적으로 전혀 이해하지 못하고 있다는 것을 알았다. 대중심리의 실제적 문제 즉, 대중의 비합리적 반응을 아무도 이해하지 못했다. 덴마크로 돌아오는 길에 라이히는 베를린에서 세 시간을 보내면서 독일을 통과했다. 그는 놀라운 것을 보았다. 도처에 있는 군인들, 피곤하게 움직이는 사람들, 슬쩍 엿보는(염탐하는) 행위들, 많은 공산주의자들이 파시스트가 되었던 외관상 이해할 수 없는 사실들을. 그는 1932년에 공산주의자 시위에서 만났던 무용가이며 정치활동가인 엘사 린덴베르그(Elsa Lindenberg)와 베를린에서 결합했다. 이후 엘사는 라이히와 함께 유럽에서의 망명생활을 함께 하였고 나중에 미국으로 이민갈 때에도 함께 했다.

말뫼에서, 라이히는 자신의 학생들과 연구를 계속했고, 새 잡지『정치심리학과 성경제학 출판물』을 창간했다. 그러나, 그는 성(성욕)은 생체전기적 충전과 동일하고 오르가즘은 근본적으로 전기적 방출이라는 자신의 가설을 확인하려는 실험에 주로 종사했다.

그 동안 정신분석 운동 안에서의 갈등은 격화되었다. 반동적 분석가들이 점차 독일조직을 점거했다. 모든 유태인 회원들은, 그들의 지향이 무엇이든 간에, 지도적 지위에서 물러났다. 죽음본능 이론가들에 반대하고 라이히의 성-정치적 연구의 가능성을 지지하였던 일단의 젊은 분석가들은 '변증법적-유물론적' 분석가들로서 결집되었다. 그들은 스스로를 국제 정신분석 협회 안에 있는 반대파 집단으로 여겼다. 라이히가 베를린을 떠났을 때, 오토 페니헬이 이 집단의 지도를 맡았다. 그는 그 집단을 비밀조직으로 운영하려고 했으며, 회람한 뒤에 불태워지는 것을 전제로 했던 긴 편지들을 썼다. 그는 라이히의 성-경제학적 견해와 정신분석적인 사회적 개념들에 대한 자신의 비판에 대해 조심스럽게 언급을 피했고, 프로이트와 갈등하지 않으려고 조심하였다.

1934년 5월, 스웨덴에서의 라이히의 거주허가는 만기가 되었고 연장을 거절당했다. 라이히는 덴마크로 돌아와서 가명으로 불법적으로 살았다. 그리고 나서 루세르네(Lucerne)에서 국제 정신분석회의가 열리기 3주 전인 1934년 8월 1일에, 독일 협회의 비서로부터 자신의 이름이 독일회원 명단에서 없어질 것이라고 알리는 편지를 받았다. 이것은 특별히 중요하지 않았고, 라이히는 서둘러 자신의 이름이 스칸디나비아협회에 곧 오르 도록 하였다. 그러나 8월 25일에 회의에 도착했을 때, 라이히는 자신이 이미 전 해에 비밀모임에서 독일협회로부터 추방되어서 자동적으로 국제 협회로부터도 추방되었다는 것을 알았다. 그는 왜 이러한 조치가 취해졌 는지 그리고 왜 그가 알지 못했는지를 알려고 애썼으나, 그가 받은 유일 한 답변은 비서가 어깨를 으쓱거리는 것뿐이었다.

프로이트에 반대하고 전에 그와 함께 모였던 변증법적-유물론적 분석 가들이 자신들의 논문을 제출했는데, 그 논문들은 라이히의 이름을 언급 하지 않은 채 라이히의 연구에 토대를 둔 것이었다. 주도적 분석가들은 그를 음해하여, 그가 자신의 모든 여환자를 유혹했고 그 자신이 정신병자 라고 말했다. 더욱이 애니의 도움으로, 이 비방은 라이히가 미쳤다는 소 문으로 커졌고 오늘에 이르기까지 무분별하게 반복된다. 정신분석협회 집행위원회는 라이히에게 사임하도록 납득시키려고 했지만 그는 거부했 다. 그는 오르가즘 이론과 그것에서 생겨난 개념들이 임상적 정신분석과 모순되지 않고 사실상 임상적 정신분석의 정당한 과학적 발전을 나타낸다 고 주장하였다. 집행위원회가 이런 개념들을 거부한 이후, 그는 혼자서 전진해 갔고 자신의 연구를 문화론적인 정신분석과 더욱 구별하면서 생물 학적인 전거를 마련하려고 노력하였다. 유일하게 노르웨이인들만이 라이 히를 지지했고, 그에게 자신들의 조직에 자리를 보장하고 그의 연구를 계 속하고 오슬로의 심리학 연구소에서 물리 실험실을 사용할 기회를 제공하 였다. 여기서 라이히는 자신의 첫 번째 생체물리학적 실험들을 하게 된 다. 라이히는 점점 더 정치에 대해 환멸을 느끼며 정치인을 '사회신체에 있는 암'이라고 생각하였다.

생물학적인 지향을 갖는 정신분석과 문화론적인 지향을 갖는 정신분석 이 점차 분화되고 후자의 흐름이 자아 심리학으로 흘러가는 속에서도, 라 이히는 정신분석을 생물학적인 방향으로 극단적으로 몰고 갔으며, 여기 서 신체적인 흐름과 긴장을 강조하고 자연과학에서 나온 에너지 개념으로 정신 현상을 설명하려는 쪽으로 갔다. 8) 1935년에는 심적인 질병의 표명을 '성격 갑옷' 개념 대신 '근육 갑옷' 개념으로 설명하였다. 이제 성격 분석적 치료법은 생장 요법으로 바뀌어 갔다. 성에너지는 환자의 심리적인 방어기제나 성격 특성에 갇혀 있다기보다는 근육의 경직성에 갇혀 있다는 생각으로 나아갔고, 심호흡과 맛사지를 통해 근육의 경직성을 풀어주는 요법을 강조하게 되었다. 머리에서 시작해 골반까지, 탄탄한 근육 구조를 풀어줌으로써 마지막 근육 울혈을 제거하게 되면 '오르가즘 반사'라는 경련을 일으키면서 전체적인 심적 구조가 변형된다는 것이다.

또한 라이히는 리비도의 생리학적 실체를 찾으려고 하였다. 그는 전기 영역에서 성욕의 본질을 찾으려고 실험하였다. 1937년까지, 성기관이 흥분하면 생체-전기적 전하가 증가하는지에 대한 일련의 실험을 하였다. 성 홍분은 유기체의 표면에 특히 성기에 전하의 증가와 일치했고, 반면에 불안과 다른 불쾌한 감정은 전기 에너지를 몸의 중심부로 퇴각시키는 것과 일치했다. 더 나아가 식물과 동물 생활에 대한 연구는 성욕뿐만 아니라 삶(생활) 자체도 긴장과 방출, 팽창과 수축이라는 오르가즘적 유형에 따라 기능한다고 밝혔다. 삶과 성욕에 특유한 에너지에 집착하면서 라이히는 1939년에 바로 그러한 삶의 힘을 '오르곤 에너지'라고 하였다. 그후 라이히는 남은 인생을 오르곤 에너지의 특성을 탐구하고 그것을 치료에 이용하는 데 바쳤다. 그는 오르곤 에너지를 아주 구체적인 것으로, '볼 수 있고 측정할 수 있고 적용할 수 있는' 것으로 생각하였다. 푸른색을 띠고 있으며 성적으로 흥분한 개구리가 보라색으로 변하는 것이나 적혈구의 푸르스름한 빛과 같은 자연현상에서 관찰할 수 있다고 보았다. 더욱이 오르곤 에너지를 '오르곤 에너지 측정기'로 측정하고 '오르곤 에너지 축전기'로 집적하여 히스테리에서 암에 이르기까지 신체적 정신적 질병을 치료하는 데 사용하였다.

1939년은 또한 라이히가 미국으로 이주한 해이기도 하다. 나치에게 직접

---

8) Wilhelm Reich, *The Function of The Orgasm*, The Noonday Press, 1973, pp. 299ff.

압박 받지는 않았지만 이미 노르웨이에서도 과학자들과 '자유'언론들로부터도 공격을 받았고, 그때 미국 정신신체의학운동의 대표인 울프(Theodore P. Wolfe)의 초청을 받아 5월 뉴욕의 포레스트 힐즈(Forest Hills)로 자신의 오르곤 에너지 연구소를 옮겼다.9) 그리고 1939년부터 1941년까지 뉴욕에 있는 사회조사 뉴스쿨에서 의료 심리학 조교수 자리에 있었다.

그는 곧 포레스트 힐즈에서 수지맞는 개인진료를 하였다. 1942년까지 돈을 모아서는 메인(Maine)주 랭글리(Rangeley) 근처에 200에이커(24만 5천 평)가 넘는 땅을 구입하여 '오르고논'(Orgonone)이라는 사설 조사 연구소를 설립하였다. 라이히는 여기서 12명의 공동 작업자들의 보조를 받으며 실험을 하였고, '오르곤 회의'를 소집하여 미 의회에 어린이와 청소년의 성(성교) 권리를 보호하는 법률을 요구하는 메시지를 발송하기도 하였다. 라이히는 미국을 행복과 삶의 권리를 추구할 수 있는 유일한 나라로 생각하였으며, 전후에도 유럽으로 돌아가려고 하기보다는 오히려 미국에서 편안했다고 할 수 있다.

그는 점차 오르곤의 우주론적인 그리고 결국은 종교적인 함의를 가공하는 데까지 나아갔다. 처음에는 오르곤 에너지를 삶에 특유한 에너지 형태로 정의하였지만, 1951년에는 오르곤 에너지를 모든 실재가 진화해 나오는 근본적인〔시초의〕 재료(원료)라고 선언하였다. 물질 자체가 성 포옹이나 오르곤 에너지 흐름이 겹쳐서 창조된다고 보았다. 은하계, 북극광, 태풍, 중력도 오르곤 에너지의 다양한 표현이라고 보았다. 이처럼 라이히는 오르곤 에너지를 기반으로 하여 온 세계가 하나의 장으로 이루어져 있다는 인식에 이른다. 이러한 흐름 에너지인 오르곤 에너지와 대립하는 것으로서 원자핵 에너지는 자신의 폐쇄성을 지니고 있다고 한다. 이제 라이히는 우주(Kosmos)의 역사를 오르곤 에너지와 원자 에너지 사이의 거대한 투쟁으로 받아들이기 시작하였다. 그러한 관점에서 보면 증오에 대한 사랑의 투쟁은 기본적인 우주적 반감의 심리학적 표현일 뿐이었다.

---

9) Paul Robinson, *The Freudian Left*, Harper Colophon Books, 1969, pp. 64-73.

라이히는 서구 지성사를 새롭게 종합하려는 야심까지 보인다. 엄격한 기계적 법칙에 따라 우주를 설명하는 자연과학은 우주의 생기를 마르게 했다. 그래서 우주에서 살아있는 힘에 대한 인식은 이러한 에너지를 왜곡되고 신비화된 형태로 해석하는 종교로 축소되어 버렸다고 한다. 오르곤 에너지의 움직임을 연구하는 오르고노미(Orgonomie)를 통해 라이히는 바로 과학과 종교를 넘어서려고 하였다. 그는 신은 우주적 오르곤 대양에 대한 인간의 인식이 구체적으로 투사된 것이며, 하늘 나라는 지상의 모든 인간 속에서처럼 그리스도 속에서 살아 있는 삶의 진동이라고 보았다. 또한 그리스도 자신은 우주의 오르곤 힘과 직접 소통하는 원형적인 성기(생식기)적 성격을 지닌다고 파악하였다. 이제 에너지 일원론이 정립되었다.

문제는 이러한 인식을 구체적으로 실증하려는 과정에서 다양한 실험을 하게 되고 이것이 미 당국의 의심을 받게 된다. 라이히 스스로는 박해당한다는 압박을 받으며 정신적으로 약해진다. 1954년 연방 식품 의약국 (Federal Food and Drug Administration)은 오르곤 축적기를 주 경계를 넘어 반출했다는 이유로(사용이 허용된 주가 있었고 허용 안 된 주가 있었다) 라이히를 법정에 소환하였다. 라이히는 과학적 조사연구의 문제라고 생각하여 출두를 거부하였고, 당국은 축적기의 사용을 금지하였다. 결국 1956년에 그는 법원 명령을 거부했다는 이유로 재판에 회부되었고, 2년의 실형을 선고받았다. 그의 책은 현대판 분서갱유를 당하였다. 라이히는 6개월의 감옥 생활을 하다 펜실베니아 루이스부르그(Lewisburg) 연방 교도소에서 심장마비로 사망하였다. 뜨거운 사람을 가두어 놓았으니!

3. 라이히를 어떻게 전유할 것인가?

신좌파 학생운동가들은 『파시즘의 대중심리』를 읽고 '사회적 억압과 심리적 억압의 상호관계'를 발견하려고 애썼고, 히피들은 『성혁명』에서 '자유의 진보는 리비도의 해방'이라는 주장의 전거를 찾으려 했으며, '인간 잠재력 운동'(human potential movement)이나 '신과학 운동'의 주창자들은 오르곤 에너지와 우주의 관련을 다루는 라이히의 후기 사상에 주목했다. 1978년에는 라이히의 유지를 계승하려는 제임스 드메오(James DeMeo)에 의해 '오르곤 생체 물리학 연구소'(Orgone Biophysical Research Laboratory)가 설립되었고, 현재는 오리건(Oregon)의 산중에서 실험을 계속하고 있다. 또 라이히가 사용했던 메인 주 랭글리에 있는 조사연구소는 박물관으로 바뀌어 라이히에 관련된 것들을 전시하고 있다.

또한 라이히의 뒤를 이어 정신분석을 비판하고 정신의학운동을 사회비판으로 이어간 흐름은 미국의 마르쿠제(Herbert Marcuse), 베이트슨(G. Bateson), 영국의 렝(R. D. Laing), 프랑스의 가타리(Félix Guattari), 이탈리아의 바살리아(Franco Basaglia) 등으로 대표되는 '대안적 정신의학운동'(반정신의학운동)이다. 물론 이들은 각지 나름대로 라이히를 전유해 나갔으며, 라이히가 지닌 욕망해방과 사회해방이라는 관점을 견지하려고 노력하였다.

그렇다면 우리는 여기서 라이히를 어떻게 전유할 것인가? 라이히의 논의는 당시의 두 가지 억압 체제인 스탈린주의와 파시즘에 대한 날카로운 정치적 비판으로 연결된다. 라이히는 그 비판을 위한 기반으로서 오르가즘 이론, 오르곤 에너지론 등에 몰두한다. 흔히 지식인들은 라이히의 이러한 인식 작업에 대해 촌평하면서 라이히와 반대로 자신은 이성을 잃지 않고 광기에 빠지지 않았다는 것을 자랑한다.

그러나 그게 무슨 소용이 있겠는가? 라이히를 실천적으로 전유하려면 오히려 그러한 인식기반 위에서 그가 변형시켜 나가려는 실천적 방식과 그 방향에 대해 주목할 필요가 있다. 그럴 때 금욕적 '이성'을 갖추고 질서화해 나가는 지배체제에 대항하여, 성욕이라는 광기에 입각하여 자율조절해 나아가는 주체상, 사회상이 들어온다. 그러한 주체상과 사회상을 라이히는 '성혁명'을 통한 건강한 인간 구조와 그에 기반한 자연스런 '노동

민주주의'라고 제시한다. 라이히를 평하기 위해서가 아니라 실천적으로 전유하려면, 바로 이 지점에 착목해야 할 것이다.

먼저 성혁명은, 인간이 자신의 삶을 스스로 조절할 수 있는 그러한 성격 구조를 창출해 낼 수 있도록 하는 목표를 지닌다. 어린이와 청소년의 모든 성권리를 보장하고, 여성의 성권리를 열렬히 옹호하며, 현존하는 강제적 결혼(가족) 제도를 폐지하고, 사춘기 청소년의 성접촉을 허용하고 실제로 권장할 것 등을 포함한다. 특히 청소년들에게는 성욕구를 충족시킬 수 있도록 필요한 공간과 피임 기구들을 제공할 것을 강조한다. 물론 성혼란을 가져오려는 것이 아니라 자연스런 배려 관계 속에서 지속적인 성관계를 만들어 가려는 것이며 이것은 성적인 자기 조절로서 가능하다고 본다. 성혁명은 좁은 의미의 성자유를 넘어서서 집단 속에서 개인을 해방하는 문제와 연결된다. 복종하지 않고 자신 스스로 다른 사람과의 관계를 구성해 갈 수 있는 건강한 인간을, 건강한 자율적 주체를 만들어 내고자 하는 것이다. 동시에 그러한 개인을 포괄하는 집단을 만들어 내는 것을 목표로 한다.

이렇게 건강하게 자란 사회 성원(산노동)들이 만족스러운 욕구의 충족으로서 노동을 해 나가면서 자치적으로 결집해 나가는 사회를 노동 민주주의로 제시한다.[10] 확대된 노동자 개념 위에서 즐거운 노동을 통해 자치를 실현해 나가는 새로운 사회의 상을 그려내고 있는 것이다. 이데올로기적 체계가 아니라, 정당이나 정치가들 또는 특정 집단들이 부과하는 체제가 아니라, 사회적 자치를 주장한다. 자유로운 개인들로 구성되고 자유로운 공동체를 구성하며 스스로를 관리하는, 즉 스스로를 통치하는 사회이다. 물론 이러한 사회는 강령에 의해 갑자기 만들어 질 수 없으며 유기적으로 진화되어야 한다. 또한 사회가 자유 운동을 창출해 내는 데 성공할 때만, 그러한 조건에 적대되는 영향력으로부터 자유롭게 될 때만, 노동 민주주의를 위한 모든 전제 조건을 유기적인 방식으로 만들 수 있다.

여기서 노동 민주주의의 기본 문제는 더 이상 노동을 귀찮은 의무가 아

---

10) 라이히, 『파시즘의 대중심리』, 10-13장.

니라 만족스런 욕구의 충족이 되도록 그 본질을 변화시키는 것이다. 강제적이며 어떠한 즐거움도 주지 못하는 노동에서 자연스럽고 즐거운 노동(디오니소스 노동)으로 나아가는 것이다. 쾌락과 노동·노동 민주주의의 가장 긴급한 과업 중의 하나는 노동 조건과 형태를 노동 욕구 및 노동의 쾌락과 조화시키는 것 즉, 쾌락과 노동 사이의 모순을 제거하는 것이다.

그 위에서 사회에 반하거나 사회 위에 군림하는 또는 사회에 반하며 동시에 군림하는 사회적 행정의 기능을 없애는 것이 노동-민주주의의 내재적 성향 중의 하나이다. 자연스런 노동 민주주의적 과정은 사회의 통일성을 촉진하고 사회의 생명력 있는 운영을 용이하게 만드는 행정적 기능만을 받아들인다. 이것은 국가의 참된 소멸 즉, 국가의 비합리적 (통치) 기능의 소멸을 의미한다.

대중이 스스로 사회를 관리하는 방식에서 즉 참된 민주주의와 사회적 자치 행정을 위한 투쟁에서, 인간 성격 구조의 역할과 인산의 책임을 사랑, 노동, 그리고 지식의 과정으로 옮기는 것이 무엇보다도 중요하다. 한마디로 노동 민주주의란 자연스럽고 유기적으로 태어나서 자라고 발전해온 합리적 대인 관계에 의해 지배되는 모든 생활 기능의 총합이다.

라이히가 제시하는 이러한 노동 민주주의에 대한 상을 어떻게 이루어 갈 것인가는 실천적인 문제이다. 그리고 라이히가 제안하는 노동 민주주의 상을 모델로 생각할 필요도 없다. 단 여기서 그의 문제제기의 발본성, 즉 인간 구조(주체성)의 변형과 노동 민주주의(새로운 집합성)의 새로운 구성이라는 방향 제시가 주는 의미를 생각할 필요가 있을 것이다.

4. 진정한 문화혁명을 향하여

라이히가 제시하는 방향은 주체성의 변혁(성혁명)을 통해서 사랑과 노동과 지식이 유기적으로 결합한 노동 민주주의로 나가는 것이다.

문화혁명은 문화 영역으로 넘어간다고 이루어지는 것이 아니다. 또한 소련의 경험이 보여주듯 권력 장악이 문화혁명을 담보하는 것도 아니다. 그리고 문화혁명은 이념을 습득하거나 지도자의 어록을 외우는 사상학습으로 이루어질 수 없다. 문화혁명의 핵심은 바로 인간 주체성의 변형이다. 여기서 라이히의 성혁명이 제기하는 문제가 가장 완전하게 드러난다. '사랑, 노동 그리고 지식은 우리의 생활의 원천이며 이것들이 우리의 생활을 지배해야 한다.' 건강한 주체들의 자율적 구성을 위해서!

라이히의 저서들

『강제적 성도덕의 출현 (*Der Einbruch der sexullen Zwangsmoral)*』(1932)

『국가 속의 인간들 (*Menschen im Staat)*』 (*People in Trouble*)

『그리스도의 살인 (*Der Christusmord)*』

『라이히, 프로이트에 관해 말하다 (*Reich Speaks of Freud)*』(1969)

『문화적 투쟁에서의 성 (*Sexualität im Kulturkampf)*』(1936)

『비온 (*Bion)*』(1930)

『선집: 오르곤학 개론 (*Ausgewählte Schrifteneine Einführung in die Orgonomie)*』

『성격 분석 (*Charakteranalyse)*』(1933)

『성혁명 (*Die sexuelle Revolution)*』(1966)

『소인배들아 들어라 (*Rede an den kleinen Mann)*』

『심리학을 넘어서 (*Beyond Psychology)*』(1994). 『어떤 우정의 산물들 (*Zeugnisse einer Freundschaft)*』(1989)

『에테르, 신 그리고 악마 (*Äther, Gott und Teuflě)*』(1983)

『오르곤의 발견 1: 오르가즘의 기능 (*Die Entdeckung des Orgons 1: Die Funktion des Orgasmus)*』(1972)

『오르곤의 발견 2: 암 (*Die Entdeckung des Orgons 2: Der Krebs)*』(1972)

『우주적 부과물 (*Cosmic Superimposition)*』(1953)

『청춘의 열정 (*Leidenschaft der Jugend)*』

『초기 저작물 (*Frühe Schriften)*』

『쾌락과 불안에 관한 생전기학적 연구 (*Die Bioelecktrischen Untersuchungen von Lust und Angst)*』(1984)

『파시즘의 대중심리 (*Massenpsychologie des Faschismus)*』(1933)

국내에 소개된 라이히의 책들

『문화적 투쟁으로서의 성』, 박설호 역, 솔, 1996. (『성혁명』의 앞부분 일부와
　　『성격분석』에서 '치료기')
『성 문화와 성교육 그리고 성혁명』, 이창근 역, 제민각, 1993. (『성혁명』)
『작은 사람들아 들어라』, 곽진희 역, 일월서각, 1991.
『파시즘의 대중 심리』, 오세철·문형구 공역, 현상과 인식사, 1986.
『프로이트와의 대화』, 황재우 역, 종로서적, 1982.

라이히 약력

1897년 오스트리아 갈리시아에서 출생.
1915년 1차대전 동안 중위로 참전.
1918년 빈대학 입학.
1919-27년 프로이트의 정신분석 종합진료소에 근무하고, 빈 정신분석학회 회원이
　　되고, 빈 세미나를 창설하여 정신분석 요법을 연구.
1927년 『오르가즘의 기능』을 출판하고 프로이드와 의견대립 빚생.
1928년 빈에서 성위생상담소를 개설하여 성 교육실시.
1930년 『성혁명』을 출판하여 프로이트의 '문화철학' 비판. 베를린으로 이주.
1931년 성정치출판사를 설립하여 프로이트와 맑스의 이론적 통합 시도.
1932년 독일 사민당 및 공산당, 성정치출판사의 출판물 배부 금지.
1933년 『파시즘의 대중심리』 출판, 그해 말 덴마크로 이주.
1934년 국제정신분석협회에서 라이히를 공식적으로 추방. 노르웨이로 이주.
1934-37년 정신분석과 생물리학을 가르치면서 성경제생활연구소 경영.
1939년 생명과 성욕에 고유한 에너지인 '오르곤 에너지'를 발견. 뉴욕 이주.
1939-41년 뉴욕 뉴 스쿨의 임상심리학 교수로 재직.
1941년 '에너지 축적기' 특허 출원 기각당하고 FDA의 금지명령 조치
1942년 메인주 랑젤리에 사설 연구소 오르고논(Orgonon) 설립.
1954년 애리조나에서 오르곤 에너지를 이용한 비를 내리는 실험.
1956년 FDA에 의해 모욕죄로 기소당해 2년 실형을 선고받음.
1957년 코네티컷의 던베리 형무소에 수감. 망상성 정신병을 선고받고 펜실베이니
　　아의 루이스부르그 교도소로 이감. 그해 11월 사망.

펠릭스 가타리의 삶과 사상

1. 왜 가타리인가?

'현실 사회주의'의 붕괴 이후 탈근대론자들이 한국에 소개되어 왔다. 프랑스 사상가들을 중심으로 하여 보드리야르나 료타르, 데리다 등의 저서들도 소개되어 왔다. 그런데 문제는 이들의 사회분석이 기존의 이성중심적인 철학 및 사회관을 해체하는 데는 도움을 주지만 새로운 운동을 꾸려가는 데는 별 도움이 안 된다는 것이다.

맑스주의적 설명에서는 알튀세르의 이론이 수입되어 확산되어 왔으나, 전통적 맑스주의의 개념 틀 속에 갇혀서 맑스주의의 위기를 내적으로 작동시키면서 돌파해 나가는 데에는 한계를 드러냈다.

그런데 이러한 한계를 돌파하려는 노력은 이미 서구에서, 그간 정통적인 철학 계보로 여겨져 온 칸트-루소-헤겔-하버마스라는 다수적 흐름에 맞서 마키아벨리-스피노자-맑스-(베르그송)-니체-들뢰즈(가타리)라는 소수적 흐름에서 이루어져 왔다.

후자의 흐름에서 사회에 대한 분석을 발전시킨 많은 사람들이 한국에도 소개되고 있다. 또한 한국의 많은 논자들은 이들을 통해 새로운 돌파구를 만들어 갈 수 있지 않을까 생각하고 있다. 한국에서 많은 독자를 확보한, 그리고 권력을 새롭게 분석한 푸코의 텍스트들도 많이 소개되었다.

그런데 그간의 푸코 소개에서도 보이듯이 당사자의 사상을 그것도 특정 텍스트만을 달랑 소개하고, 필요한 개별 항목이나 개별 아이디어들을 착취하는 방식이 되고 있다. 더욱이 이 사상가들이 지닌 실천적 문제의식과 실천운동을 과소평가하는 경향이 있는 것으로 보인다. 어쨌든 푸코는 기존의 맑스주의적 권력 관념을 '권력의 모세관적 작동', '시설들을 통한 미시적인 권력 작동'이란 측면으로 바꾸어 왔다. 그러나 푸코에게서는 여전히 대안이 떠오르지 않는다. 그래서 어떻게 하자는 것인가?

최근에 한국 사회에 뭔가 대안적인 사유를 제공할 것으로 기대되어 소개되고 있는 들뢰즈와 가타리의 경우에 점잖은 철학자인 들뢰즈만 중심적으로 소개되고 있다. 가타리는 아예 부수적인 인물인 것처럼 말이다. 들뢰즈를 점잖은 세계에서 현실로 끌어낸 가타리의 그 광기는 완전히 냉동시킨 채. 들뢰즈도 자신은 번개(가타리)를 맞은 피뢰침이라고 했다. 물론 이렇게 들뢰즈를 중심으로 소개하는 것은, 가타리의 글이 체계적이지 않고 가타리가 어려운 새로운 개념들을 엄청나게 많이 구사하며 더욱이 우리에게는 낯선 기호학을 비판하고 있기 때문인지도 모르겠다.

그러나 그것은 여전히 실천적인 텍스트들을 지적인 전유물로서 받아들인 결과일 것이다. 현실운동과 접맥되지 않은 지식인들의 새로운 것에 대한 탐구욕을 만족시키는 수준에서 소개되고 있다. 또한 미국을 경유하여 들어오기 때문인지도 모른다. 미국의 특성은 사회사상이 지닌 전복성을 무력화시켜 영어화하여 전파하는 것이다. 이 지점에서 가타리의 현실 비판과 다양한 실천 운동, 그리고 그에 근거한 사상을 검토함으로써 문화와 철학에 기울어진 '들뢰즈·가타리'를 훨씬 더 현동화(現動化)시킬 필요가 있다고 생각한다.

또한 이러한 시도는 레닌적 당 조직론을 통한 현실 변혁 논리가 깨진 이후 새로운 모색을 해 나가는 실천 운동의 방향 모색에 어떤 함의를 주지 않을까 생각된다. 프랑스에서 이미 그런 상황을 접한 이후, 즉 68년 혁명 이후 현실에 적극적으로 개입하면서 정신분석학과 철학을 새롭게 전개해

온 사람이 가타리이다.

가타리는 기존의 정신분석학의 한계를 비판하면서 새로운 정신요법(제도분석)을 전개하려고 하였으며, 들뢰즈와 철학적 공동 작업을 통해 전통적 사유를 해체하고 욕망에 기초한 유동적(유목민적) 사유 양식을 추구하였다. 이는 지금까지 인간의 인식을 억압해(틀지워) 왔던 변증법에 대한 거부이자, 인식의 대안을 제시하려는 노력으로 볼 수 있다. 그리스적 변증법에 대항하여 유태적 기호 독해를 통해서(들뢰즈) 또는 구조 분석에 대항하여 분열분석을 시도함으로써(가타리). 또한 가타리는 이탈리아 사회운동에서 아우토노미아 운동가이자 이론가로 활동해 온 네그리(Antonio Negri)와 이론적 실천적 교류를 하면서 새로운 사회에 대한 자신의 상을 제시하기도 하였다.

더욱이 가타리는 라이히(W. Reich)가 제시했던 정신분석과 맑스주의의 결합을 넘어서려고 한다. 맑스주의와 정신분석, 제도적으로는 국가와 가족이라는 축은 서구의 현대 이론과 운동을 지배해 온 것이었다. 이 양자를 단순히 결합하는 것을 넘어서서 새로운 정치학을 탐색하려는 것이 가타리의 목표였다. 알튀세르가 시도했던 맑스주의와 정신분석의 접합이 아니라 양자의 횡단을 통해 나아가려는 가타리는, 국가와 가족이라는 제도들을 넘나드는 욕망의 흐름을 통해서 나타나는 새로운 집단적 주체성의 생산에 관심을 갖는다.

가타리는 정신의학 안에서의 실천을 곧바로 현실 사회의 다양한 영역에서의 실천과 연결시켜 나갔으며 기존의 맑스주의 운동 내부에서도 새로운 실천 방향을 모색하고 실천하였다. 인간의 사고와 실천을 틀에 가두는 방식에 대해서 '횡단'을 외치면서 그 폭을 넓히려는 시도는, 국가에 대항하면서도 대항 주체 내부에 국가 조직과 같은 사회상을 만들어 가는 반대 운동이 아니라, 대중의 무한한 역능에 기초한 끊임없는 생성적 움직임을 통해서만 기존의 국가 틀을 바꾸고 새로운 사회를 구성해 갈 수 있다는 아우토노미아 사상과 통하게 된다.

이러한 맥락에서 가타리는 체제내화되지 않는 다양한 사회운동을 적극적으로 평가하고 이러한 다양한 흐름이 결집되어 전체 지배 구조(국가)를 변형시켜 나갈 수 있는 가능성을 탐색한다. 그는 탈근대론자들이 말하는 현실 및 인식의 변화를 적극적으로 수용하면서도, 그러한 변화가 어떻게 개인의 전면적인 자유로운 발전을 가져올 수 있는지, 무엇이 그러한 과정을 가로막고 있는지에 대해 관심을 가진다. 제도를 통해 다수 대중의 무한한 욕망을 통제하려는 권력의 시선에 대항하여, 제도를 넘나드는 욕망의 탈주선을 탐색하는 가타리의 시도는 이미 20년, 30년 전의 일이었지만 여전히 무한한 열림의 장을 만들어 줄 것이다.

2. 가타리의 삶과 실천

이스빠노를 중심으로 한 정치활동

가타리(Félix Guattari)는 일찍부터 맑스주의 정치 운동에 깊숙이 개입했다. 1930년생인 가타리는 파리 북서부의 노동자계급 출신이었으며 고등학생 시절부터 여러 청년 사회주의 단체에서 활약하였다. 나중에 의학과 철학을 공부하던 대학생 시절에도 이러한 정치 활동을 계속하였다.

1940년대 말 가타리는 유스호스텔 운동에 적극적으로 참여하여, 차츰 PCI(1951년의 대분열 전의 트로츠키주의 당)에 접근해 갔다. 가타리는 매년 50명이나 그 이상의 규모로 자연 탐방 '꺄라반느'(caravane) 팀을 만들어 유럽을 히치하이크로 돌아다녔다. 이 과정에서 가타리는 이스빠노 쉬이저(Hispano-Suiza) 공장에서 일하던 레이몽(Raymond Petit)과 친숙해졌다. 이스빠노의 '청년 집단'과 그 집단의 중심을 이루었던 정치적 활동가들은, 이른바 '대중'과의 관계에서 스탈린주의적인 실천 및 사회 민주주의적인 실천과 의식적으로 분명하게 단절한 활동 방식을 노동자 세계에 들여오려고 하였다.[1] 그런데 공장의 당 지도부는 이들이 자신들의 명령을 따르지 않고 자율(독자)적으로 움직이는 것에 대해서 경계하고 나섰다. 이러한 성향으로 인해 이들은 트로츠키주의자들과 접맥되었다. 전후 프랑스에서 트로츠키주의자들은 몇몇 기업에 거점을 가지고 있었다. 그러나 그들은 고립되고 궁지에 몰린 활동가들이었으며 그 때문에 당연히 분파주의적이어서, 일에 깊이 파고 들 수 없고 항상 방어적이고 자기완결적인 논쟁가였다. 물론 종종 훌륭한 육체적 용기를 나타내기도 했다.

레이몽은 공장 안에서 많은 동료들을 결집하여 활동하고 있었다.
가타리가 개입했던 청년 조직은 이스빠노 집단으로, 이 집단은 이스빠노 쉬이저 공장에서의 전투적 활동 경험을 토대로 레이몽 쁘띠란 인물을 중심으로 활발히 움직였다.

그 즈음 가타리는, 고교를 졸업하고 트로츠키주의적인 대학생으로서 레이몽의 전술적 신중함에 비해 더 적극적인 자세를 견지하고 있었다. 1950년에 가타리는 장기간의 실지 견습과 적정 검사 후, PCI의 당원증을 받았다. 가타리는 이스빠노 청년 집단의 자율적인 활동 방식을 확산시키고 있었고 당의 명령에 따르기보다는 독자적인 '가입 전술'(entrisme) 노선을 수행하고 있었다. 그러나 1951년 PCI의 분열로 각 소집단들 또한 분열되었다. 그때부터 가타리는 레이몽과 실제로 이른바 '가입주의'적인 자율적인 정치 집단 구성에 착수하였다.[2] 특정한 조직이나 특정한 당에 소속하여 명령을 따라 활동하는 것이 아니라, 여러 조직에 걸쳐 있는 자율적인 분자들과의 횡단적인 조직구성에 들어간 것이다.
이러한 상황 속에서 가타리는 1951년 유스호스텔 전국 대회가 열리고

---

1) Félix Guattari, 'Raymond et le groupe Hispano,' in *Psychanalyse et Transversalité— Essais d'analyse institutionnelle*, Editions de Maspero, 1972, pp. 268-276.
2) 이 집단은 세 부류의 인물들로 구성되어 있었다. (1) 예전부터 지역 유스호스텔 집단에 소속되어 있던 사람들 (2) 이스빠노 청년 집단의 지도적 중추 (3) 소르본느의 학생—주로 PCF의 '철학 세포'의 회원(이들은 나중에 가타리와 가까웠던 뤼시앙 세바그[Lucien Sebag]에 합류하게 된다).

있는 중간에 빠져 나와서, 당시 르와르에쉐르(Loir-et-Cher) 지방의 솜리 (Saumery) 병원을 지휘하고 있던 장 우리(Jean Oury)와 접촉하였다. 이 때 그들의 대화에는 정치, 정신분석, 정신의학, 문학 등 모든 것이 화제에 올랐다고 한다. 그후 1953년에 가타리는 장 우리가 관계한 보르드(la Borde) 병원에서 의사로 일하게 된다.

1951년부터, 가타리는 동료들과 당내의 다양한 분파, 예를 들면 '프랑스-중국 우호부'(레이몽은 1953년에 중국을 방문한 최초의 프랑스인 가운데 한 사람이었다)나, '관광과 노동'이라는 조직 속에서 독창적인 행동을 전개하고 있었다. 거기에서는 학생과 젊은 노동자 활동가가 실제로 뒤섞일 수가 있었다. 그러나 당 지부의 관료들과 이스빠노 및 지역 세포의 관료들은 당의 명령을 따르지 않는 가타리를 비롯한 활동가들의 독자적 행동에 대해 압박을 가하고 레이몽에 대해서는 현장활동을 못하도록 다른 부서로 배치하기도 하였다. 그러나 PCI에 가입한 채로 가타리는 동료들과 PCI 지도부에는 누설되지 않도록 배려하면서 PCF(프랑스공산당) 내부에 반대파의 기관지 『토론 논단(Tribune de discussion)』을 창설하였다. 앙리 르페브르를 비롯한 수십 명에 이르는 당의 지식인이 『토론 논단』에 관련하게 되었고 사르트르도 적극적인 지지자였다.

1956년은 여러 가지 일이 얽힌 해였다. 소련공산당 제20차 대회, 알제리 전쟁의 발발과 알제리해방에 대한 PCF의 적대적 행동,3) 수에즈 운하의 이권을 둘러싸고 (프랑스를 포함한) 강대국들의 수에즈 파병 문제, 헝가리의 자유화에 대한 소련의 무력행사(부다페스트 사건), 『뤼마니테』(프랑스공산당 기관지) 본부의 화재, 썰물의 시작…. 이런 분위기에서 또 다른 반대파가 『토론논단』에서 갈라져 나가 『불꽃(L'Etincelle)』을 창설하였다. 이 분파에는 트로츠키주의자들도 관련하였는데 내부분열로 공산주의 반대파는 이윽고 갈갈이 찢어지게 된다.

이러한 분열된 상황에서 PCI는 1958년 기관지 『공산주의의 길(La Voie

---

3) 알제리 혁명에 대해서는 파농, 『몰락하는 식민주의』, 성찬성 옮김, 한마당, 1979를 보라.

communiste)』을 확보하는데(1958년 1월에 제 1호를 간행), 그것은 두 개의 선구적 회보가 융합한 결과로, 부제로『불꽃』과『논단』을 '계승'한다는 선전 문구를 붙였다. 사실『공산주의의 길』은 주로 PCF의 '소르본느 문학부' 세포의 활동가들이 이끌고 있던『새로운 길(*Les Voies nouvelles*)』에 대항하기 위한 것이었다. 그리고 또 하나의 기관지인『공산주의의 논단(*Tribune du communisme*)』은 당시 막 건설되고 있었던 '통일사회당'(PSU)에 합류하게 되었다. 이러한 당조직과 기관지의 설립과정에서 가타리는 트로츠키주의자들의 중앙 집권적인 집착에 적응할 수 없어 당을 이탈했으며(추방됨) 비분파적인 개방적 집단을 재구성하려는 생각을 계속 가지고 있었다.[4]

그러나 가타리는『공산주의의 길』을 49호까지 내는(1958년 1월부터 1965년 2월까지) 과정은 실로 일종의 서사시였다고 평가한다. 가타리의 평가에 의하면 이 기관지를 중심으로 한 활동은 알제리해방투쟁을 편견도 망설임도 없이 지지하는, 최소한의 대중적인 지지를 얻은 유일한 맑스주의 운동이었다고 한다. 그리고 총회를 제외하면, 이 잡지를 중심으로 한 활동가 집단은 뿔뿔이 흩어져 살고 있었다. 이스빠노의 동료들과도 실제로는 거의 접촉이 없었다. 그러나 대부분이 PCF나 노동총동맹(CGT) 속에 머물고 있던 이 집단은『공산주의의 길』수십 부를 공장 속에 은밀하게 배포했다.

알제리 전쟁이 끝나면서 총붕괴 사태가 일어났다.『공산주의의 길』은 갈갈이 찢겨져 고립 상태로 떨어졌다. 이 당시 가타리는, 기관지의 방향을 통제하고 '중국공산당'의 신노선('25항목의 선언')에 의해 열린 '가능성'에 적지 않은 환상을 받아들이기 시작한 사람들(활동적 중심)에게 거리를 두고 있었다.

가타리는 그때, 조직적인 위기 상황에서 헤어나지 못한 채 악전고투하

---

4) 트로츠키주의 계열 학생들의 주요 부분이 적어도 잠시 동안 이 새로운『공산주의의 길』을 중심으로 가타리 일행과 행동을 같이 한 것은, 이스빠노 쉬이저의 이 활동 집단이 그들에게 일정한 위광을 지니고 있었기 때문이기도 하다.

고 있던, UNEF(全프랑스학생연합), UEC(공산주의학생연합) 활동가들과 깊이 연결되어 있었다. 이윽고 이 활동가들과『공산주의의 길』등에 있었던 활동가들이 결집해서, 비공산당 반체제 연합인 '좌익반대파'(OG, Opposition de Gauche)가, 즉 보다 폭 넓고 개방적인 하나의 운동이 만들어졌다. '좌익반대파'는 학생들 사이에서 활동할 뿐만 아니라, 베트남 전쟁 반대투쟁에 개입했고 남미에서의 투쟁에도 개입했다. 이때 베트남, 라틴 아메리카, 아프리카 등 제3세계와의 관계가 본격적인 활동 반경에 들어왔다. 가타리를 비롯한 이스빠노 집단은 이 '좌익반대파'와 결합하면서 활동을 계속하였고, 집단적인 정치 방침을 결정하는 토론에 참가했다. 그 성과인 '좌익반대파 테제'는 1966년 초에 팜플렛 형태로 간행되었다. 5)

또한 이 무렵 이스빠노의 동료들은 가타리가 주도하여 만든 '제도교육 조사연구센터'(CERFI)의 틀 속에서 'GETMO'(노동자운동에 관한 연구와 작업 집단)를 창설했다. 여기에 결집한 노동자 활동가나 교사, 학생, 정신위생 노동자들은 실제로 꽤 오래 전부터 서로 아는 사이였는데도, 이 집단에서 처음으로 진정한 대화를 할 수 있었다. 이렇게 전혀 다른 다양한 사람들이 결집하여 새로운 관계를 만들어 가려는 방식은 1968년 5월에 일어날 것(분자적 폭발과 결집)을 미리 보여 주고 있었다.

가타리는 이 '좌익반대파연합'에서 활동하면서 1968년 5월 운동과 연결되었다. 가타리가 주재하는 CERFI 본부에서 다니엘 꽁방디(Daniel Cohn-Bendit)와 영화 감독 고다르(Godar) 등이 참가한 가운데 '오데온극장 점거'(68년 혁명의 창조성을 상징하는 사건, 5월15일)가 결정되었다. 특히 이스빠노 집단의 활동가는 5월 초부터 낭떼르의 '3월 22일 운동' 집회에 참가하면서 68년 혁명의 사태를 진전시키는 데 기여했다. 6) '3월22일 운동' 집단은 베트남전 반대운동을 시작하면서 68년 혁명과정에서 당조직의 중심이 하는 활동과는 다른 활동을 한다. 가타리는 이때 자신과 동료들이

---

5) Félix Guattari, 'Les neuf thèses de l'Opposition de gauche,' in *Psychanalyse et Transversalité — Essais d'analyse institutionnelle*, pp. 89-130.
6) 편집부 엮음, 『프랑스 5월 혁명』, 백산서당, 1985를 보라.

한 중요한 역할은 전통적인 혁명적 활동가주의가 지닌 무의식적인 성벽(性癖)과 작위적 수법을 가능한 한 찾아내 분쇄하고 극복하는 것, 즉 일종의 탈신비화를 위한 분석적 작업이었다고 본다. 그런 과정에서 레이몽과 이스빠노 집단7)의 몇몇 노동자 활동가는 정신분석과 정신의학으로 관심이 기울었다.

반정신의학운동: 정치와 정신분석의 결합

가타리는 이처럼 맑스주의적 실천 운동에 개입하면서도 정신분석이 지닌 분석적 힘을 활용하였으며, 이후 정신병원 의사로서 또 다른 실천을 계속하였다. 가타리는 프랑스공산당이 주도적인 지식인들을 주기적으로 축출하는 것, 헝가리 사건에 대한 당의 태도, 1956년, 1957년에 있었던 알제리 독립 운동을 배반한 것, 그리고 1950년대에 일어났던 반스탈린운동을 끈질기게 훼방하는 행위를 목격하였다. 그는 국가 권력의 억압에 대해서만이 아니라 정당한 정치 활동을 억압하는 프랑스공산당의 태도에 대해서도 줄곧 저항하였고, 특히 프랑스공산당과 같은 조직들의 억압적인 구조를 탄핵하였다. 당에서 추방될 즈음 가타리는 프란츠 파농도 만나고 알제리 독립 운동의 투사들을 지원하는 프랑스인 조직인 '샹송'의 일원으로 활동하기도 하였다. 가타리가 의사로 있던 보르드 정신병원이 트로츠키스트에서 아나키스트에 이르는 다양한 활동가들의 모임 장소로 이용된

---

7) 이스빠노 집단은 활동가들 간의 관계가 지닌 관습적 구조를 철저하게 타파하는 절단의 장이 되었다고 한다. 또한 이스빠노 집단은 누구 한 사람(대표)을 통해 이해할 수 없는 하나의 뼈와 같은 것이었다고 한다. 가타리는 자신들을 내부의 표현으로 '분석 집단'(groupe analytique)이라 불렀다. 이러한 실천적 경험은 가타리의 횡단성 개념의 근거가 된다. 이 집단에 대한 가타리의 설명을 좀더 기술해 보자. "분석 집단은 사태의 '정상적인' 질서를 가로지르는(횡단하는) 집단이다. 젊은 노동자가 가슴 깊은 곳에 지닌 욕망을 표현하게 하는 '실수—무의식에 작용하는—집단(groupe-lapsus)'이다. 이때 욕망은 형식주의나 교조주의나 관료주의적인 경향과 손을 끊고 싶다는 욕망이며, 또 관료들의 나르시스적인 과시의 무대가 될 뿐인 무료한 회의를 끝내고 싶다는 욕망이며, 또한 어떻게든 진정한—따라서 혁명적인—사태에 대해 말할 수 있게 되어 관료들도 기분이 나빠지며 변화를 원하게 되도록…하려는 욕망이다." Félix Guattari, 'Raymond et le groupe Hispano,' in *Psychanalyse et Transversalité—Essais d'analyse institutionnelle*, p. 274.

것도 이즈음이었다. 또한 가타리는 노동조합 안에 특별한 연구 집단을 조직하고 노동자의 정신위생 상황을 분석적 수법으로 조사하였다.

가타리가 사회제도의 정치적 차원에 대해 특히 민감했던 것은, 그가 1953년 이래 참여하고 있던 실험 정신의학 병원인 보르드 병원에서의 경험에 힘입은 바 크다. 전후 해방기에 이르러 장 우리를 비롯한 정신의학자들은 포로수용소와 흡사했던 전통적인 정신병원의 기능과 구조에 대해서 의문을 제기하기 시작하였다. 그들은 보르드 병원에서 아주 인간적이고 창조적인 치료 형태와 환자와 의사 사이의 보다 덜 위계적인 관계를 수립하고자 했다. 가타리는 이 병원에서 심리적 억압과 사회적 억압 사이의 관계에 관한 이론을 개발하기 시작하였으며, 제도 안에서의 권력 관계에 대해 연구하는 여러 단체들에 참여하였다. 전투적인 활동가 조직에 참여하면서도 다른 한편으로, 가타리는 반정신의학 운동과 조사연구활동을 위한 횡단적인 조직을 결성하는 데 노력하였다. 1960년에 가타리는 '심리학 및 제도 사회학 연구회'(GTPSI) 의 결성을 도왔다. 이 연구회는 1965년에 더욱 광범위한 단체인 '제도심리학회'(SPI) 로 통합되었다. 그는 또한 1965년에 약 300명의 정신의학자, 심리학자, 교사, 도시공학자, 건축가, 경제학자, 영화감독, 교수들이 참여했던, 제도적 억압 형태의 분석에 몰두했던 '세도연구연합'(FGERI) 의 결성을 돕기도 했다. '제도연구연합'은 다시 '제도교육조사연구센터'(CERFI) 의 모태가 되었으며 이 센터는 가타리가 편집을 맡은 『르세르슈(Recherches)』의 발간을 지원하였다.

가타리가 이러한 활동을 하던 1960년대에, 프랑스에서는 라캉의 주도로 정신분석학이 부상하였다. 1968년 운동 이후 특히 맑스와 프로이트를 접목시키고자 했던 정치적 급진주의자들에게 정신분석학은 중요한 이론적 주제가 되었다. 가타리는 1953년 이래 라캉이 주도했던 격월 세미나에 참여하였다. 1962-69년에는 라캉과 공동 작업을 하였으며 1969년에는 라캉이 결성한 '파리 프로이트 학파'에 참여했다. 1950-60년대에 가타리는 보르드 병원에서 정신병 환자들을 크게 보아서 정신분석학적인 틀에서 치료하려고 하였다. 물론 우리나 토스껠(Tosquelles) 등과의 접촉을 통해 새로운 정신의학적 실험을 하려고 하였다.[8] 이러한 과정에서 가타리는 '제도분석'을 제창하게 되었고, 사회분석에 대해서도 조사연구를 강조하게 되었다. 특히 가타리는 68년 혁명의 수습 과정에서 구조주의적 정신분석학이 지닌 이데올로기적 역할을 감지하면서 라캉에 점차 비판적이고 적대적이게 되었다. 1969년 들뢰즈를 만났을 때 그는 이미 비라캉적인 용어들을 통해서 사회적 정치적 무의식에 대한 이론을 구성하기 시작하였다.[9] 그후 70년대에 들어 가타리는 들뢰즈와 함께 그러한 이론을 구성해 나가기 위해 정신분석학에 대한 비판을 제시하였으며(『앙티 외디푸스』), 역사 유물론적인 새로운 사유 방식을 제시하기에 이르렀다(『천의 고원』).

이처럼 가타리는 1950년대부터 1960년대에 걸쳐서 '트로츠키당', 그리고 프랑스공산당 안의 이단파, 즉 '좌익반대파' 분파와 관계를 맺고 활동하면서도 제도에 대한 실천적 사회 연구를 하여, 드디어 정치와 정신분석의 결합, 정치 변혁과 주체 변혁의 동시적 수행을 지향하게 되었다. 그리고 그 과정에서 만난 68년 5월 혁명에서 기존의 운동과는 다른 활동방식과 운동방향을 감지하였고, 그 후 이 5월 혁명의 체험을 반추하면서 정치와 정신분석을 결합시킨 다양한 활동을 전개해 갔다.

68년 이후 활동: 『르세르슈』, 아우토노미아, 세 개의 에콜로지

68년 이후 가타리는 물려받은 유산으로 프랑스 중부 산악지대의 산기슭에 있는 낡은 수도원을 사서 다양한 모임 장소로 제공하였다. 그리고 70년대 초에 창설한 '제도교육연구센터'를 다양한 연구자의 공동 연구의 교차로로서 역할하도록 하였고, 건축가, 의사, 심리학자 등의 협력 속에 새로운 도시 형성을 위한 기초 연구를 하였다. 이 센터를 중심으로 연구

---

8) Félix Guattari, *Psychanalyse et Transversalité—Essais d´analyse institutionnelle*, pp. 6-97.
9) Félix Guattari, 'machine et structure,' in *Psychanalyse et Transversalité—Essais d´analyse institutionnelle*, pp. 240-248.

자들이 만들어낸 『르세르슈』는 1970년대에 프랑스에서 여러 가지 쟁점들을 확산시키고 토론을 불러 일으켰다.

68년 혁명의 영향은 가타리에게는 행동위원회, 정신의학적 대안, 여성운동, 동성애운동, 감옥정보운동 등에 대한 개입으로 나타났다. 즉 가타리는 68년 혁명에서 제기되었던 문제들을 발전시키고 확산시키는 것을 중요한 과제로 생각하였다. 『르세르슈』를 중심으로 한 활동을 보면, 동성애자의 사회적 해방을 다룬 특집을 꾸며 당시 퐁피두 정부로부터 '풍속 문란죄'로 고소당하기도 하였다. 또한 『르세르슈』에서는 정신 의료 시설에 대한 개혁 계획을 발전시켜 정부의 정신병원 건설 방침에 대립하였다. 감옥처럼 외부 세계와 단절되고 (건설업자들을 위한) 대규모 건설로 향한 정부의 정신병원 건설 계획을 비판하였으며, 이 과정에서 이탈리아 반정신의학 흐름과 접속하였다.10) 그리고 『르세르슈』는 어린이에 대한 특집호('소외된 아동기의 나날들')를 발간하였고 여기서 사회적 설비(équipe ment)11)가 어린이들을 특정한 기호화 양식으로 포획하는 과정을 다루었다. 이 과정에서 영국의 반정신의학 흐름에 있던 로날드 렝(Ronald Raing)과 데이비드 쿠퍼(David Cooper) 등과도 접속하였다. 그러나 가타리는 렝과 쿠퍼가 너무 가족주의적인 틀로 치우쳐 있다고 비판하면서 이탈리아 흐름에 접근해 갔다.

1975년에는 '정신의학에 대한 대안적 국제연결망'(Réseau International d'Alternative à la Psychiatrie)의 창건을 도왔으며 그 활동적인 성원으로 꾸준히 참여하였다. 한편, 이탈리아 아우토노미아 운동이나 자유라디오 등의 실험적 운동에서 68년 운동의 계승을 보고 그 운동을 지원하였다. 1970년대 말부터 1980년대 초 가타리는 프랑스와 이탈리아의 '자율 무선

10) 프랑코 바살리아(Franco Basaglia), 지오반니 제르비스(Giovanni Jervis), 프랑코 밍구찌(Franco Minguzzi) 등과 접촉하였으며, 이들과 함께 나중에 정신의학에 대한 대안적인 국제 망상조직을 만들어 간다.
11) 초코드화해 가는 다양한 제도 및 장치, 예를 들어 학교, 교회, 유치원 등과 같은 제도나 매스미디어, 영화, 비디오 등과 같은 것.

(라디오) 운동'에 참여하였으며, 이를 통해 국가의 무선국(방송, 매체) 통제에 대항하는 운동을 전개하였다. 70년대 후반에는 이탈리아의 아우토노미아 활동가로 프랑스에 망명한 프랑코 피페르노(Franco Piperno) 등을 옹호함과 동시에 이탈리아에서 투옥된 안토니오 네그리의 석방을 위해 분주히 활동하였다. 80년대 들어서서는 신체적 위협을 무릅쓰고, 아무런 증거없이 테러리스트로 판결받아 프랑스로 망명한 이탈리아의 반체제 주의자들을 변호하였다. 가타리는 이 시기 서구의 운동에서 나타난 테러리즘을 국가주의에 기운 것으로 비판하고 새로운 방향으로서 아우토노미아 운동(즉 분자적 운동, 분자혁명)을 강조한다.

1981년에는 저명한 코미디언 꼬뤼슈(Coluche) 12)의 대통령선거출마를 지지하는 운동을 전개하기도 하였다. 스스로 '인동의 시대'(Les Années D'hiver) 13)라고 한 80년대 전반을 넘어 80년대 중반 이후에는 에콜로지 운동에 적극적으로 참여하였다. '프랑스녹색당'의 당원으로서 에콜로지 운동에 새로운 지평을 열기 위한 이론적 실천적 활동을 정력적으로 전개하였다. 1992년 3월 실시된 프랑스 지방 의회 선거에서는 에콜로지파의 후보자 리스트 끝에 들어가기도 했지만, 가타리의 에콜로지 운동에서의 역할은 녹색당과 에콜로지 세대14)라는 두 가지 흐름으로 나뉘어 있는 프랑스 에콜로지 운동에 사상적 가교 역할을 한 것이었다. 가타리는 양쪽의

---

12) 꼬뤼슈는 독학자로서 대중적으로 매우 당당한 코미디언, 배우, 영화감독이었고 1981년에 대통령 후보로 나왔던 정치가였다. 1986년에 오토바이 사고로 죽었다. 가타리는 그가 매우 자신에 찬 사람이었고 상황을 빠르게 파악하는 예외적인 감식력을 지닌 사람이었다고 평가한다. "그는 사물들이 사람들 정신 속에 형태를 갖추기 전에 사물을 파악합니다. 그는 어디에나 동시에 있습니다. 그리고 동시에 그는 전적으로 깨지기 쉽습니다. 즉 지적인 적대자에 의해, 저널리스트들에 의해 무장 해제된 채 있었습니다." Félix Guattari, *Chaosophy*, Semiotext, 1995, pp. 27-35.
13) Félix Guattari, *Les Années D'hiver 1980-1985*, Editions Bernard Barault, 1985.
14) 80년대 들어 널리 확산된 생태학(에콜로지)적 관심을 기반으로 전통적인 정당 구도를 통해 권력을 추구해 나가는 녹색당이 있다. 가타리는 녹색당에 비록 많은 활동가들이 결합되어 있지만 녹색당이 여전히 당 구조를 통한 명령체계를 유지해 나가는 운동 방식에 대해서 비판을 가한다. 그리고 녹색당에 가입하지는 않았지만 생태학적 관심을 보이는 새로운 세대들이 있는데 이들과 어떻게 결합할 수 있는가 하는 문제를 제기한다. 이러한 선 상에서 '세 개의 에콜로지'라는 문제를 제기한다.

성원으로서 뭇 사람에게 인정받는 거의 유일한 사람이었다고 한다. 가타리의 그 열정적인 신체는 1992년 '영도(零度)의 기관 없는 신체'로 돌아갔다. 그러나 그 '기관 없는 신체'가 우리의 정신 에콜로지에 남긴 뜨거운 사상은 우리를 달구고 있다.

3. 가타리의 사상

1968년 5월 혁명 이후 정신분석학은 프랑스에서 대중적인 인기를 얻기 시작하였다. 라캉의 구조주의적 정신분석은 맑스주의자인 알튀세르에 의해 맑스와 프로이트를 접목시키려는 시도로 이어졌다. 알튀세르(그리고 발리바르)는 맑스의 대상과 프로이트의 대상이 다르기 때문에 접목할 수 없다는 관점으로 흘러간 데 반해서, 가타리는 일찍이 맑스와 프로이트의 접목을 시도했던 빌헬름 라이히(Wilhelm Reich)의 인식을 더욱 확장해 나갔다.

가타리는 1960년대에 쓴 제도적 정신의학에 대한 글들에서는 '작은 대상-a', 15) '상상적인 것', '지배적 기표(시니피앙, signifiant)로서의 팔루스[phallus, 남근]'와 같은 라캉의 개념들을 비교적 호의적으로 사용하였다. 그러나 가타리는 68년 혁명 과정을 라캉적인 구조주의가 반동적으로 흡수하고 정비하여 질서화하는 것을 보고는 구조주의적 정신분석에 대해서 본격적인 비판을 가하기 시작한다. 정신병원에서 환자들을 치료하면서 한편으로는 정신분석에 대한 비판을 가하기 시작하고 다른 한편으로 정치운동에서는 스탈린적인 당 조직 운동에 대해서 비판을 가한다.

가타리는 1950년대와 1960년대 장 우리의 보르드 병원에서 작업을 통

---

15) 부분대상, 예를 들어 성적 욕망을 느끼거나 일으키는 작은 대상, 유방, 목, 가슴, 성기 등. 이러한 대상에 집착하는 것을 강조하는 것에 반대해서, 가타리는 작은 대상을 복수화한다(작은 대상-b, 작은 대상-c…등).

해 집단 및 제도에 대한 분석이 개인의 분석에 본질적으로 연결되어 있음을 보았다. 가타리는 프로이트의 무의식 분석을 개인의 리비도적 집착에서 사회적 장으로 열어 젖힌다. 여기서 그는 콤플렉스론이나 구조주의적 환원론에서 벗어나 집단과 제도 분석으로 넘어간다. 주체 집단과 예속 집단의 구분으로 시작하는 집단 이론, 그 집단들이 지니는 기본적 대상과 과도적 대상, 집단환상 등에 대한 분석은, '분석 집단'이라는 새로운 조직의 상을 정립하는 것으로 나아간다.[16] 이러한 인식은 지도와 대중이라는 틀 속에서 이루어지는 기존 운동의 명령 방식에 대한 비판과 연결되며 아우토노미아적인 경향을 내재하고 있는 것이다. 가타리는 국가주의적 편향에서 벗어나려는 경향을 드러내며, 국가를 모든 주체적인 집단적 과정의 출현을 방해하고 금지하기 위해 존재하는 기표인 '반생산'(anti-production)[17]의 대표적 예로 보았다. 가타리는 집단 분석에 기초하여 자본주의를 탈영토화와 재영토화[18]를 수반하는 힘으로 보고 국가를 반생산(생산을 통제하고 또 그렇게 함으로써 제한하는) 기계로 보았으며, 그리하여 혁명적 행동을 이미 수립되어 있는 사회적 코드들과 지배 구조들을 깨트리는 집단적 주체성을 형성해 나가는 것으로 규정하게 되었다. 그 과정에서 가타리는 데카르트적 주체를 구조 안에 가두어 버린 구조주의를 비판하기 위해서 기계[19]라는 개념을 사용한다. 이제 가타리는 지배적이

---

16) 윤수종, 「제도요법과 집단적 주체성」, 『탈주의 공간을 위하여』, 푸른 숲, 1997.

17) '욕망하는 생산'이란 개념을 통해 가타리는 맑스주의 생산 개념을 확장하였다. 즉 실체의 생산만이 아니라 다양한 기호 및 작동방식의 생산도 포괄하는 생산 개념을 제시한다. 이에 반해 욕망하는 생산을 억압하는, 모든 생성을 가로막고 초코드화하려는 전략을 취하는 국가를 '반생산'으로 규정한다.

18) 가타리는 들뢰즈와 함께 영토성, 영토화 개념을 사용하며 탈영토화와 재영토화라는 하위 개념도 사용한다. 다양한 흐름을 특정한 방식으로 만들어 가는 것을 코드화라고 하며 이러한 코드화 작용이 현실 속에서 다양한 제도 속에 펼쳐져 나가는 것을 영토화라고 한다. 이 영토화의 방향에서 특히 자본주의는 다양한 흐름을 그 흐름 자체의 방향에 따라 움직이도록 열어주면서도(탈영토화) 이윤획득 메커니즘이라는 틀에 다시 포괄해 나가는 방향으로 움직인다(재영토화)고 한다.

19) 가타리는 기계(machine) 개념을 라캉의 구조 개념에 대해 공격하면서 제시한다. 모든 주체적 움직임을 가로막는 구조 개념에 대항하여, 가타리는 이른바 '구조'라고 하는 것은 사실상 다양한 부품들이 조립되어서 작동하는 것이라고 보았다. 또한 흔히 정신적인 것이라

고 다수적인 구조에 소수자적인 기계를 들고 공격하기 시작한다.

이러한 과정에서 가타리 사상에서 가장 중요한 '횡단성' 개념이 제시된다.20) 고슴도치의 우화—추운 겨울 어느 날 고슴도치들은 추위를 이기기 위해 서로 몸을 밀착시켰다. 그러자 서로 찔려 아파서 다시 떨어졌다. 밀착하고 떨어지기를 반복하면서 고슴도치들은 아프지도 않고 춥지도 않은 가장 적절한 거리를 유지하면서 서로를 감쌌다—로 예시되는 횡단성 개념은 수직적 위계와 수평적 칸막이를 깨려는 문제의식에서 출발한다. 무엇보다도 60년대에 정신병원 의사로서 활동하면서 의사-간호사-환자라는 제도적으로 결합된 3자 관계를 종래의 틀에서 해방하고 거기에 새로운 사회 변혁 모델을 찾으려고 시도하는 과정에서 '횡단성' 개념을 착상하였다. 그러나 횡단성 개념은 단순히 그러한 소극적인 의미를 갖기보다는 새로운 집단적인 표현 양식, 새로운 무의식적 집단 주체가 드러나는 장소 및 과정으로서 의미를 갖는 것이었다. 즉 주체의 초자아 수용구조에 변형을 가하려는 것이다. 특히 가타리는 그러한 횡단성을 가능케 하는 집단의 욕망에 대해 천착해 나간다.

이러한 횡단성 개념에 입각하여 가타리는 욕망과 권력의 관계에 대한 이론을 제시하고 있다. 푸코에게서는 찾아볼 수 없는 역능 개념을 도입하고21) 그것의 기반으로서 '욕망하는 생산'을 설정했다. 푸코가 지배의 비

고 하는 것이나 무의식 등도 특정한 모델에 묶인 채 움직이는 것이 아니라 다양한 방향에서 다양한 다른 것과 접속하면서 움직인다(작동한다)고 생각한다. 이러한 의미로 기계라는 개념을 사용하며 '기계적 무의식'이라는 책도 썼다. 가타리가 말하는 기계는 결정론적인 의미의 기계학(mécaniqe)과는 다른 의미로 '작동'(operation)이란 의미를 강조하는 것이다.

20) Félix Guattari, 'La transversalté,' in Psychanalyse et Transversalité—Essais d'analyse institutionnelle, pp. 72-85.

21) puissance, 가타리가 사용하는 역능 개념은 영국을 제외한 유럽언어에서는 권력(불어로는 pouvoir) 개념과 대비되어 쓰이는 개념이다. 니체가 권력의지라고 했을 때 권력의 의미도 바로 역능(力能) 개념이다. 역능 개념은 대표제 모델에서 생각하던 권력 개념과는 달리 모든 개별자(singularité, 특이성)가 지닌 잠재력을 말하며, 데카르트적인 이성에 근거한다기보다는 스피노자적인 욕망에 기초한 이 역능을 지닌 개별자들이 차이를 확인하면서 서로 새로운 것을 구성해 나가는 방식을 통해 권력대표가 아닌 새로운 사회(공동체)를 만들어 가자는 문제의식에서 사용하는 개념이다. 권력자의 지배 개념에서 벗어나 특이한 개별자가 지닌 새로운 것을 구성해내는 능력을 말한다. 역능 개념에 대해서는 네그리, 『야

시적 작동을 분석했다면 가타리는 미시적이고 분자적인[22) 움직임을 통해
권력을 파괴해 나가는 '분자혁명'의 방향으로 나아간다.[23)

68년 5월 혁명에 자극받은 다양한 미시적 반권력 운동이 프랑스에 머물
지 않고 유럽 전역에서 발생했다. 예를 들어 이탈리아에서는 기존의 정당
들을 훨씬 넘어서는 새로운 대중운동, 곧 여성운동, 동성애자운동, 소수
자(소수민족)운동, 감옥운동 등이 활성화되었다. 그리고 자유라디오 방
송 등 새로운 소통, 선전 장치를 활용한 운동에 가타리는 상당히 감화되
어 '횡단성에서 분자적 운동으로'라는 자신의 혁명 이념의 경로를 구체화
하였다. 기존의 계급투쟁이 권력 장악에 집착하고 국가주의적 도식에 사
로잡혀 있는 점을 비판적으로 성찰하면서, 이해투쟁과 국가권력장악에
잡혀 있던 권력혁명의 상에 대해 비판하면서, 욕망투쟁[24)과 일상투쟁을

만적 별종』, 윤수종 옮김, 푸른숲, 1997을 참조.

22) 가타리의 흐름분석과 사회분석에서는 몰(mole)적/분자적(moléculaire)이라는 개념쌍
을 사용한다. 그러나 이 개념쌍은 변증법적인 것이라기보다는 움직임의 방향과 방식을 지
칭하는 것이다. '몰(적)'이라는 것은 어떤 하나의 모델이나 특정 대상을 중심으로 모든 것
을 집중해 가거나 모아가는 것을 말하며 자본이 모든 움직임을 이윤메커니즘에 맞추어 초
코드화하는 것을 몰적이라 할 수 있을 것이다. 운동에 있어서는 모든 움직임을 노동운동이
라는 단일 전선에 편제하여 다른 흐름들을 통제하는 것을 말하기도 한다. 따라서 몰적인
방향을 무조건 나쁜 것으로 생각하는 것이 아니다. 단지 몰적인 방향은 생성을 가져오는
것은 아니며 기존에 생성된 것을 특정하게 코드화할 뿐인 것이다. 이에 반해 '분자적'이라
는 개념은 미세한 흐름을 통해 다른 것으로 되는 움직임(생성)을 지칭하는 것이다. 그러나
이러한 미세한 흐름은 반드시 작은 제도나 장치를 통해서만 이루어지는 것은 아니며 사회
전반적인 분자적 움직임도 가능하다. 따라서 미시구조나 미시적 흐름에만 집착하는 것이
아니라 다양한 크기의 구조 및 제도 속에서 흐르는 미시적 흐름을 중요시한다. 이러한 개
념을 제시하면서 가타리가 의도하는 것은 욕망의 흐름을 파악하려는 것이다.

23) Félix Guattari, _La Révolution Moléculaire_, Editions de Recherhes, 1977.

24) 기존의 운동은 객관적 사회관계를 분석하고 객관적 이해에 입각한 투쟁을 생각한다.
노동자계급의 투쟁은 당연히 노조운동을 중심에 두고 나아간다. 그런데 가타리가 예로 들
고 있는 것처럼 미국 노동자계급의 노조운동은 흑인이나 아시아인들, 파트타임노동자의 축
을 이루는 학생들 쪽에서 보았을 때에는 노조대표를 축으로 자기이해를 지키려는 폐쇄된 경
향을 지니며, 다른 이해나 다른 소수자들과의 관계에서는 파시스트적인 자세로 나올 수 있
다고 한다. 권력의 생성메커니즘 자체를 공격하고 역능에 기초한 구성을 생각하는 가타리
는 여기서 이해라는 문제설정을 넘어서 개인이나 집단의 움직임에 붙어 다니는 욕망이라는
문제를 제기한다. 욕망투쟁은 기존의 이성적 판단과 이해의 관점에서 도외시되었던 문제들
을 '물 밑에서 물 위로 드러나게' 하며, 결정적으로 그간 죽어지내던 '뜨거운' 주체들이 움직
이도록 자극한다. 학문적인 흐름 속에서는 프로이트에 대한 새로운 전유의 문제가 된다.

통한 탈주와 생성[되기]25) 이라는 분자혁명의 상을 제시해 나간다.

사회경제적 분석을 보완할 리비도경제 분석을 촉구하면서 욕망 이론을 끌어들이고, 26) 여기서 계급 전선의 투쟁에 덧붙여 욕망 전선의 투쟁을 제기한다. 특히 가타리는 주체성의 변화를 찾아낼 수 있는 욕망의 미시정치학을 강조한다. 가타리는 기존에 주로 집중되었던 거시정치에 대하여 미시정치를 강조한다. 또한 조직 방향과 관련해서는 중앙집권적 당으로 모아 가는 방식이 아니라 다양한 혁명기계27)를 만들어 냄으로써 '권력을 만들어 내는 일상적 과정' 자체를 바꾸어 나갈 것을 제안한다.

가타리는 또한 권력의 미시 파시즘화를 강조하는데, 여기서 그친다면 푸코보다 나아갔다고 말할 수 없을 것이다. 가타리의 가장 전진적인 측면은 바로 탈주에 대한 사고, 그리고 탈주의 방법적 고찰로서 기호학 비판으로 이어지는 분열분석28)일 것이다. 그는 미시적인 억압 권력의 전개

---

25) 가타리가 들뢰즈와 함께 쓰는 개념으로 탈주는 탈근대사회사상을 대변하는 이름처럼 되고 있다. 사실 탈주 개념은 가타리에게서는 횡단성 개념 위에서 각 개인 및 집단이 자기 책임(아우토노미아) 하에 새로운 것을 구성해 나가기 위한 시도를 나타낸다. 아나키즘적 분출로서의 탈주라기보다는 새로운 집단성을 구축해 나가는 것을 강조한다. 따라서 탈주라는 개념은 항상 되기[생성] 개념을 동반한다. 가타리가 말하는 되기는 적을 부수는 구성이 아니라 내가 스스로 다른 것으로 되어가는 과정을 강조한다. 이 되기가 혁명적인 방향으로 가기 위해서는 가타리는 기존의 권력구성 방식과 다른 구성방식을 강조하고 그것을 '분자적인' 것이라고 한다.
26) 물질과 정신의 이원론을 강조하는 교조적 유물론을 비판하고, 프로이트가 초기에 진전시켰듯이 정신적 작용에 대한 역동적인 분석을 리비도경제 분석이라 하여 강조한다. 프로이트는 후기로 갈수록 이러한 리비도경제 분석을 문화에 종속시키는 경향을 지닌다. 가타리는 이 리비도경제 분석을 더욱 욕망문제와 생물학적인 에너지론으로 끌고 갔던 라이히의 문제의식을 받아들인다.
27) '나쁜' 장치를 대체하는 '좋은'(혁명적) 장치라는 발상을 넘어서기 위해서 가타리는 기계라는 개념을 도입했고, 더욱이 사회변혁을 위한 새로운 기계의 설립을 촉구한다. 이 새로운 기계는 기본의 작동방식을 전혀 다르게 움직이게 하면서 대중의 욕망을 해방하는 방향이어야 하며 그래야 혁명적인 것이 될 수 있다고 한다.
28) 가타리의 방법론을 한 마디로 하자면 분열분석이라고 할 수 있다. 분열분석의 기본방향은 소극적으로는 라캉식의 구조주의적 프로이트 해석에 대한 비판과 더 나아가 프로이트 자체에 대한 비판을 통해, 환원론을 반대하고 기계적 작동에 대한 분석을 지향한다. 적극적으로는 언어학과 기호학 비판을 통하여 변증법에 대한 대안적인 사유방식을 구성해 나가려고 한다. 들뢰즈와 함께 가타리는 『앙티-외디푸스』와 『천의 고원』을 통해 이를 수행하였다. 그러나 가타리 독자적으로는 『정신분석과 횡단성』, 『분자혁명』을 통해 그리고 『기

과정을 지적하면서 그에 대응한 미시적인 욕망투쟁의 필요성을 역설한다. 이러한 투쟁을 통해 이제 단순한 탈주에서 새로운 것으로 되기(생성)로 나아간다. 이제 가타리는 제도들 속에서 형성되는 주체성을 '다르게 만들기'로, 즉 '되기(생성)'를 향해서 나아간다. 질서를 횡단하면서 형성되는 새로운 주체성의 가능성을, 새로운 조직 방식을 찾아낸다. 특히 욕망의 에너지를 해방하는 방향으로 나아갈 것을 강조한다. "혁명이란 모든 소외 관계—노동자, 여성, 어린이, 성적 소수자의 소외, 색다른 감성이나 소리, 색채나 사상의 기호(taste)의 소외—와 절단하는 문제이다. 어떤 영역에서도 혁명은 먼저 혁명에 의해 욕망의 에너지의 해방이 있어야 한다. 그리고 기존의 지층화[29]를 관통하는 연쇄 반응만이 현재의 사회를 유지하고 있는 권력 구성체를 재검토하는 불가역적인 과정을 촉진할 수 있다"는 것이다.

가타리는 국가 권력의 탄압에 저항하면서도 권력 장악을 위한 대(大)정치가 아니라 새로운 정치로의 방향 전환을, 즉 다양한 주변자들, 소수자들을 중심으로 대중들이 전개해 나가는 '분자혁명'을 강조한다. 주변적 소수적 활동의 분자적 증식을 통해 권력 구도를 변형시켜 갈 수 있는 장기적인 과정을 생각하게 된다.[30]

나아가 80년대 접어들어 에콜로지 운동에 가담한 가타리는 기존의 분자혁명적인 사고를 더욱 진전시키고 에콜로지적 틀 속에서 확장해 나간다.[31] 가타리는 종래의 에콜로지 운동이 이른바 '환경문제'(자연 환경을

계적 무의식』과『분열분석적 지도제작』을 통해 분열분석을 소극적으로 그리고 적극적으로 시도하였다. 분열분석은 환원론을 반대하고 '기계적 이질발생성'에서 생기는, 특정한 원인에서 생기는 것이 아니라 카오스에서 구성되는 '카오스모시스'라는 생성론으로 나아간다.
29) 가타리는 현실에서 대지 위에 두꺼워지는 현상으로 축적, 응고, 침전, 습곡의 현상을 지층(strate)이라고 한다. 하나의 지층은 매우 다기한 형식과 실체, 다양한 코드와 환경을 나타내는 것이다. 지층화란 바로 사회 현실 속에 지층이 만들어지는 것을 표현한다. 예를 들어 사회계층화는 지층화의 한 형태이다.
30) Félix Guattari and Antonio Negri, *Les Nouveaux Espaces de Liberté*, Editions Dominique Bedou, 1985(『자유의 새로운 공간』).
31) Félix Guattari, *Les Trois Ecologies*, Editions Galilée, 1989.

중심으로 한)에 한정되어 왔다는 것에 의문과 불만을 느끼며, 무엇보다도 그것만으로 현대 세계의 전면적 위기에 대처할 수 없다고 보았다. 그는 환경 에콜로지에 사회 에콜로지와 정신 에콜로지를 덧붙여,32) 이 세 개의 에콜로지를 윤리-정치적으로 접합하는 고리로서의 철학적 실천 개념으로서 에꼬소피아를 제시한다. 환경 에콜로지에서 말하는 환경오염뿐만 아니라 사회 에콜로지로서 '사회적 관계'와 정신 에콜로지로서 '인간의 주체성'을 어떻게 함께 결합시켜 새로운 사회의 구성으로 나아갈 것인가를 생각한다.

가타리가 이러한 세 가지 에콜로지를 제기하는 것은, 이 에콜로지의 세 가지 기본적인 작용 영역의 재접합이 없는 한, 인종차별, 종교적 열광증(fanatisme), 소수민족의 자폐로의 역행과 반동화, 어린이 노동의 착취, 여성의 억압과 같은 모든 위험과 위협의 증대에 대처하기 어렵다고 보기 때문이다. 그리고 세 가지 에콜로지를 접합하여 사고하는 것에서 가타리는 자신의 궁극적인 핵심 주제인 '주체성의 생산' 문제로 나간다.

결국 에콜로지는 자본주의 권력 구성체나 그것이 만들어 내는 주체성 전체에 대해 문제제기하는 것이라고 본다. 주체성은 횡단적인 축을 매개로 환경 세계나 커다란 사회적 제도적 틀 속에 자리잡지만, 개인의 가장 심오한 영역에 있는 환상이나 풍경 속에도 뿌리를 두고 있고, 어떤 특별한 영역 속에서 일정한 수준의 창조적인 자율성을 획득하면 그것은 다른 영역들에도 같은 현상을 불러일으킨다고 한다.

기존의 변혁 이론이 지배 권력 및 지배 장치의 파괴 과정과 대체 장치들의 건설에 초점을 맞추고 있다면, 가타리는 이러한 문제를 주체성의 생산이라는 문제로 바꾸어 간다. 객관적 현실에 붙박힌 구조와 관계와 주체

---

32) 가타리의 에콜로지에 대한 문제제기는 기존의 자연친화로 치우친 에콜로지에 대한 비판을 함의한다. 한강물의 오염에 대해서는 흥분하면서 자기 집 주위에 있는 부랑자에 대해서는 무관심한 에콜로지, 자신의 정신이 매스미디어에 의해 오염되고 지저분해지고 있는 것에 대해서는 무관심한 에콜로지에 대해서, '사회관계' 및 '정신'의 오염에 대한 문제제기를 위해 사회에콜로지와 정신에콜로지를 제기한다.

가 아니라, 즉 객관적이고 과학적인 규명에 의한 주체라는 문제가 아니라, 새로운 생산적 틀의 근원에 존재하는 무형적 가치 체계로서의 지식이나 문화나 감수성이나 관계방식의 생산을, 즉 예술적인 생성으로서 혼돈 속에서 구성되는 새로운 주체성의 생산이라는 문제를 중심에 두어야 한다고 강조한다. 33)

이상에서처럼 가타리의 관심은 정신분석(프로이트)과 정치(맑스)의 결합을 넘어서 새로운 정치를 모색하는 과정이었다. 그 과정에서 보이는 그의 사상의 추이를 간단하게 요약하자면 '횡단성→분자혁명→(분열분석)→에코소피아'라고 할 수 있을 것이다. 분열분석은 사고의 방법을 위한 가타리 나름의 훈련 과정이 아니었나 생각된다. 이러한 사상 추이 속에서 가타리는 그간의 인간과학과 사회과학이 가져온 객관주의와 과학성에 대한 비판을 감행한다. 물론 그것을 깨뜨리는 방식도 사용하지만, 가타리의 강점은 적을 비판함으로써 내가 건강해진다는 노예의 도덕이 아니라 나의 주체성을 어떻게 생산하는가 하는 긍정적인 귀족적인 도덕으로 나아간다. 물론 니체를 꺼림칙해 하는 가타리로서는 스피노자의 입을 빌어, 역능에 기초해서 구성해 갔다고 네그리처럼 말할 것이지만 말이다.

부르주아 과학에서는 객관성과 과학성으로, 맑스주의에서는 미래를 담지한 추상적인 보편 계급으로서의 노동자 상으로, 주체성 문제를 막아 왔다. 근대적 이성에 기초한 인간 주체는 이제 이질 발생적인 생성 경로 위에서 다양한 주체들로, 사회의 다양한 주체 집단들로 대체된 것이다. 개인들의 차이를 통합하거나 개인들의 공통성을 보편화함으로써 권력을 만들어 가는 방식이 아니라, 개인의 특이성에, 고유성에 기초하여 새로운 것을 생성해 내려는 방식은 권력을 깨고 특이성의 잠재력을 확장하는 것으로 진행한다. 이러한 사유에 입각하여 가타리는 주변 집단들에, 소수자들에 착목한다. 물론 새로운 생성을 가져오는 흐름으로서. 그의 사회 철학을 굳이 이름 붙인다면 '소수자' 철학이라고 할 수 있겠다.

---

33) Félix Guattari, *Chaosmose*, Editions Galilée, 1992.

가타리 문헌목록

단독저서

Guattari, Félix, *Psychanalyse et Transversalité—Essais d'analyse institution-nelle*, Editions de Maspero, 1972

Guattari, Félix, *La Révolution Moléculaire*, Editions de Recherhes, 1977. (Union Générale d'Édition, 10/18, 1980).

Guattari, Félix, *L'inconscient Machinique*, Editions de Recherhes, 1979.

Guattari, Félix, *Les Années D'hiver 1980-1985*, Editions Bernard Barault, 1985.

Guattari, Félix, *Cartogaphies Schizoanlytiques*, Editions Galilée, 1989.

Guattari, Félix, *Les Trois Ecologies*, Editions Galilée, 1989.

Guattari, Félix, *Chaosmose*, Editions Galilée, 1992.

공동저서

Guattari, Félix, (avec Deleuze, Gilles) *L'Anti-Oedipe*, Editions de Minuit, 1972.

Guattari, Félix, (avec Deleuze, Gilles) *Kafka—Pour une Littérature Mineure*, Editions de Minuit, 1975.

Guattari, Félix, (avec Deleuze, Gilles) *Politique et Psychanalyse*, Des Mots Perdus, Editeur, 1977.

Guattari, Félix, (avec Deleuze, Gilles), *Mille Plateaux*, Editions de Minuit, 1980.

Guattari, Félix, (avec Toni Negri), *Les Nouveaux Espaces de Liberté*, Editions Dominique Bedou, 1985.

Guattari, Félix, (avec J. Oury et F. Tosquelles), *Pratique de l'institutionnel et politique*, Matrice éditions, 1986.

Guattari, Félix, (avec Deleuze, Gilles), *Qu'est-ce que la Philosophie?*, Editions de Minuit, 1991.

〈영역본〉

Guattari, Félix (and Deleuze, Gilles), (trans., Robert Hurley, Mark Seem, and Helen R. Lane), *Anti-Oedipus*, Athlone, 1984.

Guattari, Félix, (trans., Rosemary Sheed), *Molecular Revolution*, Penguin, 1984.

Guattari, Félix, (and Deleuze, Gilles), (trans., Dana Polan), *Kafka—Towards a Minor Literature*, Minnesota University Press, 1986.

Guattari, Félix (and Deleuze, Gilles), (trans., Brian Massumi), *A Thousand Plateaus*, Athlone, 1988.

Guattari, Félix, (and Toni Negri), (trans., Michael Ryan), *Communist Like Us*, Semiotext, 1990.

Guattari, Félix, (and Deleuze, Gilles), (trans., Hugh Tomlinson and Graham Burchell), *What is Philosophy?*, Columbia University Press, 1994.

Guattari, Félix, (trans., Paul Bains and Julian Pefanis), *Chaosmosis*, Indiana University Press, 1992.

Guattari, Félix, (ed, Sylvèer Lotringer), *Chaosophy*, Semiotext, 1995.

Guattari, Félix, (trans., Sylvèer Lotringer), *Soft Subversions*, Semiotext, 1996.

국역본

들뢰즈 · 가타리, 『소수집단의 문학을 위하여: 카프카론』, 조한경 옮김, 문학과 지성사, 1992.

들뢰즈 · 가타리, 『앙띠 오이디푸스』, 최명관 옮김, 민음사, 1994.

가타리 · 네그리, 『자유의 새로운 공간』, 이원영 옮김, 갈무리, 1995.

들뢰즈 · 가타리, 『철학이란 무엇인가』, 이정임 · 윤정임 옮김, 현대미학사, 1995.

가타리, 『분자혁명』, 윤수종 옮김, 푸른숲, 1998.

들뢰즈 · 가타리, 『천개의 고원』, 김재인 옮김, 새물결, 2001.